정탐

제국일본,
조선을
엿보다

한양
학술총서
008

정탐

최혜주 지음

제국일본, 조선을 엿보다

한양대학교 출판부

머리말

근대 일본은 청일전쟁과 러일전쟁에서 승리함으로써 조선을 식민지로 만들고 이를 발판으로 대륙침략정책을 추진하였다. 이것은 국가권력만이 아니라 조야를 망라한 국민적 합의를 토대로 국가과제로서 설정되었으며 국민적 지지와 동참 아래 전개된 것이다. 일본이 조선 침략을 달성하기 위해 조선사정을 조사한 방법은 세 가지가 있었다. 첫째, 메이지 정부 안에서 정한론이 비등한 때 조선의 사정을 조사하기 위해 정탐 군인을 보내 한반도의 정보를 얻어갔다. 둘째, 외교관을 통해 조선사정을 조사하고 불평등조약으로 개항을 유도한 이후에는 다방면에 걸친 정탐 조사와 연구를 했다. 셋째, 조선 문제에 관심을 갖는 단체와 개인들이 조선을 정탐하고 조사하여 남긴 안내서나 보고서, 견문기를 이용하여 이주식민의 가능성을 타진했다. 그리고 통감부는 병합이전 조선사회의 실태파악을 위해 1906년 구관제도를 조사하고 강점 이후에는 총독부의 취조국과 학무국, 지방국, 중추원 등에서 식민지 기초조사를 실시하거나, 재조일본인 사회의 민단이나 언론인을 통해 각 지방지를 편찬하였다.

이 책에서 주목하는 조선사정 조사 단체와 조선사정 안내서 간행에 대한 고찰은 당시 일본의 조선인식을 비롯하여 대외사상, 대외침략 과정을 밝힐 수 있는 중요한 실마리가 된다. 이 단체 가운데는 일본의 대외팽창을 정당화하는 이념적 역할을 하거나 일본만이 아니라 중국이나 조선에 있는 일본인들이 단체의 지부를 운영하면서 그 역할을 해낸 곳도 있다. 임원이나 회원으로 각 단체에 참여한 이들은 광범위한 네트워크를 형성하여 정치적 영향력을 행사하고 있었고, 또한 여론 형성을 주도하여 근대 일본의 대외정책을 선도해가기도 했다. 당시 이 단체들은 식민지 개척을 일본의 '국시'(國是)로 중요시했기 때문에 식민사상을 보급시켜 나갔다.

이러한 단체로는 일본이 조선을 불평등조약으로 개항시킨 이후에 만들어진 동경지학협회(東京地學協會, 1879)를 비롯하여 동방협회(東邦協會, 1891), 식민협회(殖民協會, 1893), 동아동문회(東亞同文會, 1898), 대만협회(臺灣協會, 1898), 조선협회(朝鮮協會, 1902), 동양협회(東洋協會, 1907) 등이 결성되었다. 이 단체들은 다방면에 걸친 정탐 조사와 연구를 통해 조선침략을 기도했다. 그동안 이 분야에 대한 국내외의 연구는 아시아주의와 동아동문회, 흑룡회 등에 대한 연구[1]를 제외하면 거의 없다고 할 수 있다.

일본에서는 개항 전후시기부터 조선에 대한 관심이 높아지면서 이러한 정

---

1 일본의 아시아주의에 대한 연구는 다음 글을 참조. 原田勝正, 「アジア連帯主義についての研究ノート」, 《歴史評論》 102, 校倉書房, 1959.2 ; 原田勝正, 「大アジア思想形成への展望」, 《歴史學研究》 229, 歴史學研究會, 1959.3 ; 矢澤康祐, 「明治前半期ブルジョア民族主義の二つの發現形態」, 《歴史學研究》 238, 1960.2 ; 竹內好, 「アジア主義の展望」, 『アジア主義』, 筑摩書房, 1963 ; 山田昭次, 「自由民權期における興亞論と脫亞論」, 《朝鮮史研究會論文集》 6, 朝鮮史研究會, 1969 ; 古屋哲夫, 「アジア主義とその周邊」, 『近代日本のアジア認識』, 京都大學人文科學研究所, 1994 ; 平石直昭, 「近代日本のアジア主義-明治期の理念を中心に」, 溝口雄三 外, 『アジアから考える(5). 近代化像』, 東京大學出版會, 1994 ; 平石直昭, 「近代日本の國際秩序觀とアジア主義」, 『20世紀システム 1. 構想と形成』, 東京大學出版會, 1998 ; 천지명, 「한말 일제 동아동문회의 조선교육 진출」, 《동서사학》 9, 한국동서사학회, 2003 ; 채수도, 『일본제국주의의 첨병 동아동문회』, 경북대학교출판부, 2011 ; 김경일, 「일본 동아동문회의 대외활동에 관한 비판적 고찰 : 다자협력이론을 통한 분석을 중심으로」, 《일본어문학》 77, 2017 ; 강창일, 『근대 일본의 조선침략과 대아시아주의』, 역사비평사, 2002 ; 김수희, 「흑룡회의 독도 침탈 기도와 '양코도 발견' 기록의 재검토」, 《전북사학》 41, 2012.

탐 조사의 결과물로 다양한 안내서(견문기)가 간행되었다. 이후 통감정치기, 식민통치기에 걸쳐 간행된 방대한 조사 자료가 존재하고 있음에도 불구하고 지금까지 어느 정도의 규모로 출판이 이루어졌는지 전체상을 파악하기 어려운 실정이었다. 그러므로 조선사정을 정탐 조사한 단체나 개인이 조선을 어떠한 방법으로 조사하고 시찰했으며 어떠한 시선으로 조선·조선인을 바라보았는지 고찰할 필요가 있다. 이 자료들은 당시 일본의 대외침략 과정을 밝힐 수 있는 중요한 단서가 될 것이기 때문이다.

따라서 이 책에서는 근대 일본이 조선을 침략하기 위해 어떠한 방법으로 조선을 정탐 조사하고 조선 문제에 주력했는지 단체와 개인의 조사활동을 중심으로 알아보려고 한다. 이를 위해 제1부에서는 대표적 조사단체인 동경지학협회, 동방협회, 식민협회, 동양협회의 설립과정과 역할을 조명하고 조선에서 어떠한 활동을 했는지 구체적인 동향을 파악하려고 한다. 제2부에서는 개인의 정탐 조사활동에 대해 시기별로 나누어 개항 이후, 1900년대, 1910년대, 일제강점기의 조사활동과 조선 안내서 간행을 중심으로 분석하여 역사적 성격을 검토하고 거기에 나타난 조선인식에 대해 살펴보려고 한다.

이 책의 구성은 다음과 같다. 먼저 '제1부 근대 일본 단체의 조선사정 조사활동과 조선인식'에서는 동경지학협회, 동방협회, 식민협회, 동양협회의 조선에 대한 조사활동과 거기에 나타난 조선인식에 대하여 살펴보았다.

제1장 일본 동경지학협회의 조사활동과 조선인식에서는 동경지학협회가 단체로서는 가장 처음 결성되어 군사적 정탐 목적만이 아닌 종합적인 목적을

위한 것이었다는 점에 주목하였다. 협회의 구성원들은 일본 국내외에서 영향력이 있는 정계·관계·군인·민간 지식인 등을 망라하여 일본인의 조선인식 형성에 영향을 미쳤다. 동경지학협회의 실체를 규명하기 위해 기관지인《東京地學協會報告》(1879~1897)와《地學雜誌》(1893~1910)의 조선에 관한 조사내용을 중심으로 검토하였다. 먼저 동경지학협회의 조직과 운영방법, 강연내용, 사업, 회원동향 등을 분석한다. 다음 군인과 외교관, 지질학자들의 조사활동을 살펴본다. 마지막으로 근대 일본의 왜곡된 조선관을 형성하는 데 영향을 끼친 동경지학협회 회원들의 조선인식에 대한 검토를 통해 동경지학협회의 역사적 위치와 성격을 고찰하였다.

제2장 일본 동방협회의 조선사정 조사활동과 조선인식에서는 일본이 19세기 말 중국과 조선을 열강의 간섭으로부터 배제시키기 위해 팽창정책을 펼칠 때 동방협회의 조선에 대한 조사활동에 주목하였다. 이 협회는 청일전쟁, 러일전쟁, 한국병합 등 중요한 사건이 일어날 때마다 일본의 대외정책이 팽창정책으로 가는 데 영향력을 행사한 아시아주의 단체이다. 동방협회의 기관지인《東邦協會報告》(1891.5~1894.7)와《東邦協會會報》(1894.8~1914.7)를 중심으로 동방협회의 조선에 대한 관심과 정보 수집을 알아본다. 먼저 동방협회의 구성원, 운영, 주요활동, 회원동향 등을 분석한다. 다음 조선에 대한 군인의 정탐조사, 외교관과 언론인의 조사, 상업조사, 지질조사를 검토한다. 마지막으로 동방협회 회원들의 조선인식에 대해 살펴보았다.

제3장 일본 식민협회의 식민활동과 해외이주론에서는 19세기 말 일본의

대외침략이 본격화할 때 식민협회가 결성되어 식민활동을 시작한 점에 주목하였다. 식민협회는 이주식민을 일본의 국시로 내걸고 식민사업의 거점을 확보하기 위해 설립한 아시아주의 단체이다. 협회의 운영은 강경외교와 국권주의를 주장하는 정치인과 외무성 관료, 실업가, 학자, 언론인 등 평의원을 중심으로 이루어졌다. 기관지《殖民協會報告》(1893.4~1899.6)와 제호를 바꾸어 간행된《殖民時報》(1899.8~1902.11)를 분석하여 식민협회의 조선이주에 대한 관심이 열강과 러시아를 경계하는 데서 나왔다는 점을 밝혔다. 먼저 식민협회의 설립 배경과 목적, 협회의 구성원과 식민활동 내용을 분석한다. 다음 협회 구성원들의 다양한 이민관을 분석하여 이주식민에 대해 가장 중요하게 생각한 점이 무엇이었는지를 검토한다. 마지막으로 식민협회의 조선인식에 대해 살펴보았다.

제4장 일본 동양협회의 식민활동과 조선인식에서는 동양협회가 1898년에 설립된 대만협회를 계승하여 조선과 대륙을 경영하는 데 필요한 인재를 양성하기 위해 1907년에 학교를 설립하고 식민활동을 한 단체라는 점에 주목하였다. 기관지《東洋時報》를 분석하여 먼저 동양협회의 설립 배경을 검토하고, 동양협회의 여러 식민사업 가운데 가장 중요하다고 생각되는 교육진출에 대해 살펴본다. 다음 동양협회의 식민활동과 출판물 간행에 대해서 검토한다. 특히 일본 동양사학의 개척자인 시라토리 구라키치(白鳥庫吉)가 주도한 동양협회 학술조사부의 역할에 주목하였다. 마지막으로 동양협회가 조선이나 대만의 사정을 일본에 소개하는《東洋時報》의 시찰담을 분석하여 일본 지식인들이 조선을 어떻게 인식했는지 알아본다. 이를 통해 동양협회의 식민활동이 일제의

식민정책에 미친 영향에 대해 실증적으로 살펴보았다.

'제2부 근대 일본인의 조선 안내서 출판활동과 조선인식'에서는 안내서의 출판 상황에 대해 네 시기로 나누어 살펴보았다.

제1장 개항 이후 일본인의 조선사정 조사와 안내서 간행에서는 정한론, 운양호 사건이 일어난 시기부터 청일전쟁 시기까지 조선을 정탐하고 안내서를 간행한 의도는 무엇인지 검토하였다. 1880년대 일본은 조선침략의 정당성 확보를 준비하기 위해 조선을 정탐하고 안내서를 간행하였다. 러시아의 남하정책에 대한 깊은 우려와 함께 육군참모본부의 첩보활동의 결과 지도와 지리서가 간행되었다. 1890년대에는 조선을 둘러싼 열강들의 움직임을 주시하면서 상인이나 통신기자 등으로 신분을 위장하여 정탐을 수행하고 안내서를 간행하였다. 조선정탐을 통해 일본의 대조선 외교정책의 방향을 제시하는 책이 간행되어 러시아의 남침을 막고 일본의 상리(商利)를 확장할 방법을 모색하였다. 청일전쟁 준비를 위한 정탐도 이루어져 열강의 각축 가운데 일본이 서둘러 조선을 선점할 것을 주장하는 논의도 보인다.

제2장 1900년대 일본인의 조선이주 안내서 간행과 조선인식에서는 주로 러일전쟁 전후부터 병합이 이루어지는 1910년까지 살펴보면서 본격적인 도항이 이루어지는 것은 러일전쟁 직후였다는 점에 주목하였다. 러일전쟁 이후의 안내서는 도항안내, 러시아·만주안내, 기업과 경영, 지리연구에 대한 것이 주종을 이루었다. 강점 전후 간행된 안내서는 도항안내서, 한국사정 안내서, 한국식민 경영 안내서, 지리서였다. 도항안내서는 '무한한 보고(寶庫)'인 조선에의 도

항을 권유하였다. 한국사정 안내서는 언론인들이 '문명'과 '야만'의 이분법으로 조선의 어두운 면을 부각시켜 '문명' 이식을 강조하거나, 조선인의 미개성을 묘사하여 조선에 대한 차별적 이미지를 생산하였다. 한국식민 경영 안내서는 중소농민 이식책을 중심으로 식민의 중요성을 호소하거나, 통상무역이나 이주식민을 통해 경제적 동화를 이루고 나서 내선동화를 추진하자는 내용도 보인다.

제3장 1910년대 일본인의 조선사정 안내서 간행과 조선인식에서는 일제가 강점 이후 식민통치를 원활히 하고 조선 경영에 집중하기 위해 안내서를 동화와 식민통치 선전에 이용한 점을 주목하였다. 총독부 관리, 일본 관료, 조선시찰단, 조선주차군, 재조언론인들이 간행한 것이 중요하다. 이들이 주목한 것은 조선인의 동화 문제와 식민사업 경영에 있었다. 총독부 관리는 현직에 있는 유리한 지위로 통계자료를 활용하여 조선사정을 조사하였다. 일본에서 파견된 관료들은 조선의 실상을 직접 보고 정책에 반영하기 위한 의도였다. 조선시찰단은 조선에 대한 상권 확장과 경제적 진출의 가능성을 타진하였다. 조선주차군의 안내서는 군인과 군속, 가족들이 생활하는 데 필요한 정보, 조선역사, 전쟁수행 대책이 들어 있었다. 재조선 언론인은 이미 조선에서 활동하여 조선사정에 정통한 인물이었다. 이주할 일본인에게 필요한 조선의 역사와 민족성, 경제상황, 유망한 사업, 이주자의 각오 등을 소개하였다.

제4장 일제강점기 재조일본인의 지방사 편찬활동과 조선인식에서는 일제강점기 지방의 현황을 파악할 수 있는 중요자료인 지방사의 간행실태를 분석하여 재조일본인들의 역할을 조명하였다. 1914년 부제(府制) 실시로 거류민단

이 폐지되자 거류민단의 역사를 정리한 거류민단사와 각 교육회에서 편찬한 향토사가 나오고, 도(부)사 편찬사업, 언론인 및 단체가 중심이 되어 편찬한 발전사가 간행되었다. 지방사가 편찬된 목적은 일본인의 조선에 대한 인식부족 해결, 식량부족과 과잉인구 해결, 부원개발과 일본인 이주촉구, 만주사변 이후 전시체제기 비상시국에의 대처, 식민통치의 선전을 위한 것이었다. 지방사 서술에는 일본의 식민통치하에 있는 조선이 일본과 '일체'(一體)의 관계에 있는 것은 우연이 아닌 운명적인 것임을 주장하는 시각이 자리 잡고 있었다. 이러한 인식은 일본의 신영토인 조선개발에 대한 책임으로 연결되어 조선을 부원개발의 대상지로 지목하고, 나아가 '내선융화'와 일체를 이루기 위한 최종목표는 일본의 수도 도쿄를 조선의 경성이나 평양으로 천도하자는 논의로 나타나고 있었다.

차례

제2부

근대 일본인의 조선 안내서 출판활동과 조선인식

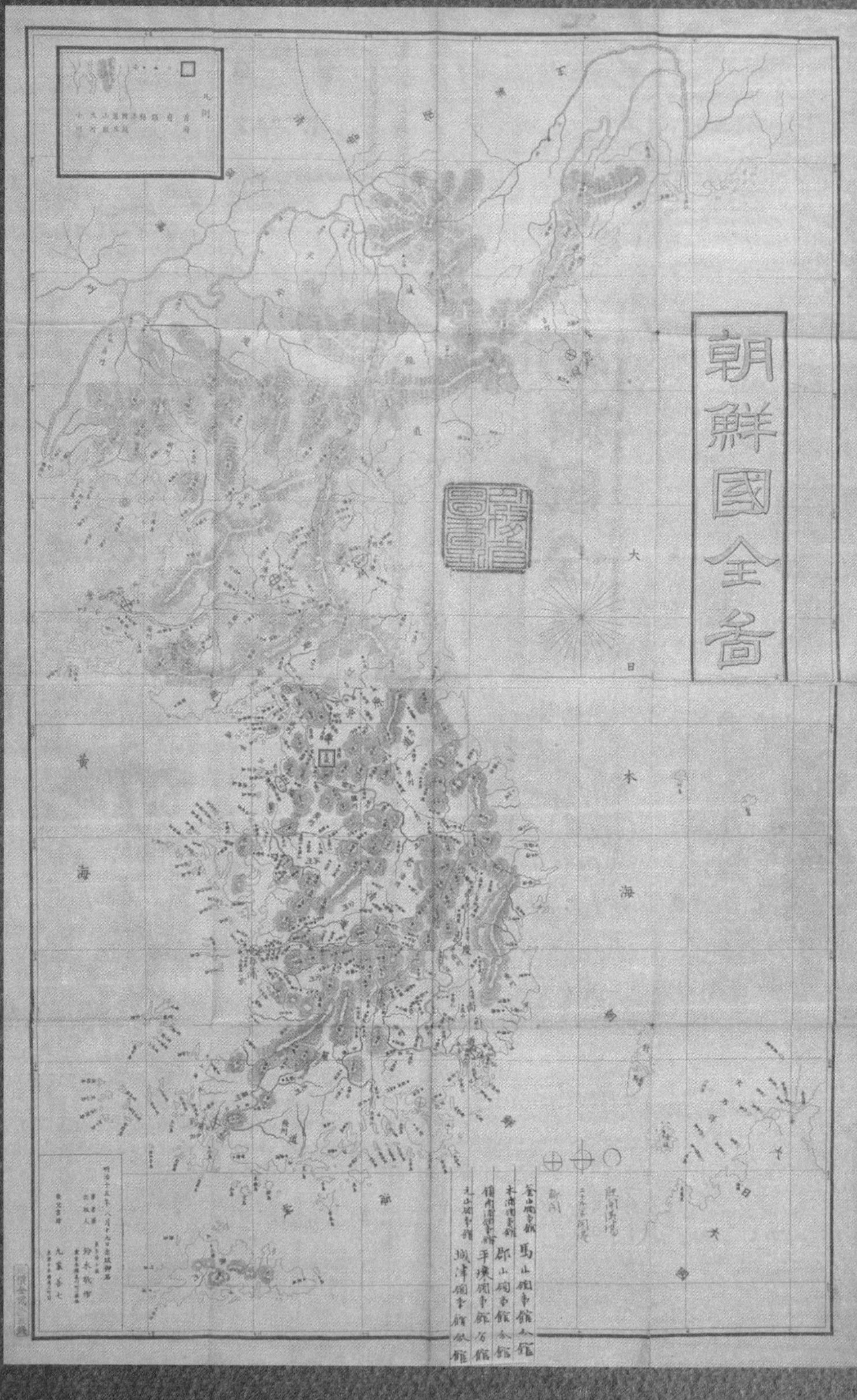
朝鮮國全圖
大
日
本
海
黄
海
馬山領事館分館
郡山領事館分館
城津領事館分館

제1부

근대 일본 단체의 조선사정 조사활동과 조선인식

1. 일본 동경지학협회의 조사활동과 조선인식

근대 일본은 메이지유신 이후 식민사업의 거점을 확보하기 위해 본격적인 해외사정 조사에 착수하였다. 일본이 조선의 사정을 파악할 목적으로 처음 밀정을 보낸 것은 1872년이었다. 외무대승(外務大丞) 하나부사 요시모토(花房義質)를 사절로 파견하면서 육군소좌 벳부 신스케(別府晉介)를 보냈다. 정한론이 비등할 때 조선에 관한 정확한 정보가 필요했기 때문이다. 메이지초기 조선정보를 담은 서적은 『朝鮮事情』[1]이 가장 대표적이었다. 조선에 대한 본격적인 조사는 강화도조약 체결 이후 시작되었다. 참모본부는 1879년부터 중국에 대한 정탐활동을 강화하고, 카이즈 미쓰오(海津三雄) 육군 공병 중위를 조선에 파견하였다. 이를 근거로 『兵要朝鮮事情』(1885)과 『朝鮮地誌略』(1888)을 간행하였다. 정탐활동은 청일전쟁 이전에 어느 정도 성과를 거두어 마무리되었으며, 청

---

1 1876년에 에노모토 다케아키(榎本武揚)가 달레(Claude Charles Dallet)의 『조선교회사(Histoire de L'Eglise de Corée)』를 번역한 책.

일·러일전쟁을 수행하기 위한 준비였다.

한편 군인들의 정탐과 병행하여 개인적으로 조선사정 안내서를 간행하거나 조사단체를 만들어 해외사정을 조사·연구하는 활동을 시작하였다.[2] 즉 〈표 1-1〉과 같이 동경지학협회, 동방협회, 식민협회, 대만협회(동양협회의 전신), 동아동문회, 조선협회 등이 있었다. 일본에서의 단체결성은 열강들의 식민지 획득경쟁에 가세하여 해외이주와 식민지의 개척방법을 모색하기 위해서였고, 일본의 '국시'(國是) 문제로 중시되었다.

이 글에서 동경지학협회에 주목하는 이유는 조사단체로서는 가장 처음 결성되어 군사적 목적만이 아닌 종합적인 목적을 위한 것이었다는 점이다. 그리고 협회의 구성원들이 일본 국내외에서 영향력이 있는 정계·관계·군인·민간 지식인 등을 망라하여 근대 일본인의 조선인식 형성에 영향을 미쳤다고 생각하기 때문이다. 동경지학협회와 관련한 선행연구는 이시다 류지로(石田龍次郎)[3]와 야쓰오카 아키오(安岡昭男)[4]의 논문이 있다. 이 논문들은 동경지학협회의 창립과 회원구성, 군인들의 활동을 정리한 기초적인 연구이지만 협회 잡지의 기사내용을 구체적으로 분석하지 않았고 조선 문제에 주목하지 않았다.

따라서 이 글에서는 동경지학협회의 조선사정 조사에 대한 전모를 밝혀보려고 한다. 근대 일본이 어떠한 방법으로 조선을 조사하고 그것을 침략에 이용했는지 알아보기 위해서다. 그러므로 동경지학협회의 실체를 규명하기 위해 《東京地學協會報告》(1879~1897.4)와 《地學雜誌》(1893~1910)의 조선에 관한 조사내용을 중심으로 검토하려고 한다. 이 잡지는 와세다대학에 소장되어 있는 자

---

2 안내서와 조사단체에 대해서는 다음 논문을 참조. 최혜주, 「일제강점기 조선연구회의 활동과 조선인식」, 《한국민족운동사연구》 42, 2005, 467~473쪽 ; 최혜주, 「『朝鮮西伯利紀行』(1894)에 보이는 야즈 쇼에이(矢津昌永)의 조선인식」, 《한국학논집》 44, 2008, 89쪽.

3 石田龍次郎, 『日本における近代地理學の成立』, 3장 《東京地學協會報告》, 4장 《地學雜誌》, 大明堂, 1984.

4 安岡昭男, 「初期の東京地學協會と軍人」, 《政治經濟史學》 400, 日本政治經濟史學硏究所, 1999.

표 1-1 근대 일본의 조선연구 단체

단체명	창립	활동지	창설자	기관지	비고
東京地學協會	1879	도쿄	榎本武揚·渡辺洪基	《東京地學協會報告》	《地學雜誌》로 改題
東邦協會	1890	도쿄	副島種臣·大井憲太郎	《東邦協會報告》	《東邦協會會報》로 改題
日韓通商協會	1894	도쿄·경성	大鳥圭介	《日韓通商協會報告》	
東亞同文會	1898	중국·경성	近衛篤磨·恒屋盛服	《東亞時論》	
朝鮮會	1899	경성	幣原坦·前間恭作	《朝鮮月報》	
韓國硏究會	1902	경성	幣原坦	《韓國硏究會談話錄》	
朝鮮協會	1902	경성	島津忠濟·渋澤榮一	《朝鮮協會會報》	東亞同文會에 合流(1905)
韓國交通會	1902	경성	田中次郎	《韓國交通會誌》	
韓半島社	1903	경성	長谷川金次郎	《韓半島》	韓國硏究會 계승
東洋協會	1907	도쿄·경성	桂太郎	《東洋時報》, 《東洋》, 《東洋學報》	臺灣協會(1898)의 後身
朝鮮硏究會	1908	경성	釋尾旭邦	《朝鮮》	
朝鮮古書刊行會	1908	경성	釋尾旭邦		朝鮮群書大系 간행
朝鮮硏究會	1910	경성	細井肇·青柳綱太郎	《朝鮮》, 《新朝鮮》	

료를 이용하였다. 먼저 동경지학협회의 조직과 운영방법, 강연내용, 사업, 회원 동향 등을 분석한다. 다음 군인과 외교관, 지질학자들의 조사활동을 살펴본다. 마지막으로 근대 일본의 왜곡된 조선관을 형성하는 데 영향을 끼친 동경지학협회 회원들의 조선인식에 대한 검토를 통해 동경지학협회의 위치와 특성을 고찰할 것이다.

1) 동경지학협회의 조직과 주요활동

(1) 동경지학협회의 창립과 구성원

동경지학협회는 1879년 4월에 창설되어 1893년 도쿄대학 지질학과와 농상무성에서 조직한 지학회(地學會)와 합병한 이래 지금도 활동하고 있는 단체이다.[5] 그 창립과정을 보면 1878년 오스트리아 주재 서기관으로 있던 와타나베 히로모토(渡辺洪基)가 빈 지리학협회 회원이 되어 지리학이 국가발전에 많은 가능성을 가진 것을 알게 되었다. 이때 일본에 지리학 전문기관이 필요함을 통감하였다. 귀국 후 『조선사정』을 간행한 에노모토 다케아키(榎本武揚, 전 러시아 공사), 하나부사 요시모토(조선 대리공사), 나베시마 나오히로(鍋島直大, 주이탈리아 특명전권공사), 나가오카 모리요시(長岡護美, 주네덜란드 특명전권공사)와 함께 외교관들이 중심이 되어 협회 창설을 준비하였다. 이듬해 4월 기타시라가야노미야 요시히사신노우(北白川宮能久親王)를 사장으로 에노모토 다케아키와 나베시마 나오히로를 부사장, 와타나베 히로모토, 가쓰라 타로(桂太郎), 기타자와 마사노부(北澤正誠), 나가오카 모리요시를 간사로 영입하여 동경지학협회를 창립하였다. 9조 22항에 달하는 규칙 가운데 중요한 것은 다음과 같다.

[제1조 설립목적]

제1항 지학에서 경제 군무 기타에 관한 유익한 사건의 설명, 본회의 견문에 접촉한 자가 있으면, 이것을 간편한 방법으로 편찬 출판하여 사원의 연구에 제공하고 공중에게 알린다.

---

5 동경지학협회와 지학회의 합병 논의는 지학회가 간행하던《지학잡지》가 경영난에 직면했을 때 일어났다. 동경지학협회는 1893년 지학회를 합병한 후 인수한《지학잡지》를 매월 간행하면서 창설 이래 간행하던《동경지학협회보고》는 1897년까지 연 4회 발행하였다. 즉 1898년부터는《지학잡지》만 간행되었다.

제2항 본사에 기부한 내외 고금 지학에 관한 서적, 항해일기, 기행 관련 제 서류, 기계, 지도, 해도, 지지, 기타 탐방록 등과 각인이 소유한 유익한 것을 모아 문고를 설치한다.

제3항 탐방여행에 종사하고 또는 기타 여행인으로 지학상의 탐방을 하려는 자에게, 본회에서 經歷이 필요한 지방, 그 지방에 나가는 데 가장 편리한 방법, 깊이 탐정하려는 사물, 특히 수집하려는 박물학의 사물 및 지학의 진보에 유익한 보고 등 본회가 희망하는 조건을 간략하게 필기하여 心得書를 만들어 여기에 첨부한다.

제4항 각국에 있는 지학협회 및 내외국의 지학연구자와 지학에 관한 문서를 왕복한다.

[제5조 자금]

제2항 연회비 12엔은 두 번에 나누어 내고, 일금 100엔을 일시에 납부하는 자는 종신사원으로 한다.

제4항 지학상에 유익하거나 경력이 있어 본회에 유익하다고 인정받는 자는 사원 3명의 추천으로 議員회의를 거쳐 사원이 될 수 있고, 입회비와 연회비를 면제한다.

[제6조 탐방심득]

본회에서 切望하는 사항을 충분히 탐방하기 위해 미리 탐방심득서를 만들고, 이것을 원하는 여행자에게 준다. 또 의원이 그 건에 대해 긴요하다고 생각할 때는 약간의 보조금을 주도록 한다.

[제8조 직제]

사장 1명, 부사장 2명, 간사 4명, 의원 12명, 서기 4명을 둔다.

이처럼 동경지학협회의 목표는 해외탐방을 통해 경제·정치·군사 목적을 달성하려는 것이었다. 협회사업 가운데 국외조사여행 지원이 상당히 중요성을 가지게 된다. 또한 이 협회는 「東京地學協會規則」 제2조 '학과구분'에서 밝힌 것처럼 영국의 Royal Geographical Society와 같이 조사학과를 구분하여 본과·형질과·특과·정략과로 나누었다.[6] 이러한 발상은 "사원에게 바라는 바는 지학을 확장하여 용무에 제공하는 것이다. 즉 지학의 쓰임은 국내에서 권농·권공·권상·운수(運輸)·정치·방어이고, 외국에서는 항해, 통상, 공전(攻戰)이다. 안으로 부강을 도모하고 밖으로 위덕을 펼치는 데, 지학의 도움을 받지 않을 수 없다"라고 말한 기타시라가야노미야 사장의 연설에서도 엿볼 수 있다.

협회회원은 주로 군인, 관료, 정치가, 학자들이고 주요 조사대상은 중국과 조선이었다. 창립 때의 회원구성을 보면 황족(2명), 화족(20명), 참의·경(8명), 군인(27명), 관료(24명), 공사(2명), 편수관(4명), 교수(2명), 일반인(7명) 등 96명이다(〈표 1-2〉). 창립초기에는 화족, 군인과 관료출신이 큰 비중을 차지하고 있으며 육군출신 황족 기타시라가야노미야와 간인노미야(閑院宮載仁親王)가 사장(총재)을 역임하였다. 협회는 사장, 부사장, 의원, 간사, 서기, 사원으로 구성되었다. 사장·사원체제는 1883년부터 회장·회원으로 명칭과 규칙이 바뀐다. 협회운영은 의원(이사, 12명)과 간사(4명)를 중심으로 이루어졌다. 신입회원은 회원 2명의 추천과 입회비 10엔, 연회비 12엔을 냈다. 100엔 이상을 기부한 자는 찬성원이 되어 문고출입이나 집회출석이 가능하고 보고서를 수령하였다. 운영은 회비와 기부금 외에도 궁내성의 은사금을 받았는데, 황실과 정부의 비호가 있었음을 알 수 있다. 메이지시대의 다른 학회에 비해 '귀현학회'(貴顯學會)로 불릴 정도로 특별하였다. 회원구성 및 협회 성격은 1893년 지학회와 합병한 이후에 바뀌었다.

협회에 공로가 있는 자는 입회비를 면제하고 회원으로 위촉하는 경우도

---

6 동경지학협회,《동경지학협회보고》제1년, 1880, 2~4쪽.
① 본과: 지구의 적(積)·형(形), 지구의 운동·진질(眞質), 천체에서 받는 감동. ② 형질과: 대지 천연의 구분·지질, 산원 사막 광산 광석, 동식물의 해설, 해호(海湖) 천천(川泉), 조석류(潮汐類) 기타 수리학상의 사항, 기후 풍우 천기 계후(季候), 화산 지진 기타의 현상. ③ 특과: 지구의 고금역사, 인종국어의 파연(播衍), 주군(州郡) 부읍(府邑)의 명칭 창기(創起) 변혁, 천문·지리상의 경위도(經緯度), 침차(針差) 침경(針傾) 기타 자석력의 현상, 고저 거리의 측정, 각국·각 민종(民種)이 점거하는 지(地)의 대소비례. ④ 정략과: 인구 인민의 종별 및 통계, 지면의 인공구분 경작산물, 통상제작 어렵, 정체 풍속 법률 정략, 구거(溝渠) 도로 교량 수차시장, 종교교육, 병력(兵力) 미술.

표 1-2　동경지학협회 회원(1879~1880)

구분	이름	소속	창립 시	비고
황족	北白川宮能久親王	육군중좌	사장	독일학협회 총재, 대만출정, 육군대장
황족	東伏見嘉彰親王	육군중장		陸軍戶山 학교장
화족	鍋島直大*	주이탈리아 특명전권공사	부사장	원로원 의관, 귀족원의원, 흥아회
화족	長岡護美*	주네덜란드 특명전권공사	간사	원로원 의관, 귀족원의원, 흥아회
화족	松平慶永			民部卿, 대장경
화족	伊達宗城	도쿄해상보험회사 설립		흠차전권대신
화족	松浦 詮	궁내성 御用掛		귀족원의원
화족	鍋島直彬	오키나와 현령		가고시마번주, 귀족원
화족	武者小路實世	도쿄재판소 御用掛		
화족	大給 恒	의관 겸 상훈국 부총재		일본적십자사 창설
화족	鍋島直柔			귀족원의원
화족	鍋島直虎	외무성 御用掛		귀족원의원
화족	松平信正	대장성 御用掛		흥아회
화족	京極高典			귀족원의원
화족	脇坂 壽			從5位
화족	內藤政擧			延岡藩主
화족	島津忠亮	東京都 赤坂區 區長		귀족원의원
화족	久松定弘	서양철학 사숙 개설		내무성 어용계, 외무성
화족	九鬼隆義			궁내성 화족국 근무
화족	萬里小路通房	공부성 御用掛		백작, 시종, 귀족원의원
화족	大谷光勝	정토종 승려		眞宗大谷派 관장
공사	花房義質	조선국재류 특명전권공사		초대주한공사, 제물포조약, 흥아회
공사	吉田淸成	주미특명전권공사		외무대보, 추밀원 의관
군인	榎本武揚*	해군중장 겸 해군경	부사장	참의
군인	桂 太郞*	육군보병중좌	간사	총리대신
군인	堀江芳介	육군보병대좌		원로원 의관, 중의원의원
군인	柳 楢悅*	해군대좌 水路국장		원로원 의관, 귀족원의원
군인	半鐵太郞	해군소좌 겸 대서기관		柳楢悅의 부관
군인	黑江帶刀	해군대위		해군중장
군인	曾根俊虎	해군대위		흥아회 설립
군인	小澤武雄	육군소장		사관학교 교장
군인	牧野 毅	육군공병중좌		제철사업조사위원

군인	島弘 毅	육군보병중위		
군인	谷 干城	육군중장		농상무대신
군인	淺井道博	육군보병대좌		
군인	大山 巖	육군중장 겸 육군경		참의
군인	赤松則良*	해군소장		귀족원의원
군인	三浦梧樓	육군중장		명성황후시해사건-주한공사
군인	野津鎭雄	육군중장		中部 監軍부장
군인	岡本兵四郎	육군보병소좌		
군인	揖斐 章	육군소장		
군인	滋野淸彦	육군보병대좌		
군인	澤野種銕	해군중좌		
군인	林 淸康	해군소장		
군인	古海長義	해군대비서		
군인	今井兼輔	해군소좌		
군인	佐久間潔	육군포병대위		
군인	福島敬典	해군대좌		소장, 해군성 제2국장
군인	中牟田倉之助	해군중장		해군대학교장, 추밀원고문관
군인	末川久敬	해군소좌 겸 권대서기관		병기국 副長
군인	南鄕茂光	해군6등 출사		
군인	梶山鼎介	육군소좌		방곡령 사건-주한공사
군인	三好重臣	육군소장		중장, 추밀고문관
군인	伊藤雋吉	해군대좌		중장, 귀족원의원
참의	佐野常民*	대장경		박람회개최, 농상무대신
참의	大隈重信	참의		총리대신
참의	井上 馨	참의 겸 외무경		주한공사
참의	山田顯義*	참의		내무경
참의	大木喬任	참의		문부대신, 추밀원의장
참의	山縣有朋	참의 겸 참모본부장		육군원수, 총리
관료	渡辺洪基*	태정관 대서기관	간사	외무 대서기관, 흥아회
관료	河瀨秀治	대장 대서기관 상무국장		
관료	石井省一郎	내무 권대서기관 토목국장		縣知事, 귀족원의원
관료	久野鎌次郎	내무 소서기관		
관료	塚本明毅*	내무성 지리국 御用掛		수학자, 흥아회
관료	丹羽龍之助	주독일 외무3등 서기관		
관료	櫻田親義	외무 권대서기관		

관료	小牧昌業	개척 권대서기관		한학자, 귀족원의원
관료	川本清一	외무성 御用掛		
관료	荒井郁之助	내무성 지리국 御用掛		초대 중앙기상대장
관료	副島種臣	궁내성 御用掛 겸 1등시강		외무경, 1879.10.7 퇴사
관료	中井 弘	공부 권대서기관		교토 부지사, 귀족원의원
관료	林 董	공부 대서기관		외무대신
관료	辻 新次	문부 대서기관		문부차관, 호세이대학 설립
관료	山內堤雲	개척 대서기관		초대 제철소장관
관료	河田 羆	내무성 지리국 御用掛		지리학자
기타	關 義臣	판사		대심원검사, 귀족원의원
기타	中村武雄	曙 신문사사장		
기타	福地源一郎*	《도쿄일일신문》 사장		중의원의원
기타	川田 剛	태정관(修史館) 편수관		도쿄제대 교수, 東宮시강
기타	巖谷 修	태정관 편수관		귀족원 칙선의원
기타	北澤正誠*	편수관→외무성 御用掛	간사	흥아회
기타	重野安繹	태정관 편수관		도쿄제대 교수, 흥아회
기타	樫村清德	도쿄대학 의학부 교수		
기타	渡邊 驥	칙임검사		대심원 검사장
기타	小野 梓	3등 검사관		법학자, 와세다대학 창립
기타	福澤諭吉*	東京學士會院 초대회장		1879.8.20 퇴사
기타	伊藤博文	참의	1879.5.26	총리-조선통감
기타	青木周藏	특명전권공사	1879.9.7	외무대신
기타	星 亨	사법성 부속 대언인	1880.2.28	조선 정부-법부고문
기타	竹添進一郎	대장성 권소서기관	1880.2.28	갑신정변-일본공사

* 표시는 의원

있었다. 예를 들면 육군소속으로 외무성 무관이 되어 여러 차례 조선을 정탐한 카이즈 미쓰오가 그러하였다(1885년 회원이 된다). 그리고 협회의 자금운영은 회원 중에서 뽑은 7명의 자금취체역이 맡았다. 당시 일본의 관계와 실업계에서 활약하고 있던 시부사와 에이이치(澁澤榮一, 대장성 관료, 실업가), 아카마쓰 노리요시(赤松則良, 造船會議의장), 와타나베 히로모토(오스트리아 공사), 이노우에 가오루

(井上馨, 방적·철도사업, 미쓰이재벌 최고고문), 다카시마 가에몬(高島嘉右衛門, 요코하마 실업가), 오쿠마 시게노부(大隈重信, 대장성에서 식산흥업정책 추진), 사노 쓰네다미(佐野常民, 일본최초의 박람회 개최)이다. 월례회는 7, 8월을 제외한 매달 마지막 토요일에 가쿠슈인(学習院, 현재의 가쿠슈인대학)의 사무실을 빌려 개최하였다. 1882년 야스쿠니신사 경내에 유취관이 낙성되자 이곳을 사용했고, 1884년 이후에는 협회회관에서 계속하였다.

이처럼 협회운영은 창설초기의 화족, 군인 중심에서 〈표 1-3〉의 평의원 중심으로 바뀐다. 1901년의 회원명부 가운데 조선과 관련 있는 인물에 대해 살펴보면 다음과 같다.

첫째, 협회창설 때의 회원 중에 하나부사 요시모토(전권공사), 가지야마 데이스케(梶山鼎介, 주한공사), 이노우에 가오루(주한공사), 하야시 다다스(林董, 외무대신), 이토 히로부미(伊藤博文, 통감), 호시 도루(星亨, 법부고문), 다케조에 신이치로(竹添進一郎, 주한공사), 오토리 케이스케(大鳥圭介, 주한공사), 미우라 고로(三浦吾樓, 주한공사)가 있다. 이밖에도 곤도 마스키(近藤眞鋤), 다테타 가쿠(立田革), 가토 마쓰오(加藤增雄)는 부산영사를 지냈다. 특히 가토 마쓰오는 1894년 이후 변리공사서리, 공사, 한국 정부 고문으로 1907년 귀국하기까지 일본의 대한정책과 경부철도부설권 획득에 수완을 발휘하였다. 이들은 일본이 조선을 개항시키고 주도권을 확장해가기 위한 외교정책을 펼칠 때의 외교관과 관료들이다. 둘째, 협회창설부터 1900년대에도 활동한 인사는 이토 히로부미, 이노우에 가오루, 야마가타 아리토모(山縣有朋), 가쓰라 타로, 소네 도시토라(曾根俊虎), 나가오카 모리요시, 하나부사 요시모토, 오토리 케이스케, 오쿠마 시게노부, 에노모토 다케아키, 호시 도루, 시부사와 에이이치 등이다. 조선침략에 앞장선 조슈벌(야마구치현 출신의 정치파벌)의 핵심라인(伊藤博文, 井上馨, 山縣有朋, 桂太郎)과 아시아주의 단체인 흥아회원(曾根俊虎, 長岡護美), 외교관과 정치인(花房義質, 大鳥圭介, 大隈重信, 榎本武揚, 星亨), 실업가(澁澤榮一) 등이 포함되었다. 셋째, 조선의 고적·지리·광물 등을 조사해서 일본의 자원침탈에 이용한 조사서를 남겼다. 쯔보이 쇼고로(坪井正五郎), 도리이 류조(鳥居龍藏), 야즈 쇼에이(矢津昌永), 시가 시게다카(志賀重昻), 가

표 1-3　동경지학협회 직원(1901.3.5 현재)

구분	이름	주요 경력
총재	閑院宮載仁親王	육군소장(1901), 육군대장(1912), 참모총장(1931)
회장	榎本武揚	주러시아공사, 해군경, 체신·문부·외무·농상무대신
부회장	花房義質	농상무차관, 궁내차관, 추밀고문관, 일본적십자사 총재
부회장	渡辺洪基	도쿄부지사, 도쿄제대 총장(1886), 주오스트리아대사(1890)
주간	神保小虎	광물학자, 도쿄제대 교수
주간	田中阿歌麿	지리학자, 陸水學의 선구자
주간	小川琢治	지질조사소 근무, 러일전쟁 때 중국 지질조사, 교토대학 교수
평의원	榎本武揚	주러시아공사, 해군경, 체신·문부·외무·농상무대신
평의원	神保小虎	광물학자, 도쿄제대 교수
평의원	花房義質	농상무차관, 궁내차관, 추밀고문관, 일본적십자사 총재
평의원	巨智部忠承	지질연구소 소장
평의원	坪井正五郎	인류학자, 도쿄대학 교수
평의원	小川琢治	지질조사소 근무, 러일전쟁 때 중국 지질조사, 교토대학 교수
평의원	田中阿歌麿	지리학자, 陸水學의 선구자
평의원	山上萬次郎	지리학자, 『日本帝國政治地理』(1909), 『新式帝國地理』(1918)
평의원	井上禧之助	대만총독부기사, 지질조사과장(1907), 시베리아 지질조사
평의원	渡辺洪基	도쿄부지사, 도쿄제대 총장(1886), 주오스트리아대사(1890)
평의원	横山又次郎	지리학자, 고생물학, 지질학
평의원	佐藤傳藏	『萬國新地理』(1898), 도쿄고등사범 교수, 『大日本地誌』(1915)
평의원	佐川榮次郎	지질조사소
평의원	脇水鐵五郎	『鑛物學講義』(1925), 『日本風景の研究』(1943)
평의원	奈佐忠行	지질·지리학자, 도쿄상대 교수
평의원	石井八萬次郎	『朝鮮地質概圖』 간행(1884, 西和田久學·K.C.Gottsche 공저)

네다 나라타로(金田楢太郞), 고치베 다디 쓰네(巨智部忠承), 사토 덴조(佐藤傳藏), 스즈키 노부히토(鈴木信仁) 등이다. 넷째, 가와이 히로다미(河合弘民, 동양협회전문학교 분교장), 오쿠라 기하치로(大倉喜八郞, 政商家로 부산에서 상업활동, 관립상공학교 설립)는

조선에서 식민교육을 통해 '조선을 개발해 나갈' 인재를 양성하였다.

이상에서 살펴본 것처럼 이들은 근대 일본이 조선침략을 위해 보호국으로 만들어 가는 과정에서 주요한 역할을 담당하였다. 즉 개항을 강제하고(花房義質, 近藤眞鋤, 井上馨) 갑신정변 등을 통해 한반도에서 주도권을 장악하며 일본의 외교실무(竹添進一郎)를 맡았다. 그리고 청일전쟁과 경복궁 점령을 기도하고(大鳥圭介) 명성황후시해사건을 주도하거나(井上馨, 三浦吾樓) 고문정치의 고문(星亨, 加藤增雄)과 통감(伊藤博文)으로 식민통치의 기초를 닦았다. 또한 대학에서 인류학·지리학 등을 연구(坪井正五郎, 鳥居龍藏, 矢津昌永)하거나 실지로 현지조사(志賀重昂, 金田楢太郎, 巨智部忠承, 佐藤傳藏), 혹은 식민교육을 담당할 학교설립(河合弘民, 大倉喜八郎)을 통해 치밀하게 조선침략을 준비하였다. 이들이 협회회원으로 조선사정에 관한 조사정보를 교류하면서 일본 정부가 팽창적 대외정책을 실행하는 데 선도적 역할을 한 것은 이 협회의 성격을 파악하는 데 시사하는 바가 크다.

(2) 동경지학협회의 주요활동

협회의 활동은 조사, 강연회와 지도제작, 하기강습회, 탐방조사의 경비지원, 학술여행단 파견, 문헌수집 등이다.[7]

① 조사와 강연회 활동 : 매달 예회에서 각 지역의 탐험과 조사내용을 강연하고 이를 토대로 잡지 《동경지학협회보고》와 보고서 『學海探究之指針』(1888), 『楊子江流域』(1913) 등을 간행하였다. 이밖에도 스즈키 마토시(鈴木眞年, 도쿄제대 교수)의 일본 신도(神道)에 대한 강의도 있었다. 아래의 조선지역 조사 및 조선관련 강연회 내용에 관한 자세한 분석은 다음 장에서 검토한다.

---

7 石田龍次郎, 「東京地學協會編年史稿」, 《지학잡지》 78-3, 1969.

- 곤도 마스키(近藤眞鋤, 외무성):鎭江記(1879.11.29)
- 카이즈 미쓰오(海津三雄, 외무성): 조선국 한성의 지형개략(1879.11.29)
- 카이즈 미쓰오: 한성 풍속(1879.12.20)
- 카이즈 미쓰오: 元山津之記(1880.2.28)
- 미즈노 가쓰기(水野勝毅, 육군대위): 조선 경성의 풍속(1882.6)
- 가지야마 데이스케(梶山鼎介, 육군): 압록강기행(1883.4.28)
- 나카다 다카요시(中田敬義, 외무성): 조선 풍토개략(1883.6.30)
- 카이즈 미쓰오: 조선국 북부내지의 실황, 의주기행(1884.5.30)
- 카이세 도시유키(海瀨敏行, 軍醫):韓地 사정(1884)
- 오토리 케이스케(大鳥圭介, 工部技監, 가쿠슈인 원장, 공사):支那 동북지방 연혁고(4회, 1884)
- 카이즈 미쓰오: 경흥기행(1884.6.28)
- 시마무라 다데오(島村干雄, 육군소위, 첩보임무): 영남기행(1886.6.22)
- 호시노 히사시(星野恒, 도쿄제대 교수): 京都 大佛殿 앞의 무덤은 코무덤이고 귀무덤이 아니다(1889)
- 에나미 데쓰오(江南哲夫, 제일은행): 조선의 현황에 대하여(1890.3.25)
- 쓰네야 세이후쿠(恒屋盛服, 조선 정부 보좌관):朝鮮種族談(1890.9.26)
- 곤도 마스키(외무성): 조선에 대하여(1891.4.28)
- 다테타 가쿠(立田革, 외무성): 원산에서 경성에 이르는 기행(1891.9.22)
- 시바야마 히사노리(柴山尙則, 육군대위): 조선의 하류(1891.11.24)
- 마가키 유키나가(曲木如長, 전 공사관원): 조선의 상공업에 대하여(1894.9.25)
- 나가오카 모리요시(長岡護美, 외무성): 청·한 순회 중 견문담(1895.6.26)
- 시가 스케고로(志賀祐五郎,《도쿄일일신문》기자): 조선사정(1895.7.6)
- 고무라 주타로(小村壽太郎, 주한변리공사, 외무차관): 조선 만주의 견문담(1895.2.26)
- 니시와다 큐가쿠(西和田久學, 지질학자): 조선 광산조사 및 내지의 정황(1896.2.25)
- 스즈키 겐타로(鈴木券太郎,《東京地學雜誌》편집인): 조선 이정표
- 이시이 하마지로(石井八萬次郎, 이학사): 조선 만유담(1900.1.15)
- 사사모리 기스케(笹森儀助, 동아동문회 촉탁, 성진학당 교장): 함경도의 현황(1900.2.23)

- 이시이 하마지로: 직산금광에 대하여(1901.2.2)
- 고토 분지로(小藤文次郎, 도쿄제대 교수): 조선 남부의 지세(1901)
- 고토 분지로: 조선 북부의 지세(1902)
- 미야지마 다키오(宮島多喜郎, 임학사): 청·한 여행담(1904.7.1)
- 야베 히사가츠(矢部長克, 지구과학자-도호쿠제대 교수): 조선 남부 지질시찰여행(1904.2)
- 이기 조세이(伊木常誠, 도쿄제대 교수): 조선의 砂金(1906)
- 이노마 슈자부로(猪間收三郎, 지학협회 서무계 사무원): 조선의 정치(1907)
- 고치베 다다쓰네(巨智部忠承, 지질조사소 소장): 조선 견문담(1907.3.8)
- 시데하라 타이라(幣原坦, 문부성 시학관-도쿄제대 교수): 支那가 조선을 통치한 최초의 경험(1907.4.20)
- 하나부사 요시모토(花房義質, 외교관): 한국 懷舊談(1907.11.19)
- 이노마 슈자부로: 한국토지농산조사보고를 읽고(1909)
- 도쿠나가 시게야스(德永重康, 와세다대학 교수): 조선 평양탄전 四近의 지질에 대하여
- 사토 덴조(佐藤傳藏, 지질조사소 기사-지질학자): 조선 및 블라디보스토크 여행담(1913.10.14)
- 다니이 사이이치(谷井濟一, 총독부 촉탁-도쿄제대 교수): 북조선 및 간도여행담(1915.1.21)

강연회는 청일전쟁 이전에는 회원과 임원진을 대상으로 하다가 이후에는 점차 일반인을 대상으로 대중화되는 경향을 보였다. 즉 이전에는 군이나 외무성에서 개항장을 찾기 위해 군사적·경제적 가치에 중점을 두고 조선의 풍속, 사정과 지세, 내지나 해안선 경로를 조사한 내용을 소개하면서 대륙진출을 모색하였다. 그러나 청일전쟁에 승리한 이후에는 기자, 지질학자, 외교관, 교수 등이 주로 전문적인 분야에서 조선북부의 광산, 금광, 지세, 지질을 조사하였다. 부원을 둘러싼 열강과의 경쟁에서 일본의 몫을 챙기기 위해서였다. 나아가 조선과 만주, 블라디보스토크 여행담을 소개하여 일본인의 해외이주 붐을 조성

하는 등 조선침략을 위한 준비 작업을 하였다. 또한 1907년부터 대중을 대상으로 지질학(강연자-神保小虎), 지리학(강연자-山上萬次郎), 화산(강연자-佐藤傳藏), 지질구조(강연자-小川琢治), 아시아 주민(강연자-白鳥庫吉), 땅과 사람(강연자-志賀重昴) 등에 관한 학술강연회도 시작하여 협회활동을 확산시켜 나갔다.

② 지도제작 : 조선이나 중국의 내륙·해안·항구·산맥 등을 정밀하게 조사하여 이것을 토대로 조선·지나지도(支那地圖), 지질·광물분포도를 간행하였다.[8] 특히 『朝鮮全圖』(1894)의 '刊記'에서는 1875년에 나온 『參謀局 朝鮮全圖』를 참고하고 협회에서 수행한 조사결과 및 여행자의 이야기를 참고하여 편집했다고 밝혔다. 이러한 내용은 조선과 대륙침략, 자원수탈에 이용되었다.

③ 하기강습회 : 1901년 8월 도쿄에서 인류학(鳥居龍藏), 지리학(小川琢治), 지도제작법·지리학(山上萬次郎) 등을 강의하였다. 1903년 7월 후쿠시마에서 제2회 강습회와 1906년 5월 지학강습회를 오키나와에서 개최하였다.

④ 탐방조사 지원 : 1889년 6월부터 1912년에 걸쳐 태평양·요동·중국 남부·남미·인도·미얀마 지역의 인류학·지리·지질·기후·식물학 조사와 일본국내의 석기유적조사 경비를 지원하였다.[9]

⑤ 학술여행단 파견 : 1900년 4월 오메시(青梅市) 견학여행, 1907년 8월의 사할린 여행, 그리고 1913년 7월 조선과 블라디보스토크의 학술여행이 개최되었다. 이 여행단은 교직자·학생·실업가·기자·관측소원·대학원생으로 구성되어 부산·원산·청진·블라디보스토크·평양·한성·인천·수원을 시찰하였다. 임진왜란과 청일·러일전쟁의 전적지, 나남의 여단사령부를 보고, 각 지역의

---

8 『朝鮮全圖』(1894), 『北支那三省地圖』(1894), 『臺灣諸島誌』(1896), 『臺灣諸島地圖』(1896), 『樺太地誌』(1908), 『韓國地質鑛山圖』(1908), 『樺太地質概察圖』(1908), 『東部西比利亞鑛物分布圖』(1918), 『南支那全圖』(1920), 『南支那地質圖』(1920), 『北支那全圖』(1923), 『北支那地質圖』(1923), 『東亞地質圖』(1929).

9 石田龍次郎, 1969, 「東京地學協會編年史稿」, 《지학잡지》 78-3.

태평양(1889, 田代安定), 요동(1895, 神保小虎), 중국(1902, 鳥居龍藏), 남미(1910, 志賀重昴), 인도·미얀마(1910, 伊木常誠), 양자강(1911, 石井八萬次郎), 중국 남부(1910, 1912, 小川琢治, 浜田耕作, 高田豊樹, 野田勢次郎). 일본국내(1894, 西和田久學 : 1897, 鳥居龍藏, 佐藤傳藏).

거류지와 한인마을을 대비해보며 식민의 뿌리가 얼마나 깊은지 확인하였다. 이동 중에는 배안에서 주로 조선의 교통·경제, 평양탄광, 연해주 등의 지질학을 강의하였다.[10] 이러한 학술여행을 통해 제국일본의 위상을 높이고 식민사상을 보급하며 일본이 앞으로 주목해야할 곳이 어딘지를 탐색하고 홍보하는 효과가 있었다.

⑥ 문헌수집 : 협회는 규칙에 따라 가쿠슈인에 문고를 설치하여 탐험조사 후 수집된 각국 자료는 물론 회원이나 기증자에게 다양한 지학·역사 관련 기초자료 및 지도 등을 수집하였다. 또한 일정액의 도서구입비를 책정하여 자료를 수집하고 이후 협회건물을 신축한 뒤에는 서적관을 따로 마련하여 소장하였다.

이와 같이 협회는 해외식민에 관심을 갖고 동남아시아는 물론 태평양·남미·인도·버마·호주 등지에 탐험대를 파견하고 강습회를 개최하였다. 국내외 지역조사를 다녀온 보고를 위해 강연회를 열고 그것을 잡지에 수록하였다. 잡지에는 탐험기 외에 관청보고서나 외무성 관계자의 투고, 회원의 연구내용, 외국 지리학협회의 번역기사 등도 실었다. 내용도 처음의 군사적 방면에서 상업·경제적, 교육적 방면으로 바뀌고 나중에는 자연과학적 측면을 중시해 갔다. 당시 회원·임원 가운데 정·관계에서 활약하거나 나중에 학계에서 활동하여 이들의 조사내용이 여러 방면에서 기초자료로 활용되었다.

협회는 기본적으로 조선에 대해서 "조선은 일찍이 세인이 주목하는 곳으로 외교상·상업상 처음부터 등한시할 수 없다"라는 인식을 갖고 있었다.[11] 조선에 대해 어떠한 목적에서 어느 곳을 중심으로 어떠한 조사활동을 전개했는지 살펴보자.

---

10 東京地學協會, 「朝鮮浦塩斯德旅行日誌」, 《지학잡지》 25-298, 1913, 723~731쪽.

11 東京地學協會, 「本會事業の大要」, 《동경지학협회보고》 13, 1891, 13쪽.

2) 동경지학협회의 조선사정 조사

(1) 군인의 내지정탐과 상업조사

일본이 조선에 대한 조사를 시작한 단초는 육군참모본부의 군사적 정탐활동이다.[12] 카이즈 미쓰오 소위는 1877년 개항장 교섭을 위해 온 하나부사 요시모토를 수행하면서 한반도의 상황을 탐색하였다. 이듬해 그는 참모부가 설치되자 조선전문 참모관으로 조선팔도 정탐에 나섰다.[13] 하나부사가 1879년에 다시 개항장 교섭을 위해 한성에 올 때 수행하여 지리지 편찬을 위한 자료수집 활동을 벌였다. 이때 수륙형세를 조사하기 위해 남양부 고온포(古溫浦)에 내려 육로로 상경하려고 하였다. 당시 일본인의 육로 통과는 금지되어 있었다. 그럼에도 이들 일행이 강행했던 것은 내정을 정탐하는 데 육로가 수로보다 유리했기 때문이다. 수원유수 김세균은 의정부에 치계를 올려 부당함을 보고하였다. 그러나 하나부사가 조선 정부의 대응에 대해 항의를 하자 이를 받아들여 샛길을 이용하는 것을 허락하였다. 이밖에도 원산, 부산지역에서의 일본 화륜선에 대한 문정(問情) 치계(馳啓)가 있었지만, 이들은 내륙 곳곳을 샅샅이 정탐하고 다녔다.[14]

그는 한성과 원산을 탐험한 뒤 조사기록을 남겼다. 한성의 왕성을 중심으로 지세의 험준 여부와 봉수대의 위치, 풍속에 대해 조사하였다. 그리고 원

---

12 村上勝彦, 「隣邦軍事密偵と兵要地誌」, 『朝鮮地誌略 1』, 龍溪書舍, 1981, 19~27쪽 ; 남영우, 「일제 참모본부 간첩대에 의한 병요조선지지 및 한국근대지도의 작성과정」, 《문화역사지리》 4, 1992, 80~85쪽.

13 이때 충청도 비인현과 서산지역에 수로측량 차 나타난 카이스(海津三雄) 일행에 대한 충청감사와 충청수사의 보고가 있다. 『日省錄』 1878년 8월 7일과 8월 24일.

14 『日省錄』 1879년 4·8·9·10월 기사에 전라감사 심이택, 수원유수 김세균, 덕원부사 김기수, 경상좌수사 한규직, 경상좌수사 이태현의 치계 내용이 보인다.

산거류지를 중심으로 물산상황, 지질 등에 대한 상세한 견문을 보고하였다.[15] 1882년에는 후술하는 미즈노 가쓰기(水野勝毅)와 함께 현지조사를 통해『朝鮮京城圖』를 완성하였다.[16] 다음 해에는 다시 의주와 경흥지방을 4개월간 정탐하여 국경지역의 요해처와 각 지방사정을 조사하였다.[17] 그가 정탐한 지역은 임진왜란 이후 일본인이 처음 들어가서 조사한 곳이기 때문에 나중에 지질학자들이 광산조사를 하는 데 크게 참고가 되었다.

카이즈 미쓰오는 1885년 2월 공사관의 무관으로 임명되어 1887년까지 한성에 주재하였다. 이해 예비역에 편입되어 고향으로 돌아갔는데, 청일·러일전쟁 때 다시 종군하여 평양 병참부사령관을 지냈다. 임시철도감부(臨時鐵道監部) 재료과장으로 경의선 축성공사를 감독하고,[18] 다음 해 육군공병 중좌가 되고 통감부 철도국 촉탁이 되었으며, 민단의원으로 1911년 민단의장을 지냈다.[19]

육군대위 미즈노 가쓰기는 1880년에 일본공사관이 설치되자 2년 뒤 파견되어 공사관 소속 무관으로 있으면서 한성의 사정과 풍속을 조사하였다.[20] 그가 본 한성의 모습은 구습을 깨는 것을 싫어하는 정체된 사회였다. 조선인의 성질은 게으르고 공익을 생각하지 않으며 국위를 만국에 떨치려는 사상이 없는 민족으로 보았다. 그는 임오군란 때 하나부사 요시모토 변리공사, 곤도 마스키 영사를 도와 중요서류를 불사르고 인천으로 도망갔다. 이후 1886년 쓰시마

---

15 海津三雄, 「조선국한성지형개략」, 《동경지학협회보고》, 1879.11.29, 6~10쪽 : 海津三雄, 「漢成風俗」, 1897.12.20, 3~12쪽 : 海津三雄, 「元山津之記」, 1880.2.28, 1~8쪽. 카이즈의 활동에 대해서는 다음 논문을 참조. 小林茂·岡田鄕子, 「19世紀後半期に於ける朝鮮半島の地理情報と海津三雄」, 《待兼山論叢》 42, 大阪大學大學院 文學硏究科, 2008, 1~26쪽.

16 남영우, 『구한말 한반도 지형도』 해설, 성지문화사, 1996, 99쪽.

17 海津三雄, 「朝鮮北部內地の實況」, 《동경지학협회보고》 6-2, 1884, 3~41쪽 : 《동경지학협회보고》 6-3, 11~29쪽.

18 《皇城新聞》 잡보, 「義報一束」, 1904.6.24.

19 《皇城新聞》 잡보, 「統府推薦」, 1907.9.21.

20 水野勝毅, 「朝鮮京城ノ風俗」, 《동경지학협회보고》 4-2, 1882, 15~21쪽.

경비대사령관을 지내고 동학농민전쟁이 일어났을 때는 이를 진압한 일본군으로 활약하였다. 그 공으로 귀국할 때는 포상금을 받았다.[21]

육군소좌 가지야마 데이스케(梶山鼎介)는 성경(盛京)지방에서 압록강에 이르는 지역을 정탐하였다.[22] 성경에서 요양, 요양성에서 봉황성, 봉황성에서 압록강에 이르는 지세, 하천, 산세, 풍속 등을 자세하게 조사하였다. 이러한 상세한 정보는 일본이 청일·러일전쟁을 치르는 데 이용되었다. 가지야마 데이스케는 나중에 방곡령사건이 일어났을 때 공사를 지낸 인물이다.[23]

육군보병대위 시바야마 히사노리(柴山尙則)는 1888년 5월 10일 일본공사관의 무관으로 부임하여 지질학이나 지문학 등의 전문적 분석이 아닌 현지의 목격담을 보고하였다. 그가 파견된 경위는 임시 대리공사 곤도 마스키가 본국의 오쿠마 시게노부 외무대신 앞으로 대동강 연안의 지방상황을 시찰하기 위해 그를 파견하고 싶다고 보낸 상신에서 알 수 있다.[24] 군인정탐의 경우 이러한 절차로 추진하였다. 그는 조선의 하류에 대해 압록강·대동강·한강·낙동강·두만강을 중심으로 지세와 도로사정, 조운과 육로운반, 한·청무역 경계지의 탐문, 조수 간만 차에 따른 배의 통과여부, 강의 요충지 및 결빙상태 등을 상세하게 언급하였다.[25] 특히 낙동강 상류에 있는 안동과 대구, 상주에 주목하여 이 도시들을 부산과 연계시킬 경우 일본의 상업이 상당히 발전할 수 있을 것이

---

21 『日省錄』 1895.10.22, "일본제국 육군 보병대좌 미즈노(水野勝毅)가 군졸을 교습하고 비류(匪類)를 탄압하는 일에 여러 해 노력을 다하였으니 매우 가상하다. 이제 본국으로 돌아가게 되었으니 상금 200元을 하사하라"라는 기록이 있다.

22 梶山鼎介, 「압록강기행」, 《동경지학협회보고》 5-1, 1883, 3~45쪽.

23 배상이행 요구과정에 대해서는 『高宗時代史』 3, 1892, 윤6.12: 『高宗時代史』 3, 8.15: 『高宗時代史』 3, 9.28: 1893.4.3 기사 참조.

24 일본 외무성 편, 「대동강 연안지방상황 시찰을 위한 주재무관 파견 상신」, 1889.5.23, 기밀 제32호, 『일본의 한국침략사료총서』 11, 국학자료원, 1991, 617~618쪽. 이에 대해 6월 6일자 公信 451호로 참모총장 다루히도신노우(熾仁親王)가 회답을 보냈다(앞과 같음, 624~625쪽). 다시 6월 15일자 기밀 제431호로 외무대신이 곤도 마스키(近藤眞鋤)에게 보냈다(앞과 같음, 632~636쪽).

25 柴山尙則, 「朝鮮の下流」, 《동경지학협회보고》 13-6, 1891.11.2, 13~17쪽.

라고 주장하였다. 그리고 인천상업회의소의 에나미 데쓰오(江南哲夫), 히라야마 후사키치(平山房吉)와 함께 시찰한 평양지방의 중국인 밀상에 대한 상황도 보고하였다.[26]

> 지나인의 밀상(密商)은 밀상이 아니고 실로 공공연하게 장사하는 자라고 할 수 있다. 우리가 어찌 이것을 방관할 수 있겠는가. 여기에 우리 일행이 평양에 도착하기 5일 전 즉 6월 28일 지나이사관 원세개(袁世凱)씨는 전보로 전신국에 명령하여 지나인이 평양에 들어가 무역하는 것을 금하고 또한 10일 이내에 평양을 떠날 것을 엄달하였다. 이것은 우리 일행이 평양의 실황을 시찰하기 위해 출발한다고 듣고 마각(馬脚)이 드러나려고 하자 급하게 이 명령을 발한 것이라고 생각된다. 그런데 평양에서 감찰사 민씨가 말하는 바에 의하면 지나의 밀상세력이 점점 더 성해져서 제어하기 어려운 상황이라고 한다.[27]

이처럼 조선사정 정탐은 지형에 대한 자세한 조사만이 아니라 중국의 상인이나 병사들의 동향을 주시하였다. 한편 원산이 개항된 이후 일본상인의 '내지행상'은 조선에서 많은 마찰을 일으켰다. 에나미 데쓰오는 조선의 상업현황에 대해 외국과 무역을 하는 개항장 사정과 각 지방의 영업상황을 서술하였다. 그리고 무엇보다도 중국 상인의 상권장악에 주목하면서 인천·한성만이 아니라 원산에 진출할 경우 예상되는 마찰에 대비할 것을 보고하였다.

---

26 일본 외무성 편, 「평양에서 밀상방지에 관한 평양시찰원의 來書요령」, 기밀 제20호, 1889.7.11.

27 「平壤記事畧」, 《동경지학협회보고》 12-1, 1891, 43~51쪽; 《동경지학협회보고》 12-2, 41~42쪽.

(2) 외무성 관료의 정탐조사

메이지 신정부에게 시급한 것은 조선과의 외교 관계 회복이었다. 이에 외무성 관료들을 조선에 파견하여 개항을 유도하고 조사활동을 본격화하게 된다. 이들은 나중에 거물급 정치인이 되어 당시 조선과도 밀접한 관련을 가지며 영향력을 행사하였다. 먼저 하나부사 요시모토(花房義質)는 1877·1878·1879년에 개항장 교섭을 위해 한성에 왔다. 부산 이외에 두 곳의 개항장을 설정하기 위한 교섭이 진행되는 가운데, 1878년에는 두모진 수세 문제를 해결하기 위해 내한하였고, 이듬해에는 이 사건의 사후처리와 개항장 교섭을 위해서였다. 일본 정부는 개항장으로 어느 곳이 좋을지 전망이 서지 않아서 하나부사에게 모든 것을 일임한 상태였다. 그는 한성 부근과 함경도 방면에 각각 하나씩 물색하여 한성 왕래에 필요한 곳이라는 이유로 인천과 원산을 주목하였다. 협회 강연회에서 부산은 주변에 마산포와 진해만이 있기 때문에 매우 좋은 곳으로 생각했다고 회상하였다.[28] 그리고 후일 무역항으로 목포가 꼭 필요한 곳이라고 전망하였다. 그는 조선에서 인천과 원산을 개항하는 문제로 반대가 있는 것을 알고 그 문제를 해결하기 위해 예조에 다음과 같은 편지를 보냈다.

> 무릇 서울 가까이에 개항하면 뒷날 우리나라 사람들이 왕래하게 될 것을 꺼려서입니까? 그러나 두 나라가 이미 조약을 맺고 친목하여 그 정이 한집안과 같기 때문에 서울 가까이에 개항하면 정의가 잘 관철되고 사무가 쉽게 처리될 것이니 이것은 두 나라가 더욱 희망하는 바입니다. 혹시 사람들이 모여들면 시내가 피폐해지는 것을 꺼려서입니까?—혹시 지대가 요충지여서 변방의 방어책으로 보아 안 된다는 것입니까? 개항한 지대는 어떤 나라를 막론하고 반드시 무력을 갖춰두기 때문에 외부의 침입을 방지하고 내부의 변란을 막을 수 있으니 통상은 안전한 것

---

28 花房義質, 「韓國懷舊談」, 《지학잡지》 20-229, 1908.1.15, 2~3쪽.

입니다. 게다가 우리나라 배들이 끊임없이 오고 가기 때문에 다른 나라로부터 침략당할 염려도 없게 될 것이니 변경 방어는 강화되고 백성들과 물건은 날로 번성해질 것입니다.[29]

이처럼 경제적 침략의 속내는 감춘 채 개항을 요구하였다. 협회 창립멤버인 하나부사 요시모토는 한성에 일본공사관 상주를 결정할 때 초대공사로 임명되고 별기군을 제안하였다. 임오군란 때 공사관을 탈출하고, 이후 제물포조약에서 배상 문제와 일본군 주류 문제를 담당하였다. 그는 개항 이후 일본이 조선 문제에 깊이 개입했던 시기의 영향력 있는 외교관이었던 것이다.

곤도 마스키(近藤眞鋤)는 1876년 10월 25일 외무성 7등출사 관리관으로 부산에 주차하였다. 1879년 외무권소서기관이 되어 하나부사 요시모토를 수행하여 강경까지 갔다가 돌아온 적이 있었다. 좋은 항구를 찾기 위한 목적이었다. 이듬해 3월에 부산영사가 되고 에노모토 다케아키와 와타나베 히로모토의 추천으로 동경지학협회 회원이 되었다. 곤도 마스키는 전라도와 충청도 사이의 진강(鎭江)에 대해서도 조사하였다. 요충지가 어디이며, 선박을 대기 좋은 곳은 어디인지 실사하기 위해서였다.[30] 이때 곤도 마스키가 주목한 곳은 강경 지방으로 금강하류에 있는 호남선의 중요 철도역의 하나이고, 상공업, 어업이 활발하며 육로와 해로가 교차하는 충청산업의 중심이라고 생각했기 때문이다. 또한 두만강 하구의 녹둔도 문제를 거론하며 앞으로 러시아와 국경 문제가 일어날 가능성에 대비할 것을 주장하였다. 즉 조선지도에 녹둔도가 있는 것은 사실이므로 러시아의 점령지로 소문난 것은 잘못이라는 점을 분명히 하였다. 한편 러시아와 조선의 통상 무역장으로 정해진 경흥에 대해 러시아 측이 왕래

---

29 『高宗實錄』, 「일본선함이 홍주 내도에 정박하여 일본공사의 편지를 전하다」, 1879.4.19.

30 近藤眞鋤, 「鎭江記」, 《동경지학협회보고》 1-9, 1879.11.29, 1~5쪽.

가 불편하다는 이유로 다른 지역을 거론하고 있는 문제를 주목하였다.[31] 곤도 마스키는 한반도 안에서 러시아의 영향력이 커지는 것을 크게 우려하고 그 움직임을 예의주시했던 것이다.

한편 그는 이러한 조사를 기초로 조선 지리의 중요성을 인식하고 『朝鮮八域誌』(1881)를 도쿄에서 간행하였다. 부산에서 수집한 『擇里志』를 증보 번역한 것이다. 번역 경위를 밝힌 서문에서 조선사정 안내서는 에노모토 다케아키가 번역한 『朝鮮事情』이 유일한 책인데 풍속은 상세하지만 산천 위치, 주군(州郡) 형세 등의 지리에 대한 내용이 부족하다고 말하였다. 따라서 자신은 『大典會通』을 참고하여 다닌 원산·부산·진강(鎭江)·아산·인천·교동(喬桐)·한성지역의 정보를 자세하게 증보했음을 밝혔다. 이곳들은 개항장과 한성에 인접한 해상교통의 요충지였다. 그는 개항장을 중심으로 일본의 정치적·경제적 세력을 확장하고 상권을 침탈하기 위해 정탐하고 안내서를 준비한 것이다. 임오군란 때는 하나부사 요시모토가 귀국하자 임시 대리공사로 사건을 수습하고 갑신정변 이후 대리공사를 지냈다. 그리고 위에서 본 것처럼 1889년 8월 7일 평안, 황해 연안지방에 청국 상민이 잠상(潛商)하는 자가 많은데도 조선 정부가 이를 묵인하고 있다는 주장을 하여 금압을 요청하였다.[32] 같은 해 10월에는 방곡령 철폐를 요구하였고, 1890년까지 대리공사로 재직하였다.

1884년 동경지학협회 회원이 된 오토리 케이스케(大鳥圭介)는 기술관료로 근대 일본의 식산흥업정책에 공헌한 인물이다. 고부대학(工部大學)[33] 교장, 가쿠슈인(學習院) 원장을 지내고 1889년 주청국특명전권공사로 있으면서 조선 공사를 겸임하였다. 1894년 조선에 부임하여 '내정개혁'을 건의하고 7월에는 군대를 이끌고 경복궁을 점령하는 사건을 일으켰다. 내정개혁을 명분으로 일으킨

---

31 近藤眞鋤, 「朝鮮に就て」, 《동경지학협회보고》 13-1, 1891.4.28, 3~11쪽.

32 『舊韓國外交文書:日案』 권1, 1453호, 「淸潛商默認에 對한 抗議와 日商의 均霑要求」, 고종26년 7월 11일, 675쪽.

33 메이지시대 초기 공부성(工部省)이 창설한 교육기관으로 현재의 도쿄대학 공학부의 전신이다.

청일전쟁 정국의 외교를 담당하였다. 그는 외부대신 김윤식과 한일양국맹약을 체결하여 일본 측에 협조할 것을 강요하였다. 무쓰 무네미쓰(陸奧宗光) 외상은 일본군이 황해해전에서 승리를 거둔 후 갑오개혁과 관련한 일본 정부 내외로부터의 비판을 의식하여 오토리 케이스케 공사를 경질하였다. 후술하듯이 오토리 케이스케는 중국과 조선역사에 관심을 갖고 협회의 월례회에서 여러 차례 강연을 하였다. 그 내용은 동경지학협회 회원 스즈키 노부히토(鈴木信仁)가 쓴『朝鮮紀聞』(1894)에도 수록되었다. 이 책의 저술의도를 "구미열강이 조선을 약탈하려는 것을 걱정하고 조선의 독립을 지키기 위해서"라고 말한 것에서도 이 협회 회원들의 왜곡된 조선인식의 일단을 살필 수 있다.[34]

수상 이토 히로부미의 희망대로 오토리 케이스케 공사의 후임은 내무대신 이노우에 가오루(井上馨)가 임명되었다. 이노우에 가오루는 일본 정부의 요직을 두루 거친 인물로 조선 문제에 가장 정통한 조선통이었다. 일본 정부는 이노우에 가오루를 조선 공사로 임명함으로써 같은 조슈번(長州藩, 지금의 야마구치현) 출신인 이토 히로부미와 군부의 야마가타 아리토모와 유기적인 협조체제 아래 조선의 보호국화를 효과적으로 추진하려고 하였다. 이것은 일본 정부의 대한정책의 중대한 전환을 뜻한다.[35] 이노우에 가오루는 갑오개혁 당시 조선 정부 측에 여러 가지 개혁을 주문하는 가운데 각 부서에 일본인 고문관을 파견하였다. 이것은 보호국체제로 만들어 가기 위한 준비작업의 하나였다. 앞에서 본 것처럼 이 조슈벌이 조선을 식민지로 만드는 데 큰 역할을 했으며 이들은 모두 동경지학협회 회원이다.

다테타 가쿠(立田革)는 1890년 4월 부산 일본영사로 착임한 이래 7월 7일부터 부산에서 인천·한성·원산까지를 견문하고 각 지방의 현상에 대해 밝혔다. 원산의 위생 상태와 의식주에 대해 관찰하고, 함경도와 강원도 국경의 험준

---

34 大久保利夫,『帝國名士叢傳』, 六法館, 1890, 662~666쪽.

35 최석완·최혜주,『근현대 한일관계와 국제사회』, 한국방송통신대학교, 2007, 92~94쪽.

한 요지를 탐문하였다. 그는 산간벽촌에서도 청국의 연호를 쓰고 있는 것에 주목하였다. 그리고 조선의 상등사회에서는 '지나' 풍속을 모방하고 있으며, 하등사회의 주택은 혈거(穴居)가 조금 진화한 상태라고 혹평하였다.[36]

이밖에도 나카다 다카요시(中田敬義, 외무대신 비서관)는 조선풍토의 개략에 대해 설명하면서 먼저 시모노세키에서 인천의 제물포에 이르는 항로를 소개하고, 강화도의 조류가 배를 대기에 매우 불편하므로 항구 건축을 제안하였다. 그리고 양화진을 거쳐 한성까지의 길도 언덕이 연속되고 길이 좁아 운송에 불편하다고 보았다. 한성의 지세가 일본 교토와 비슷하나 생계의 수준이나 여러 사정이 아직 미개국 수준임을 지적하고, 조선의 역사연혁, 왕계(王系), 관제, 세입, 전폐(錢幣), 승병(僧兵) 등을 소개하였다.[37] 그는 한성 근방의 요충지에 해당하는 곳으로 남한산성과 북한산성에 주목하여 과거 승병의 활약상을 지적하면서 한성의 방어 상태를 조사하였다.

나가오카 모리요시(長岡護美)는 화족(華族) 위문사로 청일전쟁의 점령지를 다녀오면서 성경성(盛京省), 위해위(威海衛), 조선의 사정을 조사하였다. 전황에 대해서는 군사상의 기밀이므로 연설하지 않고 회원의 입장에서 실제 견문한 것을 밝혔다. 이 가운데 조선의 토지상황과 조선인의 생활을 중심으로 평양지방을 본 그의 인상은 조선인의 주거, 음식물 등이 '지나'보다 심하게 불결하다는 것과 조선인이 게으르고 열등하다는 점이다. 그러나 요동의 점령지에 비하면 조선이 "경기, 전라도는 곡물이 풍부하고—함경도는 목재가 풍부하여—손을 대면 아주 재미있는 나라라고 생각한다"라고 식민에 적당한 곳이라고 강조하였다.[38]

마가키 유키나가(曲木如長)는 러시아공사관 서기생을 지낸 법률가로 국제

---

36 立田革, 「元山より京城に抵る紀行」, 《동경지학협회보고》 13-3, 1891.9.22, 3~16쪽.

37 中田敬義, 「朝鮮風土概略」, 《동경지학협회보고》 5-2, 1883.6.30, 3~20쪽.

38 長岡護美, 「清韓巡廻中見聞談」, 《동경지학협회보고》 17-1, 1895.6.26, 105~110쪽.

관계에 밝았다. 그는 조선의 통상무역과 여러 사업이 장래 일본에 미칠 영향을 미리 준비할 것을 촉구하였다. 그 대책으로 ① 일본이 청일전쟁으로 귀국하는 '지나' 상인의 상권을 장악해야 한다. ② 조선은 약소국이지만 해산물이 풍부하므로 부원개발이 필요하다. ③ 조선에서 가장 유망한 사업은 광산사업이므로 철도·전신사업과 함께 준비해야 한다. ④ 조선의 독립을 위해 청국과 전쟁하고 있는 지금 식산흥업을 도모하는 것이 긴요하다고 보았다.[39] 이처럼 그는 청일전쟁이 일본상인이 조선에서 약진할 수 있는 기회임을 강조하였다. 아울러 조선이 개발되면 상당한 부원이 예상되므로 이를 협회회원들이 철저히 조사하여 학술연구 자료를 제공해 줄 것을 요청하였다.

(3) 지질학자의 자원조사

조선의 지질을 조사한 전문가는 광산, 부원, 직산금광, 함경도 현황, 지세조사, 지질여행, 견문담 등을 보고한 가네다 나라타로(金田楢太郎), 고치베 다다쓰네(巨智部忠承), 니시와다 큐가쿠(西和田久學), 고토 분지로(小藤文次郎), 이시이 하마지로(石井八萬次郎)가 있다. 1891년 가네다 나라타로가 조선에 파견되어 지질조사를 했는데 독일인 고체(K.C.Gottsche)가 1884년 조사한 이래 처음이었다.[40] 그는 동방협회 회원으로 남부를 여행하고 금과 철에 대한 보고서를 『朝鮮彙報』(1894)에 실었다. 이후에는 동경지학협회에도 가입하여 활동하였다. 대본영(大本營)은 청일전쟁이 일어나자 지질연구소 소장 고치베 다다쓰네에게 요동반도에 대한 지질조사를 명하였다. 일본에서 요동에 대한 지질조사는 처음이었다. 그는 1895년 3월 출발하여 약 1개월간 조사를 마쳤다. 군의 요청으로 지질

39 曲木如長, 「朝鮮ノ商工業ニ就テ」, 《동경지학협회보고》 16-2, 1894.9.25, 25~29쪽.

40 「朝鮮國地質概要」, 《지학잡지》 3-25, 1891.1.25, 19~26쪽.

연구소 소장이 중국에 간 것은 큰 화제였다고 한다.[41] 그러나 조사결과는 군사 기밀이기 때문에 공개되지 않았다. 이후 일본은 시모노세키조약을 체결하고 요동반도를 할양받았지만 삼국간섭으로 중국에 반환하였다.

조선 정부는 1880년대 부국강병을 위한 광업개발정책을 추진하게 되었다. 1885년 이후 감영에서 개광 문제를 주관했으나 광무가 번창해짐에 따라 1887년 광무국을 설치하게 된다. 이후 1895년의 관제개혁에 따라 농상공부에 광산국이 설치되고 하세가와 요시노스케(長谷川芳之助)를 광무고문으로 초빙하였다.[42] 그의 주선으로 니시와다 큐가쿠를 농상공부 광산국의 고원으로 위촉하여 3개월간 광물조사를 하였다. 협회 측은 청일전쟁 후 진행된 만주, 조선 및 대만의 지질조사에 큰 의미를 두고 있었다.

> 만주에는 이학사 스즈키(鈴木敏) 씨가 있고 조선에는 니시와다(西和田久學) 씨가 있어 두 사람이 동서에서 각 귀중한 선물을 가지고 귀국하여, 두 나라에 대한 천연의 진상을 세계의 지학사회에 조회할 수 있는 것이 그리 멀지 않다.[43]

그는 이후 1897년까지 함경·평안·황해·강원도를 조사하고 그 결과를 잡지에 발표하였다. 특히 함경도 지역의 상황을 보고하는 글에서는 중국병사들이 이 지역에서 채굴한 광물을 점령하거나 조선인 관리와 일본인에게 총격을 가하는 일도 있다고 지적하였다. 또한 조선의 장래에 대해 "우리는 조선이 독립국이 될 것인지, 속국이 될 것인지는 어떻게 되더라도 상관이 없다. 무엇보다 가장 중요한 것은 반도국의 부원을 탐색하는 것이다"라고 주장하였다.[44] 단지

---

41 今井功, 「地質調査事業の先覺者たち」(5), 《地質ニュス》, 1964.7, 37~43쪽.

42 내각 편록과, 『農商工部請議書』; 궁내부, 『指令存案』, 1895.

43 「西和田久學氏の鷄林便り」, 「横山氏の臺灣行」, 《지학잡지》 7-78, 1895, 333쪽.

44 西和田久學, 「朝鮮國の富源」, 《지학잡지》 8-88, 1896, 190~195쪽.

일본의 이권만 챙기면 된다는 발상이다. 그가 조사한 지역은 운산금광, 함경도의 영흥·단천·갑산과 평양 등이다. 이 가운데 가장 개발전망이 좋은 곳은 운산이라고 보았다. 이밖에도 철·동·은·석탄 등의 상황과 지질, 산림에 대해 자세히 보고하였다. 그리고 니시와다 큐가쿠가 협회에서 강연한 내용은 열강이 각축하는 조선의 상황에서 일본이 현실적으로 차지할 수 있는 이권이 무엇인지에 대한 정보였다.

> 조선 정부는 이제 일본 고문관을 신앙하는 시대는 지나간 모습이다. 일본인을 전기기사로 고용한다는 계획 중인데도 덴마크인을 고용한다든가, 기타 러시아인을 군무의 고문으로 고용한다고 하는 실로 비일본주의는 역연하다.—미국인은 역시 운산을 독일인은 은산을 러시아인은 함경북도의 회령 및 경흥지방의 광산을 채굴한다고 한다.—철에 대해서는 외국사신의 이야기로는 결코 채굴하지 않는다고 하니, 이것만은 좋은 곳이라도 일본인의 손에 떨어질 것은 분명하다.[45]

한편 조선에서 이시이 하마지로(石井八萬次郎), 고토 분지로(小藤文次郎)에 의해 광산조사가 집중적으로 이루어진 것은 청일전쟁 후 열강의 광업특허권 획득에 영향을 받은 때문이었다. 이시이는 두 차례 한국을 방문하였다. 먼저 1899년 7월 27일 일본 특명전권공사 하야시 곤스케(林權助)가 외부대신 박제순에게 "공학사 사이토 세이이치(齋藤精一)와 이학사 이시이가 각도를 여행하기 위해 호조를 발급해 달라"라는 공문을 보냈다.[46] 이때 동경지학협회의 파견으로 황해도에 갔는데 해로로 가는 방법이 있었지만 내지사정을 파악하기 위해 육로를 선택하고 그곳 광산 관리의 안내로 철광을 점검하였다. 다시 평양으로 가서 영국, 러시아, 일본인이 경쟁하고 있는 무연탄 산출지를 검열해 달라는 부탁

---

45 「朝鮮便り」, 《지학잡지》 8-91, 1896.7.10, 368쪽.

46 『駐韓日本公使館記錄』 14권, 1899.7.27, 照覆 제70호, 「工學士 齋藤精一 等 各地遊歷 護照繕送 件」

으로 부근을 조사하였다. 그리고 원산 영사관에서 사금이 많이 나오는 영흥과 갑산을 조사하였다. 이곳은 동산(銅山)이 있어 앞으로 일본에게 유리한 곳이므로 다른 열강이 손쓰기 전에 선점하기 위해서였다. 그는 "내가 바라고 싶은 것은 사람들이 한때는 조선에 관해서 주의를 했지만 지금은 주의하는 자가 적다는 사실이다. 본회는 조선의 지리를 연구하는 데 진력해야 한다"라고 주장하였다.[47]

두 번째는 조선의 어느 광산을 개발할 것인지 탐색하기 위해 다시 재령, 은산, 갑산, 용담, 직산을 조사하였다. 은산은 이미 영국에서 요구하고 있으므로 영흥을 조사해 달라는 조선 정부의 의뢰가 있었다. 그러나 이시이 하마지로는 일본 공사의 요청으로 직산과 재령의 은율을 조사하고 "이 두 곳이 재미있을 것"이라고 말하면서 가장 전망이 밝다고 진단하였다. 그런 와중에도 미국과 러시아가 조선의 광산을 요구하고 있으므로 서둘러 조사한 것이다. 그는 직산금광의 가능성과 일본인들이 광산개발을 둘러싸고 일으키는 문제점을 지적하였다.[48] 또한 일본 외무성과 공사관의 노력으로 일이 성사되었음을 지적하고 직산금광에서 일본에는 전혀 없는 것이 나와 지질상 상당히 재미있는 곳이라고 말하였다. 특히 경부철도가 개통되면 교통과 운송에 매우 편리하여 일본인의 기업지로서는 상당히 유망하다고 보았다. 그리고 이 지역이 청일전쟁의 전적지 아산이나 성환에 근접해 있어 매우 유익한 곳이라고 생각하여 제국일본의 위상을 과시할 장소로 이용하고자 하였다. 이시이 하마지로는 이 조사를 통해 일본이 직산금광을 개발하는 데 결정적인 역할을 하게 된다.

다음 고토 분지로는 도쿄대학 지질학과를 졸업하고 독일유학을 거쳐 1885년 모교의 교수가 되었고 광물·화산·지질학을 연구하면서 요코야마 마타지로(橫山又次郎), 야즈 쇼에이(矢津昌永)와 함께 근대 일본의 지리학을 대표하

---

47 石井八萬次郎, 「朝鮮漫遊談」, 《지학잡지》 12-133, 1900, 70~71쪽.

48 石井八萬次郎, 「韓國稷山金鑛に就て」, 《지학잡지》 13-149, 1901, 261~269쪽.

였다. 그는《지학잡지》를 창간한 다음 해 두 차례에 걸쳐 14개월 동안 조선의 지질을 조사하였다. 먼저 1900년 8월 하순부터 다음 해 3월 하순까지 강원·경기·충청·전라·경상도 지역이다. 남부지역에서는 진해만이 지리학상 중대한 위치에 있다고 보며 거제도의 중요성을 거론하였다. 또한 1901년 8월 상순 다시 8개월간 두만강·압록강지역을 조사하고 요동·만주철도와 연계될 경우를 우려하면서 조선반도의 정치적 사활이 걸린 지역임을 강조하였다. 이곳의 선로를 소유하는 자가 반도의 패자가 될 것이라고 전망하였다.[49] 그만큼 이러한 지질조사는 순수한 학술조사라기보다는 정치적 목적이 내포된 것이었다. 조사결과를 정리한 글은 1903년 「조선산악론」으로 도쿄제대 논문집에 발표되었고, 『朝鮮全圖』(1903)를 제작하는 밑바탕이 되기도 하였다. 아울러 답사하면서 조사한 도읍, 산, 강 등의 지명을 영문으로 표기한 지명사전 『羅馬字索引朝鮮地名字彙』를 가나자와 쇼자부로(金澤庄三郎)와 공동으로 도쿄제대에서 간행하였다. 고토 분지로의 산맥분류는 그 이후에 나온 야즈 쇼에이의 『韓國地理』(1904)와 통감부의 지리교과서 『高等小學 大韓地誌』(1908)에 영향을 미쳤다.[50] 또한 그의 제자 이토 분지(伊藤文治)는 고토가 "조선은 노인의 형상으로 나이가 많아서 허리는 굽고 양손을 모아서 지나(支那)에 예를 하는 모습과 같다. 당연히 지나에 의존해야 한다"라고 말했다고 소개하였다.[51] 고토 분지로의 조선 지리인식은 중국에 대한 사대성을 강조했던 것이다.

한편 1902년 8월 주한공사였던 가토 마쓰오(加藤增雄)가 농상공부고문으로 초빙되었다. 그도 동경지학협회 회원이었다. 1904년 한일협약에 따라 한국정부는 재정고문과 외교고문을 초빙하였다. 재정고문으로 부임한 메카다 다네

---

49 小藤文次郎, 「朝鮮北部の地勢」, 《지학잡지》 14-162·163, 1902, 478쪽. 간도지역에 대한 답사소식은 《皇城新聞》 1903.3.27, 〈별보〉에도 소개되었다.

50 박민, 「우리나라 산맥의 분류체계 및 명칭의 변천」, 고려대 석사논문, 1996 : 조석필, 『태백산맥은 없다』, 사람과 산, 1997, 38~40쪽.

51 伊藤文治, 「小藤博士の朝鮮山脈論を紹介す」, 《文教の朝鮮》 3월호, 1931, 39~40쪽.

타로(目賀田種太郎)는 재정만이 아니라 광업행정에 적극 개입하기 시작하였다. 외국의 이권청구는 일본의 동의를 얻어야만 가능하였다.[52]

이와 함께 러일전쟁이 종결되자 고치베 다다쓰네가 조선 정부의 초빙으로 1905년 6월 28일 입경하여 농상공부 광무기감(鑛務技監)이 되었다. 그가 광산고문으로 내한한다는 소식은《황성신문》에 보도되었다.[53] 이후 광산조사를 하게 되는 과정을 보면 다음과 같다. 7월 3일에는 일본 공사 하야시가 의정부에 고치베 다다쓰네의 급료 400원과 관사료 80원을 지급해 줄 것을 요청하였다.[54] 의정부는 9월 11일자로 그를 평양광업소관제 제4조에 따라 광무기감 겸 평양광업소 감독에 임명하였다.[55] 그리고 10월 23일 임시 대리공사 오기와라 모리카즈(荻原守一)가 외부(外部)에 고치베 일행의 광산조사여행을 위한 호조 및 훈령을 발급해주도록 요청하고 이를 허가받게 된다.[56] 즉 평안·황해·경기·충청·경상·전라지방의 광산조사였는데 특히 무연탄 개광(開鑛), 제련, 은율의 천광상을 조사하는 데 주력하였다.

그는 조선에서 광업을 천하게 여기고 있는 것을 지적하며 한성의 지질, 광산이 유용하다는 것을 알리기 위해 광상학교를 개설할 것을 주장하였다.[57] 이에 1906년 2월 광상조사 기수교습소를 설치하였다. 기감은 고치베 다다쓰네, 기감 보좌관으로 후쿠이(福井王尋)가 임명되었다. 학생들은 주요광산을 시찰하고 광학에 대한 교습을 받았다. 또한 5월에는 표품(標品)을 진열할 건물을 구입

---

52 이배용,『한국근대 광업침탈사 연구』,「개항후 한국의 광업정책과 광업권 수호운동」, 일조각, 1989, 27쪽.

53 《皇城新聞》잡보,「鑛師渡來」(1905.5.20),「砿山顧問」(6.26),「砿師無涉」(7.8)

54 『各司謄錄』근대편,「광산사무를 정리하기 위하여 내한한 일본인 이학박사 고치베(巨智部忠承)와 조수의 급료 등에 대하여 조회」, 1905.7.3.

55 『通牒』奎17822 제11책, 1907.9.26.

56 『高宗時代史』6,「앞서 일본 임시 대리공사 오기와라 모리카즈(荻原守一)가 外部에 조회하여」, 1905.10.23.

57 巨智部忠承,「朝鮮見聞談」,《지학잡지》19-222, 1907, 472~478쪽.

하려고 재정고문과 의논하여 외교고문 스티븐스의 관저를 구입하고, 이것을 장차 박물관으로 확장시킬 계획을 세웠다. 고치베 다다쓰네는 광산시찰을 위해 교습소의 우등생을 대동하여 견학시키기도 하였다.[58]

이처럼 농상공부는 거의 일본인 기사로 충당되었고, 광산사무국에서 기사를 초빙하려면 반드시 통감부의 승인을 받아야 했다. 1906년 6월 광업법이 공포되면서 모든 광산은 외국인의 이권획득을 위한 목표물이 되었다. 고치베 다다쓰네는 1909년 5월 28일자로 면직되어 돌아가지만 조선에 대한 광산조사는 그 후에도 계속되었고 병합 이후 조선총독부의 지질조사소로 이어졌다. 일제가 조선의 자원수탈을 위해 동경지학협회의 지질학자들을 동원하여 여러 지역을 조사했던 것이다.

3) 동경지학협회 회원들의 조선인식

먼저 조선사정과 여행안내에 나타난 조선 표상에 대해서 보자. 조선을 방문한 일본인들이 처음 느낀 인상은 비슷하였다. 조선인은 개혁을 싫어하고 비위생적인 미개한 존재로 보는 점이다. 시가 스케고로(志賀祐五郎)는《도쿄일일신문》기자를 지내고 대한협회 고문과 흑룡회 회원으로 활동한 인물이다. 그는 조선의 사정을 취재하면서 조선에 관한 정보와 서적의 부족을 지적하고, 사회와 국가 관념도 없는 조선인이 얼마나 나약하고 게으른 존재인지 묘사하였다. 그러면서 조선이 현재는 물론 장래도 충분히 연구할 만한 가치가 있는 곳이라고 말하였다.[59] 이것은 조선이 식민지로 개척해야할 마땅한 곳임을 의미하는 것이다.

니시와다 큐가쿠(西和田久學)는 야만적이고 비위생적인 조선사회가 일본인

---

58 《皇城新聞》잡보, 「砿鑑管屋」(1906.5.17), 「又設博館」(5.24), 「鑛師視察」(8.24)

59 志賀祐五郎, 「朝鮮事情」,《동경지학협회보고》17-2, 1895.7.6, 148쪽.

에 의해 개화되어가는 모습을 강조하였다. 조선인들의 낙천적인 모습은 관리의 수탈 때문에 부자가 되고 싶어 하지 않고, 비가 오면 일을 하지 않거나 아무데서나 낮잠을 자는 무기력한 데서 찾았다.[60] 모두 조선이 가난한 나라라고 말하지만 실제로 가는 곳마다 금(金)이 나오는 물산이 풍부한 곳이라는 주장도 보인다.[61]

그리고 카이즈 미쓰오는 조선의 쇄국과 사대정책을 비판하면서 두 차례의 양요(洋擾)를 물리친 것에 자부심을 갖지만 이것이 바로 국민을 오랫동안 불행하게 만든 요인이 되었다고 지적하였다.

> 대개 그 풍속을 말하자면 구습을 깨고 신규를 여는 것을 좋아하지 않는다. 고루한 풍습에 안주하여 스스로 이것에 안주하는 자가 많다. 특히 자국을 높이고 외국을 전하게 여기는 것이 심하다. 서양 각국에서 행하는 것은 내개 외이(外夷)의 풍속이라고 말한다. 대개 이것을 거절한다. 간혹 서양의 일을 말하는 자가 있어도 이것을 들으려고 하지 않는다. 프랑스와 미국의 정한에 대해 나라사람들은 이것을 외이(外夷)를 만리밖으로 쫓아냈다고 하여 항상 자부한다. 이것이 진정 민소(憫笑)할 만한 일이며 국민을 오랫동안 불행에 추락시킨 원인이다.[62]

동경지학협회는 협회의 평안도와 황해도 상황시찰보고에서 발췌한 여행안내를 다음과 같이 소개하고 있다. ① 통역자 : 조선인 가운데 일본어 가능자가 아니라 일본인 중에 조선어가 가능한 사람이 필요하다. 조선인은 담판 · 흥정 · 취조할 때 짐작해서 말하기 때문에 상대방의 뜻을 충분히 전달하지 못한다. ② 복장 : 조선인에게 경멸을 당하지 않기 위해서 말을 타고 안경과 양복을

---

60 西和田久學, 「朝鮮ノ鑛山調査竝內地ノ情況」, 《동경지학협회보고》 18-2, 1896.2.25, 137~166쪽.

61 西和田久學, 「朝鮮國の富源」, 《지학잡지》 8-88, 1896, 191쪽.

62 海津三雄, 「漢成風俗」, 《동경지학협회보고》 1, 1879.12.20, 3쪽.

착용해야 한다. ③ 휴대품 : 식품조리에 간장과 설탕이 없어 곤란하므로 통조림을 휴대하고 세면도구·약·초·비누, 모포와 모기장 등이 필요하다. ④ 숙박 : 여행할 때 가장 불편한 것은 한전(韓錢)과 비위생적인 여숙이다. 관아에 숙박하고 돈이나 약품, 담배를 주면 좋다. 그리고 권총을 휴대해야 하며 여숙에서는 명령조로 말해야 무시당하지 않는다고[63] 지적하여, 미개하고 불결한 여행지와 조선인에 대한 대처방법을 소소한 것까지 기록하였다.

다음은 조선 종족에 대한 인식을 살펴보면 조선은 일본인의 식민으로 건국된 나라로 보았다. 오토리 케이스케는 먼저 단군의 존재에 대해 증거할 만한 것이 없어 믿기 어렵고, 한 무제가 위만의 손자 우거(右渠) 때에 조선을 속국으로 삼았다고 말한다.[64] 그리고 진구(神功)황후가 주아이(仲哀)천황 9년(200년)에 출정하여 삼한을 정복하고 일본부를 설치하였다. 이후 경상도 서북지역으로 진입하여 신라의 파사매금(波沙寐錦)을 항복시켰고, 그 여세를 몰아 고구려와 백제도 굴복시켜서 일본의 번속으로 만들었다고 한다. 삼국이 일본에게 공물을 바쳤으며 신라의 중신인 호공(瓠公)은 일본인이라고 지적하였다.[65] 또한 신라 4대왕 탈해도 역시 왜국의 동북 1천리에 있는 다파나국(多婆那國) 사람이고, 상고시대에 일본의 스사노오(素盞嗚尊)가 신라를 쳐서 정복하였다. 이후 462년간 번속의 땅을 차지했다고 주장하였다.[66]

앞에서 살펴본 것처럼 오토리는 메이지시대 동아시아 외교의 중심에 있던 인물이었다. 그런 정치가의 조선역사에 대한 안목이 이렇게 일선동조론에 근거하여 상고시대 일본의 속국이었던 조선을 보호국으로 만들고 침략하여 대륙 침략의 발판으로 삼고자 하였다. 그가 1894년 경복궁점령사건을 주도한 점은

---

63 東京地學協會,「朝鮮內地旅行心得」,《동경지학협회보고》12-3, 4, 1891, 53~56쪽.

64 大鳥圭介,「支那東北地方沿革考」(1회),《동경지학협회보고》6-3, 1884, 3~7쪽.

65 大鳥圭介,「支那東北地方沿革考」(3회),《동경지학협회보고》6-6, 1884, 3쪽.

66 鈴木信仁,「日韓交通略史」,『朝鮮紀聞』, 博文館, 1894, 22~29쪽.

우리에게 시사하는 바가 크다.

쓰네야 세이후쿠(恒屋盛服)는 아세아협회(흥아회 후신), 식민협회를 관장하며 조선사정에 관심을 가졌다. 인종적으로 조선인과 일본인이 동일종족으로 골격, 풍속, 언어, 특히 문법에서 비슷하다고 주장하였다. 그리고 조선은 일본의 이즈모파(出雲派)가 식민하여 다스린 나라라고 이해하고 시조 혁거세도 일본의 명족(名族)으로 일본인 이주자가 귀복할 만한 계통을 가진 자라고 말하였다.

> 일본인이 어느 시대 반도에 식민했는가. 그 시대는 알 수 없어도 신라의 건국시대에는 이미 약간의 식민이 있었다고 사유한다. 신라의 시조가 나라를 세운 것은 우리 스진(崇神)천황 때인데, 당시 일본인은 신라 가라의 양국에 이주하여 상당한 세력을 점하고 있었다.—일본인의 식민은 1000명이나 2000명 정도로 경상도의 해안지방에는 적어도 2, 3만 명 있었을 것으로 생각된다.—시조 혁거세는 일본의 명족으로 일본의 이주자가 귀복할 만한 계통을 가진 자임에 틀림없다. 아마 이즈모(出雲)에서 도항한 자일 것이다.[67]

그는 석탈해도 제4대 왕위에 오르지만 일본인이라는 것은 의심할 수 없는 단바노쿠니(丹波國) 출신으로 이 지역은 아메노히보코(天日槍)의 자손이 번식한 지역이다. 가라(加羅)와 일본의 교통선은 낙동강 입구이고, 쓰시마를 통해 산인도(山陰道)와 상통하여 신라의 교통선은 영일만이 된다고 말하였다. 일본의 식민은 이 교통선에 의한 것이고 혁거세, 석탈해, 호공, 김알지의 금궤도 모두 영일만에서 상륙한 일본인이라는 주장이다. 진구황후의 원정이 조선역사에 보이지 않지만 일본의 역사에는 오류가 있을 리가 없으며, 주아이 천황 9년인 신라 내해왕(奈解王) 5년의 일이다. 진구황후의 친정(親征)은 신라국 일부에 한정된 것이며 임나일본부를 설치한 위훈은 영원히 소멸되지 않을 것이라고 주장하였

---

67 恒屋盛服, 「朝鮮種族談」, 《지학잡지》 11-131, 1899, 747~762쪽 ; 동 12-133, 1900, 11~18쪽.

다. 신라는 일본의 이즈모족(出雲族)이 세운 식민국가가 되며, 이러한 조선인식은 동아동문회에서 간행한 그의 『朝鮮開化史』(1901)에서 조선을 식민지로 만들 수 있는 근거를 보여준다.[68]

또한 조선은 진구황후 이래 수차례 외침을 받아온 사대를 국시로 삼는 비굴한 나라로 인식하였다. 중세 이후에는 일본 조정의 도움에 의지해서 국맥을 유지할 수 있었다고 강조하였다. 이를 통해 인종적으로 우수한 일본의 보호와 지배가 필요하다는 점을 부각시키려고 하였다. 고려시대 이후의 조선역사는 혈맥이 문란한 역사로 파악하였다. 즉 고려시대 거란족과 몽고의 침입, 왜구의 침입, 조선왕조 때 여진족의 침입, 임진왜란 때 명나라의 조선부녀 약탈 등에서 혈맥이 문란해졌다고 보았다. 이로 인해 풍속과 언어도 변천되고, 인민의 덕의는 사라졌다고 말한다.[69] 이 점 역시 나약한 조선이 우수한 일본의 지배를 받을 수밖에 없는 이유가 되는 것이다.

한말 학부의 학정참여관을 지낸 시데하라 타이라(幣原坦)는 '지나'가 최초로 조선을 통치한 경험은 한사군 설치라고 주장하였다.[70] 조선은 이때부터 중국의 지배를 받았다는 것이다. 물론 그 이전에 기자조선이 있었지만 '지나'의 망명인이 임의로 한 일이고 '지나' 정부가 조선을 통어하려고 한 것은 아니었다고 보았다. 그는 조선에서 '사대'라고 하는 말은 외교상 가장 중요한 관용어가 되었으며 때로는 나라의 명맥을 좌우할 정도로 의미를 갖는다고 말하였다. 단군의 존재를 부정하는 그는 조선의 역사를 중국을 대국으로 받들어 온 식민의 역사로 이해하여 사대성을 강조하였다.[71]

이들에 의하면 조선의 역사는 상고시대부터 일본과 중국에 의해 지배당

---

68 최혜주, 「메이지시대의 한일관계 인식과 일선동조론」, 《한국민족운동사연구》 37, 2003, 189~194쪽.

69 恒屋盛服, 「朝鮮種族談」, 《지학잡지》 12-134, 1900, 78~84쪽.

70 幣原坦, 「支那が朝鮮を統治したる最初の經驗」, 《지학잡지》 19-223, 1907, 441~457쪽.

71 최혜주, 「시데하라(幣原坦)의 고문활동과 한국사연구」, 《국사관논총》 79, 1998.

해 독립한 적이 없는 역사이므로 결국 일본의 보호와 지배를 받을 수밖에 없다는 논리이다. 이러한 역사왜곡은 메이지시대라는 상당히 빠른 시기에 나타난다는 점에서 중요하다. 이들의 조선사 인식이 반영된 스즈키 노부히토의 『朝鮮紀聞』(1885·1894), 쓰네야 세이후쿠의 『朝鮮開化史』(1901), 시데하라 타이라의 『韓國政爭志』(1907) 등에는 일선동조론이나 타율성론, 당파성론이 강조되어 이후 침략이데올로기로서의 식민사관을 생산해 나가는 출발점이 되었다.[72]

이상에서 살펴본 것처럼 동경지학협회의 회원으로 구성된 군인, 외교관, 지질학자 등은 조선을 정탐하여 일본인에게 침략루트를 제공하고 조선에 대한 왜곡된 이미지를 심어주는 역할을 하였다. 그 결과 침략이데올로기가 생성되고 조선멸시관이 형성되었다. 동경지학협회의 역할이 중요했던 것은 척식국(拓植局) 등의 관청이나 제국대학(帝國大學)에서 혹은 조선 통감부나 총독부에서 본격적인 조사가 이루어지기 전에 선구적으로 조선사정을 조사했기 때문이다.

당시 이 협회의 조사활동을 수록한 잡지나 보고서, 단행본, 지도 등이 식민사상을 보급하고 조선을 식민지로 만드는 데 중요한 역할을 하였다. 그리고 협회의 임원진이나 회원들은 메이지시대를 이끈 거물 정치인, 외교관, 학자들로 일본의 조선정책을 결정하거나 실제로 조선을 침략하는 데 관여하였다. 이들은 두 나라 사이에 일어난 주요 사건마다 직·간접으로 가담하였다. 개항장 교섭, 강화도조약 체결, 임오군란, 갑신정변, 동학농민전쟁, 경복궁점령사건, 청일·러일전쟁 전후 일련의 조약체결, 철도·광산의 이권침탈, 통감부·총독부의 관료와 고문 등으로 조선을 침략하고 자원을 수탈하였다. 나아가 일제강점기 제국대학의 교수로서 체계적인 학문토대를 구축하고 식민통치를 이론적으로 뒷받침하는 역할도 하였다.

---

72 이 저서들이 내포한 식민사관의 문제점에 대해서는 다음 글을 참조. 조동걸, 「植民史學의 成立過程과 近代史 敍述」, 《歷史教育論集》 13·14, 1990 : 이만열, 『한국 근현대 역사학의 흐름』, 푸른역사, 2007 : 최혜주, 『근대 재조선 일본인의 한국사왜곡과 식민통치론』, 경인문화사, 2010.

2. 일본 동방협회의 조선사정 조사활동과 조선인식

동방협회는 1891년 소에지마 타네오미(副島種臣)를 중심으로 설립된 단체로 동북·동남아시아, 오스트레일리아, 남양까지도 관심을 갖고 이 지역들을 조사 연구하여 20여 년간 활동했다. 이 글은 19세기 말 일본의 대외침략이 본격화할 때 동방협회가 조선을 대륙침략의 교두보로 만들기 위해 조선에 대한 사정 조사와 연구를 통해 조선 문제를 어떻게 인식했는지 밝히는 데 목적이 있다. 여기에서 동방협회에 주목하는 것은 일본 내에서 영향력이 있는 정·관계, 군인, 민간 지식인 등을 망라하여 조선 문제에 관심을 표명하고 있었으며 근대 일본인의 조선인식 형성에 영향을 미친 아시아주의 단체이기 때문이다. 아시아주의는 일본의 근대 형성기에 새로운 질서에 적응하면서 등장한 사상이며 일본의 대외팽창을 정당화하는 이념적 역할을 하였다. 동방협회에 대해서는 국내에서 발표된 연구는 거의 없으나 일본에서 야스오카 아키오(安岡昭男)가 협회의 설립취지와 임원구성 및 회원을 정리하고 창립주도자인 소에지마 타네오미의 역할을 다룬 연구, 하자마 나오키(狹間直樹)의 동방협회의 설립 및 중국과의 관련 연구, 아사이 사치코(朝井佐智子)의 동방협회 러시아어학교와 박영효가 설립한 친린의숙(親隣義塾) 지원에 관한 연구가 있다.[73]

이 글은 동방협회의 기관지인 《東邦協會報告》(1891.5~1894.7, 통권 38호)와

---

73 安岡昭男, 「東邦協會についての基礎的研究」, 《法政大學文學部紀要》 22, 法政大學, 1977.3;安岡昭男, 「東邦協會と副島種臣」, 《政治經濟史學》 169, 日本政治經濟史學研究所, 1980.6;狹間直樹, 「初期アジア主義についての史的考察」, 《東亞》 414, 霞山會, 2001.12;朝井佐智子, 「東邦協會露西亞語學校の變遷と實態」, 《愛知淑德大學現代社會研究科研究報告》 7, 愛知淑德大學大學院現代社會研究科, 2011;朝井佐智子, 「東邦協會の親隣義塾支援に關する一考察」, 《法政論叢》 48(1), 日本法政學會, 2011.11.

《東邦協會會報》(1894.8~1914.7, 통권 213호)를 중심으로[74] 동방협회가 조선에 대해 어떠한 관심을 갖고 정보를 수집했는지 알아보려고 한다. 먼저 동방협회의 구성원, 운영, 주요활동, 회원동향 등을 분석한다. 다음 조선에 대한 조사활동이 어떻게 이루어졌는지 검토한다. 마지막으로 동방협회 회원들의 조선인식에 대해 살펴본다. 일본이 청일전쟁에 승리한 후 대륙침략의 일환으로 조선에 대한 여러 조사를 단행하고 조선을 강점할 계획을 준비하고 있던 상황의 한 단면을 볼 수 있기 때문이다.

1) 동방협회의 설립과 주요활동

(1) 협회의 설립과 구성원

동방협회는 1891년에 창립되었는데 그 준비는 1890년 1월부터 오자와 가쓰로(小澤豁郎), 후쿠모토 마코토(福本誠), 시라이 신타로(白井新太郎)가 시작하였다. 오자와 가쓰로는 1874년 일본이 대만을 침략했을 때 육군중위로 거사에 참여하고 1884년 중국에 파견되어 군사 목적의 첩보활동을 한 뒤에 '대륙낭인'이 되었다. 후쿠모토 마코토는 일본신문사를 창간하고 청일전쟁 시 종군기자로 참가했으며, 이노우에 마사지(井上雅二)와 함께 동아회를 결성하고 아시아

---

74 《동방협회보고》는 창간 이후 매월 1회 발행되었는데 1894년 7월호가 발행금지 되면서 8월호부터 《동방협회회보》로 이름을 바꾸어 1914년까지 간행하였다. 발행금지와 중간의 이유는 자세하지 않으나 청일전쟁과 제1차 세계대전 발발이 관계가 있어 보인다. 그리고《동방협회회보》를 재간하면서 「告示」에 "본 회보의 논설기사는 오로지 학술적 범위의 것이며, 결코 현금의 정사(政事)와 관계되는 것은 일체 싣지 않았음"을 밝힌 것으로 보아 정사에 관계되는 글이 발매금지의 이유였던 것으로 추정된다. 기관지의 내용은 논설, 보고, 시찰담, 강연기록, 해설, 지지(地誌), 번역, 시보, 잡록, 회보기사, 부록 등으로 구성되어 있다. 앞의 하자마(狹間直樹) 논문 69쪽 참조.

표 1-4 동방협회 회원 명부(《동방협회보고》 1호 게재, 1891년 현재)

이름	주요 경력	비고
板垣退助	자유당총리, 내무대신	자유민권운동 주도
伊東已代治	추밀고문관, 입헌정우회	《도쿄일일신문》 사장(1891)
犬養毅	중의원의원, 문부, 체신, 총리대신 역임	아시아주의단체, 아세아협회 발기인
池辺吉太郎(三山)	《大阪朝日新聞》, 《東京朝日新聞》 주필	대러개전 주장
市村瓚次郎	도쿄제대 교수	동양사학자
石川要七	*	
石山仁之助	*	
岩城金七	*	
井上哲二郎	도쿄제대 교수	국가주의 철학자
井口省吾	청일·러일전쟁기의 군인	육군대장(최종계급)
原田十衛	政友會代議士, 東京市長 助役	
原敬	조선주재공사, 외무차관, 총리대신	
林田龜太郎	중의원서기관겸 농상무성참사관, 중의원서기관장	《東京每夕新聞》 주필
西毅一	국회개설운동참가, 閑谷黌黌長(1884)	
西忠義	지방지청장, 임시제실편집국 촉탁	『明治天皇紀』 편집
星亨	중의원의원, 체신대신, 입헌정우회	조선 정부 법률고문
鳥尾小弥太	육군중장, 귀족원의원, 추밀고문관	
千村長治郎	*	
尾崎行雄	중의원의원, 문부대신, 사법대신	
岡倉覺三(天心)	専修學校 교관	도쿄미술학교, 일본미술원 설립
太田芳藏	육군소위	
小城忠次郎	*	
渡辺國武	대장대신, 체신대신	
渡辺清	福岡縣令, 귀족원의원, 福島縣知事	
渡辺義郎	*	

和田維四郎	지진학자	조선 정부 농상공부광무고문(1909)
片山逸五郎	*	
河野廣中	정당정치가, 중의원의장	아시아주의 단체인 아세아협회 발기인
加古貞太郎	변호사, 법학자	총독부소속 법학교교수
神尾光臣	육군대장 출신, 화족	청일전쟁 참전
甲斐孝	*	
金井保三	다쿠쇼크·도요·도쿄·와세다대학에서 중국인에게 일본어교육	
吉川泰次郎	일본 郵船會社 사장	
吉野致知	*	
高橋健三	《大阪朝日新聞》 논설위원, 정치가	
谷干城	육군사관학교장, 가쿠슈인 원장, 귀족원의원	
田口卯吉	경제학자, 중의원의원	
田中隆三	농상무관료, 중의원의원	
高橋寬		총독부 체신관서 서기(1927)
高橋昌		원산고등여학교교유(1939)
高松保郎	賣藥業, 秋山愛生館 창업자	'弘道愛民主義'
副島種臣	외무경, 추밀고문관, 내무대신	
塚原周造	관료, 상선학교 교장	동양기선회사 설립
中江篤介(兆民)	사상가, 언론인, 중의원의원	
長尾槇太郎	五高(현 熊本대학) 한문교수	
中橋德五郎	체신성 철도국장, 실업가	
中野二郎	日清貿易研究所 수학, 中露語學校 설립	대륙낭인 양성
中村忠吉	《조선신보》 사장(1905)	
中村豊治郎	*	
榎本武揚	해군중장겸 주러공사, 체신상, 농상무상, 문상, 외상	
陸實(羯南)	《일본신문》 사장	국민주의 정치평론가
久島惇德	*	『紀和鐵道沿革史』(1906)

倉辻明俊	육군 군인, 청일·러일전쟁 종군	
熊本謙二郎	*	
矢野文雄	《大阪每日新聞》부사장, 청국특명 전권공사	
山口宗義	대만총독부 민정국재무국장	
柳原楠次	청일전쟁 시 중위(소대장)	
山田鉦吉	*	
松浦鼎三	工兵대위, 러일전쟁 시 블라디보스토크에서 첩보활동	丸山通으로 變名
福本誠(日南)	일본신문사 창간, 청일전쟁 종군기자, 중의원의원	동아회 결성
藤田茂吉	개진당의 사상가	『文明東漸史』(1824)
福原直道	東京始審裁判所 검사	도쿄법학교 강사
古莊嘉門	熊本國權黨, 대만총독부 민정국 내무부장	
小澤豁郎	참모본부출사, 福州에서 첩보활동	대륙낭인
小山正武	대장성 서기관	
小村壽太郎	주한변리공사(1895), 외상(1901)	명성황후시해 사건처리
小島忠里	立憲政黨(1882년 참여), 변호사	민권론자
小林鋥三	*	
小宮三保松	東京始審裁判所 검사(1890)	조선 정부 궁내부차관(1909)
小林直太郎	*	
鄕敏儒	『板垣南海翁之意見』(1890) 발행	兵庫縣 출신
新井章吾	동양자유당 결성, 중의원의원	大阪사건 조선도항부대 책임자
天野禮次郎	*	
赤木萬次郎		경성사범교장(1923)
齋藤修一郎	외상 井上馨 비서(1883)	내무고문
坂本格	대만 산업개발에 종사, 撫順거류민 회장	
齋藤鷲郎	*	
北村三郎(川崎三郎)	「합병건의서」 초안 작성, 『日淸戰史』 저술	총독부임시토지조사국 서기보(1918), 중앙조선협회원(1935)
北川武	육사졸업 독일유학, 청일전쟁 시 귀국	병참부사령관

菊池武德	《時事新報》 기자, 《朝野新聞》 사장, 중의원의원	
岸田吟香	《도쿄일일신문》 주필, 실업가, 대륙낭인	東亞同文書院 설립, 흥아회
菊池晋二	東海銀行 頭取	
箕浦勝人	《郵便報知新聞》 사장, 중의원의원, 체신대신	
三浦梧樓	육군중장, 주한공사	
三宅雄二郎(雪嶺)	政敎社 조직, 《일본인》 발행	
見目又四郎	*	
柴四朗	중의원의원, 소설가	'국권신장론' 동아동문회
志賀重昻	지리학자, 중의원의원, 《일본인》 창간	일본영어학교 출신
白井新太郎	대만총독부 촉탁, 실업계, 중의원의원	대륙낭인(漢口 樂善堂)
土方久元	농상무대신, 청일전쟁 시 궁내대신	
平佐是純	육군기병학교 초대교장	
森肇	변호사(경성에 개업), 대의사	
森田文藏(思軒)	《郵便報知新聞》 경영, 《万朝報》 입사	번역가
森田源右衛門	*	
望月龍太郎	대러동지회 멤버	일진회 일본인고문
正田喜一郎	*	
杉江輔人	政敎社·《일본인》 同人	도쿄영어학교 출신
杉浦重剛	《일본인》, 《일본》 발행, 국수주의자	동아동문서원 원장
菅了法	중의원의원, 승려	《동양신보》 창간
鈴木經勳	외무성 御用係, 《扶桑新聞》 입사, 『남양탐험실기』(1871)	청일전쟁 종군기자
鈴木券太郎	《山陽新報》 주필	국권주의적 언론인
鈴木成章	마닐라 일본영사관 書記生	

* 표기는 소속 및 약력을 알 수 없음

주의 단체 현양사(玄洋社)[75]를 창립한 인물이다. 시라이 신타로는 1886년 상해의 낙성당 한구(漢口)지점에서 활동한 '대륙낭인'의 한 사람으로 청일전쟁 후에 동아동문회[76]에 참가한 인물이다. 이들의 창립취지에 찬성한 고야마 마사다케(小山正武), 야마구치 무네요시(山口宗義), 쿠가 미노루(陸實), 야노 후미오(矢野文雄), 미노우라 가쓴도(箕浦勝人), 히사시마 아쓰노리(久島惇德), 고무라 주타로(小村壽太郞), 사이토 슈이치로(齋藤修一郞), 다카하시 겐조(高橋健三) 등이 11월 5일 도쿄의 요정(料亭) 호시오카사료(星岡茶寮)에서 창립회의를 열고, 1891년 7월 7일에 제1회 총회를 개최하였다. 창립 임원은 소에지마 다네오미(副島種臣, 추밀원 부의장), 와타나베 쿠니다케(渡辺國武, 대장차관), 고야마 마사다케(小山正武, 대장성 서기관), 다카하시 겐조(高橋健三, 관보국장), 쿠가 미노루(陸實, 《일본신문》 주필 겸 사장), 미노우라 가쓴도(중의원의원), 스기에 스케토(杉江輔人, 政教社 사원), 히사시마 아쓰노리(久島惇德), 기타무라 사부로(北村三郞, 저술가), 이케베 기주로(池辺吉太郞, 일본신문사 객원기자), 오자와 가쓰로(小澤豁郞), 후쿠모토 마코토, 시라이 신타로이다. 협회 설립의 취지와 사업목적은 "동양 제국(諸國)과 남양 제도(諸島)에 관한 강구"를 내걸고 학술연구 단체를 표방하였다.

설립 당시의 「동방협회의 설치취지」에 의하면 "여러 나라가 빈번하게 식민지를 찾고 무역지를 찾는데, 서남 제주(諸州)가 이미 넘어가고 우리 동양에 미친다. 일본·지나는 실로 그 요충에 해당하는데, 고식책에 안주하여 서로 바라보고만 있다—동양의 선진을 자부하는 일본제국은 근린 제방의 근상(近狀)을

---

75 1881년 후쿠오카에 본거지를 두었으며 아시아주의를 표방하는 정치단체로 명성황후 시해사건을 일으켰다. 창립회원은 다음과 같다. 平岡浩太郞, 杉山茂丸, 頭山滿, 箱田六輔, 大原義剛, 福本誠, 內田良五郞, 進藤喜平太, 月成功太郞, 末永純一郞, 武井忍助, 古賀壯兵衛, 的野半介, 月成薰, 兒玉音松, 吉田磯吉, 鈴木天眼.

76 1898년 11월에 동아회와 동문회가 결합하여 만들어진 단체이다. 동아회는 청일전쟁 이후 진보당계 정치가, 제국대학, 와세다대학 학생 중 중국 문제에 관심이 있는 사람들이 중심이 되었다. 동문회는 1898년 6월 설립되어 일청무역연구소를 설립한 아라오 세이(荒尾精) 문하의 대륙낭인과 고노에 아쓰마로(近衛篤麿)가 경영하는 정신사(精神社, 나중에 時論社로 개칭)의 합작에 의해 나온 단체이다.

자세하게 알고 실력을 가지고 외부에 펼치며 이로써 태서제국과 균형을 동양에 보존할 계책을 강구하지 않으면 안 된다. 미개지를 개척하며, 불행한 나라를 도와야 한다"라고 언급하였다. 서구열강이 식민지를 찾기 위해 그 여세를 몰아 동양으로 진출하려 할 때, 동양의 '선진국'인 일본이 그 실력을 외부로 펼칠 것을 주문하고 있는 것이다.

청일전쟁에 승리한 뒤인 1902년 6월에 개정된 〈취지서〉에 의하면, 협회의 역할에 대해서 "열강의 동방 경영에 대한 관심이 심해지고 있다. 그러므로 지금부터 일본이 강국으로서의 설비와 실력을 충실히 하고 청·한의 독립과 자위를 부익하기 위해서는 동방협회의 역할이 이전보다 다섯 배는 많아졌다"라고 언급하여 청·한을 열강의 간섭으로부터 배제시키기 위해 일본의 적극적인 팽창 정책의 필요성을 주장하였다. 즉 서양의 침략에 대항하여 일본이 아시아를 지도해야 하며 협회의 적극적이며 주도적인 역할을 주문하고 있다. 이 점은 동방협회의 아시아주의 단체로서의 성격을 드러내는 것이다.

동방협회의 목적과 사업에 대해서는 「동방협회 사업순서」에서 구체적으로 밝히고 있다.[77] 이 규정은 1902년에 개정되어 "동방의 평화를 보장하여 인문의 발달을 기도하는 것을 목적으로 한다"라고 학술연구의 성격을 강조하고 있다. 사업은 그 일환으로 조사부의 역할을 강화하여 "지리, 무역, 식민, 식산,

---

77 《동방협회보고》 1호, 1891.5, 5~6쪽.

제1조 본회는 주로 동양 제방 및 남양제도에 관한 다음 사항을 강구한다.

지리, 상황(商況), 병제, 식민, 국교(國交), 근사(근세사), 통계, 식산(1895년 10월 개정으로 첨가)

제2조 위 강구를 보익하기 위해 본회는 국제법 및 구미각국의 외교정책 및 식민무역의 일을 강구한다.

제3조 위의 강구에 의해 얻은 결과는 본회 보고로 이것을 세상에 공개한다.

제4조 위 강구자료로서 본회는 동·남양에 관한 다음 서적을 수집한다. 통신, 신문, 잡지, 저술, 구기(舊記)

제5조 본회는 실지 시찰을 위해 탐험원을 세 지방에 파견한다.

제6조 본회는 강구의 부속으로 하나의 학관(學館)을 설치하고 본회의 목적에 따라 이것에 응할 인재를 양성한다.

제7조 본회는 강구의 결과를 세상 사람에게 보여주기 위해 강담회를 개최한다.

제8조 본회는 재료의 수집을 기다려 동경에 서적관 또는 박물관을 설치해야 한다.

제9조 회원 역원 및 유지비 건은 다시 세칙을 가지고 이를 규정한다.

교통, 통계, 재정, 민력, 군비, 국교(國交), 근사(近史), 문학, 미술, 교육, 종교" 분야로까지 확대할 것을 명시하였다.

임원과 회원규정을 보면 창립 시에 회두(1명) 부회두(1명) 평의원(12명) 회계감독(1명) 간사(2명)이었던 것이 1895년 10월에 개정되어 회두(1명) 부회두(1명) 평의원(40명) 회계감독(1명) 간사장(1명) 간사(1명)로 바뀌었다. 회두로는 소에지마 타네오미(副島種臣, 내무대신)를 1892년에 추대하였고, 부회두는 1893년 3회 총회에서 고노에 아쓰마로(近衛篤麿, 귀족원의장)를 선출하였다. 고노에가 사망한 뒤에는 구로다 나가시게(黑田長成, 귀족원부의장, 1899.8)와 가토 다카아키(加藤高明, 외상, 1902.3)가 취임하고 있다. 구로다가 회두로 승격한 이후에는 가토가 부회두를 맡았다. 회계감독은 와타나베 쿠니다케(渡辺國武)로 그는 대장차관과 장관을 역임한 인물이다. 간사장은 이나가키 만지로(稻垣滿次郎, 타이주재공사)→이토 유칸(伊東祐侃, 1904.12, 통감부서기관, 《경성일보》 사장)→치가미 기요오미(千頭淸臣, 1908.12, 전 내무관료, 귀족원의원)→나카다 다카요시(中田敬義, 1912.4, 전 외무성정무국장)→테라오 도루(寺尾亨, 1912.8, 전 도쿄제대 교수, 법학자)가 각각 맡았다. 간사는 발족 다음 해 후쿠모토 마코토(편집), 시라이 신타로(서무), 고바야시(小林定修, 회계) 외에 야마다 이타로(山田猪太郎), 소에지마 미치마사(副島道正), 가바야마 아이스케(樺山愛輔), 이토 유칸, 가와무라 슌조(川村純藏), 혼마 도쿠지로(本間德次郎), 소에지마 야소로구(副島八十六), 무라마쓰 코이치로(村松恒一郎), 미쓰지 추조(三土忠造), 가토(加藤太郎松), 혼다(本田貞介), 가토 후사조(加藤房藏), 가나야마(金山尙志), 오오카 치카라(大岡力), 미시오(三塩熊太), 가와쿠보(川久保健) 등이 맡았다.

당시 동방협회의 임원은 물론 회원에는 이누가이 쓰요시(犬養毅), 쿠가 미노루(陸實), 나카에 초민(中江兆民), 마쓰가타 마사요시(松方正義), 마키노 노부아키(牧野伸顯), 고토 쇼지로(後藤象次郎), 아오키 슈조(青木周藏), 가토 다카아키(加藤高明), 아라오 세이(荒尾精), 고무라 주타로(小村壽太郎), 타니 다데키(谷干城), 도야마 미쓰루(頭山滿) 등 유력 정치가 관료들이 많이 참여하고, 최초의 아시아주의 단체인 흥아회[78]의 책임자 소네 도시토라(曾根俊虎)와 회원들이 있었다. 동방협회가 20여 년간 존속하는 중에 청일전쟁, 러일전쟁, 한국병합 등 중요한 사건이 일어날 때마다, 일본의 대외정책이 팽창정책으로 가는 데 영향력을 행사하였다. 조선과 관련된 인물로는 이토 히로부미(伊藤博文), 하라 다카시(原敬), 호시 도루(星亨), 미우라 고로(三浦梧樓), 고미야 미호마쓰(小宮三保松), 이시즈카 에이조(石塚英藏), 하야시 곤스케(林權助), 하나부사 요시모토(花房義質), 오카모토 류노스케(岡本柳之助), 오이시 마사미(大石正巳), 오미와 초베에(大三輪長兵衛), 오에 타쿠(大江卓), 쓰루하라 사다키치(鶴原定吉), 쿠니토모 시게아키(國友重章), 이노우에 가쿠고로(井上角五郎), 오토리 케이스케(大鳥圭介), 쓰네야 세이후쿠(恒屋盛服), 우가키 가즈시게(宇垣一成), 메카다 다네타로(目賀田種太郎), 사이토 마코토(齋藤實), 미즈노 렌타로(水野鍊太郎), 소네 아라스케(曾禰荒助), 고마쓰 미도리(小松綠), 미쓰지 추소(三土忠造), 오다 쇼고(小田省吾), 오기와라 모리카즈(荻原守一), 사와야나기 마사타로(澤柳政太郎) 등이 있다(〈표 1-5〉 참조). 이들은 통감과 총독, 총독부 관료, 고문관, 주한공사 등으로 조선의 정치 외교와 깊이 관련되어 일정하게 영향력을 행사한 인물들이다.

이밖에도 중국의 양계초(梁啓超)와 한국의 박영효(朴泳孝), 김윤식(金允植), 이강(李堈, 의화궁 전하), 이학규(李鶴圭, 주일조선 공사), 윤치오(尹致旿, 일본유학생 감독), 이준용(李埈鎔, 일본유학), 김익남(金益南, 일본 자혜의원의학교 입학), 박용화(朴鏞和, 주차일본공사관 2등참사관, 주일특명전권공사), 이지용(李址鎔, 주일전권공사), 현영운(玄暎運, 특명전권공사), 조남익(趙南益, 시종원 시종), 고원식(高源植, 내각 서기관), 김영진(金寧鎭, 내각총리대신 비서관)도 있었다. 박영효는 1895년 7월 역모사건으로 일본에 망명했을 때 회원으로 가입하고 김윤식은 같은 시기에 외무아문대신에 임명되었을 때 가입한 것 같다. 이강과 윤치오는 1899년에 신입회원이 되었고 이준용과 김

---

78 1880년 3월 10일에 해군군인으로 중국에서 첩보활동을 하던 소네 도시토라(曾根俊虎)가 중심이 되어 설립하였다. 청·일관계가 류큐(琉球)처분과 임오군란으로 악화되어 갈 때 양국의 제휴론을 내걸고 결성된 단체이다. 나중에 아세아협회로 개칭되어, 새로이 동아동문회가 설립되자 합류하였다.

표 1-5 조선과 관련이 있는 동방협회회원

	조선 주재 시 주요 경력	비고
伊藤博文	초대 통감(1905)	
星亨	법부 고문관(1895)	동아동문회 회원
長谷川芳之助	농상공부 고문관(1895)	
大庭寬一	내부 고문관(1895)	『朝鮮論』 간행
石井菊次郞	인천영사(1896)	
原敬	조선주재공사(1896)	방곡령사건
小宮三保松	궁내부차관, 이왕직차관	
石塚英藏	통감부·총독부 총무장관	
林權助	주한공사(1900)	한일의정서(1904) 체결
花房義質	초대 주한공사(1880)	제물포조약, 흥아회
岡本柳之助	궁내부 겸 군부 고문관	강화도조약 수행원, 명성황후시해 주도, 국수주의자, 대륙낭인
大石正巳	조선주재변리공사(1892)	
大三輪長兵衛	철도원감독(1900), 재정고문	財界人으로 경부철도건설에 간여
大江卓	궁내부 水輪院감독(1902)	일본특파원, 경부철도회사 발기인
鶴原定吉	통감부 총무장관, 궁내부차관	
國友重章	《한성신보》 주필, 경성신문사 감독	명성황후시해 사건, 동아동문회 간사
杉村濬	공사관서기관 겸 한성영사(1891)	명성황후시해 사건
三浦梧樓	주한공사(1895)	명성황후시해 사건
小村壽太郞	주한변리공사(1895), 외상(1901)	명성황후시해 사건 처리
井上角五郞	외무아문 고문(1893)	《한성순보》 창간 참여, 갑신정변 개입
大鳥圭介	특명전권공사(1889), 조선공사(1893)	
恒屋盛服	내각관보보좌관(1894)	동아동문회 회원
目賀田種太郞	탁지부 고문(1904)	
小松綠	통감부서기관(1909), 외사국장	'병합준비위원회' 간여
三土忠造	학정참여관(1906)	학부 교과서편찬
萩原守一	영사대리(1896), 공사관서기관(1903)	
曾禰荒助	부통감, 통감(1909)	
小田省吾	학무국 편집과장, 경성제대교수	
水野鍊太郞	총독부 정무총감	간토대지진시 내무대신

齋藤實	해군대신, 총독	3대(1919~1927), 6대(1929~1931)
宇垣一成	총독	임시 대리총독(1927), 7대(1931~1936)
望月龍太郎	일진회 고문	대러동지회 멤버
齋藤修一郞	내부 고문관(1894)	
內田良平	통감부 촉탁(1906), 일진회고문	천우협(1894), 동아동문회, 흑룡회 주간
和田維四郞	농상공부 광무고문(1909)	
加古貞太郞	총독부소속 법학교 교수(1910)	변호사
伊東祐侃	통감부서기관, 《경성일보》 초대 사장(1906)	전 《大阪朝日新聞》 주필
大岡力	《경성일보》 2대 사장(1908)	청일·러일전쟁 종군기자(《중앙신문》)
德富蘇峰	《경성일보》 감독(1910-18)	일본 《국민신문》 사장
加藤房藏	《경성일보》 5대 사장(1918)	전 《山陽新報》 주간, 《同源》 발행
宇都宮太郞	조선군사령관(육군대장)	3.1운동 탄압
澤柳政太郞	총독부 임시 교육조사위원회 위원촉탁(1922)	
美濃部俊吉	조선은행총재(1916), 총독부 산업조사위원회 위원촉탁(1923)	
副島道正	《경성일보》 8대 사장(1924)	동궁시종, 실업가, 귀족원의원
高橋寬	총독부체신관서 서기(1927)	
高橋昌	원산고등여학교교유(1939)	

익남은 같은 해 일본에 유학 중일 때 가입하였다. 이학규와 박용화, 이지용은 주일공사로 있을 때 가입하였는데, 이지용은 1907년 부회두 가토 다카아키의 소개로 종신회원이 되었다. 현영운은 1904년 특명전권공사로 일본에 파견된 뒤 종신회원에 가입하고 있으며, 조남익, 고원식, 김영진은 모두 간사의 소개로 1907년에 회원이 되었다.

평의원은 매년 반수를 개선하였다. 최초 평의원은 쿠가 미노루(陸實), 다카하시 겐조(高橋健三), 오이 겐타로(大井憲太郎), 스기우라 슈고(杉浦重剛), 고야마 마사다케(小山正武), 시가 시게다카(志賀重昂), 미야케 유지로(三宅雄二郎), 스기에 스케토(杉江輔人), 이노우에 데쓰지로(井上哲次郎), 나카하시 도쿠고로(中橋德五郎),

호시 도루(星亨)였는데 나중에 24명이 되고 1895년 10월의 임시총회 결의로 40명이 증원되었다. 평의원은 협회사업이 확장되면서 미술가, 실업가, 군인 등으로 그 분야가 확대되었다. 다시 1902년 3월 총회에서 20명을 증원하여 60명이 되었다. 이는 협회의 목적과 사업이 개정되면서 조사부를 설치하여 사업 분야를 확대한 것에 따른 조치였다.

회원규모와 회비에 대해서 살펴보면 회원 수는 1891년 5월 발족 시 101명, 동 9월에 407명, 1892년 12월 790명, 청일전쟁 직후 977명, 1898년 1200명, 1900년 이후 하강되었지만 러일전쟁 이후 증가되어 1910년 준회원을 제외하고 700명 정도가 되었다.[79] 기존의 유력회원들이 1898년 10월 27일 동아동문회로 흡수되었고, 1901년에 대러시아 강경단체로 흑룡회가 성립되어 회원들의 이동이 이루어졌다. 협회의 유지는 회비와 기부로 충당하며(제16조) 회비는 제17조 규정에 의하면 "도쿄회원은 매월 50전 지방회원은 매월 30전으로 한다. 회원의 증가에 따라 이것을 감할 수 있다. 다만 일시에 50원을 내는 자는 본 항의 회비를 납부하지 않고 수신회원 자격을 얻는다. 더욱 기납 회비는 본인의 청구에 따라 이 금액에서 공제하는 것으로 한다"라고 되어 있다. 종신회원을 모집하여 이들에게 받은 돈은 ① 협회구락부의 설치, ② 회보개량, ③ 서적출판, ④ 기타 협회의 확장사업에 지출하였다.

(2) 주요 활동

동방협회의 활동은 강담(연)회 개최와 시찰원 파견, 교육사업, 지나조사회 결성, 출판활동을 들 수 있다.

① 강담회는 둘째 토요일 오후 1시부터 개최되었으며 간사의 판단으로 공

---

79 安岡昭男, 『明治前期大陸政策史研究』 第12章 東邦協會についての基礎的研究, 法政大學出版局, 1998, 225쪽.

개여부를 결정하였다. 그리고 1891년 7월 31일부터 조선, 중국, 만주 등지로 시찰원을 파견하기 시작하였다.[80] 현지의 사정을 조사한 시찰원이 돌아온 뒤에는 그 내용을 소개하는 강연회를 개최하기도 했다. 즉 군인, 외교관이나 정치가, 실업인, 학자 등에 의한 조사가 이루어졌다. 여기서는 조선에 관한 조사내용을 시기별로 소개하고 조사 목적에 대해서는 다음 3장에서 주제별로 자세하게 살펴본다.

- 1884년 가지야마(梶山鼎介, 육군중좌)의 만주, 압록강 정탐 소개.
- 1889년 3월 28일(이름불명) 부산항에 도착, 경성까지 15, 6일간 예정으로 시찰.
- 1889년 이와키(磐城, 해군함장 겸 수로부 측량반장)와 다카기(高木英次郎, 해군소좌)의 대동강 수로 탐색.
- 1889년 시바야마(柴山尙則, 육군보병대위)의 조선 식노 성담, 군사 기밀시항 조사.
- 1891년 1월 스즈키(鈴木環, 해군대위)의 수로 탐색.
- 1891년 7월 24일부터 12월까지 가네다(金田楢太郎, 지질학사)가 부산, 경성, 평양, 원산, 함흥, 원산, 경성, 충청도의 지질조사.
- 1893년 봄 이나가키(稻垣滿次郎, 외교관)가 부산, 원산, 시베리아, 함경, 강원, 경기, 경성 시찰.
- 1894년 6월 후쿠모토(福本誠, 창립 발기인), 미야케(三宅雄三郎, 언론인)를 파견.
- 1895년 5월 야마다(山田猪太郎, 정당인)를 파견.
- 1896년 오바(大庭寬一, 조선 내무고문관)가 재직 중 조사한 내용을 『조선론』으로 발표.
- 1897년 7월 20일 시무라(志村作太郎, 대한철도회사 상무감독)가 조선 신개항장 목포와 진남포 조사.

80 「東邦協會四週年報」, 《동방협회회보》 12호, 1895.7.28, 1~2쪽. 시찰원을 파견하는 비용은 회비, 은사금이나 기부금 등으로 충당하였다(「동방협회 제5주년 총회기사」, 《동방협회회보》 29호, 1896.12.20, 4쪽).

- 1898년 7월 19일부터 8월 4일까지 부산상업회의소 시찰원이 부산, 낙동강의 양산, 밀양, 영산, 대구, 성주, 고령, 초계, 의령, 칠원, 창원, 김해의 수해 및 농업 상황 시찰 보고 소개.
- 1898년 12월 14일에서 다음 해 1월 8일까지 미야모토(宮本羆, 부산영사대리)가 구포, 김해, 창원, 함안, 진주, 의현, 영풍, 대구, 신령, 연천, 경주, 울산을 거쳐 경상도의 미곡출하를 시찰.
- 1900년 8월부터 고토(小藤文次郎, 지질학자)가 경상, 전라, 충청, 경기, 강원 5도를 탐사.
- 1901년 8월부터 고토(小藤文次郎)가 함경, 평안, 황해 3도의 지질학을 조사.
- 1904년 고무치(神鞭知常, 정치가)가 부산과 인천, 목포, 군산, 원산항, 아산과 개성, 경성시찰.
- 1905년 3월 1일부터 8개월 간 미야케(三宅義道, 육군보병대위)가 함경도 성진에 상륙하여 관북의 지형, 생활 개황, 경작 경황, 산림 경황, 하천 경황, 천산물을 조사.
- 1905년 3월 28일부터 5월 9일까지 덴(田健次郎, 체신차관)이 여순, 영구, 요양, 봉천에, 요양에서 마천령, 봉황성, 안동현, 신의주, 평양, 진남포, 경성, 인천, 부산, 마산포를 시찰 조사.
- 1906년 기모쓰기(肝付兼行, 해군중장)가 한국항만 조사에 대한 강연.
- 1906년 기하라(木原, 사가현청 수산 기사)가 사가현청의 명령을 받아 한해(韓海)의 어황을 시찰 조사.
- 1906년 6월 21일부터 다음달 13일까지 혼마(本間德次郎, 협회간사)가 만한과 북한 시찰, 원산, 서호진, 독진, 청진을 거쳐 경성, 회령, 두만강 부근 시찰조사.
- 1907년 9월 20일 고바야시(小林房次郎, 농사시험장 기사)와 나카무라(中村彦, 농상무기사)가 한국 습속·교육 조사.
- 1907년 아오야기(青柳新次郎)가 간도 및 북한 조사.
- 1910년 가토(加藤房藏, 언론인)가 청·한(清韓)을 시찰 조사.

② 교육사업 확장. 협회는 교육사업을 중요하게 인식하였다. 그것은 일본이 '동양의 맹주'가 되어 아시아주의를 확산시키기 위해서였다. "금일 세계의 형세를 보면 동양을 이끌고 동양을 진정으로 문명화 하는 것이 가능하다면 이것은 일본인이 하지 않으면 안 된다"[81] 라고 언급한데 잘 나타나 있다. 이러한 취지아래 도쿄에 러시아어학교가, 조선에는 경성학당이 설립되었다. 러시아어학교는 1892년 1월 11일 도쿄 간다(神田)에서 개교하였다. 속성을 목적으로 본과 2년, 연구과 1년을 수업연한으로 개설하였는데, 입학자의 연령은 14세 이상이었다. 1894년 첫 졸업생을 배출한 이후의 실적은 알 수 없다. 경성학당은 1894년 동방협회가 조선에 일본의 문화를 전파하기 위해 기획한 것으로 조선교육연구회와 해외교육회가 만들어지면서 1896년 4월에 개교하게 되었다. 동방의 '선각자'로서 일본의 책임을 완수하기 위해 교육사업을 추진한 것이다.[82]

③ 지나조사회 설립. 1899년 9월 18일 간친회에서 후쿠모토 마코토(福本誠)가 지나조사회 설립을 제창하여 만장일치로 의결하였다. 다음 해 2월 5일에 화족회관에서 발기회를 개최하여 후쿠모토 마코토가 준비위원, 구로다 나가시게(黑田長成) 부회두가 위원장이 되었다. 동방협회가 주축이 되어 이에 참가한 단체는, 동아동문회, 아세아협회, 대만협회, 지학협회, 일본무역협회, 요코하마쇼킨은행(橫濱正金銀行), 대만은행, 오쿠라구미(大倉組), 미쓰이(三井)물산주식회사, 실업단체, 각 상업회의소 등이다. 지나조사회는 편찬과 탐험을 사업으로 하면서 '지나'와 열강의 형세를 주로 논의하였다.[83]

④ 단행본과 협회기관지 발행. 단행본은 『大日本商業史』(菅沼貞風, 1892), 『海上權力史論』(미해군대좌 Mahan, 1896), 『佛國革命時代』(Mahan, 1900), 『東邦近世史』(田中萃一, 1900), 『東邦小鑑』(1900), 『朝鮮彙報』(1893), 『朝鮮論』(大庭寬一, 1896),

---

81 「동방협회임시총회속기록」, 《동방협회회보》 15호, 광고, 1895.10, 90~94쪽.

82 本多庸一, 「朝鮮教育談」, 《동방협회회보》 40호, 1897.11, 60~79쪽.

83 「본회기사」, 《동방협회회보》 66호, 1900.2, 12~14쪽.

『支那新論』(佐藤宏, 1898) 등이 있다. 협회기관지는《동방협회보고》와《동방협회회보》가 매월 1회 발행되었다. 협회보를 발행하는 이유를 동양과 남양지역을 연구하기 위함이라고 언급하였다.

> 청·한의 여러 항구와 홍콩 등 동남아의 주요 지역이 일본과 무역에서 직접 관계가 있음에도 아무런 정보가 없다. 그렇다면 일본 국민이 힘써야 할 곳은 어디인가? 그것은 구주나 미주가 아닌 동양, 남양이 급함을 알게 하기 위함이다. 이 지역을 강구하기 위해서는 동양의 문화와 역사를 강구하여 실업자·위정자·입법가·학자에게 그 자료를 제공하기 위함이다.[84]

이밖에도 협회의 활동은 동양의 정세에 대한 의견 개진과 외교현안에 대한 건의를 들 수 있다. 전자는 청일전쟁을 앞두고 동양의 정세가 절박해지면서, "동방의 정치·인종·종교·미술·역사를 조사하고 동방 문제 중에 아국이 해야 할 사업을 지정하여 임무를 완수해야 한다"라고 밝혔다. 후자는 스페인, 버마에 공사관을 설치하여 통상조약을 체결하였다. 영사관 설치를 건의하거나 영·미·일·러 4개국 회의를 열어 연합조약을 체결할 것을 건의하는 등의 활동을 하였다. 이는 협회의 이름으로 총리에게 건의한 것이다.

> 기타 이 동방협회의 건백에 의해 세워진 영사관도 여러 곳이 있다—동방협회에서 나의 우인(友人) 오이시(大石)군 등이 연설한 6대 항로나, 혹은 항만조사의 일이나, 기타 동양대정책(일영동맹, 만한 문제)처럼 모두 그 당시에 참으로 이상적인 거의 이루어질 수 없는 것이라고 했던 것이지만, 금일에 보면 착착 사실로 행해지고 있다. 이 동방협회라는 것은 정당 밖에서 관민 일치하여 이 일본의 외교라는 것을 연구하고 한걸음 세상에 앞서 이상적으로 우리 국민을 이끌고 간다는 위치에서 10년 이

---

84 「東邦協會報告發兌の理由」,《동방협회보고》1호, 1891.5, 7~10쪽.

상도 지난 협회라고 믿고 있다.[85]

이처럼 동방협회는 동양과 남양을 알자고 하는 학술적 목적에서 시작된 것이지만 동양의 정세가 급박해지면서 외교·시사·상공업 등의 문제에 대한 의견을 기관지를 통해 세상에 적극 제시하였다. 이를 위해 동방의 정치·인종·종교·역사 등을 조사하고 협회가 추진할 사업이 무엇인지 연구하는 것을 목적으로 삼았다. 이러한 기초 위에 수집하고 연구한 모든 정보와 자료를 가지고 "확장적으로 해외에 진출하여 활동할 것"을 촉구하였다.

2) 동방협회의 조선사정 조사활동

(1) 군인의 성탐소사

일본이 조선에 대한 조사를 시작한 단초는 육군참모본부의 군사적 정탐활동이다. 카이즈 미쓰오(海津三雄) 소위가 1877년 개항장 교섭을 위해 온 하나부사 요시모토(花房義質, 대리공사)를 수행하면서 한반도의 상황을 탐색하였다. 이듬해 그는 참모부가 설치되자 조선전문 참모관으로 조선팔도 정탐에 나섰다. 1879년에 하나부사가 다시 개항장 교섭을 위해 한성에 올 때 수행하여 지리지 편찬을 위한 자료수집 활동도 벌였다. 부산, 원산지역 등과 내륙 곳곳을 정탐하고 다녔다.[86] 하나부사는 동방협회 회원이었다. 육군소좌 가지야마 데이스케(梶山鼎介)는 성경지방에서 압록강에 이르는 지역을 정탐하였다. 지세, 하천, 산세, 풍속 등을 자세하게 조사하였고, 이 정보는 일본이 청일전쟁과 러일전쟁을 치르는 데 이용되었다. 동방협회는 이 조사 자료를 10년이 지난 뒤에도 유용

---

85 「稲垣公使の答辭」, 동방협회 제15회 총회, 《동방협회회보》 146호, 1907.4, 10~12쪽.

86 최혜주, 「일본 동경지학협회의 조사활동과 조선인식」, 《한국사연구》 151, 2010, 242~243쪽.

한 정보라고 하여 협회의 기관지에 재수록 하였다.[87]

그리고 육군보병대위 시바야마 히사노리(柴山尙則)가 1889년 조선 깊숙이 들어가 산해, 지리, 형세를 시찰한 내용을 소개하고 있다.[88] 그는 1888년 5월 10일 일본공사관의 무관으로 부임하여 정탐활동을 벌였다. 조선의 하류에 대해 압록강, 대동강, 한강, 낙동강, 두만강을 중심으로 지세와 도로사정, 조운과 육로운반, 한청무역 경계지 탐문, 조수 간만 차에 따른 배의 통과여부, 강의 요충지 및 결빙상태 등을 상세하게 언급하였다.[89] 동방협회는 그의 유작인 『이순신전기』도 수록하여 조선이 일본의 안위를 위해 중요한 지역임을 소개하고 있다.

> 일본의 외성 외곽은 조선이다. 일본으로 하여금 오랫동안 동방독립의 존엄과 안녕을 완수하게 하려면 그 외성 외곽인 조선반도로 하여금 항상 일본제국의 국시(國是)에 일치 시키지 않으면 안 되는 것은 논의를 기다리지 않는다. 조선의 인항(咽吭, 요해처)은 전라 경상 2도에 있다. 그중 전라 해도에 있다. 그러므로 일본은 항상 이것에 주의하여 언제라도 경상 전라의 해도를 액수(扼守)하여 이것을 점령하고 관제(管制)할 실력을 충분히 완비하고 있지 않으면 안 되는 것은 분명하다.[90]

이와 비슷한 시기 일본은 대륙으로 진출하기 위한 거점의 하나로 대동강 개항을 준비하기 위해 해군을 통해 서해안의 수로탐색 작업을 벌였다. 동방협회는 이곳의 중요성을 인식하여 기관지에 자세한 내용을 수록하였다. 하나는 1889년 이와키(磐城)함장 겸 수로부 측량반장과 해군소좌 다카기(高木英次郎)의

87 梶山鼎介, 「滿洲盛京省首府奉天府より鴨綠江に至る紀行」, 《동방협회회보》 2호, 부록, 1894.7, 13쪽.

88 柴山尙則, 「朝鮮古俊傑李舜臣傳」, 《동방협회회보》 38호, 1894.7, 1~2쪽.

89 柴山尙則, 「朝鮮の下流」, 《동경지학협회보고》 13-6, 1891.11.2, 3~17쪽.

90 柴山尙則, 「朝鮮古俊傑李舜臣傳」, 《동방협회보고》 38호, 1894.7, 1~2쪽.

실측에 의해, 둘은 1891년 1월 해군대위 스즈키(鈴木環)가 실험한 것이다. 대동강 입구, 대동강 부근의 기후, 조류, 대동강 남측 및 부근의 도서, 침로법(針路法), 대암동각 근방, 대동강, 묘지(錨地)에 관한 내용이다.[91]

유사시 일본군의 한반도 상륙과 함께 전쟁수행의 필요성이 제기될 경우를 대비하여 주요 항만을 조사하는 일은 동방협회의 중요한 관심사의 하나였다. 해군중장 기모쓰기 가네유키(肝付兼行)의 강연에 의해 그 일단을 살필 수 있다. 그는 해군 수로부의 측량과장과 수로부장으로 35년간 해군 수로부 사업에 종사하여 측량에 뛰어난 인물이었다. 수로부 사업이란 내외의 해안해면을 측량하여 해군 전략전술의 중요자료가 됨과 동시에, 항해지도의 중요도구인 해도(海圖)와 수로지(水路誌)를 만들어 이것을 부내 및 세상에 널리 공급하는 사업이다. 그는 진해만이 매우 중요한 군항인 것은 쓰시마와의 거리, 몇 십 척의 함정 정박이 가능하고 방위 등에서 편리한 지형임을 이유로 든다. 그리고 마산포는 장래 한국이나 만주에 일이 생길 비상시에는 일본의 대군대가 상륙할 지점으로 부산보다 지정학적으로 우수하다고 말한다. 영흥만은 러시아의 블라디보스토크의 군항에 대항할 만한 해군 근거지로 중요하다고 보았다.[92] "아국이 진해만과 영흥만을 한국으로부터 해방(海防)에 필요한 지역으로 빌리는 것은 동양평화의 보장에서 실로 그 마땅함을 얻은 것"이라고 언급하여, 장래에 있을 러시아와의 전쟁을 예상하여 해군을 통해 정탐작업이 이루어지고 있음을 알 수 있다. 아울러 그는 일본과 거류민의 이익을 위해 인천항을 수축하는 것이 필요하다고 보았다.[93] 인천이 동양의 해안 중에서 조수 간만 차가 가장 현저한 곳이기 때문에 한국 정부는 물론 통감부가 나서서 이 일을 추진할 것을 제안한 것이다.

---

91 「朝鮮西岸の水路」, 《동방협회보고》 6호, 1891.10, 41~55쪽.

92 肝付兼行, 「韓國の港灣に對する私見」, 《동방협회회보》 141호, 1906.11, 6~9쪽.

93 肝付兼行, 「韓國の港灣に對する私見」, 《동방협회회보》 142호, 1906.12, 24쪽.

군인들의 정탐조사는 특히 북한지역의 사정조사에도 신경을 써서 육군보병대위 미야케(三宅義道)가 1905년 3월 1일부터 8개월간 작전근무를 하며 조사한 내용을 기관지에 수록하였다.[94] 함경도 성진에 상륙하여 임명, 길주, 명천, 경성, 수성, 부령, 백사봉, 회령 및 만항령을 거쳐 두만강에 이르는 과정과 10월 23일 청진에서 승선하여 개선하기까지의 기록이다. 관북의 지형, 생활의 개황, 경작의 경황, 산림의 경황, 하천의 경황, 천산물을 소개하고 있다.

이처럼 동방협회는 창립 후 바로 조선 등지로 시찰원을 파견하기 시작하였지만 청일전쟁 이전에는 군사기밀 사항의 정탐을 위해 이전에 추진되었던 카이즈 미쓰오(海津三雄) 소위나 시바야마 히사노리(柴山尙則) 대위의 정탐내용을 기관지에 다시 소개하고 있다. 그리고 해군장교 등의 해로 실측내용을 강연회에서 소개하여 개항장이나 낙동강, 대동강 등은 물론 조선의 지리 형세에 대한 파악이 중요함을 강조하였다. 러일전쟁 이후에는 러시아를 경계하기 위한 방편으로 북한지역의 사정조사에도 착수하였다.

(2) 외교관·언론인의 조선사정 조사

스에나가 준이치로(末永純一郎)는 한국 정부의 재정고문 오미와 초베에(大三輪長兵衛)의 비서로 조선에 체재하면서 조선사정을 조사했다. 《일본신문》 편집장을 지내고 조선과 중국의 혁명가와 교유한 인물이다. 청일전쟁 시에는 종군활동을 벌였고 러일전쟁을 촉구하는 대러동지회에 참가하여 전쟁여론을 조성하기도 하였다. 그는 후술하듯이 조선이 왜 가난하며 위급한가를 지적하여, 지정학적 조건, 임진왜란으로 인한 조선 문화의 파괴, 무기력하고 게으른 민족성, 관리의 가렴주구, 구습 추종을 이유로 들고 있다.[95]

---

94 三宅義道, 「北韓事情」, 《동방협회회보》 134호, 1906.4, 11~18쪽.

95 末永純一郎, 「朝鮮の現勢竝日本との關係」, 《동방협회보고》 11호, 1892.3, 43~47쪽.

외무성 통상국장으로 방곡령사건 처리를 위해 1892년 조선에 출장을 온 하라 다카시(原敬)는 당시 자신이 견문한 조선사정이 책에 기록된 것과 많이 다르다고 보았다. 그는 청국이 주시하고 있는 조선은 전도가 용이하지 않은 나라임을 깊이 기억하지 않으면 안 되고, 조선인은 세인이 상상하는 것처럼 게으르고 가난한 인간이 아니라고 강조한다. 집은 왜소하지만 의복은 청결하며 이것은 게으른 인간이 할 수 없다. 경작을 하거나 등짐을 진 것을 보면 힘이 강해서 모든 일을 배워서 하고 있다. 또한 현저한 미곡산출량이 있으므로 지질이 세인이 생각하는 것처럼 척토가 아니라는 분석이다. 조선 정부가 부패하다면 이것을 조금 고치면 어느 정도 좋은 나라가 될 것이라는 전망을 가졌다.

> 가능한 일본인은 조선이라는 나라를 잘 알 필요가 있다.―조선은 잘 알면 상당한 이익이 있을 것이지만 다수의 일본인은 아직 모른다. 조선은 며칠이나 걸려서 갈 수 있는가? 어디에서 며칠 걸려 갈 수 있는가를 모른다.―어떻게 하면 이익을 얻을 수 있는지를 모른다.―내지의 괜찮고 장사에 경험이 있는 사람이 착수하지 않기 때문이다. 착수해도 실패하는 일이 있지만―훗날 이익을 얻을 전망도 세우지 않는다.[96]

이렇게 그는 조선사정에 거의 무지한 일본인의 태도를 지적하고 조선을 알게 되면 일본인의 이익이 반드시 많아질 것이라고 생각하였다. 더구나 토지에서는 상당한 미곡이 나오는 데 비해 세금은 매우 싸기 때문에 사금을 채취하는 것보다 미곡을 거두는 것이 낫다는 분석이다. 따라서 앞으로 조선에 무엇이 얼마 있는지 충분하게 조사해야 할 것이라고 강조하였다. 같은 시기 언론인 출신으로 중의원의원을 지낸 스에히로 시게야스(末廣重恭)는 낙선되자 흥아회에 간여하고 1892년에 청국, 조선, 연해주를 시찰하였다. 이 때 일본이 조선의 상업에 착목하지 않으면 안 되는 이유를 조선이 정치상 부패하고 가난한 나라이

---

96 原敬, 「朝鮮事情一斑」, 《동방협회보고》 21호, 1893.1, 68~69쪽.

기 때문이며, "'지나'에게 패배한다면 외국과 자손에게 미안할 뿐 아니라 호주의 항로나 구라파의 항로를 넓히는 것이 어렵게 되므로" 일반인은 물론 정치가가 주의해야 한다고 다음과 같이 언급하였다.

> 조선은 정치상 어떠한 곳인가. 도저히 신선한 공기가 있는 곳으로 보이지 않는다. 실로 부패하였다. 생선이 부패되어 눈이 빨갛게 되는 것도 있고 살이 부패되어 악취가 나는 것도 있다. 그중에는 벌레도 생긴다. 지금 조선은 요리가 불가능할 정도이다. ① 재정상 곤란하다. ② 관리의 급료가 적다. ③ 병대가 2천이라고 하나 실제는 30인 정도이다. ④ 경찰은 잔혹하다. ⑤ 인천 경성의 무역상황을 보면 실로 탄식할 만하다.[97]

협회의 간사장 이나가키 만지로(稲垣満次郎)가 1893년에 조선과 시베리아를 여행한 것은 동방 문제가 일본의 대외관계의 토대를 정하는 데 중요한 지역이라는 인식에서 직접 확인해 보기 위해서였다. 그는 먼저 부산의 일본인 및 중국인 거류지를 시찰하고 원산에서 시베리아로 들어간 뒤 귀국했다. 원산에서는 함경도, 강원도, 경기도를 지나 경성에 와서 수일간 체재하면서 조선의 관리, 각국 공사를 만나 조사하고 인천의 거류지를 거쳐 부산에서 나가사키로 귀국하였다. 그는 이때의 인상을 1893년 12월 24일 강연회에서 다음과 같이 연설하고 있다.

> 조선은 나라의 위치, 면적, 인구 등이 반드시 경멸할 수 없는 나라이다—그러나 애석한 것은 이 나라는 군주가 독재하고 외척이 권세를 마음대로 하여 정강이 분란하다. 종교, 인종, 풍속 등 국가성립은 형장(形丈)은 있지만 실질에 이르러서는 모두 망한 것이다. 사람들이 금일 조선을 칭해서 망국이라고 하는 것은 실로 당연한 것

---

97 末廣重恭, 「東亞形勢一般」, 《동방협회보고》 21호, 1893.1.

이다. 그러므로 조선은 일·러·지 혹은 타국 가운데 가장 세력을 얻은 자에게 장래 복종해 가기 때문에 이 나라에 직·간접으로 이해득실을 가지고 있는 나라는 조금도 소홀히 할 수 없는 상태가 되었다. 즉 제국이 조선 문제에 대해서 더욱 주의를 끄는 바는 조선 외교가 현금 매우 문제가 되어 드디어 동방책의 어떠한 것도 조선 문제를 결정할 형세가 된 것이다.[98]

이나가키 만지로가 주목한 것은 첫째, 조선은 어떤 나라인가, 둘째, 중국의 조선에 대한 정책은 어떠한가, 셋째, 러시아를 어떻게 경계할 것인가에 있다. 먼저, 조선의 지리적 위치는 아시아 혹은 구라파 제국에게조차 중요한 의미를 갖는다. 북으로는 러시아와 경계를 접하고 동남은 일본, 서남은 중국과 이웃하기 때문이다. "만일 삼국이 병사를 내는 일이 있다면 조선의 운명은 거의 알 수 없다. 즉 이 가운데 일국에 복종하지 않으면 안 된다. 조선은 독립해 갈 힘이 없는 것은 분명하다." 이것이 일본이 조선 문제에 소홀히 할 수 없는 이유가 되는 것이다. 다음 조선에 대한 중국 정부의 태도 문제이다. 중국은 일본세력이 날로 성대해지는 것을 좋아하지 않아 미국의 요청대로 조약교섭을 알선하여, 일본이 혼자 조선을 차지하는 것을 방해하려고 했다는 것이다. 그러나 그 결과는 "'지나'의 속국이 되지 않고 도리어 '지나'로부터 절리한 조선이 구미제국과 조약을 맺었기 때문에 그 실제가 중립지의 모습이 되었다"라고 주장하였다.[99]

이와 같이 동방협회는 군사 정탐 외에 외교관, 언론인, 정치가 등의 소속회원(末永純一郎, 原敬, 末廣重恭, 稻垣滿次郎, 大庭寬一)을 조선에 파견하고 있다. 그들은 조선의 내정, 문화, 경제상황, 생활습속을 조사하였다. 그리고 특히 조선의 지정학적인 중요성을 감안하여 조선은 물론 청, 시베리아지역을 아울러 조사하면서 외교 문제에 주목하였다.

98 稻垣滿次郎,「朝鮮と列國との關係を論じて我國對外策の氣勢に及ぶ」,《동방협회보고》34호, 1894.3, 33쪽.

99 앞과 같음.

(3) 상업조사

다음 동방협회에서 주목한 것은 개항장은 물론 내지까지 침투하여 활동하고 있는 '지나' 상인을 배제하고 일본의 상권을 확장시키기 위한 조사였다. 그것은 일본인이 '지나' 상인을 이길 수 없는 이유가 숫자상 일본이 열세일 뿐만 아니라 내용적으로도 일본상인의 안일한 자세, 금융 불편이 문제라고 보았기 때문이다.[100] 특히 '지나' 상인의 상업 침략을 우려하여 일본 정부와 외교관의 신중한 대처를 요구하는 주장도 보인다.

> 그러므로 상업적 침략은 특히 특권을 장악하는 방법에서 나오며 저들은 그 풍속, 습관 생활의 정도에서 조선의 실업에 부적당한 인물이다. 그러므로 우리나라가 일면 최혜주의에 의해 특권의 균점을 주장함과 동시에 다른 일면에서 상권을 팔도내지에 확장할 방침을 취하면 결코 저들이 나중에 눈을 휘둥그레 하게 걱정하지 않을 것이다. 이것은 단지 상업성략을 일정하게 하여 이것을 행하는 데 재한상인의 일치결합과 정부 외교관의 특별한 주의와 보호를 가지고 하는 데 있다.[101]

앞에서 살펴본 것처럼 하라 다카시(原敬)는 조선에 무엇이 있는지 철저하게 조사할 것과 내지행상의 중요성을 거듭 강조하였다. 즉 내지행상은 일본상인보다 '지나' 상인이 많기 때문에 압록강과 의주무역을 중심으로 주의할 필요가 있으며 누구의 간섭 없이 일본이 장악할 수 있는 어업을 독점해야 한다고 주장한다.

---

100 中川恒次郎, 「朝鮮の外國貿易附漁業の景況」, 《동방협회보고》 20호, 1892.12.

101 久住呂藤太郎, 「朝鮮實業意見」, 《동방협회회보》 28호, 1896.11.20, 25~27쪽.

> 조선인은 어업에서는 지금 혼돈태고의 민과 같이 절대적으로 어기(漁技)를 모른다. 고기를 잡는 것을 모른다. 이에 반하여 일본인은 어느 정도 숙련되어 있으므로 현저하게 잘 잡는다. 지나인도 일본인과 경쟁이 되지 않는다. 다른 외국인도 와서 잡지 않는다. 구미인은 고래 잡기를 좋아하고 그 기술에도 장점을 갖는다. 그러나 인천 이외에 사는 구미인은 아직 조선해에 많이 내왕하는 고래도 잡지 않는다. 이것은 완전히 일본인만의 이익이다. 이것은 장사 이익과는 전혀 별개로 일본인민이 혼자서 얻을 수 있는 이익이다.[102]

이처럼 청일전쟁 이전까지 조선의 상권장악은 일본보다 중국에게 유리한 것이었다. 따라서 동방협회 차원에서도 이 문제에 대한 조사와 논의는 주요사안이었다. 아직 일본에서 장사 경험이 있고 괜찮은 사람들은 조선에 가기를 꺼려하고 삭수해도 실패하는 일이 많았기 때문이다. 이에 조선이란 나라가 어떠한 나라인지, 며칠을 걸려 갈 수 있으며 어떻게 하면 이익을 얻을 수 있는지 장래 어떠한 부문에서 가능성이 있는지 전망을 세우고 추진하는 일이 중요하다는 인식에서 개항장을 중심으로 한 내지상권 조사가 있었던 것이다. 특히 청일전쟁 이후에는 전후경제의 방침에 대한 가네코 겐타로(金子堅太郎)의 글이 주목된다. 세계 무역에서의 상전(商戰)의 중요성을 지적하고 이에 대한 대응방법으로 항로확장, 화물보험, 해외금융, 해외지점 경영, 해외실업 연습생, 해외시찰 등을 거론하였다.[103] 아울러 청일전쟁 이후 개항장을 중심으로 한 자세한 정보제공이 기관지에 수록되었다. 예를 들면 목포, 진남포, 부산항 등에 대한 개항장 상황과 무역에 대한 정보였다.[104]

일본인들이 주목하는 부산항은 지정학적으로 일본과 가깝고, 러시아, 중

---

102 原敬, 「朝鮮事情一般」, 《동방협회보고》 21호, 1893.1, 67쪽.

103 金子堅太郎, 「戰後經濟の方針及機關」, 《동방협회회보》 16호, 1895.11.28, 69~82쪽.

104 志村作太郎, 「朝鮮新開港場木浦及鎭南浦」, 《동방협회회보》 36~38호, 1897.7.20~9.20 : 「明治32(1899)年上半期 釜山港 貿易の概況」(부산상업회의소조사 회원 宮本羆 기증), 《동방협회회보》 62호, 1899.12.20.

국의 경계와 교통이 연결되어 있어 중요하며 경상, 전라의 옥토를 가까이 두고 있는 결코 "남양에 비교할 수 없을 정도"였다. 조선무역에 종사하고 국익증진을 희망하는 일본인들이 그 사정을 조사하게 되는 것은 당연했다. 상업시찰을 목적으로 부산을 방문한 일본인 아무개는 동래부에서 감리 이용식(李容植)에게 면담을 요청하고 "귀방과 아국과의 상업을 왕성하게 하기 위해 귀방 내지의 상황을 관찰하고 또한 내가 배운 어학을 연구하기 위함이다"라고 방문 목적을 말한다. 그러나 감리는 그의 방문 목적을 노골적으로 의심하였다.[105] 개항 이후 많은 일본인이 상업침탈을 위해 부산지역을 찾고 있었기 때문이다.

부산주재 영사 나카가와 코지로(中川恒次郎)는 조선의 상업은 아직 빈약하여 농업이 아니면 안 된다고 진단하였다. 그는 조선이 장래 국운을 구제할 방책으로는 먼저 미개지를 개간하여 농업을 개량하는 것이 가장 중요하다고 보았다. 수산은 조선의 이원(利源)이지만 일본어부 때문에 어리(漁利)를 점령당하고 있다고 지적한다.[106] "요컨대 동국의 산업은 도저히 토착인의 힘으로 현저하게 진보를 이룰 희망이 거의 없다. 반드시 다른 나라의 인민이 왕성하게 조선내지에 들어가 크게 후생적 기업에 종사하기를 기다리는 외에 없다"라고 하여 일본에 의해 그것이 가능함을 내비치고 있다. 심지어 "이와 같은 나라가 있는 것은 우리나라(일본)의 소상인을 위해서는 다행이다. 왜냐하면 이와 같이 생계가 낮은 토민에게 팔 수 있는 물품을 제조하는 것은 서양자본가가 감당할 수 있는 것이 아니며 가령 제조하더라도 우리와 같이 염가로 이것을 만들 수가 없다. 금일 성냥, 일용도기, 금속, 목기구 등은 우리가 전매하는 것"이라고 조선시장 공략에 일본이 유리함을 주장하고 있다.

한편 조선에서는 상업보다 농업 문제가 가능성이 있으므로 농업 경영을 위한 방법을 강구하는 것이 시급함을 주장하면서, 이를 위해 도항자가 증가하

---

105 고등학교 졸업생, 「朝鮮紀行」, 《동방협회보고》 15호, 1892.7, 75쪽.

106 中川恒次郎, 「朝鮮の外國貿易附漁業の景況」, 《동방협회보고》 20호, 1892.12.

는 것은 다행이지만 그로인해 파생되는 문제점을 지적한 글도 있다.

> 대면적의 토지를 매수하여 가격의 등귀에 의해 이익을 목적으로 하는 자만 많아지고, 스스로 지주가 된 경작자인 양농이 드문 것은 매우 개탄할 만하다—농업 경영의 이익으로 말하면 단지 그 소유자를 바꾸기까지 하등의 가치가 없는 것이다. 특히 경영의 초기에 이미 토지겸병의 폐해를 양성하는 것은 재미없다. 그렇다면 지주이고 경작자인 자영적 양농의 이주를 장려함과 동시에 지주와 소작인의 이익은 반드시 양립하기 어려운 것이 아니라는 것으로 정근한 소작인의 이주에 편의를 주는 방법을 강구하는 것이 급무다.[107]

이밖에도 부산상업회의소 시찰원에 의한 경상도 낙동강 수해 및 농업상황의 시찰보고나 경상도 지역을 시찰한 자세한 보고들이 수록되어 있다.[108] 이러한 것은 일한무역에 미치는 영향을 조사하고 이에 대한 대책을 마련하는 차원에서 이루어진 것이다.

이처럼 동방협회는 상업조사를 통해 청일전쟁 이전에 조선의 상권을 장악한 청국의 상업침략에 대해 주목하였다. 아울러 재한일본 상인을 보호하기 위해 일본 정부와 외교관의 특별한 주의가 필요하다고 보았다. 전쟁 후에는 개항장을 중심으로 세계무역에서의 상권 확보가 중요함을 강조하여 조선시장 공략을 위해 방법을 강구할 것을 촉구하였다.

---

107 加藤農商務 技師,「韓國の農業」,《동방협회회보》121호, 잡찬, 1905.3, 30쪽.

108 부산상업회의소 시찰원,「朝鮮慶尙道洛東江水害及農商況視察報告」,《동방협회회보》51호, 1898.10.20, 79~85쪽:「朝鮮慶尙道視察錄」(부산 宮本羆 기증),《동방협회회보》55호, 1899.2.28, 101~124쪽.

(4) 지질조사

조선의 지질을 조사하기 위해 독일인 고체(K.C.Gottsche)가 처음 파견된 것은 1884년이었다.[109] 다음 해 공부성(工部省)의 광산권소기장(鑛山權少技長) 이토 야지로(伊藤彌次郎)가 각종 문헌[110]과 현지를 다녀온 사람들의 담화를 정리하여 조선의 광산에 대한 개략을 『朝鮮國鑛産の槪況』(일본광업회 발행)과 〈조선국광맥개략도〉에서 소개하고 있다. 조선을 8도로 나누어 금, 은, 철, 동, 석탄의 산지를 지도에 표시하여 한눈에 알기 쉽게 만들었다. 그는 조선에서 주요한 광산은 금, 은, 동 뿐이고 필요한 석탄이나 철 등은 아직 채제(採製)의 단계에 이르지 못했다고 말한다.[111] "그러므로 먼저 실지를 측량하여 염법(鹽法), 홍법(汞法, 수은)과 같은 정밀한 기술을 가지고 광업 계획을 세우면 혹 동양의 일대 부원이 될 수 있을 것"이라고 하여, 앞으로 더 개발 가능성이 많은 지역임을 지적한 것이다. 이 내용은 그대로 동방협회의 기관지(1894.10.30)에 수록되었다. 일본이 청일전쟁을 치루면서 조선의 광산과 지질조사에 혈안이 되었기 때문이다. 다음 해 대본영은 지질연구소 소장 고치베 다다쓰네(巨智部忠承)에게 요동반도에 대한 지질조사도 명하였다. 그의 조사결과는 군사기밀이기 때문에 공개되지 않았다.[112]

한편 동방협회와 지학협회 회원인 가네다 나라타로(金田楢太郎)가 1891년 조선에 파견되어 지질조사를 수행하였다. 이때 남부를 여행하고 금과 철에 대한 보고서를 『조선휘보』(1894)에 신기도 했다. 그는 일본인이 조선의 사정을 얼마나 모르고 있는지 대동강을 예로 지적한다. 즉 대동강은 일본군함이 평양근

---

109 「朝鮮國地質槪要」, 《지학잡지》 3-25, 1891.1.25, 19~20쪽.

110 『朝鮮八域誌』, 『朝鮮近情』, 『交隣事考』, 『朝鮮事情』, 《공업신보》, 《동경지학협회보고》, 『通商彙編』, 『鷄林地誌』, 『朝鮮紀聞』, 『朝鮮近情紀聞』, 『韓事集彙』, 『보고서류』.

111 伊藤彌次郎, 「朝鮮國鑛産の槪況」, 《동방협회회보》 3호, 1894.10.30, 17쪽.

112 최혜주, 「일본 동경지학협회의 조사활동과 조선인식」, 《한국사연구》 151, 2010.12, 251쪽.

방에 가기위해 수선할 경우 이용할 수 있는 곳인데도 이용대책을 강구하는 자가 없어 이곳을 쓸모없는 곳으로 여기고 있다고 말한다. 조선에 대해 일반적으로 알려진 것과 다른 점은 광산이 풍부하지 않으며, 부산이나 경성을 보더라도 야만적인 데 놀라지 않을 수 없다고 한다. 즉 주택은 조잡하며 음식물은 여행 중에 곤란하고 조선의 풍습 가운데 가장 놀라운 것은 어린아이의 배설물을 처리하는 강아지라고 지적한다. 조선인은 불결과 청결을 구별할 수 없는 인종이며, 경작할 만한 토지도 적으며 기후도 좋지 않지만 무엇보다 폐정 때문에 피폐하게 되었다고 말하고 있다.[113]

고토 분지로(小藤文次郎)는 도쿄대학 지질학과를 졸업하고 독일유학을 거쳐 1885년에 모교 교수가 되었다. 그는 광물, 화산, 지질학을 연구하면서 근대 일본의 지리학을 대표한 인물로 두 차례 조선의 지질을 조사하였다.[114] 먼저 1900년 8월 하순부터 다음 해 3월 하순까지 강원, 경기, 충청, 전라, 경상도 지역이다. 남부지역에서는 진해만이 지리학상 중대한 위치에 있다고 보며 거제도의 중요성도 거론하였다. 다음 1901년 8월 상순 다시 8개월간 두만강, 압록강지역을 조사하고 요동, 만주철도와 연계될 경우를 우려하면서 조선반도의 정치적 사활이 걸린 지역임을 강조하였다.

이밖에도 동방협회의 잡지에는 조선의 광물에 대한 자세한 정보가 소개되어 있다. 종래의 조업법과 광업, 주요광물 및 그 산액, 광물의 분포, 조선의 지질대요, 광물의 지질적 분포, 광물의 지리적 분포 등에 대해서다.[115] 총독부 기사 가와사키 시게타로(川崎繁太郎)가《동부월보》에 발표한 것을 전재한 것인데, 조선은 "진구(神功)황후가 정한(征韓)한 이래 신라는 매해 80척의 배로 금·은, 능라를 조공할" 정도였기 때문에 풍부한 광물이 매장된 지역으로 보고 있음

113 金田楢太郎, 「朝鮮探險の結果」, 《동방협회보고》 9호, 1891.7, 63~67쪽.

114 小藤文次郎, 「韓國北部の見聞」, 《동방협회회보》 86호, 1902.4.20, 81~82쪽.

115 「朝鮮の鑛物」(평안도, 황해도, 함경도), 《동방협회회보》 225호, 자료 1914.1.20.

을 알 수 있다. 아울러 북한 지방의 사정조사에 대한 정보도 실려 있다.[116] 북한주민이 간도 없이 생존할 수 없을 정도이고, 러일전쟁 중 러시아군이 이 방면에서 많은 물자공급을 받은 점도 간도지역의 가치가 중요함을 말해주는 것이라고 소개하고 있다. 교통기관의 발달과 함께 이 지역에 대한 개발 가능성도 염두에 둔 조사 자료라고 볼 수 있다.

이와 같이 동방협회는 자원수탈을 위해 조선에 매장된 광물이 어느 정도인지 관심을 갖고 있었다. 가네다 나라타로(金田楢太郎)와 고토 분지로(小藤文次郎)의 남부와 북부지역 광물자원 분포 조사를 소개하고 있다. 이들은 광산, 지질조사와 함께 조선의 전반적인 사정도 조사하였다. 그리고 총독부가 실시한 조사를 통해서도 풍부한 광물이 매장된 것을 소개하고 간도지역의 개발 가능성도 주목하였다.

3) 동방협회 회원들의 조선인식

(1) 조선 보호론

동방협회는 일본이 동양에서 패권을 잡기 위해 가장 중요한 것은 중국과 조선 문제라고 인식하고 있었다. 이에 협회에서 파견한 사람들을 통해 조선사정을 조사하고 견문한 바를 기초로 일본이 조선을 보호하기 위한 방법으로, 먼저 중국의 간섭을 배제하고 나서 러시아 등 열강으로부터 벗어나게 해야 한다는 생각을 갖고 있었다. 이러한 조선보호의 필요성은 다음과 같은 이유를 내세우고 있다. 첫째, 조선쇠퇴론, 둘째, 일본 정부의 외교실책론, 셋째, '지나' 간섭 배제론, 넷째, 동양맹주론이다.

첫째, 조선쇠퇴론. 조선이 쇠퇴해서 멸망할 수밖에 없으며 그런 조선을 보

116 青柳新次郎,「間島及北韓の幣見」,《동방협회회보》156호, 자료, 1908.2.20, 28쪽.

호해 줄 수 있는 나라는 오직 일본뿐이라는 자신감이다. 스에나가 준이치로(末永純一郎)는 조선이 쇠퇴하여 일본의 보호를 받아야 하는 이유로 다음의 조선상황을 든다.[117] 첫째, 조선의 국토, 위치, 기후가 조선을 작고 가난한 나라로 만들었다. 조선은 국토가 "살도 없이 뼈만 드러난 모습"이고, 위치는 강대국 사이에 있어 전혀 발달하지 못했으며, 한열(寒熱)의 차이가 심한 기후에서 그 나라가 발달하기 어려웠다. 둘째, 도요토미 히데요시의 조선정벌의 결과 2000여 년 쌓아온 조선의 문화가 붕괴되었다. 셋째, 조선인의 게으른 풍습이다. 조선인은 "인간인지, 개인지, 돼지인지, 벌레인지" 알 수 없을 정도이다. 넷째, 관리의 가렴주구의 결과이다. 인민이 피폐하면 국가가 쇠약해지는 것은 당연하다. 다섯째, 조선인은 개혁을 싫어한다. "조선의 관제를 개혁하지 않으면 5, 7년을 지나지 않아 자멸할 것"이라고 보았다.

동방협회는 중국의《中報》기사를 소개하여 조선 보호론으로 중국독점론과 청영연합론이 제기되었다고 언급하였다. 전자는 "조선은 중국의 속방으로 중국이 혼자서 보호해야 하며, 조선을 폐하고 중국 행성으로 만들어 직할해야 한다"라는 것이다. 후자는 러시아의 남하가 우려되는 상황이므로 청국과 영국이 연합해서 조선을 보호해야 한다는 것이다. 중국이 이전에는 전자를 주장했으나 지금은 후자로 발전했다고 본다. 동방협회는 후자는 일본에게 큰 타격을 주기 때문에 앞으로 주의해서 고찰할 필요가 있음을 지적하며 조선 보호의 방법을 모색하였다.[118]

아울러 오카쿠라 요시사부로(岡倉由三郞)는 1894년 8월 22일 동방협회가 도쿄부 소속 교육자를 초대하여 개최한 상담회에서 대한제국의 초빙으로 일본어학교 교사를 지내면서 느낀 소감을 피력하였다. 그는 조선은 일본보다 '1000년 정도 낙후되었기 때문에' 일본주도의 교육을 통해 후진적 국민을 개

117 末永純一郎,「朝鮮の現勢竝日本との關係」,《동방협회보고》11호, 1892.4, 44~47쪽.

118 「朝鮮論」,《동방협회보고》3호, 1891.7, 94~101쪽.

선하고 자립할 방안을 모색할 것을 제안했다.[119] 이러한 조선 보호와 간섭은 후술하듯이 동방협회 주도의 교육을 통한 경성학교 개교준비로 진전되었다.

둘째, 일본 정부의 외교실책론. 이나가키 만지로(稻垣滿次郎)는 중국의 조선 속방론 주장이 계속되는 상황에서, 영국의 거문도 점령사건에 대한 일본 정부의 외교실책을 비판한다. 앞으로 속방론에 대처하기 위해서는 조선이 다른 나라에게 점령당하는 일이 있어서는 안 될 것이라는 지적이다.

> 나는 태평양의 국면에서 보아도 거문도 점령은 일본의 이익을 손상시키는 것이라는 생각을 갖는다—조선을 독립시킨 것은 일본이다. 처음 독립국으로 조약을 체결하고 그후 다른 각국으로 하여금 이를 따르게 했다. 조선을 독립국으로 성립시킨 것도 일본이다. 그렇다면 조선국의 형이 되는 나라는 일본이다. 그런데 형의 나라가 되어 그 동생의 토지(조선)를 타국에서 점령하는 것을 방관해서 잠자코 있는 것은 일본 스스로 그 지위를 자포자기하는 것이라고 말하지 않을 수 없다. 나는 당시 동양에서 일본이 수권을 잡고 태평양상의 이익을 일본의 이익으로 하는 위력을 그것도 동양에서 펼칠 수 없는 것은 실로 큰 국익에 손상을 끼치는 것이라고 생각한다.[120]

이처럼 일본 정부가 거문도사건에 대해 본격적으로 간섭하지 않은 점을 들어 외교적 대응에 실패했음을 강조하고 있다. 이와 유사한 주장은 이나가키 만지로의 다른 글에서도 보인다. 그는 조선을 '아세아의 터키'로 인식하고 일본, '지나', 러시아의 삼국 사이에 끼어 있는 지리상의 위치가 제국의 세력변동을 야기할 만큼 결정적으로 중요하다고 보았다. 거문도 점령사건에 대해서 영국이 이 섬을 점령했을 때 일본이 방관한 것은 동양에 대한 정책상 큰 실책이라고 지

---

119 岡倉由三郎, 「朝鮮國民教育新案」, 《동방협회회보》 2호 부록, 1894.8, 5~6쪽.

120 稻垣萬次郎, 「巨文島の占領に對し日本は公法上之に故障することを得るや否や」, 《동방협회보고》 6호, 1891.11, 42~43쪽.

적하였다. 그 결과 세계에 일본이 조선에서 '지나'와 동등한 세력을 가지고 있지 않다는 것을 표명한 셈이 되었다. 이는 조선 전체를 다른 나라가 점령해도 일본이 아무 말도 할 수 없는 결과에 빠지게 했다고 말한다. 그리고 "이 때문에 조선과 쓰시마 사이의 주권은 어느 정도 죽었고, 일본해의 주권을 죽인 결과가 되어 큰 실책이다. 장래 일본이 일본해의 실권을 가지려고 한다면 쓰시마만으로는 안 된다. 조선을 다른 데 빼앗겨서는 안 된다. 조선을 다른 나라에 넘겨서는 일본의 독립이 불가능한 것이 된다"라고 보았다.[121]

셋째, '지나' 간섭 배제론. 타니 다테키(谷干城, 전 농상무대신)는 동방협회의 강연(1894.6.10)에서 동학군 봉기에 대한 '지나' 병사의 파병 결정에 따른 일본의 대응 문제를 거론하였다. 그는 도요토미의 조선정벌 시에 '지나'가 간섭하여 파병한 것은 좋아서 한 일이 아니다. 조선이 망하면 일본이 요동으로 쳐들어오므로 무서워 어쩔 수 없이 한 것이다. 조선은 이때 '지나'의 속방이 되었다. 지금 동학군의 상황은 다르다. 청국이 군사를 파견하여 동학군을 공격할 경우 그들은 일본에 투항할 것이라고 예상하였다. 그런데도 일본병은 거류지 방어만 하고 있을 것인가 묻고 있다. 이는 동양의 정세 상황에서 대문제이며, 동학군을 평정한 후 청국의 권력이 조선에 확산되어 조선은 거의 합병수준이 될 것이라고 우려한 것이다.[122]

이러한 위기의식은 이나가키 만지로의 글에도 보인다.[123] ① '지나'가 청불전쟁을 치루면서 미국과 일본에게 조선을 버렸다. 이때 일본이 줍지 않은 것, 즉 정한론이 실행되지 않은 것은 유감이다. ② '지나' 정부는 조선에서 일본 세

---

121 稲垣滿次郎, 「朝鮮と列國との關係を論じて我國對外策の氣勢に及ぶ」, 《동방협회보고》 34호, 1894.3, 43~44쪽.

122 谷干城, 「朝鮮に對する日本人民の能力及ひ武力に就き今古の變遷」, 《동방협회보고》 38호, 1894.6.10, 33~38쪽.

123 稲垣萬次郎, 「巨文島の占領に對し日本は公法上之に故障することを得るや否や」, 《동방협회보고》 6호, 1891.11, 36~37쪽.

력이 성대해지는 것을 좋지 않게 생각하여 미국 정부의 요청대로 조약을 주선하고 일본이 혼자 조선을 차지하지 못하게 하였다. 그러나 그 결과 조선은 '지나'의 속국이 되지 않고 도리어 조선이 구미제국과 조약을 맺었기 때문에 실제로는 중립지의 모습으로 변했다고 주장하였다.

경제학자로 중의원의원이 된 다구치 우키치(田口卯吉)는 동방협회의 강연에서 동학군의 '반란'에 일본이 군대를 파병해야 하는 이유를 다음과 같이 말한다. 즉 "다른 나라가 조선 내란에 간섭하여 그 정부를 보호하는 것을 방관하는 것은 조선을 독립국이라고 인정하는 주의에 어긋나는 것이며, 일본국민의 이익을 해치는 것이다. 일본의 관심은 독립에 있다. 지금 '지나' 정부가 군대를 가지고 반민을 친다면 조선은 '지나'의 소유가 된다. 이것은 방관할 수 없다."[124] 이번 일을 방관하면 조선은 중국의 소유가 될 것이라고 우려하고 있다.

일본군의 조선 파병을 합리화하는 협회의 주장은 다음 글에서도 엿볼 수 있다.

> 일본이 조선의 독립을 바라고 그 혼매함을 불쌍히 여겨 이것을 돕고 개명시키려는 외에 다른 뜻이 없으나 청국 정부는 이것을 의심하고 시기하여 조선을 류큐(琉球)와 같이 할 계획이라고 짐작하였다.—이에 일본 해군이 약하다고 생각하여 동학당의 난에 바로 병사를 보내 몰래 한정(韓廷)을 협박하여 속국이란 사실을 성수(成遂)할 것을 요구했다.—일본이 조선 정부를 권하여 선후혁신의 방법을 가지고 이미 이것을 수락했지만, 청 정부는 시종 뒤에서 조선 권요(權要)의 무리를 교사하여 백방 수단을 펼쳐 일본의 목적을 방해하였다. 일이 이 지경에 이르렀으니 일본이 저 지나(支那)를 징계하지 않으면 안 될 것이다. 동양 전국(戰局)의 평화를 위해 거사를 결행한다.[125]

---

124 田口卯吉, 「朝鮮國目下の民亂に就き所感を述ふ」, 《동방협회보고》 38호, 1894.6.10, 39~42쪽.

125 「東洋波瀾股鑑錄」, 《동방협회회보》 13호, 1895.8.28, 62~63쪽.

넷째, 동양맹주론. 스에나가 준이치로(末永純一郞)는 조선을 견문한 경험에 근거하여 조선론을 전개하고 있다. 즉 일본은 '조선의 형, 강대국, 선진국'이라는 입장에서 조선의 존망에 이해관계를 가지며 일본이 동양의 중심이 되어 패권을 장악해야 한다고 주장한다. 그러면서 동양의 패권을 장악하기 위해서도 조선 문제가 해결되어야 한다고 말한다. 그가 우려하는 점은 지금이라도 조선의 궁중에 소동이 일어나면 "그들이 '지나'의 공사에게 도움을 받거나 러시아 공사관에 도망가 버린다면 위급한 형세가 될 것"이라고 전망하고 있다.

> 지금 조선에서 외국세력은 어디가 제일 강한가. 일본인의 세력은 지나인의 3분의 1에 못미친다. 지나가 조선에서 갖는 세력은 정치상만이 아니라 병략상, 상업상, 사회상에도 비상한 세력을 가지고 있다. 일본은 조선에서 정략상, 병략상 수보를 청국에 양보하고 있다. 조선 문제를 해결하는 것이 동양의 패권을 잡는 것이다. 이 사실을 일본 정부는 알고 있었는가, 없었는가, 알지 못했다면 외교상 태만이고, 알고 있으면서 불문에 붙였다면 그 책임은 무겁다.[126]

동방협회는 청일전쟁에서 일본의 승리가 확실해지자 1894년 10월부터 교육자를 모아 조선교육연구회를 만들었다. 그후 조선에서 교육사업을 전개하기 위해 도쿄에이와학교(東京英和學校, 현 青山學院大學)의 교장 혼다 요이치(本多庸一)와 도호쿠학원(東北學院) 원장 오시가와 마사요시(押川方義)가 중심이 되어 대일본해외교육회가 만들어졌다. 혼다 요이치는 동방협회의 회원이면서 교장으로 있을 때 해외교육회에 적극 참여하였다. 러일전쟁 시에는 일본의 전쟁 목적을 선전하고 한국교회와 전지위문을 명목으로 5월 16일부터 부산, 목포, 인천, 경성을 거쳐 황주, 평양, 순안, 원산 등을 방문하였다. 한편 1895년 초에는 개교준비를 위해 해외교육회 부회장인 오시가와 마사요시가 직접 조선에 가서 낭시

---

126 末永純一郞,「朝鮮の現勢竝日本との關係」,《동방협회보고》11호, 1892.4.8, 78쪽.

이노우에 가오루(井上馨) 공사와 상담하고 그의 승낙을 받았다. 그러나 요동반도 환부 문제로 조선의 사정이 여의치 않아 바로 착수하지 못하고 1896년 4월에 경성학당을 개교하게 되었다.

혼다 요이치는 이 교육사업의 필요성은 ① 일본은 동방의 선각자로서 도덕상의 책임이 중요하다. ② 동양의 발칸반도인 조선의 평화를 지키기 위해 교육이 가장 중요하다. ③ 교육사업은 조선만이 아니라 일본을 위해서도 중요하다. 왜냐하면 일본의 저의를 의심하는 서양열국을 믿게 하는 목적에서이다. ④ 조선교육은 일본의 자가교육(自家教育)이다. 조선에서 '지나', 버마로 확산시켜나갈 필요가 있다고 강조한다. 그는 그런 의미에서 동방협회의 목적에 찬성을 표명한다. 일본이 동양의 맹주가 되기 위해서는 교육사업을 일본인이 하지 않으면 안 된다고 생각했다.[127]

이와 같이 동방협회는 동양의 맹주로 패권을 잡기 위해서는 중국과 조선 문제 해결을 가장 중요하게 생각하고 있었다. 즉 청일전쟁 이전에는 중국의 간섭으로부터 조선을 보호하는 문제가 급선무였기 때문에 이를 해결하기 위한 일본의 책임을 강조하였다. 이후에는 후술하듯이 러시아의 남하정책에 대한 경계심을 중요한 문제로 지적하고 있다.

(2) 러시아 경계론

동방협회는 조선이 동양의 가장 요지에 있으면서 그 흥망성쇠가 일본에게 중요함을 거듭 강조하였다. 조선에 주목하고 있는 나라는 러시아, 청국이며 위압적으로 내정에 간섭하고 이권을 차지하려 경쟁하고 있다고 진단하였다. 이런 상황임에도 일본에서는 조선사정에 어둡고 알려고 하지 않는 것이 문제라

127 本多庸一, 「朝鮮教育談」, 《동방협회회보》 40호, 1897.11, 78쪽.

고 보았다.[128] 그러나 스에히로 시게야스(末廣重恭)는 동양의 형세에 주목해야 하지만 러시아의 시베리아철도 건설을 너무 무서워할 필요는 없으며 이에 대한 대비책을 강구하면 된다고 말한다. 철도만 완성되면 언제라도 동양에 군대를 보낼 수 있을 것이라고 생각하는 것은 잘못이며, 만일 러시아가 원산을 차지한다면 일본은 어디 적당한 곳을 차지할 생각을 계획해 두어야 한다고 보았다. 그러면서도 청이나 러시아에게 조선의 이익을 빼앗길 수 없음을 강조한다.[129]

이러한 낙관론은 시간이 경과됨에 따라 경계론으로 강화되어 러시아의 남하를 주목하게 된다. 이나가키 만지로는 1893년 12월 24일 남양, 중국, 시베리아, 조선 지역을 조사하고 돌아간 뒤 동방협회에서 일본의 대외정책에 대한 강연을 하였다. 먼저 '지나'의 조선에 대한 정책을 연구하고 러시아와 영국에 대해 주목해야 한다. 러시아가 조선인을 노령으로 이주하도록 하고 원산항의 건너편에 있는 마쓰다항(松田港)은 점령하여 포대를 쌓을 계획으로 측량한 것은 조선을 '지나'로부터 떼어놓기 위한 책략이다.[130] 또한 시베리아철도를 어디까지 건설하는가를 주의해야 한다. 만약 6, 7년 안에 네르친스크까지 철도가 가능하다면 흥안산 이동의 만주는 이미 러시아의 손에 들어가게 된다. 그러면 조선을 수고하지 않고 얻을 수 있기 때문에 동양에 파란을 야기할 것이라고 언급하였다. 이미 웨베르(Waeber, 1841~1910) 공사가 경성에 들어갔으므로 일본은 이 점을 심각하게 고민할 것을 촉구하였다.

한편 동방협회는 러시아인 아야 막시모프의 글을 번역하여 1896년 4월 20일자 기관지에 싣고 있다. 러시아는 일본이 우려하는 것처럼 조선을 점령할 뜻이 없음을 밝힌 내용이다. 그 이유는 러시아의 해안방비가 아직 견고하며 다

---

128 「朝鮮紀行」, 《동방협회보고》 15호, 1892.8.15, 70~71쪽.

129 末廣重恭, 「東亞形勢一般」, 《동방협회보고》 21호, 1892.10.

130 稲垣滿次郎, 「朝鮮と列國との關係を論じて我國對外策の氣勢に及ぶ」, 《동방협회보고》 34호(1893년 12월24일 강연), 1894.3.2, 52~53쪽.

액의 경비를 내서 경영할 필요가 없기 때문이다.[131] 그러면서 조선은 청과 일본에게 협박당하고, 영·미·독이 서로 기회를 엿보는 상황에서 러시아에게 그 보호를 맡길 것을 강조하고 있다. 일본은 러시아가 갖고 있는 동양의 이익을 침해하는 일이 없기를 바라며, 이미 동양에 깊은 뜻을 가진 영국을 자극하여 국제적 분요를 야기하지 말 것을 경고하였다.[132] 동방협회가 이 글을 게재한 것은 러시아 측의 움직임을 경계하기 위한 것이라고 생각된다.

러시아와 일본의 갈등이 깊어가는 가운데 오에 타쿠(大江卓)는 논설(1904.1)에서 '삼국합종론'을 통해 러시아를 경계할 것을 촉구하였다. 일본은 1000여 년 전에 청국과 한국문명에 의해 개발된 나라이므로 이 은의를 갚기 위해서 "한국의 독립을 부식하고 청국의 영토를 보전한다"라는 표방을 내걸고 이에 반대하는 자와 싸울 것을 주장한다. 일본이 단독으로 동양의 평화를 유지하기 어렵게 되어 동양 삼국의 합종을 창도했으나 러시아가 항상 이간책을 써서 삼국을 서로 고립시켜 왔다고 말한다. 따라서 일본은 동양의 평화를 보존하고 일본의 자위를 위해 합종하는 것이 급무라고 밝혀 러시아의 침략에 대한 경계를 언급하였다. 그 방법으로 청·한 두 나라를 연결할 교통기관으로 연락선을 부설하는 것이 긴요하며 의주에서 봉황성(鳳凰城)을 거쳐, 요양(遼陽) 혹은 봉천부에 이르러 신민둔선(新民屯線)과 연결하는 선로를 개설하자고 주장하였다.[133]

그러나 일본은 1904년 2월 4일 대러교섭 단절과 함께 개전을 선언하였다. 러일전쟁이 진행되는 상황에서 발행된 동방협회의 논설은 러일전쟁의 원인과 전망 및 책임에 대해 어떠한 논조인가 살펴보자. 먼저 우치다 료헤이(內田良平)는 1904년 4월 20일 논설에서 전쟁의 원인을 청·한 지방에서의 이해충돌에 있다고 밝힌다. 일본은 상공업 확장을 위해 식민지를 찾을 필요가 있는데, 식민지

---

131 아야 막시모프 원저, 鳥居忠恕 역술, 제3편 露西亞と朝鮮 「太平洋に於ける吾人の問題」, 《동방협회회보》 21호, 1896.4.20, 16쪽.

132 앞과 같음, 18쪽.

133 大江卓, 「三國合從の利害を論ず」, 《동방협회회보》 107호, 1904.1.20, 34~35쪽.

는 모국에 연속하여 방비에 편리한 장소가 되어야 한다고 말한다. 일본의 식민지로는 청·한 및 시베리아의 토지가 가장 적당하다는 것이다. 따라서 이 지방은 일본의 국가 존립상 중요한 지역이다. 그런데 러시아는 일본의 권리를 무시하고 청·한 양국을 자신의 수중에 장악하려고 하며 이는 일본의 멸망을 강요하는 처사라고 말한다. 그러므로 전쟁을 할 수밖에 없다는 주장이다.

> 러시아가 지나를 빼앗고 조선을 빼앗은 뒤에는 반드시 시베리아, 청·한 지방에서도 불법적인 관세정책을 취하고 일본물품에 중세를 부과하여 우리나라의 수출품을 완전히 배척할 것이 틀림없다. 만약 그렇다면 동양에서 일본의 상공업은 완전히 설 자리를 잃어버려 국가경제의 기관이 모두 파괴될 것이다. 그러므로 일·러의 충돌이라는 것은 결코 작은 이익 문제 때문에 다투는 것이 아니며 동방의 패권을 잡는다고 하는 대목적이 원인이 되고 있다.[134]

또한 전쟁이 종결될 경우 동방의 패권을 잡고 청·한 경영에 착수하기 위해서 러시아와 강화협의를 할 때 토지보다는 많은 상금을 요구하는 것이 좋을 것이라고 제안한다. 그 이유는 토지를 점령하면 많은 경비가 필요하며 전후 세계열국이 일본에 대해 위구심을 품을 것이기 때문이다. 구체적으로 10억을 요구하면서 그중 3분의 1은 일시불로 하고 잔액은 만주철도 및 오소리철도를 담보로 두면 좋다고 말한다. 만주철도는 '지나' 정부에게 팔게 하고 이를 '지나' 정부가 채권으로 매수하면 일본은 이 채권을 사는 것이 안전하다는 것이다. 이것은 일본이 청국의 재정에 간섭할 수 있는 기회가 된다는 의미였다. 아울러 청·한 지방에 근거를 확립할 방법으로 조선 경영을 기획하고 만주지방을 침략할 계획을 세워야 한다고 말한다.

---

134 内田良平, 「日露戰爭と淸韓經營」, 《동방협회회보》 110호, 1904.4, 4쪽.

조선의 경영을 기획하고 이곳을 일본인의 제일 근거지로 자리잡고 만주지방을 향해 침입해가는 것이다. 그로부터 만주경략은 주권을 모두 러시아의 손에서 지나로 환부시키고 역시 지나의 영토로 삼아 청국 정부의 통치하에 두는 것이 가장 득책이다—만주는 먼저 일부의 개방에 그치고 그 안에서 예의 일본인의 실력적 경영을 진행시켜 가는 것이 만전의 대책이다. 일본이 실력을 가지고 구미열강을 제압하게 된다면 장래 스스로 지나 전체의 재정 기타에 간섭하는 것이 가능하게 되어 이에 비로소 청·한 경영의 목적점에 가까워져, 우리나라 상공업의 이익은 안전하게 보장될 것이다.[135]

오쿠마 시게노부(大隈重信, 전 내각총리대신)는 청한협회 초청강연회에서 러일전쟁은 일본이 세계의 제8위 강국이 될 수 있는 기회라고 의미를 부여하고 있다. 일본이 전쟁에 패하면 청·한이 문제가 아니라 일본의 해안선마저 위태롭다고 경고하면서 청과 조선을 개발할 수 있는 나라는 일본 외에 없다고 하여 동양에 대한 일본의 책임을 강조하였다. 그 이유는 "'지나'인과는 동문, 동종, 그리고 스승까지도 동일하므로 일본이 '지나'를 개발시키는 것은 지당하다"라는 논리다. 조선에 대해서도 "만약 천황폐하의 성의를 배반하여 토지를 빼앗겼다고 하는 오해에서 음모를 하여 적과 통하거나 야심이 있는 나라에게 농락당한다면 조선을 취할 수밖에 없다"라고 주장하고 있다. 일본이 조선을 망하게 한 것이 아니라 조선 스스로 망한 것이라는 억지논리를 펴고 있다.[136]

이처럼 러일전쟁에서 일본의 책임이 매우 중대하다고 강조하고 있지만, 그 내심은 '청·한 경영'이라는 미명하에 조선을 약탈하려는 의도를 그대로 드러내고 있는 것이다. 중의원의원인 모리모토 슌(森本駿)도 러일전쟁이 만주철병 문제

135 앞과 같음, 13쪽.

136 大隈重信, 「東亞細亞に於ける日本の勢力」, 《동방협회회보》 118호, 1904.12, 13~15쪽.

와 함께 조선 문제 때문에 개시된 것임을 분명히 지적하고 있다.[137]

(3) 조선 경영론

동방협회는 러일전쟁의 전세가 유리해지면서 다양한 조선 경영의 방법을 모색하게 된다.

먼저 우치다 료헤이(内田良平)는 장래 일본의 활동근거지를 청·한 지방으로 옮기기 위한 방법을 제안한다. 즉 조선 경영과 만주 경영이다. 그는 조선 경영에서 가장 시급한 일은 식림사업이라고 말한다. 이는 농업의 진보를 위해 긴요한 일이고 일본인을 이주시키기 위해 크게 도움이 되는 것이기 때문이다. 조선 전체에서 산출되는 미곡량은 현재 700만 섬 정도인데 일본인의 이주로 개간과 경작방법의 개량을 통해 3할 정도의 증수가 가능하다는 계산이다. 따라서 일본인 1000만 명 이상의 이주가 가능해지므로 이 사업의 실행은 무엇보다 급한 일이라는 설명이다. "조선은 현재대로 독립국으로 두고 일본인은 정권, 상권, 병권 등 추요의 권리를 손에 쥐고, 내부에서 모든 경영개혁을 하는 것이 좋을 것"이라고 언급하였다.[138] 이렇게 조선 경영을 추진한 뒤에는 만주지방을 향해 침입해 갈 것을 제안한다. 만주경략의 방법으로 러시아의 손에 있는 권리를 '지나'에 환부시키는 일이 가장 중요하다고 보았다. 그 이유는 아직 일본이 만주 전체를 경영할 만큼의 자금력이 부족하므로 미국, 독일, 영국이 다투어 만주에 와서 일본의 이익을 침해한다면 곤란하기 때문이다. 일본이 실력을 가지고 구미열강을 제압하게 될 때 '지나' 전체를 간섭할 수 있으며 비로소 청·한경영을 통해 일본의 상공업의 이익을 보장할 수 있게 된다는 전망이다.

같은 시기 한국의 산업과 생활상, 개항장을 시찰한 중의원의원 고무치 도

---

137 森本駿, 「對韓經營意見(上)」, 《동방협회회보》 120호, 1905.2, 5~6쪽.

138 内田良平, 「日露戰爭と淸韓經營」, 《동방협회회보》 110호, 1904.4, 12쪽.

모쓰네(神鞭知常)는 일본이 취할 방책에 대해서는 먼저 한국인은 장래 가르쳐서 쓸 만한 가치가 있으므로 보통교육이 필요하다고 말한다. 장래 일본인이 들어가서 여러 사업을 추진하기 위해서도 꼭 필요한 일이기 때문이다. 그러면서도 그들이 일본에 대해 조선의 이익을 탈취한다고 의심하므로 만일 조선에 희망이 없게 되면 조선을 적으로 보고 장래의 정책을 강구해야 한다고 말한다. 또한 한일의정서에 정해진 대로 재정과 외교고문 두 사람을 두는 것만으로 대체로 정리되었다고 안심해서는 안 된다는 주장도 보인다. 조선의 전도는 일본의 요구대로 귀착되기 어려울 수도 있기 때문에 조야의 정치가가 깊게 고려해야 할 문제라는 지적이다.[139]

러일전쟁에서 일본의 천직론을 주장하는 오쿠마 시게노부(大隈重信)는 일본의 본래 목적이 동양에서 세계열강의 협동 이익을 확장하여 경찰관의 임무를 수행하고 청·한 양국이 문명국으로 나가게 유도하는 것이라고 보았다. 일본의 이익을 위해 만주와 조선에 있는 부원을 발굴해야 하며 러시아에게 이것을 경영하게 할 수 없다. 반드시 영·미의 자본을 유치하여 조선 만주는 물론 '지나'의 사업도 장악할 것을 주장하였다.[140]

한편 모리모토 슌(森本駿)은 러일전쟁이 만주철병 문제와 조선 문제 때문에 일어난 것이기 때문에 일본으로서는 앞으로 조선에 대한 적당한 해결책을 내놓아야 한다고 말한다. 일본은 청일전쟁 이후 러일전쟁에서 승리했지만 조선이 여전히 '동양의 화약고'로 남아 있기 때문이다. 한국경영에 착수할 순서는 ① 한국 전체에 군정을 시행하는 것이 급하다. ② 재한 일본공사관을 철거하는 것이 급하다. ③ 한국 황제의 제국 내유가 필요하다. ④ 한국 황제가 친재하도록 한다. ⑤ 한국 황제 내유 중, 대우에 주의한다고 구체적으로 지적했다.[141]

---

139 神鞭知常, 「韓國視察談」, 《동방협회회보》 116호, 1904.10, 6~7쪽.

140 大隈重信, 「日本の天職」, 《동방협회회보》 117호, 1904.11, 1~2쪽.

141 森本駿, 「對韓經營意見(下)」, 《동방협회회보》 122호, 1905.4, 1~8쪽.

쿠니토모 시게아키(國友重章, 《한성신보》 주필)는 러일전쟁 후의 경영에서 가장 중요한 것은 식민이라는 문제인데 러시아가 침략하는 지점이 일본제국이 팽창할 지점과 충돌하는 것을 묵시해서는 안 된다고 보았다. 장래 제국이 팽창하기 위해서 밖으로는 항로 확장 문제, 철도, 항만, 연해주에서의 어업 문제가 안으로는 재정정리 문제가 중요할 것이라고 말한다. 그리고 식민 경영의 효과는 만·한지방에 인구가 증식하여 본국에 버금가는 영토가 만들어질 것이며, 러시아의 남하정책에도 본국의 군대를 쓰지 않고 그 병력을 대륙에서 만들 수 있는 이점이 있다고 보았다. 이를 실행하기 위해서는 내각의 직속 하에 식민국을 설치하여 각 부현에 식민과를 두고 단체이민이 가능하도록 법률로 정할 것을 주장하였다. 이와 함께 식민철도와 식민선을 부설하고, 홋카이도, 대만, 사할린 등지에 모범적 대촌락을 건설할 것을 희망하였다. 이를 통해 냉각되고 있는 식민론을 환기시켜야 한다고 강조하였다.[142]

오쿠마 시게노부는 전후의 평화사업을 위해 일본국민은 신사명을 자각하고 크게 노력해야 하며 이를 위해 동방협회가 최선을 다해야 한다고 거듭 강조하고 있다.[143] 우치다 료헤이(内田良平)는 정부에서 소극적으로 대처하여 북방경영을 빨리 추진하지 않는 문제점을 지적하고 있다. 즉 러일전쟁을 통해 만주에서 승리를 얻은 것은 무기로 쟁취한 것이지만 영원한 승부를 위해서는 경제시설상에서 확실한 근저를 만들어야 한다고 보았다. 그것은 만·한 양지의 교통기관을 연결하는 것이며, 안봉선과 길장선의 준공을 서둘러 남으로 청진, 원산에 연결하고 다시 원산 경성 간 및 원산 평양 간의 두 선도 그 공사를 서둘러 각 생산지의 물자를 조선이나 혹은 일본에 연결되도록 하는 것이 급선무라고 보았다. 이렇게 했을 때 일본 관서지방의 상공업은 지대한 발달을 가져오고, 원산, 청진 방면의 교통은 바로 일본 동북 각지의 발달을 촉진시키는 계기가 될

142 國友重章, 「戰後の植民問題」, 《동방협회회보》 132호, 1906.2, 1~12쪽.

143 大隈重信, 「日本國民の新使命」, 《동방협회회보》 167호, 1909.1, 4쪽.

것이라고 전망하였다.[144]

동방협회 발기인의 한 사람인 후쿠모토 마코토(福本誠)는 논설을 통해 일본의 인구 문제를 해결하기 위해 식민지가 필요함을 역설하면서, 만·한지방에 가는 일본인을 가급적 수용할 것을 촉구하였다. 그는 "저 사람은 가난하므로 허락하기 어렵고, 장사와 비슷하므로 어렵고, 혹은 실패자, 전과자이므로 퇴거를 명하는 등 이주자를 막고 두절하려고 하는 것이다"라고[145] 지적하여 식민사업을 장려하기 위해 이주제한 조치를 해제할 것을 강력하게 주장하였다.

한편 병합 후의 동방협회의 논조는 병합을 반드시 환영할 만한 것이 아니라는 비판에 대해서 이를 반박하는 글을 싣고 있어 주목된다. 즉 통치비용이 너무 많이 들기 때문에 이를 반대하는 것은 기왕의 많은 고통을 망각하고 천재일우의 기회를 벗어나려는 것에 다름 아니라고 말한다. 수많은 인명과 군비를 통해 희생을 치른 것은 조선을 압박하는 "만주의 요운"을 몰아내기 위한 것임을 강조한다. 러시아의 남하를 염두에 두고 만·한 지역의 중요성을 새삼 강조하는 것이다. 아울러 금후의 문제로 생각해야 하는 것은 군비 문제가 있으며, 장래 육군 보다는 해군확장 문제가 중요함을 언급한다.[146] 즉 "일선해협의 교통 내지 대만 오키나와 관동주와의 연락을 확보하기에 충분한 실력이 부족함을 인정하지 않을 수 없는 사정"이므로 이에 대한 충실이 급선무임을 밝힌 것이다.

지금까지 동방협회가 조선에 대해 어떠한 관심을 갖고 정보를 수집했는지 알아보았다. 동방협회는 청·한을 열강의 간섭으로부터 배제시키기 위해 일본의 적극적 팽창정책이 필요하다고 보고 협회가 주도적으로 이 역할을 담당할 것을 표방한 아시아주의 단체이다. 협회가 존속하는 20여 년간 청일전쟁, 러일

---

144 内田良平, 「盍ぞ亟かに我北方經營の大體大要を明にせざる」, 《동방협회회보》 172호, 1909.6, 18쪽.

145 福本誠, 「滿韓植民觀」, 《동방협회회보》 176호, 논설, 1909.10, 3쪽.

146 「韓國併合の影響」, 《동방협회회보》 187호, 논설, 1910.9, 1~4쪽.

전쟁, 한국병합 등 중요한 사건이 일어날 때마다, 일본의 대외정책이 팽창정책으로 가는 데 일정하게 영향력을 행사하였다. 회원 중에는 통감과 총독, 총독부 관료, 고문과 주한공사 등 조선의 정치, 외교와 깊이 관련되어 영향력을 행사한 인물들이 속해 있었다.

협회의 주요활동은 강담회, 시찰원 파견과 조사, 교육사업 확장, 지나조사회 결성, 출판사업, 외교현안 건의 등이 있다. 협회의 조사활동은 ① 군인의 정탐조사 : 일본군의 한반도 상륙과 함께 전쟁수행을 대비하여 주요 항만을 조사하였다. 협회가 주목한 곳은 진해만, 마산포, 영흥만, 인천항이었다. ② 외교관과 언론인의 조사 : 청국과 러시아가 주시하고 있는 조선의 전도에 대한 우려, 조선인의 생활상태, 조선의 미곡수확과 상업에 주목하였다. ③ 상업조사 : 개항장과 내지에 침투한 중국 상권, 청일전쟁 이후의 무역정보, 부산항, 농업개량, 조선시장의 공략방법에 주목하였다. ④ 지질조사 : 청일전쟁을 치루기 위해 조선의 광물, 지질을 조사하고, 진해만, 거제도, 두만강, 압록강, 간도지역을 주목하였다.

동방협회 회원들의 조선인식은 ① 일본은 중국의 조선속방론이 잘못된 것이기 때문에 조선을 보호하여 동양의 맹주 역할을 해야 한다. ② 조선은 지정학적으로 일본에 중요하기 때문에 러시아의 남하를 경계해야 한다. ③ 러일전쟁이후 조선 경영을 추진하고 만·한지방의 교통기관을 연결하여 일본 동북지방의 발달을 촉진시켜야 한다고 보았다.

이 글에서는 동방협회의 조선사정에 대한 조사활동과 조선인식을 중심으로 살펴보았다. 협회의 성격과 활동을 이해하기 위해서는 중국에 대한 조사활동이나 다른 단체, 예를 들면 동양협회, 조선협회, 식민협회 등과의 비교검토가 필요하다. 그리고 이러한 단체들이 일본의 대외정책에 어느 정도 영향력을 행사했으며 조사활동의 결과가 어떻게 반영되었는지에 대해서는 후일의 과제로 남겨둔다.

3. 일본 식민협회의 식민활동과 해외이주론

식민협회는 외무대신을 지낸 에노모토 다케아키(榎本武揚)가 이주식민을 일본의 국시로 내걸고 식민사업의 거점을 확보하기 위해 1893년 3월에 설립한 연구단체이다. 협회가 표방하는 설립 목적은 동양 및 남양에 이주민을 보내기 위해 탐험대를 파견하고 적당한 이주지역을 조사하여 식민지를 건설하는 것이었다. 조사대상 지역은 북미·중남미에서 동남아시아, 태평양, 아시아의 중국·조선·대만·시베리아에 이른다. 그러나 궁극적인 목적은 동양 및 남양에의 식민, 침략을 추진하는 방법을 연구하는 데 있었다.

식민협회에 대해서는 국내에서 발표된 연구가 없다. 일본에서는 쓰노야마 유키히로(角山幸洋)가 에노모토 다케아키와 멕시코 식민이주를 중심으로 이민사를 살펴보면서 식민협회 활동에 대해 언급하였다.[147] 그리고 고다마 마사아키(兒玉正昭)가 《殖民協會報告》 복각의 현대적 의의와 식민협회 활동을 소개한 해설이 있는 정도이다.[148]

이 글은 19세기 말 일본의 대외침략이 본격화할 때 식민협회가 결성되어 식민활동을 시작한 점에 주목한 글이다. 식민협회에서 어떠한 식민활동을 하고 조선 문제에 관심을 갖게 되었는지 검토하여 식민협회의 역사적 역할을 조명해 보려고 한다. 먼저 식민협회의 설립 배경과 목적, 협회의 구성원과 식민활동 내용을 분석한다. 다음 협회 구성원들의 다양한 이민관을 분석하여 이주식민에 대해 가장 중요하게 생각한 점이 무엇이었는지를 검토한다. 마지막으로 식민협회의 조선인식에 대해 살펴본다.

이 글에서 분석한 자료는 《殖民協會報告》(1893.4~1899.6)와 제호를 바꾸어 간행된 《殖民時報》(1899.8~1902.11)인데 와세다(早稲田)대학 도서관에 소장된 것

---

147 角山幸洋, 『榎本武揚とメキシコ殖民移住』, 同文館出版, 1986, 167~183쪽.

148 兒玉正昭, 《殖民協會報告》 解說·總目次·索引, 不二出版社, 1987, 5~16쪽.

이다. 전자는 논설·논담, 조사보고·탐험담, 이주지에 관한 참고자료, 잡록, 회보 등이 수록되어 있다. 후자는 논설·강담·통신·사료·기행·전기·공문·사단(詞壇)·내외잡보·본회기사 등이다. 식민협회의 기관지가 개편 확장되면서 69호부터 조사보고 보다는 논설이 강화되고 다양한 내용을 수록하였다. 1902년 이후에도 이 잡지가 계속되어 발행되었는지는 알 수 없다. 이 자료는 1987년에 일본의 후지출판사(不二出版社)에서 통권 100호(1902년 11월)까지 복각본이 간행되었다. 국내에는 한국방송통신대학교 도서관에 복각본이 소장되어 있다.

1) 식민협회의 설립과 식민활동

(1) 설립 배경과 목적

근대 일본은 메이지유신 이후 급속한 사회변화에 직면하여 농촌과 도시에서 곤궁민의 구제와 인구급증이 심각한 문제가 되어 그 해소책으로 해외식민이 국가사업으로 추진되었다. 1885년 일본인의 해외도항이 시작되면서 하와이 이민이나 미국 이민의 본격화를 배경으로 대외적 관심은 이민, 식민 문제로 확산되는 경향이 나타나고 있었다. '관약이민'(官約移民) 제도는 일본과 하와이 왕국이 조약을 맺어 일본인 노동자를 3년 계약으로 보내는 것이었다. 1887년에는 시가 시게다카(志賀重昂)의 『南洋時事』가 출간되어 열강의 식민지화 경쟁 상황을 알리면서 남양에의 이민·무역진흥을 주장하였다. 나아가 1891년에는 호시 도루(星亨)를 회장으로 하는 해외이주동지회가 결성되었다.[149] 동시에 20세기 초 계약노동자가 태평양 상의 목요도(木曜島, Thursday Island, 영국령), 뉴칼레도니아, 오스트레일리아, 피지, 필리핀에 건너가 광산채굴, 도로건설 등에 종사하였다. 또한 동남아지역에도 일본인 노동자나 상인이 도항하게 되었다. 이

149 古屋哲夫, 「アジア主義とその周邊」, 『近代日本のアジア認識』, 京都大學人文科學研究所, 1994, 51쪽.

시기의 도항자는 거의 영주를 위한 이민이 아니라 수년간 계약노동을 목적으로 하는 '데카세기(出稼)' 노동자였다.

에노모토 다케아키는 1892년 5월에 외무대신에 취임하면서 외무성에 '이민과'를 설치해서 이민 후보지를 물색하였다. 에노모토의 이주식민에 대한 기본구상은 개인자격으로 이루어지는 계약이민(出稼移民)이 아니라 국가가 식민토지를 확보하는 것과 식민이주(永住移民)를 하여 본국과 무역을 하는 것에 있었다. 그리고 멕시코의 중요성에 대해 주목하고 있었다.[150] 그러나 그가 외무대신을 사임하게 되자 이주식민을 일본의 국시로 내걸고 식민사업의 거점 확보를 위해 1893년 3월 11일에 민간단체로 식민협회를 설립하였다. 즉 열강들의 식민지 획득경쟁이 치열해지는 가운데 장래 일본이 해상권(海上權)과 상권(商權)을 잡기 위한 정략으로 이민의 필요성을 강조하고 일본국민에 대한 계몽활동을 추진하기 위해서였다. 이를 위해 외무성 관계자, 지식인, 저널리스트들이 주로 모였는데 먼저 식민협회의 설립 배경에 대해 살펴보자.[151]

발기인들은 1893년 1월 31일에 도쿄의 일본무역협회에서 제1회 상담회를 열고 본 협회 설립의 주의서 및 규칙서를 기초하기 위해 구리하라 료이치(栗原亮一), 시바 시로(柴四朗)를 위원으로 선출하였다. 2월 5일에는 동경지학협회 회당에서 제2회 상담회를 열어 가규칙을 정하고 협회의 운동방법을 결정하였다. 2월 11일에 무역협회 안에 임시사무소를 두고 통신왕복 등의 사무를 시작하였다. 2월 15일에 성립위원회를 처음 열고 회원 모집, 기타 여러 운동방법을 의논하고 성립위원을 뽑았다. 회원을 모집할 때 "깊이 그 권유를 삼가며 모든 회원이 되려는 자는 상당한 업무를 갖거나 혹은 사회에서 상당한 지위가 있는 자를 표준으로 하여 성규(成規)의 소개를 거친 위에 성립위원회에서 이를 고사(考査)하는 것"을 결정하였다.

---

150 角山幸洋, 『榎本武揚とメキシコ殖民移住』, 「榎本の殖民計劃」, 同文館出版, 1986, 23~24쪽.

151 「殖民協會成立の經過」, 《식민협회보고》 1호, 잡록, 1893.4.15, 102~104쪽.

창립식 이전에 소네 도시토라(曾根俊虎), 쓰네야 세이후쿠(恒屋盛服)의 주창에 의해 설치한 일본이주조합은 본회의 성립과 동시에 이를 해산하고 그 명예찬조원, 찬조원, 갑종조합원 40명은 모두 식민협회에 입회하였다. 3월 11일 시바(芝)에 있는 고급요정 고요칸(紅葉館)에서 발회식을 거행하였다. 성립위원은 에노모토 다케아키를 회장에 마에다 마사나(前田正名)를 부회장에 지명하였다. 회장은 평의원 30명을 선정하였다. 3월 13일에는 동경지학협회 회당에서 평의원회를 열고 회장은 가토 헤이시로(加藤平四郎), 안도 타로(安藤太郎)를 간사로 선정하고, 회계 감독을 오쿠 사부로베에(奧三郎兵衛), 가와무라 히사나오(川村久直)에게 위촉하였다. 편찬위원 약간 명은 회장이 지명할 것, 사무소를 동경지학협회에 설치할 것 등을 의결하고 회장 및 평의원은 각자 약간의 금액을 기부하여 창립비에 충당하고 식민협회의 조직이 완성되었다. 식민협회의 창립 임원은 다음과 같다.

회장 榎本武揚 부회장 前田正名 간사 加藤平四郎 安藤太郎 회계감독 奧三郎兵衛 川村久直

평의원 稻葉正繩, 稻垣滿次郎, 井上角五郎, 花房義質, 林有造, 星亨, 奧三郎兵衛, 渡邊洪基, 加藤平四郎, 金子堅太郎, 吉川泰次郎, 吉村銀次郎, 玉利喜造, 立川雲平, 田口卯吉, 津田靜一, 根本正, 栗原亮一, 福羽美靜, 古莊嘉門, 肥塚龍, 小村壽太郎, 近衛篤麿, 安藤太郎, 佐佐友房, 三宅雄二郎, 島田三郎, 志賀重昴, 柴四朗, 杉浦重剛

식민협회는 창립 단계부터 협회의 회합, 조직이나 운영, 활동, 기관지 발행, 구성원 등에서 동경지학협회의 설립방식을 따랐다. 이는 에노모토 다케아키가 1879년에 일본에서 최초로 만들어진 학술단체인 동경지학협회를 창립할 때 [152] 와타나베 히로모토(渡邊洪基)와 함께 준비했으며, 그때의 경험을 토대로 이번에는 식민협회를 창립했기 때문이다. 임원 및 회원들의 주요 경력과 다른 단

---

152 최혜주, 「일본 東京地學協會의 조사 활동과 조선인식」, 《한국사연구》 151, 2010.12.

체인 동경지학협회, 동방협회, 동아동문회 등에의 참여 상황은 〈표 1-6〉과 〈표 1-7〉을 참조해 보면 여러 사람이 중복되게 활동하는 것을 볼 수 있다. 식민협회의 운영은 대의사(귀족원 2명, 중의원 12명), 정부 관료출신(5명), 실업가(3명), 학자·언론인(5명) 등 평의원 28명을 중심으로 이루어졌다.

평의원에는 한국과 관련이 있는 이노우에 가쿠고로(井上角五郎, 한국 정부 고문), 하나부사 요시모토(花房義質, 주한공사), 호시 도루(星亨, 한국 정부 법부 고문), 고무라 주타로(小村壽太郎, 한국병합 관여)와, 자유민권운동가 하야시 유조(林有造), 구리하라 료이치(栗原亮一)가 있다. 그리고 강경외교와 국권주의를 주장하는 고노에 아쓰마로(近衛篤麿, 귀족원 의장), 후루쇼 가몬(古莊嘉門, 구마모토 국권당)과 삿사 도모후사(佐佐友房, 구마모토 국권당), 쓰다 세이이치(津田靜一)와 시바 시로(柴四朗)가 있다. 국수주의를 주장하는 미야케 유지로(三宅雄二郎)와 시가 시게다카(志賀重昂), 스기우라 주고(杉浦重剛) 등이 있다. 언론인으로는 다구치 우키치(田口卯吉, 《東京經濟雜誌》), 고이즈카 류(肥塚龍, 《橫浜每日新聞》), 시마다 사부로(島田三郎, 《橫浜每日新聞》)가 있다. 외무성 관료는 이나가키 만지로(稻垣滿次郎), 가네코 겐타로(金子堅太郎), 안도 타로(安藤太郎)가 있다. 민간 실업가로는 도쿄상업회의소 부회두 오쿠 사부로베에(奧三郎兵衛), 일본우선회장 요시가와 타이지로(吉川泰次郎)가 있다.

식민협회를 이끌어간 사람 가운데 주목되는 인물은 간사로 활약한 안도 타로이다. 그는 와타나베 히로모토가 1871년 구미사절단으로 파견되었을 때 수행원으로 참가했으며 돌아와서는 홍콩부영사, 상해·하와이총영사를 지내고 있었다. 에노모토 다케아키는 외무대신에 취임하게 되자 이민과를 설치하고 안도 하와이총영사를 통상국장으로 발탁하여 이민과장을 겸직시켰다. 이것은 에노모토가 이민사업에 관료조직을 두는 포석의 하나였다.[153] 안도 타로는 에노모토가 식민협회를 창립한 다음 해 농상무대신이 되었을 때 농상무성

---

153 角山幸洋, 앞의 책, 59쪽.

상무국장이었다. 그러나 1897년 에노모토가 사임하게 되자 안도도 그만두고 식민협회 일에 전념하여 에노모토의 식민사업을 계승하게 된 것이다.

에노모토 회장의 창립식 연설에 의하면 "본회에서는 식민사업상에 정밀한 조사를 수행하고 관민이 일치하여 이 국가백년의 대계인 일대 문제의 성효(成效)를 기대하여 소위 국리민복을 도모하는 것은 실로 우리 회원제군에 대해 요구하지 않으면 장차 누구에게 요구할 수 있겠습니까, 그렇다고 해서 우리들은 단지 정부의 보조를 기다려 이후 비로소 운동하는 자는 아닙니다. 반드시 '雖無文王猶興'(孟子, 盡心章句 上 제10장, 문왕을 기다린 뒤에 일어나는 것은 일반 백성이고, 호걸의 선비는 문왕이 없더라도 일어날 수 있다)의 정신을 가지고 따로 스스로 계획하는 바가 없이는 안 됩니다"라고 하여 식민협회가 모델로 삼은 것은 영국에서 식민이주를 장려하기 위해 만든 이민교시국(Emigrant information office)이라고 밝히고 있다.[154]

다음 〈식민협회 設立趣意書〉에서는 협회의 설립 목적에 해당하는 이주식민사업이 급한 이유로 다음 다섯 가지를 들고 있다. ① 인구 문제. 일본 인구는 매년 40만 내지 50만 명이 증가하는 추세이다. 일본 안에는 이렇게 많은 인구를 수용할 여지가 없다. 해외에 있는 땅을 신속하게 구하지 않는다면 모두 다른 나라가 차지할 것이다. ② 지형 문제. 일본의 지형은 사면이 바다로 둘러싸여 동양 및 남양에 원정하기가 편리하다. 해외에 적당한 땅을 찾아 일본인종의 번식을 도모해야 한다. ③ 해상권 장악 문제. 해상권을 장악하기 위해서는 항로를 확장해야 한다. 아울러 해군확장을 위해서도 식민항해사업이 필요하다. 해군은 식민을 부조하고 항해를 보호하는 역할을 해내야 한다. ④ 상권신장 문제. 해외에 식민지가 있다면 본국의 물품을 수요할 수 있다. 이로써 식민사업이 통상의 매개가 되어 본국의 상공업이 번성하게 될 것이다. ⑤ 인심위축 문제. 다년간의 쇄국과 봉건제도의 폐단으로 인해 인심이 안으로 위축되었다. 식

---

154 「榎本會長の演說」,《식민협회보고》1호, 1893.4.15, 6쪽.

표 1-6　식민협회 임원(1893년 2월)

	이름	주요 경력
회장	榎本武揚	주러특명전권공사(1874), 주러공사, 해군중장, 외무대보, 주청공사, 체신·문부·외무·농상무대신, 자작(1890), 동경지학협회, 흥아회 회장, 동방협회
부회장	前田正名	파리박람회 사무관장(1878), 대장성·농상무성 대서기관(1881), 山梨縣지사((1888), 농상무성 농림국장·도쿄농림학교장(1889), 농무차관·귀족원의원(1890), 前田製紙(1898)
간사(평의원)	加藤平四郎	자유당, 중의원의원(1890, 4선), 靜岡縣知事(1898), 山梨縣知事(1899), 甲府시장(1907)
간사(평의원)	安藤太郎	구미사절단 수행, 홍콩부영사, 상해총영사, 하와이총영사, 외무성 초대이민과장, 농상무성 상공국장, 日本禁酒同盟會
회계감독(평의원)	奧三郎兵衛	도쿄상업회의소 부회두(1869), 중의원의원(1894), 東京瓦斯會社 감사역(1902)
회계감독	川村久直	郵便汽船三菱會社 管事
감사(평의원)	渡邊洪基	구미시찰단(1871), 도쿄부 지사(1885), 제국대학총장(1886), 오스트리아전권대사(1890), 국민협회 창립(1892), 동경지학협회, 동아동문회 간사, 흥아회
평의원	稻葉正繩	東宮侍從(1895), 자작(1898), 式部官, 宮中顧問官(1899)
평의원	稻垣滿次郎	가구슈인 촉탁교수, 동방협회 간사장(1891), 타이변리공사(1897), 동 전권공사(1903), 스페인전권공사(1907)
평의원	井上角五郎	福澤諭吉 문인, 한국 정부 고문(1882), 《한성순보》 발간, 갑신정변 관여, 중의원 14회 당선, 경부철도 監査役(1902)·남만주철도설립, 동방협회
평의원	林有造	자유민권운동가, 자유당 중의원의원(1890, 8회 당선), 체신대신, 농상무대신, 동방협회 회원
평의원	星亨	자유당(1882), 중의원의장(1892), 한국 정부 법률고문(1895), 체신대신(1900), 입헌정우회, 도쿄시의회의장(1901), 동경지학협회, 동방협회
평의원	金子堅太郎	이토 히로부미 총리비서관, 일본법률학교교장(1889), 귀족원서기관장, 농상무대신(1898), 사법대신(1900), 추밀고문관(1906), 동방협회
평의원	吉川泰次郎	문부성8등出仕로 宮城師範 교장(1873), 日本郵船 사장(1894)
평의원	吉村銀次郎	宮崎縣 중학교장(1893)
평의원	玉利喜造	도쿄대교수(축산학, 원예학), 大日本農會 參事, 전국농사회·중앙농사회 간사장
평의원	立川雲平	정치가, 조약개정반대(1887), 중의원의원(1893, 3선), 정우회
평의원	田口卯吉	경제학자, 대장성 사직·《동경경제잡지》 창간(1879), 南島商會(1890), 兩毛철도사장(1887), 제국재정혁신회(1894) 결성하여 중의원(1894), 동경지학협회, 동방협회
평의원	津田靜一	紫溟會설립(1881), 국권론자로 자유민권론에 대항, 남미 이주식민사업 주장, 臺灣拓植公社 창설

평의원	根本正	외무성 통상국에서 해외이민지 조사·상공시찰(1893), 멕시코, 브라질, 중앙아메리카, 인도출장(1894~5), 중의원의원(1898, 10선), 제국교육회, 동경지학협회
평의원	栗原亮一	자유민권운동·자유당 결성(1877), 《자유신문》 주필, 《東雲新聞》 기자, 중의원의원(1890, 10선), 자유당, 입헌정우회
평의원	福羽美靜	文部省御用掛·도쿄여자사범학교교장(1880), 원로원의관(1885), 자작(1887), 귀족원의원(1890)
평의원	古莊嘉門	大阪上等재판소판사(1878), 紫溟會설립(1881) 국권주의 주장, 熊本國權黨 총리(1890), 중의원의원(5선), 群馬縣·三重縣 지사, 귀족원의원(1905)
평의원	肥塚龍	《横浜每日新聞》 입사(1875), 자유민권운동, 중의원의원(1894, 8선), 농상무성 광산국장(1897), 도쿄시장(1898)
평의원	小村壽太郎	대심원판사, 청국대리공사, 주한변리공사·외무차관(1894), 외무대신(1901, 1908), 한국병합 관여, 후작
평의원	近衛篤麿	화족, 동방협회 부회두(1891), 동아동문회 회장(1898), 南京同文書院 설립(1900), 국민동맹회(1900), 대러동지회(1903)
평의원	佐佐友房	済々黌설립·《紫明雜誌》·《紫明新報》 발간 고문(1882), 熊本國權黨 조직(1889) 중의원, 이후 국민협회·帝國黨 소속, 동아동문회
평의원	三宅雄二郎	철학자, 평론가, 자유민권운동, 政敎社를 설립하여 국수주의 주장·《일본인》 창간(1888), 동방협회
평의원	島田三郎	《横浜每日新聞》 주필(1874), 입헌개진당(1882), 중의원의원(1889, 14회 당선), 입헌동지회, 헌정회 소속
평의원	志賀重昂	지리학자·평론가, 政敎社(1888) 《일본인》 창간, 日本俱樂部 결성(1889), 헌정본당(1898), 입헌정우회(1900), 가라후토시찰(1905), 한국시찰(1907, 1908), 와세다대학교수(1911), 동경지학협회, 동방협회, 동아동문회
평의원	柴四朗	국권론자, 을미사변 관여, 저널리스트, 중의원의원(1892, 11선), 농상무차관(1898), 외무참사관(1915), 동방협회
평의원	杉浦重剛	국수주의적 교육자·사상가, 《讀賣·朝日新聞》 사설 담당, 《일본인》 간행, 日本俱樂部 결성(1889), 중의원(1890), 동방협회
평의원	花房義質	외무성 출사(1870), 주한대리공사(1877), 초대공사(1880), 재러특명전권공사(1883~6), 농상무차관, 궁내차관, 일본적십자사 사장, 동아동문회 간사, 흥아회, 동경지학협회, 동방협회, 남작
2기 평의원	蜂須賀茂韶	외무성 御用掛, 프랑스공사(1882~6), 원로원의관, 東京府知事(1890~1), 귀족원의장(1891~6), 문부대신, 후작, 동방협회
2기 평의원	大谷嘉兵衛	茶業협동조합 설립(1878), 横浜시회의원(1889), 横浜무역상조합총리(1892), 横浜상업회의소 회두(1897), 귀족원의원(1907), 일본홍차주식회사 설립(1917), 한국은행, 동척설립, 동방협회
2기 평의원	佐久間貞一	秀英舍(대일본인쇄) 창업(1876), 徒弟학교(1878) 개실, 대일본도서주식회사, 동양이민회사, 국민저축은행 경영
2기 평의원	箕浦勝人	《郵便報知新聞》 입사(1874)·주필·사장, 중의원의원(1890), 체신대신(1915)

표 1-7 식민협회 회원

구분	이름	주요 경력
회원	板垣退助	정한논쟁으로 하야(1873), 자유민권운동(1875), 자유당 총리(1891), 내무대신(1896), 헌정당(1898), 동방협회
회원	天田愚庵	歌人, 사진점 개업(1879), 大阪內外新報社 입사(1886), 禪僧(1887)
회원	三浦梧樓	육군중장, 가쿠슈인 원장(1887~1892), 조선공사(1895), 을미사변 관여, 추밀원고문관(1910), 동경지학협회
회원	谷干城	육군사관학교장(1880), 가쿠슈인 원장(1884~1885), 농상무대신(1885), 귀족원의원, 동경지학협회, 흥아회, 동방협회, 동아동문회
회원	陸羯南	《東京電報》 창간(1888), 《일본신문》 창간(1889), 동방협회 평의원(1890), 동아동문회 간사장(1898), 국민동맹회(1900)
회원	樺山資紀	해군대보(1883)·해군차관(1886), 해군대신(1890), 해군군령부장(1894), 해군대장·초대대만총독(1895), 내무대신, 문부대신, 동방협회
회원	曾根俊虎	해군대위(1879), 아시아주의 단체 흥아회 창립(1880), 해군퇴직(1891), 중국통으로 활약, 동방협회
회원	恒屋盛服	한국내각 관보보좌관(1894), 동아동문회 간사, 흥아회 회원
회원	長岡護美	화족, 네덜란드공사(1880), 원로원의관(1882), 남작, 귀족원의원, 자작, 흥아회 회장, 동경지학협회, 동아동문회
회원	國友重章	서남전쟁에 종군(1877), 《일본》 기자, 《한성신보》 주필(1895), 을미사변 관여, 경성신문사 감독, 국민동맹회(1900), 대러동지회(1903)
회원	曲木如長	參事院御用掛兼太政官御用掛(1881), 사법관·검사·대심원 근무, 변호사·도쿄시 시회의원 역임, 메이지법률학교·일본법률학교 교편
회원	柵瀨軍之佐	《山梨日日新聞》 주필, 《東京每日新聞》 편집장, 柵瀨商會(1905), 대만상공은행·대만가스 중역, 중의원의원(1908, 6선), 상공정무차관
회원	末廣重恭	《朝野新聞》 편집장(1875), 國友會 조직(1880), 《大同新聞》 주재·중의원의원(1890, 2선), 흥아회 간사(1892), 동방협회

민사업으로 대외의 정신을 발양하여 기개와 도량을 넓히고 신지식을 수입하여 인심을 일변시켜야 한다. 즉 이주식민사업은 당면한 급무이며 일본의 '국시'라고 인식하였다. "국시 문제는 조야의 격(隔)이 없고, 당파의 구별이 없다. 국민이 일치하여 이에 힘을 다하지 않으면 안 된다. 우리들 동지가 서로 도모하여 식민협회를 설립하는 취지는 여기에 있다"라고 이주식민의 필요성을 강조하였

다.[155] 이를 위해 "바로 실업에 착수하는 것이 아니라 먼저 일본의 여론을 작흥하여 식민사업을 장려하고 해외 탐험 실황을 보고하여 내지인의 주의를 환기시키는 데 있다"라고 하여 협회 설립의 목적을 이주식민사업을 위한 '여론 작흥과 탐험 실황 보고'에 치중할 것임을 밝혔다.

식민협회는 1899년 8월부터 이전에 간행하던《식민협회보고》를 69호부터《식민시보》로 제호를 바꿔 간행하였다. 식민협회의 활동을 확장한다는 다음의 취지에서 단행한 것이었다.

> 역사가 증명하는 식민정책에 부수하는 구주 강국의 부는 그 인구 번식의 충일(充溢)을 밖으로 옮기는 것에 의한 것이 많고, 해상권의 파악도 역시 식민적 정책에 동반하는바 항해의 빈번에 의한 것이 많다. 통상상의 세력도 역시 이에 따라 더해 오는 것이라면 우리나라가 이 환해(環海) 천연의 지극히 편리한 것을 이로움으로 삼고 인구번식의 충일을 밖으로 옮기는 것에 의해 해권(海權)의 수람을 도모해야 한다. 이로써 상세(商勢)의 신장을 계획하며, 부력(富力)의 충실을 가져오지 않으면 안 되는 것은 우리나라가 천직으로 짊어진 급무 중의 최대 급무가 아니겠는가.[156]

이처럼 식민협회는 열강이 식민정책에 의해 부강국이 된 것처럼 일본도 '해국'(海國)이라는 천연의 이로움을 충분히 이용해야 한다고 보았다. 이를 위해 협회 활동을 확장하여 해상권을 장악하고 상권을 신장하는 방법을 모색하는 것이 급선무임을 천명한 것이다.

---

155 「殖民協會成立の經過」,《식민협회보고》1호, 잡록, 1893.4.15, 105~107쪽.

156 「殖民協會擴張ノ趣旨」,《식민시보》69호, 1898.8.16, 1~2쪽.

(2) 구성원과 식민활동

식민협회의 임원과 회원 규정을 보면 규칙 제7조에 의해 총재 1명, 회장 부회장 각 1명, 평의원 약간 명, 간사 2명, 서기 약간 명을 두었다. 총재는 평의원의 결의에 의해 회장이 이를 추천하고 회장 부회장 및 평의원은 총회에서 이를 공선(公選)하며 간사는 평의원 중에 이를 호선(互選)하여 그 임기를 각 1년으로 하였다. 단 제8조에 이상의 임원은 무보수로 한다고 되어 있다. 평의원회는 간사 및 임원 선임, 사무소 위치 결정 및 전화기 가설 건, 회원증가 및 회비면제 건, 지회 설치 건, 탐험대 파견 및 강담회 개최, 식민사업 실행에 관한 의논, 식민사업 장려 문제 등을 결정하였다.

1895년 4월 18일에 교체된 새 평의원은 하치스카 모치아키(蜂須賀茂韶), 오쿠다 나오히로(奧田直弘), 가와무라(川村久直), 소노다 고키치(園田孝吉), 쓰치다 마사지로(土田政次郎), 야마다 게이토쿠(山田敬德), 야마시타 치요오(山下千代雄), 마가키 유키나가(曲木如長), 마쓰지마 로쿠이치로(增島六一郎), 사쿠마 데이이치(佐久間貞一)이다. 그리고 4월 22일에 안도 타로(安藤太郎), 야마시타 치요오(山下千代雄)를 간사로 선출하였다. 다음 1896년 3월 24일에 교체된 새 평의원은 가다오카 겐키치(片岡健吉), 가와세 유지로(河瀨勇次郎), 다나카 헤이하치(田中平八)이다. 1899년 6월 12일의 임원 명단은 다음과 같다.

> 회장 榎本武揚 간사 高野周省, 田中賢道 회계감독 大谷嘉兵衛, 奧田直弘, 廣部清兵衛 편찬위원 鎌原幸治, 玉利喜造, 田口卯吉, 巽來治郎, 栗原亮一, 澤木三郎, 三宅雄二郎 임시조사위원 鎌原幸治, 玉利喜造, 山口熊野, 青柳郁太郎, 十文字信介 식민문고설립위원 竹川藤太郎, 曲木如長, 青柳郁太郎이고 평의원은 52명으로 늘어나게 된다(명단 생략).

회원모집 방법은 규칙 제4조에 의하면 회원의 소개로 입회를 신청하고 회장의 허가를 받아야 했다. 회원은 명예회원과 통상회원의 2종으로 나누었다. 다만 명예회원은 식민사업에 공로가 있는 자로 한정하였다. 회원은 매월 50전을 회비로 납부하고 학생은 15전을 납부했지만 명예회원은 회비를 납부하지 않았다. 회원수는 창립식 당시에는 419명, 1893년 7월에는 530명, 1895년 3월 815명, 동 9월 904명으로 증가했는데, 그 후 1896년 1월에 929명, 1897년 3월에 967명, 1898년 12월에 994명이었다. 1899년 회지를《식민시보》로 확장한 뒤에는 1132명으로 늘어났다.[157]

에노모토 회장은 창립연설에서 식민협회가 가장 먼저 착수할 식민사업의 수행 지역에 대해 '멕시코 태평양연안'이라고 언급하였다. 그 이유는 첫째, 멕시코 정부는 다른 라틴아메리카보다 안정되어 구미각국 자본가의 투자가 증가하고 있다. 둘째, 광산 및 농업에서 무량의 부원이 있다. 셋째, 수산물에서 다량의 수확이 있을 것이다. 넷째, 관민이 모두 일본인의 이주를 갈망하고 멕시코인의 용모와 성질이 일본인과 비슷하다. 다섯째, 토지가 비옥하고 기후가 규슈보다 따뜻하며 일본에서 직항이 편리하다는 점을 들고 있다.[158] 즉 멕시코를 '모범 식민지'로 선정하여 이민회사 설립과 항로확장 준비 등을 식민협회를 통해 추진할 계획을 밝힌 것이다. 식민협회에서 어떤 활동을 전개했는지 살펴보자.

① 이민회사 설립과 항로확장 추진. 먼저 정기 평의원회의에서 의결된 사항 중에 구체적으로 논의되기 시작한 것은 이민회사 설립에 대한 것이었다. "이 문제는 당 협회의 대세(大勢)에 관해 자못 중요한 관계를 가질 뿐 아니라, 세인이 이것에 주의하는 것이 매우 중요하고 이것을 의논하는 데도 정치상 경제상 신중을 요한다"라고 지적하여 정부에서 이 회사 설립사업에 보조하도록 힘쓸 것을 주의하고 있다.[159] 그후 회사 설립 건은 진행되어 '일본이민회사'로 정하고 조사위원을 선정하였다.[160] 멕시코를 모범 식민지로 선정한 뒤에는 일본과의

157 兒玉正昭, 앞의 책, 11쪽.

158 「榎本會長の演說」,《식민협회보고》1호, 1893.4.15, 7~9쪽.

159 《식민협회보고》3호, 회보, 1893.6.22, 128~129쪽.

160 《식민협회보고》4호, 회보, 1893.7.31, 113쪽. 동 7호, 1893.11.13, 133~134쪽.

사이에 항로를 개설하는 문제가 대두되었다. 그 일을 맡은 것은 협회에서 파견한 모리오 시게스케(森尾茂助)·쓰네야 세이후쿠(恒屋盛服)·에노모토 류키치(榎本龍吉)·다카노(高野周省)였는데, 멕시코에 가서 대통령을 만나고 각 장관과 접촉하여 일을 추진하였다.

② 탐험대 파견조사 및 연설회, 강담회 개최. 식민협회는 실지를 조사할 탐험가의 연설회를 개최하거나 탐험 후의 귀국 보고회를 열어 현지 사정을 수렴하고 식민사업에 관한 지식을 홍보하였다. 예를 들면 1894년 4월 21일 식민연설회를 개최하여 식민주의 실행의 역할을 맡은 협회의 활동을 설명하는 연설회를 개최하였다. 이 자리에서 마쓰오카 고이치(松岡好一)의 '사쓰테섬 실황', 네모토 쇼(根本正)의 '멕시코 탐험담', 다카노(高野周省)의 '멕시코 농사실황', 와타나베 간주로(渡邊勘十郎)의 '호주 탐험담', 구마가이 나오스케(熊谷直亮)의 '섬라국(暹羅國:타이) 사정'. 11월 19일에는 남미 페루의 사정을 탐험가 아오야나기 이쿠타로(青柳郁太郎)에게 청취하였는데 그는 지세, 산물, 항로 등 식민지의 관찰 의견을 연설하고 석유면 등의 견본, 기타 사진에 대해 설명하였다.

1895년 1월 20일에 강담회를 개최하였다. 고이즈카 류(飛塚龍)의 '해외식민의 시기', 시가 시게다카(志賀重昂)의 '이주 및 탐험의 방침', 이토 요네지로(伊藤米治郎)의 '과테말라국 실견담', 마쓰오카 고이치의 '전후의 남양', 와타나베 간주로의 '구주(歐洲)식민의 기원을 말하여 아방(我邦)의 식민에 이름', 하시구치 분조(橋口文藏)의 '멕시코 탐험지 실황보고'에 대해서였다. 10월 22일에는 지학협회, 아세아협회, 만년회(萬年會)와 함께 합동연설회를 개최하였다. 대만총독부 식산부장 하시구치 분조의 '대만사정', 이학박사 진보 고토라(神保小虎)의 '요동반도담' 그리고 회원 이시하라 데쓰노스케(石原哲之助), 아오야나기 이쿠타로에게 촉탁하여 말레이반도를 탐험 시찰케 하고, 회원 하야다 사시로(早田佐四郎)의 대만의 상공업 및 식민사업 시찰을 소개하였다.

1899년 6월 20일에 식민 강담회를 개최하였다. 주몬지 신스케(十文字信介)의 '식민의 준비', 히로세 겐자부로(廣瀨源三郎)의 '북청(北清)사정', 미네기시 시게타로(峰岸繁太郎)의 '와리코미(割込)식민', 이노우에 케이지로(井上敬二郎)의 '하와이 일본이민의 현황'에 대해서였다.

③ 일간지의 이민론을 소개. 《每日新聞》의 「해외이민담」(1895.10)에서는 이민사업이 국민에게 애국의 열성을 하층 사회에 보급시키는 교육 역할을 하는 것이며, 일본 인종이 인종학상 갖고 있는 위대함을 확장시키는 것이라고 주장하였다. 《時事新報》의 「인구의 번식」(1896.1.3), 「인민의 이식」(동, 1.4), 《時事新報》의 「이민과 항해」(1.25), 「이민의 보호」(1.26), 「이주식민」(1897.4) 등에서는 이민사업의 전도가 희망적이므로 이를 방해하는 것은 일체 없애지 않으면 안 된다고 논하였다. 협회는 이러한 일간지의 내용을 다시 전재(轉載)하고 있다.

《東京日日新聞》에 실린 「海外移住民ノ近狀ニ就テ」를 소개하면서 캐나다, 하와이, 호주 등지에서 일본인을 배척하는 이유를 지적하였다. "원인은 정청대첩(征清大捷, 청일전쟁)의 결과이다. 황군의 길보(吉報)가 해외에 전해지고 우리 노동자의 기세가 일변하여, 야마토혼을 보기나 일본 무사의 실력을 보인다거나 하여 백인 노동자를 압도한다면 고용주가 곤란을 겪을 것이다. 드디어 금일과 같은 불인망(不人望, 남이 신뢰하지 않는 것)을 초래할 것이다. 즉 뽐내는 것이 외인의 감정을 매우 해치게 될 것이다. 현재 해외에 있는 노동자는 물론 금후 각지에 이주하려는 자는 조심스럽게 언행을 주의해야 한다—배척운동은 점점 그 세력을 더하여 예측하지 못할 손해를 얻을 수도 있다"[161] 라고 하여 해외이주자의 행동에 대해 언급하고 있다.

아울러 "군함 파견과 같은 것도 단지 사변의 경우에만 한정하지 말고 평생 무사한 날에도 때때로 순시시켜 재외동포의 안부를 묻는 것이 간요하다. 국력 신장을 위해서도 장차 증식하는 인구의 시말을 위해서도 이주식민은 일본의 일대 급무라고 할 수 있다"라고 주장하여 정부의 적극적인 이주식민정책을 촉구하고 있다.[162] 식민협회는 이러한 일간지의 내용을 협회의 기관지에 다시 수

---

161 「海外移住民ノ近狀ニ就テ」, 《식민협회보고》 39호, 잡록, 1896.7.30, 68~69쪽.

162 「新聞紙ノ所說」, 《식민협회보고》 48호, 잡록, 1897.5.19, 46쪽.

록하여 식민의 중요성을 거듭 강조하고 있었다.

④ 제국의회에 건의안 제출. 일본 정부는 이민자 보호를 위해 1894년 4월 이민보호규칙을 제정하였다. 이에 식민협회는 야마시타 치요오(山下千代雄) 외 3명의 이름으로 「해외 이주식민에 관한 건의안」을 제출하였다. 제8회 제국의회 중의원에서 의결한 내용은 "이주식민사업이 방금 아국의 급무임은 본래 논을 기다리지 않는다. 근시 탐험의 결과로 발견한 적당한 토지는 멕시코, 브라질, 니카라과, 과테말라 등이다. 멕시코는 이미 조약국이지만 나머지는 아직 조약국이 아니다. 그러므로 무조약국으로 아국의 이주식민에 적당한 것은 신속하게 이들과 조약을 체결하거나 혹은 무조약국이라도 이주식민을 기도하는 자가 있을 때는 이를 허가하여 상당한 편의를 줄 방법을 세워 이로써 크게 이 사업을 장려하기를 바란다"[163]라는 내용이었다. 또한 식민협회는 정부의 이민법안이 "이민을 장려하지 않고 수축시켜 이민을 보호한다는 명분으로 하고 그 수수(手數)를 생략하는 의안"이라고 그 문제점을 지적하였다. 그리하여 이 법안에 대해 마가키 유키나가(曲木如長), 미야케 유지로(三宅雄二郎), 나마리 기소(玉利喜造)를 위원으로 삼아 협회의 의견서를 기초하여 수정건의안을 1896년 3월 7일 제국의회 귀·중 양원에 제출하였다.[164] 이 법안은 4월 7일, 법률 제70호로 공포되었다.

그러나 1898년 11월 농상무대신 자문기관인 농상공고등회의에서는 해외 이민에 대한 방침을 데카세기(出稼) 목적의 이민은 장려하지 않고, 이미 해외에 나간 이민에 대해서만 보호한다는 내용을 결정하였다. 식민협회는 정부의 이러한 방임주의[165]에 대해 비판하고, 이민국 설치에 관한 건의서를 1900년 9월 당시의 외무대신에게 제출하였다.

---

163 「海外移住殖民ニ關スル建議案」,《식민협회보고》 24호, 잡록, 1895.4.22, 82쪽.

164 「식민협회 제4회 총회」,《식민협회보고》 35호, 회보, 1896.3.25, 73~74쪽.

165 菅菊太郎, 「世界ノ殖民事業ト帝國」,《식민시보》 71호, 논설, 1899.10.28, 19쪽.

이주식민사업은 결코 등한히 간과할 수 없다. 따라서 그 진운에 필적할 만한 상응하는 권능있는 관아의 설치가 필요한 것은 오히려 지당한 논의이다. 지금 17의회는 얼마 안 있어 개회하려고 한다. 이른바 행정정리안이 과연 의장에 등장하는가 아닌가는 예지할 수 없어도 기대하는 것처럼 만약 의장의 문제가 될 수 있을 것인가. 우리는 간절히 의원 제씨가 이민국설치 건을 한각하지 않기를 희망하는 바이다.[166]

⑤ 식민사상과 식민교육 보급. 식민협회는 기본적으로 국민에게 식민이라는 말이 잘 이해되지 않았다고 인식하였다. 미네기시 시게타로(후일 京城新報社 사장)가 기고한 글을 보면 "식민이라고 하는 것을 세상에서 이야기 하지만 아무래도 아직 식민이란 말이 국민에게 잘 이해되지 않는 것 같다. 이 식민협회는 이전부터 설립되어 어떻게 해서든 식민지상(殖民志想)을 일반국민에게 보급시키려고 진력을 하고 있지만 아직 제대로 식민이라는 글자 뜻의 해석조차 사람들이 제각각이다—세상 일반이 식민에 대해서는 실로 냉담하다." 따라서 이러한 식민사상을 보급하는 일은 협회의 주요 활동이기도 했다. 이를 위해 평의원 에바라 소로쿠(江原素六, 麻布중학교 교장, 중의원의원)는 "식민사상의 보급을 도모하기 위해 전국 중등교육 이상의 제 학교에 회장의 명의로 본회 보고서 구독을 권유할 것"을 제의하고 있다.

협회에서 식민사상의 보급을 위해 또 하나 준비한 것은 원로를 방문하여 식민정책과 식민사업 관련 인터뷰를 소개한 것이다. 먼저 기모쓰기 가네유키(肝付兼行)는 해군 측량과장과 수로부장을 지내고『朝鮮水路誌』(1894)와『朝鮮全岸』(1896)을 간행하였다. 동경지학협회 회원이면서 해군대학교장과 해군중장을 지낸 인물이다. 그는 식민사업을 수행하기 위해서는 쇄국의 여파로 위축된 일본국민의 사상부터 개혁해야 한다. 즉 해사사상(海事思想)을 보급하여 해외에서 일본인들이 배척받는 일이 없도록 하는 식민교육의 중요성을 지적하고 근

---

166 袗袴生,「移民局設置ノ必要」,《식민시보》100호, 논설, 1902.11.25, 17~19쪽.

본적으로 사상교육부터 다시 시작해야 한다고 말하고 있다.[167]

다음 당시 총리대신 오쿠마 시게노부(大隈重信)와의 대담내용이 소개되었다. 그는 식민의 방법으로 '병력과 금력'의 두 길 외에 없으며 국가가 식민을 할 용기와 여유가 있는지, 적당한 시기가 언제인지 살피는 것이 중요하다고 지적하였다. 바로 식민지를 건설하는 것이 어렵다면 "아국민의 세력을 부식하면 어떨까, 멕시코, 페루, 브라질, 아르헨티나, 상당히 전망이 있는 장소도 있지 않을까" 라는 견해를 피력하고 있다. 즉 이민회사 보다는 소회사를 합동한 일대회사가 낫고, 타국의 토지소유권을 확보해야 하며, 이민지에 금융기관을 만들고 해외에 영구 이주하도록 하려면 반드시 부인을 동반시킬 필요가 있다고 보았다.[168]

이밖에도 멕시코 식민 실행을 위한 상담회를 개최하거나(1895.2.9) 전국농사대회(1894.12.1)와 전국실업가대회(1894.12.4)에 멕시코 농사를 조사하고 온 간사 다카노(高野周省)를 출석시켜 협회의 취지 및 사업내용을 설명하는 일도 하고 있다. 그리고 기관지로《식민협회보고》와《식민시보》를 발간하고 이주안내서를 출판하거나, 번역서『墨國ニ於ケル咖啡栽培』(1893, Taylor.j.p, 井上一男 옮김)를 간행하기도 하였다. 이러한 활동은 식민사상을 보급하고 식민사업의 필요성을 계몽하기 위한 것이었다.

2)《殖民協會報告》와《殖民時報》에 나타난 해외이주론

(1) 식민 급무론

앞에서 살펴본 것처럼 식민협회가 설립된 취지는 식민이 일본의 국시이며 급무라는 인식에서였다. 그렇다면 그렇게 인식하게 된 이유는 무엇 때문인지

167 天民生,「肝付將軍ヲ訪フ」,《식민시보》69호, 殖民談片, 1899.8.16, 76쪽.

168 天民生,「大隈伯ヲ訪フ」,《식민시보》70호, 殖民談片, 1899.9.26, 88~89쪽.

인구배출과 식량 문제, 전후 경영을 위한 팽창주의, 생존경쟁을 위한 국가사업이란 점을 중심으로 살펴보자.

첫째, 식민은 인구배출과 식량 문제 해결을 위해서 시급하다는 점이다. 식민협회는 "1방리(方里)의 면적에는 인구 대략 1600명, 그 증가의 비율은 매년 40만 내지 50만이다. 지금부터 70여 년을 지나면 아국의 인구는 8000만 명 즉 2배에 달할 것"이라고 하여, 한정된 토지에서 매해 40~50만에 이르는 인구 증가가 이루어지면 결국 빈민이 증가하여 거의 감당할 수 없는 수준이 될 것이다. 즉 국내 식민지로 홋카이도가 있지만 아직 개척이 미비하여 일본 사정을 충분히 감당할 정도가 아니라는 것이다. 또한 "아국의 판도에 속하는 땅은 오랫동안 이것을 잃어버릴 염려가 없지만 해외에 있는 땅은 신속하게 이것을 차지하지 않는다면 모두 다른 나라에 돌아갈 것이다. 아국의 인구가 많아지는 것을 예방하는 길은 금일 이미 식민사업을 왕성하게 하는 데 있다"[169] 라고 보았다. 그리고 에노모토 회장은 1894년 3월에 개최된 일본농회대회에서 한 연설에서, 현재의 경지도 평균 2배 이상을 경작하지 않으면 충분히 기근을 면하기 어려운 정도라는 인식을 갖고 있었다. 그만큼 해외식민이 일본 농업계에 미치는 영향이 크다는 점을 강조하고 있다.[170]

평의원과 편찬위원을 겸하고 있는 간바라 코지(鎌原幸治)는 1895년 여름 대만총독부 식산국의 의뢰로 대만 차업(茶業)에 대한 조사를 한 적이 있다.[171] 그는 식민사업을 하지 않으면 국운 확장이 불가능하고 국가 생존이 불가능하다. 즉 영양이 공급되지 않아 결과적으로 빈혈 때문에 멸망한다고까지 주장하고 있다. 그러면서 과잉인구를 배출할 길이 시급함을 지적하고 있다.

---

169 「殖民協會設立趣意書」, 《식민협회보고》 1호, 잡록, 105~106쪽.

170 「農會ニ於ケル殖民談」, 《식민협회보고》 12호, 잡록, 1894.4.21, 78쪽.

171 鎌原幸治, 「臺灣茶業實査報告書」, 《식민협회보고》 31호, 1895.11.29, 97~110쪽.

이대로 간다면 드디어 어떠한 결과를 가져올 것인가. 선채로 죽을 것이다. 아사할 것이다. 외국미와 정사(情死)할 것이다. 식물결핍 때문에 멸망할 것이다. 그리고 국가의 생존이 휴지(休止)가 될 것이다. 그러면 만일 그 도를 얻는다면 전화위복이 되어 멸망을 면하고 도리어 융성에 나아갈 것이다. 그 길이란 잉여의 인구를 배설하는 것으로 매해 증식하는 인구에 상당하는 만큼의 인구가 적어도 50만 명을 해외에 배설하는 것이 가능하다. 그리하여 인구와 식물의 평형을 꾀할 수 있을 것이고, 인구와 식물의 평형을 지킬 수 있을 것이다.[172]

나아가 간바라 코지는 식민사업의 발달을 어렵게 만드는 원인(遠因)은 도쿠가와 막부 정부의 쇄국주의에서 만들어진 폐단 때문이며 이로 인해 국민에게 식민적 소양이 없는 것이고, 소양이 없으므로 식민할 생각을 하지 않는 것이라고 진단하였다. 그렇다면 소양을 만들어 가는 방법의 하나는 식민협회에서 해외탐험의 실황을 보고하여 식민에 관한 지식을 전하는 것이 있다. 다른 하나는 중등학교 이상의 교육기관에서 식민교육을 실시하여 그들이 고질병이 깊어져 감염되기 전에 예방주사를 놓아 대외 사상을 주입하는 방법이 있다고 하였다. 그리고 항해학교를 전국에 설립하여 해사사상을 양성하고 식민이 크게 발달하도록 유도함으로써 국운이 확장되어 대대적 일본이 될 것이라는 전망을 내놓고 있다.[173]

둘째, 식민은 전후 경영을 위한 팽창주의를 추진하기 위해서 시급하다는 점이다. 에노모토는 1896년 3월 4일에 열린 제4회 식민협회 총회에서 일본이 청일전쟁에서 승리한 결과 추진할 식민사업에 대해 자신의 견해를 피력하고 있다. 즉 그동안 식민사업에 대해 조야를 불문하고 냉담한 분위기였지만 전승 결과 일본의 대외적인 형세가 일변하여 식민사업도 점점 사람들의 입에 오르고

172 鎌原幸治, 「植民放言」, 《식민시보》 78호, 논설, 1900.5.21, 9~10쪽.

173 앞과 같음, 18~20쪽.

신문지상에도 선전되기에 이르렀다. 그러므로 식민사업은 전후 경영 문제인 항로확장이나 무역발달 등과 밀착되어 추진해야 할 일대 사업이 되었다. 이로써 "우리의 숙지를 관철하여 팽창적 일본의 열매를 거둘 것은 의심할 것이 없다고 믿는다"[174] 라고 식민사업을 전후 경영 문제의 하나로 연결시켜야 함을 주장한 것이다.

한편 농학자 간 기쿠타로(菅菊太郞)는 일본이 식민에 가장 적당하고 또 청일전쟁 승리 후라는 호운(好運)을 맞아 식민에 적합한 종족임은 의심할 여지가 없는 것이다. 더욱이 일본은 영국의 후계가 될 만한 자격을 갖춘 정복력이 뛰어난 나라라는 자신감을 강조하고 있다.

> 또한 일본인이 정복력에 강한 것은 가깝게 일청역(日淸役-청일전쟁)에서 보고 알 수 있나. 또 왜구의 기사에도 해남경략 중 병기충돈에 왜노(倭奴)가 힘을 쓰는 것이 신과 같아 사람이 이것을 보면 문득 두려워 달린다고 한 것을 보아도 알 수 있다. 기타 영구이주에 기우는 동화력을 갖고 있는 것과 통어력을 갖고 있는 것 등에서 사적(史跡)에 비추어 감히 영국인, 희랍인처럼 뒤에서 치는 자가 아니다. 이것으로 보면 일본인이 식민에 적합한 종족임을 거의 의심할 여지가 없다.[175]

《時事新報》는 「이주식민」이란 제목으로 이주식민의 중요성을 강조하고 있다. 여기서 영국이 금일처럼 부강한 것은 그 인종이 특별한 재능이 있어서가 아니라 여러 방면에 이주하고 인종을 가는 곳마다 심어 '소영국'을 만들었기 때문이다. 따라서 일본도 야마토 민족을 해외에 이주시켜 신일본 부락을 성립시키기 위한 방책을 연구할 필요가 있다고 본 것이다. 이처럼 당시 신문들의 논조는 물론 이를 소개하는 식민협회에서는 인구배출과 국력신장 문제는 일본의

---

174 「殖民協會第四會總會」, 《식민협회보고》 35호, 회보, 1896.3.25, 76~77쪽.

175 菅菊太郞, 「世界ノ殖民事業ト帝國」, 《식민시보》 71호, 논설, 1899.10.28,

일대 급무이며 국가의 100년 사업이라고 적극적으로 인식하였다.[176]

실업가 사토 토라지로(佐藤虎次郎)[177]는 인구증가로 인해 이식의 방법을 급하게 강구해야 한다는 것이 조야의 정론이었지만 대부분 실패하여 성공을 보지 못했다고 진단하였다. 특히 이렇게 된 원인은 식민정책의 방침이 잘못된 것이다. 현재 세계의 대세가 점점 침략적으로 되어 가고 있으며 백색인종이 세계를 지배할 천직을 가진 것이라는 망상을 갖게 되었다고 본다.

> 우리는 전력을 다하여 이 목적을 수행하지 않으면 안 되고 나아가 남방에서 첫 번째 경영 착수로 남양 혹은 태평양상의 한두 섬을 우리 식민지로 매수하여 많은 동포를 이식하여 그 위치를 차지해야 한다. 이것을 근거지로 하고 점차 그 세력범위를 확장하여 선명한 일장기를 수립하여 많은 식민지를 만들어, 매해 번식하는 많은 인구를 옮겨 각각 있을 곳을 얻게 한다. 아울러 상공업 발달의 진로를 개척할 방법을 계획해야 한다. 우선 그 매수할 토지취조를 위해 정부는 상당한 비용을 지출하고 이때 비로 취조에 착수할 것이 내우 급요(急要)하다고 할 수 있다. 이렇게 계획된 식민은 즉 국가와 함께 시종 진정한 식민으로 그 성공이 의심 없고 현금의 대세상 이러한 방법이 아니면 도저히 그 목적을 달성할 수 없음을 깨달아야 한다.[178]

이처럼 사토는 일본의 대책으로 "먼저 땅을 얻어 옮기는 것이 최상의 정책이다. 일단 일장기를 내건 뒤가 아니면 도저히 진정한 식민은 이루어질 수 없다는 각오를 하지 않으면 안 된다"라고 말한다. 그러면서 일본의 식민이 가능한

---

176 「新聞紙ノ所說」, 《식민협회보고》 48호, 잡록, 1897.5.19, 46쪽.

177 1893년 외무대신 무쓰 무네미쓰(陸奧宗光)의 촉탁을 받아 오스트레일리아의 이민실태를 조사하였다. 귀국 후 다시 건너가 목요도(木曜島)에서 진주 채취사업, 조선사업, 상점을 경영하였다. 그러나 청일전쟁 후 이민제한법이 제정되자 귀국한다. 1903년 군마현 의원에 당선되고 《요코하마신문》을 창간하였다. 1910년에는 조선에 건너가 농림업을 경영하였다.

178 佐藤虎次郎, 「殖民政策ノ一變」, 《식민시보》 86호, 논설, 1901.3.10, 5~6쪽.

지역으로 북방지역에서는 '지나 보전과 조선 부식'이 일본 식민 경영의 목표이며, 남방지역에서는 태평양 상에 한 두 섬을 매수하여 세력 범위를 확장시키는 것이 중요하다고 보았다.

셋째, 식민은 생존경쟁을 위한 국가사업으로 시급하다는 점이다. 식민의 문제는 일본의 국가 생존이 걸린 절실한 문제라는 인식이다. 미네기시 시게타로(峰岸繁太郎)는 식민이란 어떻게 해서든 하지 않으면 안 되는 국가사업이다. 구라파의 강국이 자국의 부를 도모하기 위해 전쟁도 하고 외교수단으로 통상 식민을 하여 구역을 넓혀가고 있다. 구미인이 전 세계의 이익을 농단해 가는 데도 일본인들이 그것을 방관하는 것을 당연하게 여기는 인식이 문제다. 그들과 경쟁하여 식민의 이익을 거두어야 하는 데 이 식민사업에 재조 재야가 모두 냉담하여 국가적 사업을 묵인하는 애국심이 부족한 자들뿐이라고 평한다.[179] 즉 식민사업이 왕성하지 않은 것은 국민의 의지가 아직 크게 이것으로 향하지 않기 때문이다. 서양인을 식민지로부터 축출하여 일본인이 이를 대신하고 진취적인 국시를 성취해야 일본이 생존할 수 있다는 점을 강조한다.

더욱이 실업가 주몬지 신스케(十文字信介)는 식민은 시기적으로 이미 늦었다고 말한다. 식민사업은 군사적으로도 매우 중요한데 국가의 발전을 위해서는 빨리 외국에 식민대(殖民隊)를 보내야 한다. 즉 "세계의 대무대에 나가 무엇이건 빼앗아 보이고 돈을 취하고 권력도 취해야 한다—알 수 없는 것은 정부의 내심"이라고 보았다. 아울러 식민사업이 일본제국의 장래와 깊은 관련이 있음을 지적하였다.

> 실은 지금부터 말하는 것은 군사상의 관계도 있기 때문에 매우 작은 글자로 쓰고 싶고 매우 낮은 목소리로 말하는데, 식민이라는 사업은 기실 앞에 말한 이익만이 아니라 군사상 매우 큰 관계가 있다고 생각한다. 해외를 지향하는 방국의 병제, 병

---

179 峰岸繁太郎, 「割込殖民」, 《식민시보》 70호, 講談, 1899.9.16, 25~28쪽.

비, 병력, 국력, 민심을 탐색하는 데도 이 이상 좋은 간패(看牌)는 없다. 이에 덧붙여 금년 금일의 일본제국에는 식민이민은 실로 중요한 일이고 어떻게든 이 사업을 왕성하게 하여 국가 1000만 년의 이익과 존영을 위해 관민의 심력을 다하는 것이 우리 모두의 기원이다.[180]

이와 같이 식민이 하루라도 소홀히 할 수 없는 급무라는 것을 여러 사람들이 인정하고 있으며, 이를 구제하기 위한 대책으로 매해 50만 명을 해외로 배설하여 식민할 것을 주장하였다. 그렇게 되면 일본은 대대적으로 힘을 갖게 되어 세계에 웅비하는 것이 가능하다. 이것이 바로 식민을 국운 확장의 '이기'(利器)로 보는 이유이다. 또한 일본에서 식민사업의 행로가 느려서 만족스러운 발달을 보지 못하는 이유는 외부의 문제가 아니라 축소주의정책을 표방하는 정부의 책임이 첫째다. 역대 정부가 외교정책에서 일정한 방침이 없듯이 식민사업에도 일정한 방침이 결코 존재하지 않는 것이 문제라고 비판하였다.

(2) 식민 정략론

식민사업이 무엇보다 시급함을 주장해온 식민협회는 일본인의 애국심이 강하지만 대외사업에는 냉담한 감이 없지 않다. 미국이나 하와이에 도항하더라도 그곳에 토착하여 일본화시킬 생각을 하지 않고 돈을 벌어 고향에서 여생을 보내려고 하기 때문에 식민사업에 볼만한 것이 없다고 이해하였다. 대외무역을 확장시킬 가장 좋은 방책은 식민을 권유하는 것이며 특허식민회사를 일으키는 것도 한 방편이 될 것이라고 지적하였다.[181] 그렇다면 어떠한 방법으로 어떠한 정략을 통해 식민사업을 성취해야 한다고 본 것인지 시가 시게다카(志

180 十文字信介, 「殖民ノ急要」, 《식민시보》 70호, 講談, 1899.9.16, 42~43쪽.

181 「對外貿易ト植民政略」, 《식민협회보고》 29호, 잡록, 1895.9.21, 110~111쪽.

賀重昴)와 이다가키 다이스케(板垣退助), 간바라 코지(鎌原幸治) 등의 논설을 중심으로 살펴보자.

먼저 지리학자 시가 시게다카(志賀重昴)는 1895년 1월 20일의 식민회 강담회에서 「이주 및 탐험의 방침」이란 제목으로 연설하면서 이주의 순서와 방침 그리고 이주지 선정 문제에 대해 언급하고 있다. 첫째, 지금까지 탐험에 나선 사람들은 자비로 가거나 정부에서 파견되었어도 매우 적은 비용으로 간 것이 문제다. 이에 대한 대안으로 개인보다는 단체로 사업을 추진할 것을 제안하고 있다. 그리고 자비로 실행하는 것이 매우 어려우므로 국가나 의회가 실행하지 않으면 안 된다. 둘째, 이주의 방침은 일본인이 이주해 가서 그 나라의 부를 늘려주는 대신 일본인의 노동력을 그 나라에서 사용한 만큼 보상을 얻을 수 있는 곳에 이주해야 한다. 이것이 실행되지 않으면 외국에 이주하는 것보다 차라리 국내의 홋카이도를 개척하는 것이 훨씬 낫다. 셋째, 이주식민을 어느 곳에 할 것인가도 중요한 문제다. 청일전쟁의 결과 대만을 점령하고 이어서 뉴헤브리즈군도(New Hebrides 群島) 보다 조금 가까운 곳에 '새로운 일본국'을 만드는 것이 좋다고 구체적인 지명을 거론하고 있다.[182]

이처럼 시가의 연설에서 드러나듯이 이주지를 선정하는 문제는 식민협회에게도 초미의 관심사였다. 그러므로 야마시타 치요오(山下千代雄) 등이 준비한 건의안을 제8 제국의회 중의원회의에 제출하기에 이른다. 식민협회가 탐험의 결과 발견한 적당한 토지가 멕시코, 브라질, 니카라과, 과테말라 등이었다. 일본 정부가 멕시코와는 이미 조약을 체결했으므로, 기타 무조약국에 이주식민하려는 자가 있을 때는 정부에서 허가하여 편의를 줄 방법을 세우고 식민사업을 장려할 것을 촉구한 것이다.[183]

정치가 이다가키 다이스케(板垣退助)는 일본의 식민정략은 원대하고 장구

182 志賀重昂, 「移住及探險ノ方針」, 《식민협회보고》 22호, 1895.2.20, 68~71쪽.

183 「海外移住殖民ニ關スル建議案」, 《식민협회보고》 24호, 잡록, 1895.4.22, 82쪽.

한 계획을 세워야 하는데 그 방법으로 첫째, 하와이에서처럼 노동을 하여 돈을 모으는 데카세기 저금(貯金)의 방식이 아니라 이민을 영구 목적으로 하는 것이어야 한다. 이러한 식민의 적지를 멕시코라고 본 이유는 "해외 식민지가 많지만 멕시코는 일본이 식민할 적지이다. 기후가 온난하고 토양이 비옥하며 광물이 풍부하고 목축에 적합하다. 그리고 철도를 준공하게 되면 태평양연안 무역의 중심점이 될 것"이기 때문이다. 둘째, 일본이 동양에서 독립하여 세계부강의 각국과 세력을 다투려고 한다면 해상권과 상권을 수람하지 않으면 안 된다. 일본이 식민의 모델로 삼을 나라는 영국이다. "병력을 가지고 식민정략을 행하면 독립의 소일본국을 세우는 것이 가능해도 평화를 가지고 이것을 행하면 얻을 수 없을 것"이므로, 병력을 가지고 세계열강과 각축하여 해외 식민지를 만들어야 한다. 셋째, 일본인이 아직도 쇄국주의에서 벗어나지 못하면 동양 맹주의 지위에 서서 세계열강의 대열에 서기 어려울 것이다. "아국인은 영국인처럼 세계에 웅비하여 동양 및 남양의 연안에 이르는 곳에 식민지를 열고 이로써 아세아주에서 패자가 되지 못할 것이다." 그러므로 일본의 부강책을 상구하는 방법으로 열강과의 각축을 통한 식민지 획득을 촉구한 것이다.[184]

그러나 정치가 시마다 사부로(島田三郎)는 무력적 방법으로는 안 된다고 보았다. 일본의 식민정책으로 영구식민이 필요한 이유를 다음과 같이 언급한다. 첫째, 식민이란 토지를 개척하여 그곳에 기초를 세우는 것이 아니면 안 된다. 즉 지금까지 해온 무인적(武人的), 완력적(腕力的) 운동으로는 안 되고 실업적 운동이 되어야 한다. 둘째, 가족이 일가를 이루어 식민의 기초를 만들어야 한다. 가족적 방향으로 가지 않으면 영구식민이 어렵기 때문이다. 동양의 식민이 성립하지 못하고 서양의 식민이 성공하는 것도 이 점이 다른 것이 원인이다. 일본도 가족을 공고하게 하여 식민지에 나가는 습관을 들이지 않으면 안 된다. 셋째, 식민에 중요한 것은 자치의 정신이다. 영국의 식민은 정부가 간섭하지 않더

---

184 板垣退助, 「殖民政畧」, 《식민협회보고》 30호, 1895.10.25, 4~8쪽.

라도 국민 스스로 식민하기 때문에 정부는 그다지 많은 비용을 들이지 않아도 된다. 영국의 식민은 부족한 것을 본국에서 주문하고 본국에 없는 것은 식민지로부터 가져와 물산의 교환이 매우 늘어나 정부가 정기항해를 만들어 보호하여 결국 본국에 이익이 된다. 이 점이 영국이 식민 경영에서 강함을 보이는 이유인 것이다. 시마다는 일본의 경우도 매해 증가하는 인구에 맞추어 다른데서 물품을 사지 않으면 안 되는데 내지에서 제조를 추진하는 것보다 식민을 하여 조달하는 것이 훨씬 이익이 된다고 보았다.[185] 식민이 필요한 이유인 것이다. 그러므로 실업적, 가족적, 자치적 식민의 필요성을 강조한 것이다.

간 기쿠타로(菅菊太郎)는 열강이 맹렬한 기세로 동양의 황색인종을 궁박하여 본토를 약탈하는 상황이라는 위기의식을 갖고 있었다. 이러한 사태에 대해 어떠한 방책으로 대응할 것인가를 살피는 것이 중요하다고 보았다. 그는 독일의 비스마르크처럼 식민사업에 앞서 먼저 확장해야 하는 것이 '해권의 신장'이라고 하였다. 즉 "제국의 금일, 비공(比公, 비스마르크)처럼 식민정책자 그 사람을 간절하게 요한다. 제국의 식민정책이 수립되지 않으면 제국이 동양의 인방(隣邦, 조선)을 보호하기 어렵다. 만약 보호를 얻지 못한다면 제국이 식민지가 될 각오를 가지고 나가야 한다." 일본이 식민지가 될 각오를 가지고 독일처럼 식민방침을 정하고 네덜란드처럼 싸워서 영토를 보호할 것을 촉구한 것이다. 그는 계속해서 "포르투갈의 식민지를 빼앗은 것은 네덜란드이고, 네덜란드의 식민지를 빼앗은 것은 영국 및 프랑스이다. 19세기 팽창하는 영국의 대식민지를 빼앗는 것은 우리 일본제국의 천직이다. 어찌 독일이겠는가, 러시아이겠는가, 미국이겠는가"[186] 라고 지적하고 있다. 이처럼 일본의 식민정책은 영국의 식민지를 빼앗아 일본제국의 천직을 보전하고 오대주의 우이(牛耳)를 잡는 것이 열강의 식민적 침략을 막는 길이라는 제국일본이 나가야할 방향을 선도하는 주장에 다름

---

185 島田三郎, 「海外に於ける日本殖民政策」, 《식민시보》 70호, 논설, 1899.9.16, 1~7쪽.

186 菅菊太郎, 「世界ノ殖民事業ト帝國」, 《식민시보》 71호, 논설, 1899.10.28, 10~11쪽.

아니었다.

간바라 코지(鎌原幸治)는 일본국민이 식민지를 갖게 되는 것과 아닌 것은 '국민의 결심여하'에 달린 일이라고 보고 있다. 그러므로 식민협회를 일으켜 식민사상을 크게 환기시키고 진정한 식민을 하고 싶다는 견해를 피력하고 있다.[187] 아울러 현재 전 세계의 면적을 영·미·러가 이미 소유하고 남는 것이 1800만 방리이므로 이것을 어찌할 것인지에 대한 관심을 가졌다. 마지막 남은 식민지를 최종적으로 분할하는 데 있어서 일본의 역할을 강조하고 식민만이 그 정답임을 언급하였다.[188] 그러나 그는 실제로 일본인이 해외에 이민 나가서 겪는 어려움에 대해 외교당국의 무능을 질책하고 있다. 예를 들면 퀸스랜드 정부가 목요도(木曜島, 호주 북부의 섬)의 재류 일본인에 대해 어업권을 무시하고 신도항자의 상륙을 금지한 일, 하와이 정부가 일본인 가옥을 불태운 횡포와 계약노동자의 처우 문제 등으로 일본인의 이익을 박탈당한 사실을 거론하였다.[189] 또한 러시아의 식민 경영을 경계할 필요가 있는데 러시아 정부가 이주 장려를 위해 투자한 비용이 결코 작지 않으며 이는 시베리아에 시설한 식민사업의 규모를 보더라도 앞으로 크게 유의해야 할 것임을 경고한 것이다.[190]

마지막으로 무라카미 유(村上祐)는 "제국의 국시가 식민정책의 확립이 아니면 무엇인가"라고 식민정책을 확립할 필요가 있음을 주장하였다. 결국 그는 국가의 백년대계를 생각하지 못하고 비굴주의로 위축된 일본인의 식민에 관한 민심 문제를 지적하였다. 그러면서 구미 백색인종이 유색인종을 배척하는 것이 심하여 국교를 상하게 할까 적극적인 식민정책을 펼치는 것을 반대하는 논자에 대해서 "일본제국은 동양에서 평화를 유지하기 위해 세계열강과 대립하

---

187 鎌原幸治, 「殖民ノ本國ニ及ボス利益」, 《식민시보》 73호, 講談, 1899.12.16, 9~13쪽.

188 鎌原幸治, 「世界最終ノ分割」, 《식민시보》 74호, 논설, 1900.1.16, 4~5쪽.

189 鎌原幸治, 「我外交當局者ニ望ム」, 《식민시보》 76호, 논설, 1900.3.21, 2~3쪽.

190 鎌原幸治, 「露國ノ殖民」, 《식민시보》 87호, 논설, 1901.5.25, 127~128쪽.

여 열강 중 가장 우수한 영국과 동맹조약을 체결하여 열강과 같이 아니 열강보다 비교적 많은 평화유지비(해군군비)를 부담하고 있다." 이제는 일본이 영일동맹으로 위상을 높이게 되었으므로 당당하게 열강과 나란히 식민사업에 적극적으로 참여할 것을 촉구하였다.[191]

이와 같이 일본제국의 국시가 식민정책의 확립이라고 인식한 식민협회의 주된 관심은 식민사업의 시급성에 있었다. 식민정략을 제시한 견해를 보면 시가 시게다카는 이주의 순서와 방침, 이주지 선정 문제에서 정부 역할이 중요하다고 하였다. 이다가키 다이스케는 일본이 식민할 적지는 멕시코이며 병력을 가지고 해외식민지를 쟁취해야 하며 영국을 식민의 모델로 삼았다. 이에 대해 시마다 사부로는 무력적 방법이 아닌 실업적, 가족적, 자치적 방법을 강조하였다. 간바라 코지는 식민협회 활동을 통해 식민사상을 보급하는 것이 중요하며 러시아의 식민 정책을 경계할 것을 주장하였다.

(3) 조선 이주론

식민협회는 이민회사 설립, 강연회, 식민사상 보급, 기관지 간행 등 다양한 활동을 통해 해외이주 식민의 중요성을 언급하였다. 식민협회에서 에노모토 회장의 멕시코 이주식민에 대한 관심 및 이민실행과 함께 다음 이주 식민지로 등장하게 된 것은 조선이었다. 이를 위해 식민협회 창립을 주도하며 멕시코 이주식민 조사 등을 통해 협회를 이끌어가고 있던 쓰네야 세이후쿠(恒屋盛服)를 1894년 8월 6일 조선에 파견하였다. 식민협회에서는 일본이 개항 이후 줄곧 관심을 가져온 조선사정에 대해 어떻게 인식하고 있었으며 무엇을 중요하게 생각하였는지, 영사관의 조선사정 보고, 쓰네야 세이후쿠의 조선에서의 식민이주, 실업가 쿠니시마 미쓰가타(國島光方)의 조선사정 조사와 이주 문제를 중심으로

191 村上祐, 「殖民政策確立ノ必要」, 《식민시보》 97호, 논설, 1902.7.25, 3~4쪽.

살펴보자.

첫째, 우치다 사다쓰지(內田定槌) 경성영사의 보고에 의하면 경성은 수입화물의 판매소로 청국상인이 상권을 장악하고 있는 문제점을 지적하고 있다. 그는 청국상인을 제어하기 위한 방법으로 ① 일본 상업이 퇴보한 원인은 청상과의 경쟁에서 판매권을 빼앗긴 탓이다. 양단물의 직수입을 기도해야 한다. ② 청일전쟁 후 상권회복의 호 기회를 잃지 않도록 하는 것이 가장 중요하다. ③ 일본인의 점포를 개장하는 문제가 중요하다. 한인의 가옥을 구매하여 신축해야 한다. 청일전쟁에서 전승을 올려도 상업상의 경쟁에서 청국상인을 이기는 것이 중요하다고 주의를 촉구하였다.[192]

그리고 인천영사관의 영사관보인 호리구치 구마이치(堀口九萬一)는 충청도 지방을 조사하고 서기생 마에마 교사쿠(前間恭作)와 함께 자세한 시찰 복명서를 남기고 있다. 조사 목적은 주로 농상 등 산업에 주안점을 두고 산업상의 주요지역을 시찰하는 것이었다. 1895년 3월 1일부터 인천, 수원, 안성, 군문포(軍門浦), 둔포, 아산, 곡교, 온양, 신창, 예산창(禮山倉), 구만포, 홍주, 대흥, 유구(維鳩), 공주, 부여, 임천, 한산, 입포(笠浦), 웅포, 강경, 논산, 노성, 공주, 천안, 진위, 수원을 거쳐, 30일에 인천에 도착하였다. ① 각 지역의 지리를 조사하여 산야, 하천, 해안, 항만, 결빙 상태를 조사하고, ② 촌락 및 인민의 생활상황을 관찰하였다. ③ 농업조사를 위해 경지면적, 농업제, 도작, 잡곡작, ④ 각종산업 조사에서는 산림, 광산, 직포업, 제염업, 어업, ⑤ 상업조사에서 교통 운수, 외국 수출입품, 산업상에 관한 정치 등을 자세하게 정리하였다.[193]

둘째, 쓰네야는 1894년 8월 6일 처음 조선에 파견되어 내각관보 보좌관으로 있으면서 조선정계를 탐색하고 2년 뒤인 1896년 4월 11일에 조선의 사정을 전하는 편지를 식민협회에 보낸 적이 있다. 거기에서 "외형으로는 이민상 한 점

---

192 「京城ニ於ケル我商業-內田京城領事ノ報告」,《식민협회보고》21호, 잡록, 1895.1.19, 107~110쪽.

193 在仁川日本領事館,「朝鮮國忠淸道地方巡廻報告」,《식민협회보고》29호, 1895.9.21,《식민협회보고》30호, 1895.10.25.

의 희망을 바라기 어렵지만 땅 밑에는 양기가 매복되어 있습니다. 그러므로 일전하여 재운(再運)이 온 뒤에는 좋은 경역(境域)으로 바뀌리라 생각됩니다. 소생은 당국(조선)을 이주지로 정하고 서서히 소지(素志)를 신장(伸張)할 예정입니다. 여러 大 선생께서는 당국을 버리지 않는 것은 물론 아울러 소생도 버리지 마시기 바랍니다"[194] 라고 써서 식민협회에서 조선 문제에 관심을 가져줄 것을 촉구하고 있다. 그가 조선에 체류하면서 조선사정을 관찰하고 이주식민의 방법을 어떻게 인식했는지에 대해 살펴보자.

쓰네야는 조선반도에 식민이 필요한 이유에 대해 먼저 일본과 역사상 긴밀한 식민의 관계를 갖는 데서 찾았다. 즉 신라왕자 아메노히보코(天日槍)가 일본에 귀화한 일, 한반도의 남부에 관부(官府)를 식민지로 둔 일, 일본인 호공(瓠公)이 신라조정의 대보(大輔)가 된 일을 거론하여 이미 오래전부터 두 나라 사이에 교류가 있었다. 일본인이 반도에 이주해야 할 이유는 인종이 동일하고, 언어 풍속이 비슷하며, 생활상태가 비슷한 점을 들고 있다. "일본인이 선택할 곳은 반도 이외 다른 곳이 없다. 조선인이 선택할 나라도 역시 일본 이외에 다른 곳이 없다"라고 말한다. 그러나 이렇게 선천적인 이점을 갖고 있음에도 불구하고 일본인이 반도에 이민할 수 없는 이유는 양국 간에 이주민조약을 체결하지 않았기 때문이라고 보았다.

또한 반도에서 일본상인이 힘써야 할 것은 해항 무역이 아니라 내지행상이다. 지방에 있는 일본인 이주민이 내지 행상인에게 모든 편의를 주어야 한다. 실제로 평양 개성 등지에 거주하는 일본인이 행상인에게 상당한 이익을 주고 있다. 반도의 독립 문제는 강국이 근접해 오면서 위기가 닥칠 것이지만 일본은 이를 저울질하여 이주민이 많이 분포되어 있어야 유리하게 대처할 수 있음을 밝힌다. 아울러 일본인이 반도인에게 국민교육을 시키려면 일본인의 국민정신을 주사하는 것이 첩경이다. 조선이 상공업을 발달시키려면 일본인 이수민을

---

194 「會員恒屋盛服氏」, 《식민협회보고》 36호, 잡록, 1896.4.28, 89~90쪽.

흡수해야 한다고 주장한다. 그 이유는 반도의 금일의 상태가 외국인의 신용이 없으면 유지할 수 없을 정도이며 일본인이 이주하여 상공업을 일으키고 400년래의 부패정치를 씻어낼 것이기 때문이라고 한다.

그는 계속해서 조선 정부는 수년이 지나지 않아 다음의 문제를 해결하지 않으면 멸망할 것이라고 언급하였다. 첫째 '지나'인의 내지행상을 허락하기 때문에 다른 외국인도 최혜국 조관에 따라 내지에 행상하고 정주하여 부동산을 소유할 것이다. 둘째 외국선교사를 외경하여 교회당 건설을 허가한 뒤에 그들이 내지에 부동산을 소유할 것이다. 셋째 일본병참의 배치에 따라 주포(酒鋪)를 설립하게 되어 내지에 부동산을 소유할 것이다. 외국인이 내지에서 권리를 소유하게 되어 치외법권 아래 위엄을 떨치고 반도 정부는 모든 권능을 상실하게 될 것이다. 반도인이 외국인을 통치할 능력이 없기 때문에 이러한 문제를 해결하기 위해서는 반도 정부가 이주민조약을 체결하여 각 개항장 및 통상지 이외의 일반 외국인에게 가옥과 토지 등의 소유를 금하는 법을 만들 필요가 있다고 주장하였다.[195]

쓰네야는 이러한 조선에 이주식민하기 위해서 가장 필요한 것은 이민을 지도할 '토지주선회사'와 같은 기관이라고 말한다. 이 회사에 대해서는 구체적으로 하와이에 있는 회사와 다른 방법으로 만들 것을 제안한다. 즉 조선 정부로부터 미리 이주민을 위해 매각지를 조사하여 일시 매수하고 이민에게 매도할 특허를 얻으며 이주안내서를 간행하여 그 토지를 공시하고 이주민에게 받은 수수료를 가지고 회사를 유지하는 구조를 만들어야 한다.[196] 이것은 많은 일본인을 조선에 이주시키기 위해서는 무엇보다도 조선의 토지를 주선회사를 통해 대량으로 구매하는 것이 필요하다고 본 것이다.

한편 쓰네야는 식민협회의 임무에 대해서도 거론하고 있다. 하나는 매년 중

---

195 恒屋盛服, 「朝鮮半島殖民ノ必要」, 《식민협회보고》 51호, 1897.8.30, 3~7쪽.

196 앞과 같음, 28쪽.

가하는 일본 인구 4, 50만을 이주시킬 곳이 없으므로 진정한 농업이민을 설정하기 위해서는 조선과 이주민 조약을 체결하지 않으면 안 된다. 이러한 내용을 일본 정부의 당국자에게 충고하여 실행하는 것이 식민협회의 책무이다. 다른 하나는 조선에 도항할 때 도항취체규칙 때문에 자유로이 도항하는 것이 어렵다. 일본 정부의 단속이 엄중하기 때문에 조선에 있는 일본인의 실업발달을 방해하고 있다. 그러므로 여행권 때문에 시끄럽게 하지 말고 "여행권을 건네는 대신에 각 개항장에 음악대를 두고 도항하는 자에 대해서 기미가요라도 들려주며 용기를 주는 편이 좋을 것이다"[197] 라고 제안하고 있다. 이는 마치 전쟁에 나서는 군인에게 일본 국가를 연주해 주는 것처럼 용기를 북돋워주라는 발상이다.

쓰네야는 조선에 체류하면서 점점 조선 문제의 중요성을 느끼고 "조선이 일본인민에게 의지하지 않으면 국토를 보전할 수 없다"라고 말한다. 세계열강의 조선에 대한 관심과 특히 조선반도를 둘러싼 러시아와 일본의 관계를 거론한다. 그는 일본이 열국들이 쟁탈하고 있는 사이에 서서 대러 문제인 고하도, 마산포 사건에 격앙하여 조선식민에 마음을 두지 않는다면 호기를 놓치는 것이라고 주장한다. 계속해서 조선의 식민사업을 세계적 사업으로 자리매김한다.

> 우리 식민사업이 반도에서 성공하는가 아닌가는 제국의 수도(首途)를 점칠만한 하도(河圖)이다. 어느 의미에서는 이미 반은 성립한 것이다. 미결의 문제는 농사식민이 성립하는가 아닌가에 있다. 우리 제국 내에 번식하여 나아갈 수 없는 인민을 반도에 옮겨 그 민이 되게 하여 이원(利源)을 개발하고, 국토를 보전하는 것은 다만 대세계적 사업이 될 뿐 아니라 우리 국민사업이다. 우리 국민적 사업이 될 뿐 아니라 조선에 있어서는 실로 국가흥망의 일대 문제이다.[198]

---

197 恒屋盛服, 「韓國ニ於ケル日本人」, 《식민시보》 71호, 강담, 1899.10.28, 45-46쪽.

198 恒屋盛服, 「朝鮮殖民問題ノ性質」, 《식민시보》 74호, 논설, 1900.1.16, 5쪽.

이처럼 조선에서의 식민사업은 제국 일본의 나갈 길을 점칠 사안으로 중요하다. 나아가 "일본과 조선이 각각 그 반을 결하면 각자 그 국토를 보전하는 것이 어려운" 공동운명체임을 강조한다. 과거 신라와 고구려 사이에 있던 백제가 야마토(大和) 조정에 의지하지 않으면 명맥을 보존할 수 없었던 것과 같은 원리로 이해하였다.

셋째, 쿠니시마 미쓰가타(國島光方)는 1900년 3월부터 60일간 조선사정을 조사하였다. 그는 1899년에 창립된 일본연관(日本鉛管)제조주식회사의 주주로 조선에 가서 민가의 상태, 한민생활 상태, 건축물, 광맥탐사, 상황(商況), 경부철도 실측, 왕궁 등을 살펴보았다. 그가 어떤 문제에 관심을 가지고 조선의 상황을 인식했는지 정리하면 다음과 같다. ① 조선은 동양에서 가장 금광이 풍부한 곳인데 조선 정부나 인민은 이것을 채굴해서 국리(國利)를 일으킬 방법을 모른다. 알더라도 독력으로 어쩔 수 없으며 최근 영·미·독이 채굴 특권을 얻어 이익을 농단하고 있다. 일본인이 이것을 그냥 둘 수 없다. ② 한국인의 상황은 일본의 빈민가옥 보다 훨씬 미개하다. "교육사상, 정사(政事)사상, 국가적 관념이 있다고 상상할 수 없다. 개돼지 같이 생식하고 있는데 지나지 않는다." ③ 조선이 명맥을 유지하는 것은 동양의 요추지에 위치하여 각 강국의 감시에 의해 일국에 유린되지 않는 것이다. 만약 동양의 패권을 장악하는 나라가 있다면 제일착으로 유린될 것이다. ④ 지금 한국의 토지를 점유해 두는 것은 정략상, 상업상을 불문하고 득책이다. 러시아는 목포 인근에 있는 율구미만(栗九味灣)을 한국정부로부터 차입하였다. 침략적인 러시아가 이 광대한 땅을 점유하는 것은 이상한 일이 아니다. ⑤ 영·미 두 나라가 한국에서 상업상 세력을 펼치고 러시아가 침략주의를 쓰는 것처럼 제국인이 한국을 주시하고 있다. 이들의 움직임은 일본인이 하는 것을 능가한다고 하는 점은 일본인의 주의를 요하는 것이다.[199]

한편 일본 언론의 조선이주에 대한 관심은 식민협회 기관지에 소개된 내용

---

199 國島光方, 「朝鮮紀行」, 《식민시보》 81호(1900.9.10)~85호(1901.1.22), 기행.

으로도 확인할 수 있다. 《時事新報》의 1898년 4월 29일자 사설 「對韓ノ方略」에는 일본 정부의 대한방침에 대해 그 접근방법을 소개하고 있다. 가장 중요한 것은 다수의 일본인을 조선에 이주시켜 식산공업에 종사하게 하고 부원을 개척하는 일이다. 이를 위해서는 일본인이 독점하는 방법을 강구해야 한다. 이주의 방법은 첫째, 조선은 경작의 여지가 있어 일본인 500만 명을 수용할 수 있다. 우선 50만 명이라도 빨리 이주를 도모해야 한다. 이주 시 가장 필요한 것은 내지의 토지소유권을 일본인이 갖는 것이다. 일본 정부가 조선 정부와 담판을 벌여 현행 조약을 개정해야 한다. 둘째, 이주 지방으로 적당한 곳은 전라, 충청, 경상도 지방이다. 조선농민이 고통을 받는 것은 조세가 무거워서가 아니고 지방 관리의 탐학 때문이다. 일본인이 이주한다면 조세 이외의 징수에 대해서는 한 푼도 내지 말아야 한다. 셋째, 토지를 개척하여 산물의 증식을 도모하기 위해서는 철도를 부설하여 이를 일본인의 손으로 인수해야 한다. 넷째, 광산은 일본인의 손으로 개굴하여 상당한 이익을 거둘 수 있을 것[200]이라고 전망하였다.

이밖에도 식민협회의 평의원이나 회원으로 있으면서 조선에 파견된 인물은 언론인 사쿠라이 군노스케(柵瀨軍之佐, 1894.6.9, 《每日新聞》), 야마다 케이도쿠(山田敬德, 1894.6.21, 《大阪新報》), 동방협회 관련자 미야케 유지로(三宅雄二郎, 1894.6.26), 이나가키 만지로(稻垣滿次郎, 1894.6.26에 귀국), 고토(後藤十六郎, 1894.9, 육군 御用), 마쓰바라(松原榮, 1900.6, 무역상황 조사) 등이었다. 사쿠라이는 청일전쟁이 일어나기 전에 조선사정을 정탐하기 위해 파견되어 취재한 내용을 『見聞隨記朝鮮時事』(1894)로 간행하였다.[201] 이나가키는 동방협회 간사장으로 1893년 조선과 시베리아를 여행하면서 동방 문제가 일본의 대외관계의 토대를 정하는데 중요하다는 것을 지적하였다.[202] 그가 주목한 것은 '조선은 어떤 나라인가,

---

200 「時事新報ノ社說」, 《식민협회보고》 60호, 잡록, 1898.6.4, 118~120쪽.

201 최혜주, 「개항 이후 일본인의 조선사정 조사와 안내서 간행」, 《한국민족운동사연구》 73, 2012.12.

202 최혜주, 「일본 東邦協會의 조선사정 조사 활동과 조선인식」, 《한국독립운동사연구》 43, 2012.12.

중국의 조선정책은 어떠한가, 러시아를 어떻게 경계할 것인가'에 있었다. 다음 해에는 홍콩, 말레이반도, 중국, 조선 등의 사정을 조사하고 귀국하였다. 이들의 조선파견 및 활동은 구체적으로 식민협회 기관지에 수록되어 있지 않지만 식민협회의 조선사정 파악과 조선 문제에 관한 담론을 형성하는 데 어느 정도 기여했을 것으로 생각된다.

이상에서 19세기 말 일본의 대외침략이 본격화할 때 식민협회가 결성되어 식민활동을 시작한 점에 주목하였다. 식민협회의 설립 배경과 목적, 협회 구성원의 활동, 기관지에 나타난 해외이주론 등에 대해 다음과 같은 내용을 검토하였다.

첫째, 식민협회는 에노모토 다케아키가 이주식민을 일본의 국시로 내걸고 식민사업의 거점을 확보하기 위해 설립한 아시아주의 단체이다. 설립 목적은 일본의 해상권과 상권 확장을 위해 이주식민을 추진하고 멕시코에 식민지를 선설하는 것이었다. 협회의 운영은 강경외교와 국권주의를 주장하는 정치인과 외무성 관료, 실업가, 학자, 언론인 등 평의원을 중심으로 이루어졌다. 식민활동은 이민회사 설립과 항로확장 추진, 탐험대 파견과 강연회 개최, 일간지의 이민론 소개, 제국의회에 건의안 제출, 식민사상과 식민교육 보급, 식민 상담회 개최, 잡지 출판 등을 통해 해외이주의 중요성을 계몽하는 것이었다.

둘째, 식민협회가 식민이 시급하다고 본 이유는 급격히 증가하는 인구배출과 식량 문제를 해결하고, 청일전쟁 후 전후 경영을 위한 팽창주의를 실현하며, 열강과의 각축 속에서 생존경쟁을 위한 국가사업을 추진하기 위해서였다.

셋째, 식민정략에 대한 모색은 열강이 맹렬한 기세로 식민지 획득에 나선 상황을 위기의식으로 인식한데서 나왔다. 이주의 순서와 방침, 이주지의 선정, 영구 목적의 이민이 중요하다고 보았다. 영국과 영일동맹을 맺은 뒤 일본의 위상이 높아졌으므로 열강과 나란히 식민사업을 전개할 것을 주장하였다.

넷째, 조선 이주론이 등장한 것은 식민협회에서 추진하던 멕시코 식민이 실패로 돌아가고 청일전쟁 이후 열강들의 아시아 진출이 본격화되어 식민지 획득 경쟁에 나섰기 때문이다. 즉 식민협회의 조선이주에 대한 관심은 열강과 러시아를 경계하는 데서 나왔다. 조선사정에 대한 조사결과 청국상인의 동향과 내지행상의 중요성을 지적하고, 일본 정부의 도항취체가 너무 엄중하여 이민을 어렵게 하고 있으며, 조선의 금광개발이 유망하다는 점과 토지를 점유하는 것이 중요하다고 인식하였다.

4. 일본 동양협회의 식민활동과 조선인식

동양협회는 1898년 설립된 대만협회를 계승하여 1907년 일본이 조선과 대륙을 경영하는 데 필요한 인재를 양성하기 위해 학교를 설립하고 식민활동을 한 단체이다. 일본에서는 러일전쟁 전후의 시기에 아시아의 식민 문제를 연구하기 위해 여러 단체가 만들어졌다. 동경지학협회, 동방협회, 식민협회, 일한통상협회, 동양협회(대만협회), 동아동문회, 조선협회 등이다. 이들 단체는 기관지를 발행하여, 식민지의 사정을 조사·연구한 조직으로 일본의 식민지 연구의 원류가 되었고, 관청이나 대학에서 본격적인 조사·연구가 이루어지기 이전에 중요한 역할을 담당하였다.

이 단체들 가운데 특히 40여 년 가까이 적극적으로 활동한 것은 동양협회였다. 동양협회에 대한 선행연구는 없다. 다만 동양협회가 부설한 학교에 대한 연구는 이기준이 한국 경제학의 도입과 동향을 연구하면서 경성고등상업학교에 대해 검토하였다. 일본에서는 야마다 간토(山田寬人)가 총독부에 의한 조선어 장려정책의 실태를 연구하면서 동양협회 부설 학교에 대해 간단히 언급하였다. 그리고 이나바 쓰기오(稻葉繼雄)가 경성고등상업학교의 연혁과 교원의 거취를 정리하였고, 동양협회의 전신인 대만협회의 대만인식에 대한 연구가 나

왔다.[203]

따라서 이 글에서는 동양협회의 식민활동을 살펴보고 회보로 발행된《東洋時報》에 나타난 조선인식에 대해 정리하려고 한다.[204] 이를 위해 먼저 동양협회의 설립 배경을 검토하고, 동양협회의 여러 식민사업 가운데 가장 중요하다고 생각되는 교육진출에 대해 살펴본다. 두 번째는 동양협회의 식민활동과 출판물 간행에 대해서 검토한다. 특히 일본 동양사학의 개척자인 시라토리 구라키치(白鳥庫吉)가 주도한 동양협회 학술조사부의 역할에 주목하였다. 세 번째는 동양협회가 조선이나 대만의 사정을 일본에 소개하는《동양시보》의 시찰담에 나타난 조선관과 조선통치론으로 나누어서, 일본 지식인들이 조선을 어떻게 보았는지 알아본다.

이를 통해 동양협회의 식민활동이 일제의 식민정책에 미친 영향에 대해 실증적으로 살펴본다. 따라서 식민통치기에 중요한 역할을 했으나 지금까지 본격적으로 연구되지 않은 단체의 활동 내용을 검토하고, 아울러 일제의 한국강점 정당화 논리에 대한 일본 지식인의 담론이 어떠한 것인지 알아보려고 한다.

---

203 이기준,『韓國經濟學教育史研究』, 한국연구원, 1982:山田寛人,『植民地朝鮮における朝鮮語奬勵政策』, 不二出版社, 2004:稻葉繼雄,『舊韓國~朝鮮の「內地人」教育』, 九州大學出版部, 2005:山根幸夫,「臺灣協會の成立とその發展-日本植民政策の一側面」,『論集近代中國と日本』, 山川出版社, 1976:松永正義,「《臺灣時報》について-その1」,《アジア經濟資料月報》18권 5호, 1976,5:吳宏明,「近代日本の臺灣認識」,『近代日本のアジア認識』, 京都大學 人文科學研究所, 1994.

204 대만협회가 동양협회로 바뀌면서《臺灣協會會報》도《東洋時報》로 바뀌어 101호(1907)부터 279호(1921)까지 발행되었다. 1922년부터는《東洋時報》를《東洋》으로 바꾸어 1942년까지 발행하였다.《東洋時報》의 체제는 논설, 담화, 잡록, 산업, 각지의 통신, 漢文東洋報, 동양협회, 동양협회학교 관련 기사 등으로 이루어졌다. 이 가운데 독특한 것은 '漢文東洋報'로 잡지의 중요한 기사 내용을 한문으로 번역하여 게재하였다. 이 난은 일본 국내만이 아니라 중국, 대만, 조선, 만주 전역에서의 독자층을 염두에 둔 것이다. 잡지《東洋》에 나타난 조선인식에 대해서는 별고에서 다루어보려고 한다.《東洋時報》는 서울대에 일부가 있고, 일본의 도쿄대학, 와세다대학, 고쿠가쿠인(國學院)대학, 일본국회도서관에 소장되어 있다.

1) 동양협회의 설립과 식민활동

(1) 설립 배경과 조선 교육 진출

일본은 청일전쟁의 결과 시모노세키(下關)조약에서 대만을 할양받아 식민지로 만들었다. 그러나 일본은 이때까지 식민지를 통치한 경험이 없었기 때문에 초기에는 현지 중국인의 무력저항에 직면하여 실패의 연속이었다. 이에 1898년 4월 대만 통치를 원활히 하기 위해 대만 사정을 연구하는 단체로 대만협회가 도쿄에서 창립되었다.[205] 이어서 7월 19일 평의원 회의에서 가쓰라 타로(桂太郎)를 대만협회의 회두(會頭)로 선출하였다. 그는 2대 대만총독, 육군대신을 지내고 후일 일본 정계의 거물로 세 차례 내각 총리대신을 역임한 인물이다. 1907년 대만협회는 동양협회로 이름을 바꾸었는데 그 경위는 「동양협회 취의서(趣意書)」에 따르면 다음과 같다.

> 우리는 이전에 대만협회를 설립해서 오로지 피아(彼我) 복리의 진보에 도움이 되려고 하기를 이에 9년이다. 지금 국운의 진보는 우리 협회를 촉진하여 그 목적으로 하는 곳을 만·한(滿韓)에 확대하려고 한다. 이에 이번에 다시 동양협회로 칭하여 종래 대만을 위해 노력한 본의를 개전(開展)하여 이를 만·한(滿韓)에 미치려고 한다.

이와 같이 동양협회는 러일전쟁에서 승리한 일본이 요동반도를 조차지로 얻게 되면서 조선을 보호국으로 만들고 만주를 영위하기 위한 필요에서 설립되었다. 일본의 제국주의적 침략을 대만만이 아니라 조선과 만주로 확대하려는 목적에서였다.

---

205 《대만협회회보》28호, 1901.2.6. 창립위원은 水野遵, 牧朴眞, 野村政明, 頭本元貞, 大倉喜八郎, 横山孫一郎이다. 대만협회의 임원구성은 간사장 小松原英太郎, 회계감독 大倉喜八郎, 간사 門田正經, 三枝光太郎, 회보 편집주임 河合弘民으로 되어 있다.

동양협회의 정관(定款)에 의하면 제1조에 동양에서 평화문명사업을 비보(裨補)하여 대만, 조선 및 기타 동양에서 각종의 사항을 조사 연구하여 공동의 복리를 증진시키는 것을 목적으로 한다고 되어 있다. 또한 다음과 같은 사업을 추진하였다.

1. 사회상태 및 산업상의 조사를 하고 척식에 관한 각종의 문제를 연구하여 그 진상을 천명한다.
2. 공사의 업무에 종사할 인재를 양성할 학교를 경영한다.
3. 역사, 지리, 언어, 종교, 인종, 제도, 습관, 공예 등에 관한 학술조사를 한다.
4. 잡지를 발간한다.
5. 강연회를 개최한다.
6. 도서관을 설립한다.
7. 척식관(拓植館)을 설립한다.

그리고 동양협회의 사업을 집행하는 데 편리를 도모하기 위해 본부는 도쿄에 두지만 오사카(大阪), 교토(京都), 대만, 조선, 만주 및 기타 주요한 곳에 지부 또는 위원부(委員部)를 둔다고 되어 있다. 동양협회는 1907년 5월 경성과 여순(旅順)에 지부를 설치하였다. 한국[206] 지부장은 쓰루하라 사다키치(鶴原定吉)이고 만주지부장은 나카무라 제코(中村是公)이다.[207] 또한 회원이 300명이 되는 만한기업동지회(滿韓起業同志會)와 병합하고 1908년에는 위원부를 영구(營口)에 두었다.

동양협회의 조직과 구성원에 대해서 살펴보면 1907년에는 간사장 고마쓰바라 에이타로(小松原英太郎), 회계감독 오쿠라 기하치로(大倉喜八郎), 간사 가도

---

206 한국, 한국인이란 용어는 병합 이전까지의 용어로 사용하고, 이후는 조선, 조선인으로 표기한다.

207 拓植大學, 『拓植大學六十年史』, 1960, 105쪽.

표 1-8 동양협회의 임원(1910년)

임원	성명	주요 경력	비고
會頭	桂太郎	총리대신	대만총독 · 內大臣 겸 侍從長
부회두	小松原英太郎	문부대신 겸 임시 농상무대신	동양협회전문학교장(1912~1919) · 대만협회 간사장 역임
회계감독	大倉喜八郎	실업가 · 도쿄상업회의소 副會頭	도쿄경제대학 설립(1918) · 大倉財閥 · 대만협회 회계감독 역임
간사장	門田正經	대만협회 간사, 평의원	《大阪每日》 주필, 편집장
간사	龍居賴三		
간사	宗方小太郎	東亞同文書院 감독	동아동문회 · 동아동문서원 설립
간사	二枝光太郎		대만협회 간사, 평의원 역임
간사	元田作之進	동양협회전문학교 강사	대만협회학교 영어강사 역임
〈한국지부〉			
지부장	石塚英藏	총독부 취조국 장관	총독부 농상공부장관(1912~1916)
간사	俵孫一	총독부 임시 토지조사국 총재	학부차관 · 통감부 참여관(1907)
간사	國分象太郎	중추원 서기관장	통감부 통역관 · 이왕직차관
간사	龜山理平太	통감부 부산이사청 이사관	통감부 경시(1905)
간사	中村彦	농상공부 농무국장	총독부 기사
간사	澤田牛麿	北海道 장관	육군성참사관 · 佐賀縣 知事
간사	兒玉秀雄	총독부 총무국장	통감부 서기관 · 정무총감
간사	荻田悅造	통감부 서기관	경성분교 상법 강사
간사	藤川利三郎	총독부 탁지부 세무과장	경상북도지사 · 경남철도 중역 · 경성분교 재정 강사
간사	岩井敬太郎	경무국 보안과장	『顧問警察小誌』(1911) 저술
간사	吉松憲郎	경성부윤 · 경성분교 경제 강사	평남 재무부장 · 경북 내무부장 · 일본적십자사 대구지부 副長
부산위원장	龜山理平太	통감부 부산이사청 이사관	
군산위원장	天野喜之助	통감부 군산이사청 이사관	일본적십자사 군산위원부 위원장
평양위원장	若松兎三郎	통감부 평양이사청 이사관	상동 부산위원부 위원장
원산위원장	久水三郎	통감부 원산이사청 이사관	조선본부 평의원 · 목포거류민단
대구위원장	岡本正夫	통감부 대구이사청 부이사관	大邱控訴院, 평양지방재판소 판사

《東洋時報》(1910년 3월호), 『日本人物情報大系』(2001) 에서 작성

타 마사쓰네(門田正經), 미쓰에다 고타로(三枝光太郞), 모토다 사쿠노신(元田作之進)이다. 기본적으로는 대만협회의 임원진으로 구성되고 모토다 사쿠노신만이 보충되었다. 1910년에는 〈표1-8〉과 같이 집행부는 내각의 장관, 실업가, 대만협회와 동아동문회 인사들이 주축이 되었다. 또한 오사카, 교토, 대만, 만주, 한국에 지부를 두고 압록강특별위원부를 설치하였다. 한국지부의 경우 지부장이 쓰루하라 사다키치(鶴原定吉)에서 1910년 총독부 장관 이시즈카 에이조(石塚英藏)로 바뀌고, 1911년에는 정무총감 야마가타 이사부로(山縣伊三郞)가 맡았다. 간사는 통감부와 총독부의 장·차관, 국장이 맡았으며, 이사청(理事廳)이 설치된 부산, 군산, 평양, 원산, 대구에 위원장을 두었다. 통감부와 총독부의 철저한 지원 속에 이 협회가 움직여 간 것을 알 수 있다. 동양협회의 창립 초기와 달리 병합 이후에는 조선이 보호국에서 식민지로 변화되면서 동양협회의 성격과 역할에도 변화를 가져오게 된다.

동양협회의 창립대회는 1907년 2월 3일 이토 히로부미 통감을 비롯하여 내각의 대신, 귀·중 양의원, 신문기자, 실업가, 유력정당인 헌정본당과 정우회원 등이 참석하여 성대하게 열렸다. 이토 통감은 이 자리에서 "동양협회는 현재 일본의 희망인 한국에서 일본의 세력을 부식하고 부원을 개발하기 위해 이것을 연구하고 사람을 양성해 줄 것"을 요청하였다.[208] 그러면서 대만의 예를 따라 동양협회에서 인재를 양성하여 한국의 사업에 자본과 함께 사람을 투입하게 되면 상호 이익이 되어 일본의 부를 증식하는 결과가 될 것이라고 말했다.

이날 참석한 만철(滿鐵) 총재 고토 신페이(後藤新平)도 동양협회의 목적을 다음과 같이 정리하고 있다. 첫째로 일본과 한국의 어긋나는 풍속과 습관을 조화시키는 것은 지극히 어려운 일이다. 이것을 연구해서 유책(遺策)이 없도록 도모해야 한다. 둘째로 동서 문명의 충돌점인 일본은 동서 문명의 융합을 이룰 책임을 가지고 있다. 그러므로 이것을 매개하는 일은 동양협회의 몫이다. 셋째

---

208 《동양시보》 101호, 1907.2.20.

로 일본의 자본이 조선에 주입되어 상당한 이익을 주었다. 이렇게 하여 일본제국의 신민이 대국민이 되는 깃발을 오대주에 날리고 있다고 해도 과언이 아니다. 이것을 믿게 하고 실행하는 것은 동양협회의 힘이라고 하였다.[209]

동양협회의 회원은 명예회원, 특대(特待)회원, 특별회원, 통상회원, 찬조원의 5종으로 구분하였다. 회원 자격을 보면 명예회원은 총회에서 특별히 추천한 자, 특대회원은 공로가 있는 자로 평의원회에서 추천한 자이거나 1천 엔 이상을 기부한 자, 특별회원은 50엔 이상을 기부한 자, 통상회원은 매월 회비 50전을 갹출한 자이다. 또 본회의 취지를 찬성하고 일시금 1엔 이상을 기부한 자를 찬조원이라고 하였다. 창립 25주년에는 회원이 5000명이 되었다. 동양의 '평화 문명'을 돕고, 각 사항을 조사 강구하여 그 진상을 천명하고 민족의 융합, 공동의 복리를 증진하는 것을 목적으로 표방하였다.[210]

동양협회가 가장 시급한 사업으로 생각한 것은 간사장 고마쓰바라 에이타로(小松原英太郎)가 한국을 시찰하고서 소감을 말한 데서 알 수 있다. 그는 먼저 한국의 각종 사정을 일본에 소개하는 일이라고 하였다.[211] 그것은 한국의 사정이 일본에 아직 충분히 알려지지 않은 문제점을 지적한 것이다. 즉 일본의 경제 발달을 위한 식민 경영을 추진하는 데 있어 가장 중요한 것은 한국에서 부원을 개척하는 일이라고 생각했다. 그러므로 동양협회의 '한국지부'를 경성에 두고 각 방면의 요직에 있는 사람을 간사로 위촉하여 그들이 그 방면의 자료를 충분히 모아 보고하도록 해야 한다는 지적이다. 이렇게 조사된 내용을 협회의 잡지에 싣는 것이 또 하나의 중요한 사업이 되는 것이다. 한국이 언어를 달

---

209 이러한 내용을 「東洋協會の過去と將來」에서 다시 강조하여, 동양협회가 시세에 따라 만들어진 것으로 일본제국의 의무이며 천직이라고 주장하였다. 《동양시보》 103호, 1907.4.20.

210 동양협회, 『東洋事情の宣傳』, 1922, 164~170쪽. 1922년 현재의 임원 구성은 다음과 같다. 회장 後藤新平, 부회장 水野錬太郎, 전무이사 永田秀次郎, 이사 加藤政之助, 松岡均平, 前田利定, 藤田四郎, 兒玉秀雄, 淺田德則, 島津久賢, 早川千吉郎, 大橋新太郎.

211 小松原英太郎, 「滿韓經營私見」, 《동양시보》 107호, 1907.8.20, 귀족원의원, 2대 동양협회장 역임.

리하고 풍속 습관, 제도를 달리하기 때문에 일본인이 한국에서 각종 사업을 경영하기 위해서는 한국어와 풍속 습관에 능통한 자가 필요하므로 동양협회의 역할이 중요하다고 생각했다.

도쿠토미 소호(德富蘇峰)는 강연회에서 동양협회의 존립 이유를 제국주의를 확충하는 데 있다고 다음과 같이 강조하고 있다.

> 협회의 존립 이유는 제국주의를 확충하는 데 있다. 조선병합은 독일류, 영국류와 다르다. 무력이 필요할 때는 무력을 사용하고, 정책이 필요할 때는 정책을 사용한다. 상업, 이민, 문화를 보급하여 때에 맞는 것을 가지고 간다. 요컨대 뺏기 위한 제국주의가 아니고 주기 위한 제국주의이다. 빼앗아 스스로 탐하는 것이 아니고 우리가 가지고 있는 것을 다른 이에게 나누어 주는 주의이다. 조선병합은 인도수무주의(人道綏撫主義)라고 할 수 있다.[212]

한편 동양협회가 중점을 둔 주요 식민활동은 학교 설립, 회보 간행, 학술강연회, 시찰단 환영 등이다. 이 가운데 가장 중점을 둔 사업은 학교 설립으로 식민지를 경영하는 데 필요한 인재양성에 있었다. 문부대신 마키노 노부아키(牧野伸顯)는 동양협회전문학교 졸업식에서 학교 설립의 필요성을 "일본이 장래 '일등국'의 명성을 유지하기 위해서는 동양에서 그 실적을 올리지 않으면 안 되고, 이것은 학교에서의 인재양성을 통해야 한다"라고 역설하였다. 그리고 이 학교의 설립의의를 다음과 같이 밝히고 있다.

> 최근 만·한지방에서 제국이 새로 커다란 책임을 지게 되었다. 본교의 교장인 가쓰라 백작이 최근 10년간 일본의 해외정책과 가장 깊은 인연을 가진 분이다. 장래

---

212 「桂公と帝國主義」, 《동양시보》 206호, 1915.11.10. 도쿠토미 소호(德富蘇峰)는 기자출신으로 일본의 조선 언론 침략의 선봉에 서서《경성일보》 고문을 지내고, 400여 권의 저술을 통해 황실중심주의를 주장한 인물이다.

이 정책을 원만하게 성공하기 위해 보통교육의 소양이 있고 그 위에 각 동양방면에 관계를 가진 두세 학과를 공부한 사람들을 공급할 필요를 인정했다고 생각한다. 즉 이 학교는 국가정책을 진행하는데 사람이 필요하고 그런 사람을 만들기 위해서 설립되었다.[213]

실제로 러일전쟁 때에는 대만협회의 졸업생과 재학생 다수가 중국어 통역자로 종군하여 큰 공을 세웠다.[214] 통감부나 총독부의 지원을 계속 받아온 동양협회는 원조에 대한 임무를 다하기 위해서는 제국의 기초를 다지는 일에 힘쓰고, 나아가 남양 지역으로 진출하지 않으면 안 된다고 생각하였다. 따라서 협회학교의 설립 목적을 조선, 만주로 발전해야 하는 특수한 임무에 종사할 사람을 만들기 위해서라고 강조하는 데서도 잘 나타난다.[215] 다음으로 동양협회의 조선 교육 진출에 대해 구체적으로 살펴보자.

1898년 대만협회가 설립되고 2년 후에 대만협회학교가 도쿄에 설립되었다. 1904년에는 이 학교를 대만협회전문학교로 교명을 바꾸었다. 1907년 2월 대만협회가 동양협회로 바뀌면서 대만협회전문학교의 이름도 동양협회전문학교로 개칭되었다. 동양협회는 식민사업에 종사할 인재를 육성하기 위해 도쿄에 이 학교를 세운 것이다. 그리고 초대 교장 가쓰라 타로가 이토 통감과 의논하여 같은 해 10월 1일 경성에 분교를 설립하였다. 통감부에서 교사와 기숙사를 대여하여 도쿄의 본교에 있는 3년생의 일부인 38명과 연구과생 5명으로 10월 2일부터 수업을 시작하였다. 경성분교의 강사는 경성에 있는 각 분야의 전문가를 위촉하였다. 하기타 에쓰조(萩田悅造, 상법), 쓰다 우시마로(津田牛麿, 국법), 나카야마 세이타로(中山成太郞, 민법), 후지가와 리자부로(藤川利三郞, 재정), 요

213 牧野伸顯, 「植民政策と教育」, 《동양시보》 107호, 1907.8.20.

214 「桂太郎 訓諭」, 《동양시보》 164호, 1912.5.20.

215 「阪谷芳郎 男爵演說」, 《동양시보》 175호, 1913 협회전문학교 11회 졸업식.

시마쓰(吉松憲郎, 경제), 고마쓰 미도리(小松綠, 국제법), 미우라 야고로(三浦弥五郎, 한국사정), 모토시쿠(本宿全, 부기), 김동완(金東完, 한국어), 가와이 히로다미(河合弘民, 영어)였다.[216] 경성분교의 설립 목적은 다음과 같다.

> 1907년 10월부터 일한협약의 결과 경성에 분교를 설치하였다. 통감부 및 한국 정부에서 한국의 언어 풍속제도에 능통한 인물이 필요한데 종래 본교에 한어과가 없고, 실지의 복무에 불편하여 한어를 연습하고 한국의 법제 습속 등을 연구할 필요를 느꼈기 때문이다. 본래 본교에서 소정의 학과를 수료하고 졸업한 자를 수용하여 그위에 1년의 연찬을 쌓게 할 예정이지만, 목하 인물양성의 급함을 요하는 사정이 있어 형편상 본교 제3년생의 일부를 나누어 분교에 수용하였다. 본년 3월을 기해 졸업생 38명을 냈는데 이미 모두 통감부 한국 정부 및 은행 등에 근무하고 있다.[217]

일본 유일의 식민학교인 동양협회전문학교는 1915년 8월 동양협회식민전문학교로 1918년 4월에는 다쿠쇼크대학(拓植大學)으로 바뀌고, 수업연한이 종래의 3년에서 예과 1년, 본과 3년의 4년제 대학이 되었다. 조선총독부는 신교육령에 의해 1914년 동양협회의 경성분교를 사단법인으로 하고 자금 3000엔을 동 분교에 교부하였다. 간사 가와이 히로다미가 1915년에 병으로 사직하자 총독부의 총무국장 고다마 히데오(兒玉秀雄)가 부임하였고, 이듬해 경성전수학교장 아비코 마사루(吾孫子勝)가 겸임하였다. 경성분교는 1918년 동양협회경성전문학교로 독립하였다(〈표 1-9〉 참조). 동양협회는 1919년 일본으로 유학을 가는 조선인 학생들에 대해서도 관심을 갖고 조선학생독학부(督學部)를 설치하여 그들을 관리하였다.[218] 동양협회경성전문학교는 1920년 5월 조선총독부

---

216 拓植大學, 『拓植大學六十年史』, 1960, 108쪽.

217 「桂會頭及原內相演說」, 《동양시보》 116호, 1908.5.20.

218 동양협회, 『東洋事情の宣傳』, 1922, 26쪽.

표 1-9 동양협회 연표

1898	대만협회 창립, 會頭 桂太郎
1900	대만협회학교 설립, 교장 桂太郎
1904	대만협회학교를 대만협회전문학교로 개칭
1907	대만협회를 동양협회로 개칭, 대만협회전문학교를 동양협회전문학교로 개칭, 경성분교 설립, 滿韓企業同志會 입회, 동양협회 한국지부 설치, 동척설립 건의, 학술조사부 설치
1910	大連상업학교, 旅順語學校 창립
1912	桂太郎 동양협회전문학교장 사임, 小松原英太郎 취임
1913	桂太郎 사망, 小松原英太郎 2대 회장에 취임
1914	동양협회를 사단법인으로 변경, 부회장 大倉喜八郎, 전무이사 門田正經
1915	동양협회전문학교를 동양협회식민전문학교로 개칭
1918	동양협회식민전문학교를 拓殖대학으로 개칭, 경성분교는 동양협회경성전문학교로 개칭
1919	朝鮮學生督學部 설치, 3대 회장 後藤新平, 부회장 水野錬太郎, 전무이사 永田秀次郎
1920	동양협회경성전문학교를 사립경성고등상업학교로 개칭
1921	拓殖대학은 동양협회대학으로 개칭
1922	《동양시보》를 《동양》으로 개제(1944년 종간)
1926	동양협회대학을 拓殖대학으로 변경
1928	東洋現勢硏究會 설치
1930	水野錬太郎 4대 회장에 취임
1931	특별조사위원회 설치
1933	奉天상업학교 창립
1934	부회장 永田秀次郎, 전무이사 大藏公望, 이사 尾崎敬義, 加藤政之助, 鶴見左吉雄, 村田俊彦, 松岡均平, 兒玉秀雄, 佐藤安之助, 감사 大橋新太郎, 藤山雷太
1935	현세조사부 신설, 拓殖대학 학생을 대만, 조선, 만주, 남양에 파견
1939	興亞단체연합회 결성
1940	拓殖대학에 興亞講習所 설치
1941	拓殖대학에 安南語講習所, 대일본흥아동맹 결성
1942	大政翼贊會 흥아본부 결성, 水野錬太郎 회장이 초대총리
1943	대동아사정강습회
1945	동양현세강연회를 동양문화간담회로 변경, 水野錬太郎 회장 사임, 후임 兒玉秀雄
1946	동양협회를 동양문화협회로 개칭, 兒玉秀雄 5대 회장 사임, 이사회 해산, 拓殖대학은 紅陵大學으로 개칭(1952년 拓殖대학으로 다시 개칭)
1947	동양문화협회 해산 결정

와 조선은행, 만철이 공동출자하여 사립경성고등상업학교로 독립하게 되었다. 1922년 4월 다시 관립으로 변경되어 조선인과 일본인 공학제가 되었다. 그 후 1944년 경성경제전문학교로 개편되고 해방 이후 국립서울대학교 상과대학으로 계승되어 현재의 경영대학으로 이어진다. 경성고등상업학교의 촉탁 강사진에는 만선사학(滿鮮史學)의 주창자 이나바 이와키치(稻葉岩吉, 동양경제사정 담당)와 총독부의 촉탁으로 구관조사를 담당한 젠쇼 에이스케(善生永助, 동양경제사정), 정체성론을 주장하는 가와이 히로다미(영어), 스즈키 다케오(鈴木武雄, 화폐금융론), 시가타 히로시(四方博, 경제학), 모리다니 가쓰미(森谷克己, 경제학) 등의 식민사학자들이 망라되어 있었다.[219]

동양협회에서는 회원을 파견하여 중국과 조선을 시찰하는 경우가 자주 있었다. 그럴 때마다 협회학교의 졸업생들이 진출하고 있는 상황을 점검하였다.[220] 동양협회학교 졸업생의 취업 상황을 살펴보면 관청, 은행, 회사 등에 취직하였다. 본교 졸업생의 3분의 1은 조선에 취직하였고 특히 졸업생의 과반수가 금융조합에 취식하였다. 총독부의 아라이 겐타로(荒井賢太郎) 탁지부장관

---

219 경성고등상업학교, 『京城高等商業學校一覽』, 1924 : 이기준, 『한국경제학교육사연구』, 한국연구원, 1982.

220 동양협회전문학교 졸업생의 취직 상황은 다음과 같다. 『拓植大學六十年史』, 1960.

취직 지역	1909년	1911년
내지	61명	142명
대만	55명	85명
한국	164명	218명
청국·만주	62명	95명
미국·영국 유학	10명	12명
1년 지원병	9명	26명
미정·불명	66명	5명
사망	10명	0명
계	447명	583명

1907년 5월 30일 칙령 33호에 의해 지방금융조합규칙이 제정 발포되어 전남 광주지방에 최초로 금융조합이 설립되었다. 관선으로 뽑힌 제1기의 이사 30명 전원이 동양협회전문학교 졸업생이다. 1929년 발행된 『朝鮮金融組合史』에 의하면 이 학교의 졸업생은 이사 총 119명 가운데 54명이었고, 1938년의 조선조합연합회의 이사 17명 중 8명이었다. 조선금융조합에서 이사의 역할은 중요하다고 할 수 있는데, 동양협회전문학교 졸업생의 역할이 컸다(古谷昇, 「朝鮮金融組合」, 『人材育成の軌跡』 제1권, 拓植大學創立百年史編纂室, 1999).

의 연설[221]에 의하면 그동안 300명 가운데 과반수가 지방금융조합에 취직했고 전국에 250여 개가 있다고 한다. 그중 동양협회학교 졸업생 150명이 이사로 근무하여 중요한 자리를 차지하고 있었다. 조선어를 할 수 있는 졸업생들은 조선 통치를 뒷받침하는 중요한 역할을 했고, 그런 의미에서 식민통치에 있어서 동양협회의 역할도 컸다고 말할 수 있다. 예를 들면 쇼우다 가즈에(勝田主計)는 1904년 5월부터 1906년 1월까지 대만협회학교에서 관세 과목을 강의하였다. 그의 시찰보고 「淸韓視察談」에 의하면 "조선, 지나를 통해 자신이 가서 보고 전도가 즐겁다고 생각한 것은 내지의 자격 있는 학교, 예를 들면 고등상업학교나 동양협회학교의 졸업생 그리고 지나의 동아동문서원 졸업생이 매년 늘어나는 것이다—일정한 학식이 있는 청년이 일본의 세력을 조선, 만주 지나에 부식하기 위해 가 있는 것은 기쁜 현상"이라고 보았다.[222]

동양협회는 이후의 교육사업에 대해서도 일본 제국주의의 팽창에 따라 더 많은 학교를 설립하여 근거지를 마련해야 한다고 생각하였다. 경성의 식민전문학교 분교의 발전, 대련상업학교(大連商業學校), 여순어학당(旅順語學堂)의 발달에 이어 대만에서도 1917년 4월 20일 대만상공학교(臺灣商工學校)를 개교하였다. 즉 조선은 장래 경제적 관계에서 북만주 및 러시아령 시베리아로 발전하는 문호가 되고, 대련은 만·몽 및 북지나의 근거지, 대만은 남청 및 남양으로 신장하는 문호가 된다고 생각했기 때문이다. 그러므로 이들 각 식민지의 경영에 맞추어 동양협회의 역할을 추진할 계획을 강구하였던 것이다.[223]

1919년 3대 회장을 맡은 고토 신페이(後藤新平)는 협회의 목적과 사업을 확장하여 ① 대만, 조선, 만·몽, '지나' 기타 동양 각지에 관한 학술 및 경제 조사연구, ② 인재양성 및 학교 경영, ③ 동양문화의 선전, 식민사상의 작흥 및 해외

---

221 《동양시보》 223호, 1917.4.20.

222 勝田主計, 「淸韓視察談」, 《동양시보》 133호, 1909.10.20.

223 「小松原會長 人事」, 《동양시보》 208호, 1916.1.20.

에 관한 지식보급을 위한 학술강연회, 통속강연회, 해외사정강습회, 선전부, 해외실업시찰, ④ 대동양도서관(大東洋圖書館) 및 척식관(拓植館)의 설치를 밝혔다. 그는 1차 세계대전 이후 동양에서의 일본의 책무가 더욱 중요하게 되었음을 강조하고, '동아민족의 융화친선'을 위한 시대의 요구에 따라 협회의 사명을 다할 것을 촉구하였다.[224]

쓰루미 사키오(鶴見左吉雄, 수산국장)는 동양협회에서 가장 중점을 둔 것이 교육 진출이었던 만큼 다쿠쇼크대학 외에도 새로운 식민학교의 설립을 강조하는 글을 다음과 같이 게재하고 있다.

> 북방발전론이나 북수남진론이 있지만 그것으로는 부족하다. 동서남북으로 발전하지 않으면 안 된다. 최근 남양, 지나 만주에서 발전하고 있지만, 서시베리아 방면으로 발전해야 한다는 논의도 있다. 해외에 가서 크게 발전하기 위해서는 많은 인간이 해외로 나가야 한다. 해외 발전을 담당하기 위한 자들을 교육시키기 위해 일본에 학교를 만들어 적어도 외국의 지식이나 경제상의 학문 등의 적당한 교육을 시켜야 한다.[225]

지금까지 일본의 해외진출에 대한 논의는 북진론과 남진론이 있었음에도 불구하고 일본은 앞으로 동서남북으로 영역을 발전시켜가야 한다는 주장이다. 이를 실현하기 위해서 중요한 것은 식민학교에서 다양한 교육을 받아 실무에 종사할 수 있는 자들을 파견해야 하는 일이며, 그렇지 않으면 식민사업이 성공할 수 없다는 지적이다.

---

224 동양협회, 『東洋協會の使命』, 1925.

225 鶴見左吉雄, 「國民の經濟的發展と其の要件」, 《동양시보》 240호, 1918.9.20.

(2) 식민활동과 출판물 간행

동양협회의 식민활동은 위에서 살펴본 학교 설립 외에 학술조사부 설치와 동양척식주식회사(이하 동척) 설립 준비, 학술 강연회, 시찰단 환영, 출판물 간행이 있다.

첫째, 동양협회는 연구기관으로 1907년 아세아학회를 합병하여 학술조사부를 설치하였다. 아세아학회란 러일전쟁 후 1905년 시라토리 구라키치(白鳥庫吉)가 수창하여 도리이 류조(鳥居龍藏)와 함께 동양을 학술적으로 연구하려는 목적으로 조직한 것이다. 조사 분야는 동양의 역사, 지리, 인종, 언어, 토속, 습관, 종교, 건축, 미술 등이었다. 학술조사부는 강연회를 열고 조사한 결과를 1년에 3회《동양학보》에 게재하였다. 각 분야에 따라 조사를 나누고 시찰원을 현지에 파견하여 연구하고, 1년 1회의 조사 결과를 단행본으로 출판하였다. 이 조사부는 〈표 1-10〉과 같이 일본에서 동양학을 대표하는 핵심인물로 구성되어 동양학 연구의 중심기관이 되었다. 대부분의 연구자들이 조사부를 거쳐 도쿄(제국)대학 교수를 역임하게 되는데, 이 대학에서는 1889년 국사과가 설치되면서 근대 역사학이 출발하게 되었고, 한국사 연구가 본격화된다. 특히 이 가운데 임나 문제와 고대사를 연구한 미야자키 미치사부로(宮崎道三郎)와 나카 미치요(那珂通世), 쓰보이 구메조(坪井九馬三), 당파성론을 주장하는 시데하라 타이라(幣原坦), 만선사학의 시라토리 구라키치와 이케우치 히로시(池內宏) 등이 한국관련 저서나 논문을 발표하였다. 일선동조론과 일·한(日韓) 양국의 어원을 연구한 가나자와 쇼자부로(金澤庄三郎)의 연구가 주목된다.[226] 이들은 동양사학자의 입장에서 한국사의 타율성론 수립에 중요한 역할을 담당하였다.

---

226 《동양시보》109호, 1907.10.20 : 白鳥庫吉,「朝鮮旅行談」,《동양시보》184호, 1914.1.20.
1908년 5월에 나온 보고서는 다음과 같다.「滿洲の佛寺建築」(伊東忠太),「韓國慶州に於ける新羅時代の遺跡(關野貞),「間島國境問題」(幣原坦),「淸朝國號考」(市村瓚次郎),「日韓兩國語同系論」(金澤庄三郎),「蒙古歷傳考」(羽田亨).

표 1-10 동양협회 조사부 편성

성명	직임	분야	주요 경력	주요 업적
平田東助	부장		관료, 정치가	추밀원 서기관장, 귀족원의원, 內相
白鳥庫吉	특별위원	동양사학	도쿄대학 교수	동양문고 연구부 설치, 《동양학보》 창간
上田萬年	특별위원	언어학	도쿄대학 교수	문부성 전문학무국장, 국어조사위원
坪井九馬三	평의위원	역사학	도쿄대학 교수	역사 연구방법의 기초를 정립
高楠順次郎	평의위원	불교학	도쿄대학 교수	『大正大藏經』, 『南傳大藏經』 간행 주도
三上參次	평의위원	역사학	도쿄대학 교수	사료 편찬사업, 아카데미즘사학의 중진
市村瓚次郎	평의위원	동양사학	도쿄대학 교수	동양학회·新聲社 창설
宮崎道三郎	평의위원	동양사학	도쿄대학 교수	『任那彊域考』, 『任那宰の韓名[吉]本義』
伊東忠太	평의위원	미술사학	도쿄대학 교수	건축계의 중진, 중국·沖繩유적 조사
那珂通世	평의위원	동양사학	도쿄고등사범학교 교수	일본·조선·중국의 고대사 연구
松村任三	평의위원	식물학	도쿄대학 교수	식물해부학, 일본식물학회 설립
戶水寬人	평의위원	법학	도쿄대학 교수	로마법의 권위, 중의원
渡瀨庄三郎	평의위원	동물학	도쿄대학 교수	세포학, 천연기념 보존사업에 업적
金澤庄三郎	평의위원	국어학	國学院대 교수	『日韓兩國語同系論』, 『日鮮同祖論』
建部遯吾	평의위원	사회학	도쿄대학 교수	일본사회학회 설립, 중의원, 귀족의원
小藤文次郎	평의위원	지질학	도쿄대학 교수	『조선산악론』, 『조선전도』
三宅米吉	평의위원	고고학	도쿄고등사범학교 교수	일본 고고학회 창설
幣原坦	평의위원	교육학	도쿄고등사범학교 교수	한국 정부 학정 참여관, 廣島大 교장
池內宏	편찬위원	동양사학	도쿄대학 교수	만철의 만주지리·역사조사부 부임
濱田耕作	편찬위원	고고학	교토대학 교수	'일본근대 고고학의 父', 총장 역임
堀竹雄	편찬위원	역사학	中央대학 교수	『露国之実相』
後藤朝太郎	편찬위원	한자학		『朝鮮平安道龍岡郡秥蟬碑』, 『文字講話』

동양협회 조사부에서 중추적 역할을 담당한 시라토리 구라키치의 학문은 조선사 연구에서 출발하여 1890년대 후반부터는 만주사·몽고사·서역사·중국사 등으로 관심을 옮겼다. 그는 1908년에는 만철 총재 고토 신페이를 설득하여 만철 도쿄지사 내에 만선지리역사조사실을 설치하여 동양사를 연구하고 '만선사'(滿鮮史)를 학문적으로 성립시켰다. 앞에서 살펴 본대로 고토는 1919년 동양협회 3대 회장으로 취임하게 된다. 시라토리 구라키치가 주재하는

조사실에 참여하고 있었던 사람들은 이나바 이와키치(稻葉岩吉)·이케우치 히로시(池內宏)·쓰다 소키치(津田左右吉) 등이었다. 이들은 한국사의 주체성을 부정하고 한국사를 대륙사에 부용시킴으로써 한국사의 타율성을 강조하는 역사상을 만들었다.[227] 즉 동양협회의 연구지원으로 일제 식민사학의 한 기둥인 만선사학이 태동한 것이다. 이 조사실에서는 일본의 대륙정책과 관련하여 조선과 만주를 경영하는 데 필요한 연구를 수행하였다. 시라토리 구라키치는 만·한지방에 대한 학술적 연구는 단지 학문방면에서 급무일 뿐 아니라 실지 경영에서 보더라도 매우 필요하다고 보았다.

한편 시라토리 구라키치는 자료 수집을 위해 1906년 만·한과 1908년 조선을 여행하고 5000권의 책을 수집하였다. 그리고 데라우치 총독에게 부탁하여 조선왕조실록의 일부를 제국대학에 기증받기로 하여, 1913년 대학의 명령으로 조선에 학술여행을 다녀왔다. 1914년 만철회사의 사정으로 조사실이 폐쇄되면서 이 사업은 시라토리 구라키치에 의해 도쿄제대 문학부로 계승되었다. 이러한 동양협회 조사부와 만철 조사실의 역할은 동양협회의 식민활동의 이론적 뒷받침을 한층 강화하는 역할을 하였다.

둘째, 동양협회는 동척의 설립을 정부에 건의하였다. 그 과정을 살펴보면 1907년 6월 29일 고마쓰바라 에이타로(小松原英太郎) 간사장이 만·한시찰에서 돌아와 동양협회의 간부회의를 열어 척식회사 설립에 관한 의논을 결정하였다. 이후 도쿄제국대학 교수 마쓰자키 구라노스케(松崎藏之助)와 오구라 기하치로(大倉喜八郎)가 추천하는 나카니시 조이치(中西讓一)를 조사위원으로 임명하고 설립안을 작성하였다. 한편으로 협회는 고마쓰바라 에이타로·히라다 도스케(平田東助)·미네 하치로(嶺八郎)가 토의하여 「동양척식회사창립취지」를 작성하고 가쓰라 회두(會頭)에게 제출하였다. 9월 15일 이 두 가지를 심의하여, 마쓰자

---

227 이만열, 「일제 관학자들의 식민주의사관」, 『한국근대역사학의 이해』, 문학과지성사, 1981 : 井上直樹, 「근대 일본의 고구려사연구」, 《고구려연구》 18, 2004.

키 구라노스케와 미네 하치로가 기초위원이 되어 「동양척식회사설립요강」을 작성하였다. 협회원 중에 귀·중 양원의원 및 실업가로 위원을 두어 그 경영방법을 조사하고, 동시에 한편에서는 통감부와 한국 정부의 의향을 확인하였다. 마침 이토 통감이 귀국 중이어서 이토를 면회하여 의견을 교환하고 찬성을 받아냈다.

동양협회는 사이온지 긴모치(西園寺公望) 수상에게도 동척설립의 필요성을 말하고 조사를 진행하여 척식 경영의 강목 및 사업설계 등에 대해서는 이노우에의 지도를 받았다. 이렇게 만들어진 안을 정부에 건의하고 정부는 이것을 받아들여 대장대신을 주임으로 조사를 수행하여 이를 내각에 제출하였다. 내각에서는 내무, 외무, 대장, 농상무의 관계 각성 및 통감부로부터 위원을 임명하고 법제국 장관을 위원장으로 하여 조사 연구하였다. 이 법안은 1908년 3월 양원을 통과하였다. 8월 두 나라는 동양척식주식회사법을 공포했다.[228]

동양협회는 일본의 이민정책이 제국의 운명을 좌우하는 중요한 사항이라고 생각하였다. 즉 제국의 세력을 부식하는 데 가장 좋은 것이 이주이며, 한국은 일본의 이주에 가장 적합한 장소라고 보았던 것이다.[229] 그렇기 때문에 동척 설립에 적극적이었다. 동척 총재 우사가와 가즈마사(宇佐川一正)는 사업을 달성하는 데 가장 곤란한 것은 일본인과 한국인 사이의 융화 문제라고 지적하였다. 그리고 생산력의 증식과 관련하여 농사 개량은 물론 일본인을 이주시키는 문제가 필요하다고 생각하였다.[230] 한편 1940년의 다쿠쇼크대학 학우회 회원 명부에 의하면 동척 및 관련회사에 취직한 졸업생이 94명이다. 따라서 동양협회학교 졸업생은 앞에서 검토한 조선금융조합 외에 동척 및 만철 그리고 관련회사에 취직하여 식민 경영의 일선에서 활약한 것을 알 수 있다.[231]

---

228 「桂會頭及原內相演說」,《동양시보》116호, 1908.5.20.

229 鳥谷部銑太郎,「韓國經營の第一義」,《동양시보》111호. 1907.12.20.：德富猪一郎,「移住と出稼」,《동양시보》112호. 1908.1.20.

230 宇佐川一正,「韓國拓植に關する日韓兩國人の注意事項」,《동양시보》123호, 1908.12.20.

231 古谷昇,「東洋拓植會社」,『人材育成の軌跡』 제1권, 拓植大學創立百年史編纂室, 1999.

셋째, 동양협회가 학술 강연회를 여는 목적은 식민지 조선과 대만, '지나', 남양에 대한 식민지식을 일반에게 보급하기 위해서였다. 먼저 평의원 도쿠토미 소호(德富蘇峰)가 후쿠이(福井), 이시카와(石川), 도야마(富山)지방을 순회하면서 강연한 내용을 보면 다음과 같다.[232] 그는 "동양협회는 야마토 민족이 평화적 경영을 하는 참모본부이고 또 동양협회학교는 그 경영을 하는 간부인 인간을 만드는 학교"라고 보았다. 그리고 중요한 문제로 지적한 것은 첫째로 인구를 늘리는 것이고, 둘째로는 이 인구를 어떻게 하는가의 문제이다. 이 문제를 해결하기 위해 동양협회가 설립되어 있다고 말하고 있다. 나아가 장래의 동양협회는 영국의 제국협회나 황립식민협회와 같이 될 것이라고 전망하였다. 그리고 회관을 건설하고, 동양에 관한 서적을 전시할 도서관을 만들고 동양 각지의 식민지에서 만든 물산을 진열관에 진열할 것을 제안하였다. 그 결과를 보고하기 위해 환등기나 도시를 가지고 야마토 민족의 해외 활동을 보여주고 이것은 국민 일반의 합의 위에 유지해 가야한다고 설명하였다.

이렇게 강연회를 통해 일반 국민에게는 식민 경영이 얼마나 중요한 것인지 설명하고 청년들에게는 식민사상을 고취하였다. 장래 국가 운명의 발전은 식민정책 또는 해외를 향한 경제적 발전의 목적을 달성하는 데 있다고까지 주장하고 있다. 나아가 "사람을 통해 일본의 국시인 개국진취의 대방침과 팽창발전의 대사명을 완수하기 위함"이라고 보았다.

> 우리나라에게는 대만이 있고, 조선이 있으며, 만·몽이 있고, 또 세계적 대시장인 지나를 앞에 두고 있다. 남양이 있고 나아가서는 인도, 호주가 있다. 참으로 하늘이 준 지위를 차지하고 있다. 만약 우리가 크게 분발하여 영국과 같이 이 식민적 경영에 힘을 써서 경제발전을 도모한다면 우리 국운의 융창을 볼 수 있다. 그러므로 크게 식민사상을 고취하여 식민적 경영을 향해 우리 국민의 전강, 특히 청년의

232 蘇峰生, 「北陸三縣 巡廻偶感」, 《동양시보》 107호, 1907.8.20.

건강을 작흥하는 것에 대해서 협회는 노력하려고 한다.[233]

모리야 노리오(守屋德夫)는 활동사진을 이용하여 식민사정을 선전하는 것이 동양협회의 계획아래 성과를 거두고 있으나 내지인들은 아직도 일반적으로 식민지에 대해 잘 모르고 있다고 지적하였다.[234] 그 이유를 ① 내지인의 대다수는 식민지라는 것에 이해를 느끼지 못하고 있어 무관심한 태도이다, ② 국가도 사회도 식민지에 대해서 특히 주의를 끌 만한 일을 하고 있지 않다, ③ 선주자(先主者)의 선전이 매우 졸렬했다고 보았다. 그러므로 동양협회가 활동사진을 가지고 선전하는 것은 매우 유효하지만 특히 일본의 교육가 및 학생, 이른바 지식계급의 인사, 상류사회의 사람들은 한층 안목을 확대하여 일본국민의 발전에 대해 진지하게 생각해야 할 책임이 있다고 강조하였다.

넷째, 조선에서 온 시찰단을 환영하는 것도 식민활동의 하나였다.[235] 시찰단은 1907년 12월부터 시작하여 매년 한두 차례씩 일본을 방문하였다. 동양협회에서 시찰단의 방문을 계획한 것은 일본 시설과 문물제도 풍속 등의 견문을 통해 식민통치를 보다 효율적으로 추진하기 위해서였다. 그리고 조선통치의 성적을 선전하기 위한 목적도 있었다. 경우에 따라서는 경성일보사나 동척이 주최하기도 했다. 그리고 참가한 계층을 보면 귀족, 관료, 실업가, 군수, 면장, 종교인, 지식인 등 각 방면의 지도자급 인사를 초청하여 그들을 회유하였다.

먼저 1907년 12월 23일에는 이토 통감이 황태자의 일본 유학을 위해 특

---

233 小松原英太郎, 「通俗植民講演會に就て」, 《동양시보》 205호, 1915.10.20.

234 守屋德夫, 「植民地事情の宣傳」, 《동양시보》 270호, 1921.3.20. 모리야 노리오는 모리야 와로(守屋和郎, 외교관)의 형이다.

235 시찰단에 대해서는 다음의 논문을 참조. 조성운, 「매일신보를 통해 본 1910년대 일본시찰단 연구」, 『식민지 조선과 매일신보 1910년대』, 신서원, 2004 : 조성운, 「1920년대 초 일본시찰단의 파견과 성격」, 《한일관계사연구》 25, 2006 : 박찬승, 「식민지시기 조선인들의 일본시찰」, 《지방사와 지방문화》 1, 2006.

파대사 이재면과 수행원 이준용, 이윤용, 송병준[236]과 함께 방문하였다. 이 날 이재면을 동양협회의 명예회원으로 추대하고 나머지 참가자 10여 명은 회원으로 입회하였다. 1909년 4월 22일에는 경성일보사 주최로 전직 관료들이 방문하였다. 1910년과 1911년에는 한국병합을 전후하여 세 차례 시찰단이 방문하였다. 병합직전인 5월 11일 유길준, 권동진, 심의성 등 45명이 방문하였고, 6월 7일 관찰사 박중양 외 20여 명의 경상북도 관광단, 군수, 상업회의소 회두, 학교장, 자산가, 지방위원 등이 방문하였다. 특히 1910년 11월 4일에는 데라우치 총독과 함께 귀족 24명이 방문하였다. 병합성사에 따른 논공행상의 성격이 짙다고 볼 수 있다. 그리고 1911년 5월 27일 동척이 주최하여 전국의 군수, 실업가, 양반, 유생 129명이 방문했는데, 1도에서 대표자 10명을 선발한 것이다. 이들은 시모노세키(下關), 효고(兵庫), 고베(神戶), 오사카, 나고야(名古屋), 도요하시(豊橋), 신바시(新橋) 등에 있는 직염학교, 상품진열관, 동물원, 박물관, 농대, 농업시험소, 잠업강습소, 경지정리, 기업을 시찰하였다.

1911년 7월에는 조선기독교관광단 29명이 방문하였다. 감리교, 장로교의 목사 및 기독교청년회 임원들로 농사시험소, 제국대학, 우에노(上野)공원, 일본은행, 미쓰코시 오복점(三越 五服店), 닛코(日光)를 견문하고 기독교 지도자 에비나 탄조(海老名彈正)를 만났다. 동양협회가 이들을 초청한 것은 이 두 교파는 조선에서 최대 세력을 갖는 교파였기 때문이다. 조선 남부지방은 이전부터 내지와 교통이 있어 내지의 사정에 정통한 자가 많았기 때문에 이번 일행은 경성 이북 즉 의주, 선천, 평양, 정주, 해주, 경성, 인천 등에서 조직하여 지역적으로

---

236 《동양시보》112호, 1908.1.20. 이 날 송병준은 환영회의 답사에서 다음과 같이 말하고 있다.

"황태자가 이곳까지 유학 오셨다면, 본가와 분가라고 말해도 좋을 것이다. 이 전하가 5년 후나 10년 후에 귀국하시면 동양 3국 중에 두 나라는 이제 마음이 하나로 뭉쳐질 것이다.―일본 정부의 관리가 지금까지 길을 만들었으니 동양협회의 여러 분들이 차례로 한국에 가서 이 시골의 백성을 구할 필요가 금일 있을 것이라고 생각한다. 촌에까지 가서 백성을 구한다면 결코 금일과 같은 조선의 폭도는 일어나지 않을 것이다.―동양협회의 힘을 한국 전국에 펼친다면 한국의 사람은 지면을 가지고 있고, 동양협회는 사람과 돈을 가지고 있으니 서로 교환한다면 어느 쪽도 부자가 될 것이다."

안배를 하였다. 같은 해 10월 25일에는 이완용, 박제순, 조중응이 천장절(天長節, 천황탄생일)을 축하하기 위해 방문하였다.

1912년 10월 23일에는 동척주최로 전국의 유지, 군수, 면장, 독농가, 유생, 실업가를 초빙하여 내지의 농업실황, 교통운수 상태, 관개용수의 시설, 하천제방, 산림 등을 시찰하였다. 이때 참가한 130명 중 70명이 일본어가 가능할 정도였다. 그 후도 계속하여 군수, 면장, 양반, 실업가, 호농가 들의 방문이 이어졌다. 중요한 것은 1919년 6월 15일에는 3·1운동 후의 대처방안을 의논하기 위해 변호사 이기찬(李基燦)을 대표로 하는 실업가, 신문기자, 종교가를 초청한 사실이다. 그리고 1920년 경상북도 유교진흥회의 관광단이 방문하였다. 이는 총독부에서 유교진흥의 훈령을 내리고 대동사문회와 유도진흥회가 설립되어 각지에서 친일행동을 하고 있었기 때문이다. 야마구치 사쓰조(山口察常)는 유교를 중심으로 일선 양 민족의 융화를 도모해야 한다고 주장하였다.[237] 이 관광단에 참가한 사람들은 40세 이상으로 지방의 명망가, 혹은 유림의 자손이 많지만, 앞으로는 청년에게 혹은 중류 이하의 사람들에게 유교를 선전하여 사대사상이나 미주에 쏠린 사람들을 회유시켜야 한다고 보았다.

다섯째, 동양협회는《동양시보》외에 조사부에서 연구 조사한 결과를 단행본으로 출판하는 것을 시작으로 여러 자료집을 간행하였다.『東洋協會調査部 學術報告』(1909)와『東洋協會調査部 調査資料』2-4(1935~1941),《동양학보》(1911~1948)가 있다. 그리고 동양협회에서 간행한 출판물로 중요한 것은 다음의 두 가지이다. 하나는『東洋事情の宣傳』(1922)인데, 평화기념 도쿄박람회를 기념하여 발간된 것이다. 이 책은 조선, 대만, 사할린, 만·몽 등지의 사정과 남미지역의 사정을 인구, 교통기관, 산업, 위생, 교육시설, 이주민 통계 등을 소개하였다. 1차 세계대전 후 구미의 관심이 소홀한 틈을 타고 일본이 '동아민족의 융합'이라는 슬로건을 내걸고 동아시아지역의 주도권을 장악하기 위해 침략을 준비

---

237 山口察常,「日鮮融和機關としての儒教」,《동양시보》267호, 1920.12.20.

하는 안내서이다. 이 책에서는 일본의 '동양의 맹주'로서의 사명과 '동양의 평화를 옹호할' 책임을 강조하면서, 3·1운동과 같은 '불상사'를 예방하기 위해 중국인을 '찬코로'(チャンコロ), 조선인을 '요보'(ヨボ)라고 경멸하는 것에 대해 주의하고 있다. 특히 조선은 일본 문화를 아세아와 대륙에 선전하는 추축(樞軸)이 되는 중요한 요지라고 강조하고 있다.

다른 하나는 동양협회 이사 치바 료(千葉了)가 집필한 『全アジア民族興亡史觀』(1943)이다. 이 책은 '대동아전쟁'을 합리화하고 대동아공영권의 건설을 주장하기 위한 이론적 근거로 먼저 일본 민족과 아시아 민족의 지정학적 특성을 고찰한 연구서이다. 즉 『古事記』와 『日本書紀』에 나타난 조국(肇國)의 이념과 도요토미 히데요시(豊臣秀吉)가 보여준 '동아시아를 경륜(經綸)할 만한 웅도(雄圖)', '앵글로색슨족의 탄압을 감지한' 막말(幕末) 존왕양이를 주장한 지식인 마키 이즈미(眞木和泉)·히라노 쿠니오미(平野國臣)·하시모토 사나이(橋本左內)·야마다 호고쿠(山田方谷)의 언설(言說)에서 찾고 있다. 나아가 아시아 민족 가운데 일본 민족이 얼마나 우수한가를 강조하여 다음과 같이 지적하고 있다. 첫째, 일본은 지정학적으로 영국이 유럽에서 차지했던 위치보다 우월성을 갖는다. 둘째, 일본 민족은 평등성과 북아시아 민족 및 남아시아 민족의 특성을 갖고 있으며, 대륙성과 해양성에서 우수하고, 내한성(耐寒性)은 물론 내열성(耐熱性)도 충분하다. 셋째, 일본 민족의 정신문화는 유교, 불교, 한학, 난학(蘭學)[238]은 물론 서양문화도 바로 소화할 능력을 갖고 있다. 요컨대 일본 민족은 아시아 민족의 중추(中樞)로 서양세력의 지배에 항거할 만한 능력을 갖고 있다는 것이다. 이것은 아시아를 구미의 지배로부터 해방할 수 있는 아시아주의의 영역을 동남아 지역으로까지 넓힌 대동아공영권 사상의 근거가 되었다.

이밖에도 조선과 만주의 실상에 관한 조사 자료를 40여 권 간행하였다.

---

238 에도시대에 네덜란드 동인도회사를 통해 일본에 들어온 의학·천문학·지도학 등 서양의 학문을 말한다. 네덜란드 외의 서양 국가의 학문을 양학이라고 하여 구별하였다.

즉『朝鮮滿洲臺灣實狀要覽』(1924),『亞東指要』(1925),『滿蒙の米作と移住と移住先農問題』(1927),『滿洲鐵道政策に關する考察』(1931~1933),『滿洲經濟建設概觀』(1935~1941),『滿洲國通貨の現勢』(1935~1941),『北鮮三港と日滿通商關係』(1935),『朝鮮農民の滿洲移住問題』(1936),『朝鮮の地下資源』(1937) 등이 있다.

2) 《東洋時報》에 나타난 조선인식

(1) 시찰담에 보이는 조선관

조선에서 직접 통치를 담당하는 식민관료들이 보는 조선, 조선인의 모습 그리고 '내지'에서 조선을 조사 연구하기 위해 방문한 일본인들이 보는 조선에 대한 인상 등을 나누어 살펴보자. 내지에서 오는 경우도 정부 관리나 학자가 보는 입장은 약간의 차이가 있었다.

1905년 내한하여 통감부의 경무고문이 된 마루야마 시게토시(丸山重俊)는 당시의 상황을 "한국의 상태는 유언부설(流言浮說)의 제조, 비계은모(秘計隱謀)의 소굴, 권세쟁탈의 극단(劇壇)이라고 봐도 지장이 없다. 한국에서는 권세쟁탈을 위해 도리의 유무, 국가의 이해 등은 불문하고 수단과 방법을 가리지 않는 풍조"라고 부정적으로 보고 있다.[239] 계속해서 그는 조선인이 일본을 질시하는 이유를 "선천적으로 일본인을 맹악(猛惡)한 자로 생각하고 일본이 그들의 재산도 강탈했다고 오해하고 있기 때문"이라고 말하고 있다. 그러면서 그는 일본인 가운데 한국이 일본의 보호아래 있기 때문에 일본이 생각하는 대로 행동하리라고 오해하는 일본인의 각성을 촉구하였다. 특히 그가 조선에서 주의해야 할 것은 미국인이 주도하는 만국기독교청년회에 한국인이 가입하여 독립을 만회하려는 점을 들고 있다. 또한 조선인은 일본인을 질시하여 항상 '왜노'(倭奴), '도

---

239 丸山重俊,「韓國の政況」,《동양시보》103호, 1907.4.20.

이'(島夷)라는 문자를 쓰고 있으며, 근래 미국에 있거나 선교사에게 출입하는 자 등은 청년회에 가입하여 이것을 정치적으로 이용하려는 경향이 있으므로 주의를 요한다고 보았다.

이러한 통감부 관료의 비판적 시선에 대해 일본에서 조선의 사정을 조사하거나 여행을 위해 혹은 출장을 온 사람들은 조선의 실정을 어떻게 파악하고 있었을까? 이들의 시찰담은 주로 첫째 두 나라의 역사적·인종적 관계, 둘째 조선의 의식주, 풍속, 습관에 대한 이미지, 셋째 농사시찰에 대한 내용이다. 먼저 두 나라의 역사적 관계에 대해서 살펴보자. 여러 시찰담에 보이는 공통적인 조선인식은 인종적으로 볼 때 두 민족을 동족으로 이해하는 점이다. 대장성 감정관(鑑定官)으로 경성을 시찰한 사카구치 다케노스케(坂口武之助)는 일본 이즈모(出雲) 인종의 원조인 스사노오(素盞命尊)가 경상도 방면으로 이주하여 신라를 세웠다고 보았다. 따라서 경상도 지역의 대부분은 야마토 민족의 식민지이며, 진구황후의 조선정벌 이전에 이미 일본의 식민지였다는 주장이다.[240] 이와 같은 주장은 마쓰이 고키치(松井廣吉)의 다음 글에도 보인다.

> 이즈모파(出雲派)가 만·한 종족과 동일한 것은 그 어계(語系)와 골상(骨相)에서 부정할 수 없다. 이즈모파의 조(祖)인 스사노오가 여러 차례 우리 이즈모와 한국을 왕래하여 이즈모의 군장이 됨과 동시에 적어도 남방한국의 주(主)가 된 것은 역사가가 증명하는 것으로 의심할 수 없다.—
> 한인과 일본인의 대다수는 그 종족, 어맥, 역사를 같이 하여 조선에 있는 일본인의 혈액은 실로 한인의 그것과 동일하다. 그 혈통이 명백하게 한인종에서 전해진 것은 진구황후가 한국을 정복하고 황후의 혈액을 전한 것이다.—다만 한인의 대부분은 이와 같이 오래된 동원동조(同源同祖)의 역사적 사실을 모르고 일본을 구적

240 그는 1906년 1월 이후 동양협회학교에서 關稅 과목을 가르쳤다. 坂口武之助, 「韓人の家庭及び社會生活」(상), 《동양시보》 105호, 1907.6.20.: 稻葉君山, 「韓半島の保障と遼東半島」(하), 《동양시보》 106호, 1907.7.20.

(仇敵)과 같이 보는 경향이 있는 것은 어쩔 수 없는 일이다. 매우 유감이라고 하지 않을 수 없다.[241]

두 번째로 조선의 의식주, 풍습과 습관에 대한 인식은 어떠한지 살펴보자. 앞에서 검토한 마루야마 시게토시(丸山重俊)는 한국인은 성질이 매우 비겁하고 나약하며 어떠한 취미도 없고 부녀와 도박만을 쾌락으로 삼는다고 보았다. 그러면서도 한국인의 좋은 점으로 친애 정의가 두터운 것을 들고 있다. 대체적으로 일본인들의 조선 견문은 상당히 구체적이고 자세하다. 예를 들면 일본인들이 궁금해 하는 것 중 하나는 일본보다 위생이 좋지 않은 곳에 사는 한국 사람들이 일본인 보다 체격이 크고 강한 것을 이상하게 여긴다.[242] 또 하나는 경상도에는 일본인의 혈통이 크게 섞여 있는 곳인데도, 배일사상이 강한 점이 기이하다고 보았다. 즉 이 지방인들이 일본 인종이면서 배일사상을 일으키고 있는 것은 비교적 일본과 교통이 빈번하여 일본인의 결점도 알고 교제상 충돌이 일어나는 소점(燒點, 발화점)이 되었기 때문이라고 진단하였다.

일본인들은 한국 부인의 옷이 위생적이고 허리를 조이지 않아 일본보다 태아의 발달에 좋다고 보았다. 특히 남자 옷은 일본 옷 보다 노동하기 편하고 경제적이며 세탁법도 위생적이라고 하였다. 그러나 가옥의 경우는 일본보다 형편없고 가재도구가 아무것도 없는 점이 특징적이라고 보았다. 강도가 들어가도 가져갈 것이 없을 정도로 가난하며 비가 오면 일을 하지 않고 먹지도 않는 야만국과 같은 생활을 하는 것으로 이해하였다. 또한 한국의 풍속은 느긋하며 일본의 직공이 반나절 걸리는 일을 3~4일이나 걸려서 할 정도로 게으르고, 여름이 되면 아무데서나 자고, 철도의 레일에 누워 자는 습관을 개량해야 한다

---

241 松井廣吉, 「日韓は同種族」, 《동양시보》 106호, 1907.7.20.

242 坂口武之助, 「韓人の家庭及び社會生活」(상), 《동양시보》 105호, 1907.6.20 : 中村久四郎, 「朝鮮百話」(5), 《동양시보》 117호, 1908.6.20.

고 지적하였다.[243]

한편 아이하라 구마타로(相原熊太郎, 향토사가)는 풍속개량의 방법으로 사상, 감정, 습관, 혈액 모두 융화되어야 한다고 주장하였다.[244] 이를 위해 먼저 국어의 보급이 중요하며, 풍속이 바뀌고 국어를 이해하고 결혼이 가능하게 되면 동화는 쉬워진다는 것이다. 풍속을 고칠 때는 어디에나 내지의 풍속이 파고들어야 하며, 중요한 것은 내지와 같은 사상과 감정, 관습을 갖도록 하지 않으면 국가는 강고하게 되지 못하고 통일성을 잃게 된다고 하였다.

세 번째 조선인의 민족성을 사대주의적으로 보고 있다. 나카무라 큐시로(中村久四郎)는 조선사는 상고에서 금일에 이르기까지 완전히 독립한 적이 드물다고 지적하였다. 한국인의 사대 비굴한 풍조는 불쌍할 정도라고 하면서, 독립적 정신의 결핍과 역대 변란이 계속 일어나 이렇게 쇠약하게 된 것은 수백 년간의 악정의 결과라고 주장하였다.[245] 이러한 인식은 시라토리 구라키치(白鳥庫吉)가 "조선인은 '지나'와 달리 자력이라는 것이 없고 언제나 대국의 기분을 살펴서 그것에 빌붙으려고 했고 독창성이라고는 전혀 찾아 볼 수 없는 민족"이라고 타율성을 강조한 데서도 엿 볼 수 있다.[246]

네 번째는 조선의 정체성(停滯性)을 강조하는 점이다. 1909년 50일 정도 조선을 여행한 하기노 요시유키(萩野由之)는 조선을 여행하고 700~800년 전의 일본의 모습과 비슷한 것을 보고 유쾌했다고 말하고 있다. 이 시기는 후지와라시

---

243 中村久四郎, 「朝鮮百話」(5)《동양시보》117호, 1908.6.20 : 門田正經, 「滿韓4週間」, 《동양시보》144호, 1910.9.20.

244 相原熊太郎, 「朝鮮の風俗改良」, 《동양시보》207호, 1915.12.20. 아이하라는 1907년 도쿄제대를 졸업하고 다음 해《都新聞》에 입사하여 사회·정리부장을 역임하고, 1932년에 퇴사한다. 이후 향토사 연구에 몰두하였다.

245 中村久四郎, 「朝鮮百話」(5)《동양시보》117호, 1908.6.20. 나카무라(中村久四郎)는 1907년 12월부터 1909년 7월까지 동양협회학교에서 조선사를 강의하였다.

246 시라토리 구라키치(白鳥庫吉)는 1907년 10월부터 이듬해 3월까지 동양협회학교에서 지나어(支那語)를 강의하고, 후에 도쿄제대교수를 역임하였다. 白鳥庫吉, 「清韓人の國民性に就て」, 《동양시보》119호, 1908.8.20 ; 今西龍, 「朝鮮半島國の年號附事大主義」, 《동양시보》143호, 1910.8.20.

대(藤原時代, 894년 이후)에서 인세이시대(院政時代, 平安 後期)에 걸치는 이른바 율령 정치가 부패한 시대이다. 그 풍속 습관제도의 연혁 등이 조선의 현재(1894년 일본의 세력이 미치기 이전)와 비슷하다는 것이다. 그것을 의복, 옷 색깔, 음식물과 조리 배선 방법, 식기나 수저사용, 혼인법 등에서 찾았다. 그러나 주거는 두 나라의 차이가 크다고 하면서 조선인들은 돼지우리 같은 더러운 곳에서 살고 있으며, 훔치는 것을 아무렇지도 않게 생각하고 있다고 지적하였다. 지금과 같이 가난하고 불쌍한 생활을 하게 된 것은 양반들이 수백 년에 걸쳐 악화시킨 때문이고, 결국 조선을 망하게 한 것은 양반이라고 보았다. 조선이 일본보다 700~800년 뒤떨어졌지만 1894년 이후 일본이라는 신세력이 들어와 폐풍을 타파하면서 문명적 생활을 하게 된 것으로 보고 있는 것이다. 물론 신세력의 대표자는 통감이고 조선의 구관을 조사해야 하며 그 역할은 동양협회에서 당연히 해야 할 임무라고 주장하였다.[247]

이처럼 조선인의 주거에 대한 지적은 여러 사람에게 보이지만 문제는 이것이 조선 멸시관으로 나타나고 있는 점이다. 가와이 히로다미(河合弘民)의 경우는 조선인이 불쌍한 것은 악정의 결과이며 조선인을 돼지와 같이 본다. 사는 집이나 먹는 것이 돼지와 같기 때문이다. 실제로 경성에서도 움막집에 사는 사람을 보았고 쌀을 먹는 자도 드물다는 지적이다. 임진왜란 이후의 당쟁으로 조선의 양반이 권력을 잡게 되면 그때부터 정치가 엉망이 되어 버렸기 때문에 이후에는 부패뿐이어서 백성은 노예와 같이 되어버렸다. 일본이 이를 구제하기 위해 조선을 '인수하여' 금융조합을 만들었고, 지금까지도 양반과 평민 사이에는 하등의 동정심이나 신뢰심은 남아 있지 않다고 보았다.[248]

다섯째로 일본만이 악정에 시달려온 조선을 구제하여 식민 경영을 성공시킬 수 있다는 점을 강조하고 있다. 이러한 근거를 상고시대 이래의 두 나라의

---

247 萩野由之, 「韓國旅行談」, 《동양시보》 140~141호, 1910.5.20~6.20, 문학박사로 도쿄제대 교수.

248 河合弘民, 「韓國談」, 《동양시보》 126호, 1909.3.20; 「韓國談」, 《동양시보》 128호, 1909.5.20.

역사적 관계에서 찾고 있다.

먼저 하마다 코사쿠(濱田耕作)는 과거 일본이 조선을 무력으로 굴복시키면서도 한반도를 영구적으로 점령하지 못한 것은 조선의 문자와 전적, 불교미술, 건축과 회화, 조각, 미술 공예, 활판제작 등 조선 문화의 우수성 때문이라고 보았다. 그러나 현재의 일본은 이미 한국을 경략할 자질을 충분히 갖추었다는 자신감을 다음과 같이 나타내고 있다.

> 무력에서 우리는 멀리 한국을 굴복시켰고, 한국에 야심을 포장하는 나라도 제압하는 실적을 보였으며, 문화상에서도 역시 우리는 동양의 선진국으로 활보하기에 충분하다. 그렇다면 한국을 경략하는 자질은 이미 갖추어진 것이다. 우리의 문화사상에서 일·한의 관계를 보면 금일의 한국 경영이 반드시 성공할 것이라고 확신할 수 있다.[249]

또한 시라토리 구라키치(白鳥庫吉)는 '지나'의 식민지로 있던 조선반도에 일본 세력이 들어가 그 세력을 부식했으며, 임나를 직할로 하고 백제와 신라를 조공국으로 삼아 남방은 일본 세력 범위 안에 있었다고 한다. 이 때 일본이 삼국을 도와주지 않았다면 만주족 때문에 멸망했을지도 모르며 한족(韓族)을 존속시킨 것은 일본이므로 이에 크게 감사해야 한다고 말하고 있다.[250] 이러한 언급의 이면에는 현재의 보호국 상황에 처한 한국이 이를 감사하고 받아들여야 한다는 의미가 내포되어 있는 것이다. 이러한 인식은 조선의 통치자가 될 만한 자는 일본인을 두고 달리 없다는 소에다 쥬이치(添田壽一, 일본 흥업은행 총재)의 지적에도 잘 나타나 있다.[251]

---

249 濱田耕作, 「文化史上より見たる日韓の關係」, 《동양시보》 110호, 1907.11.20.

250 白鳥庫吉, 「朝鮮の建國に就て」, 《동양시보》 116~117호, 1908.5.20~6.20.

251 添田壽一, 「朝鮮所感」, 《동양시보》 152호, 1911.5.20.

요코이 도키요시(横井時敬)는 동양의 선각자인 일본이 대일본주의를 발휘하여 합병한 것을 조선인이 감사하게 만들어야 한다고 주장하였다.[252] 그러나 그동안의 조선통치에는 식민정책이라고 할 만한 것이 없었다고 비판하면서, 조선의 농사를 시찰한 소감으로 금일의 최대 급무는 일본의 자작농을 이주시켜 본국에 반항하지 않도록 하는 것이 중요하다고 보았다. 그렇지 않으면 아일랜드가 영국에 반기를 든 것과 같은 일이 일어날지도 모른다고 경고하고 있다.

(2) 조선 통치론

동양협회는 앞에서 살펴본 대로 식민통치에 협조하기 위한 여러 활동을 하였다. 일본 정부는 물론 통감부나 총독부와 긴밀한 관계를 유지하고 있었다. 따라서 조선 통치에서 가장 중요하게 생각한 문제는 무엇이었는지 교육, 동화, 식민 경영 문제를 중심으로 정리해 보기로 한다.

먼저 이토 통감은 동양협회에서의 강연에서 "한국에는 유력한 자본가도 없고 문지가 높은 사람도 궁박하다. 한인의 희망은 관리가 되는 것인데, 관리가 되지 못하면 항상 불평만 한다"[253]라고 언급하였다. 즉 한국을 통치하는 데 가장 필요한 것은 사람과 돈인데 한국인에게는 공맹(孔孟)의 가르침만 있고 교육이 없다고 하였다. 그러므로 유생이나 농민, '폭민'을 진압하는 것이 통치의 관건이라고 생각했다.

조선 통치에 있어서 교육의 중요성은 여러 사람에 의해서 강조되었다. 먼저 한국 정부의 학정 참여관을 지낸 시데하라 타이라(幣原坦)는 한국인에게 교

252 横井時敬, 「朝鮮農事視察談」, 《동양시보》 217호, 1916.10.20, 농학박사로 도쿄농업대학장 역임.

253 伊藤博文, 「韓國の現状」, 《동양시보》 108호, 1907.9.20.

육이 가능한가라고 묻는다.[254] 그는 일반적으로 한국인이 이해력이 적고 진지하게 공부하지 않아 교육 효과가 없다는 지적이 있지만, 자신은 효과가 있다고 생각한다고 밝혔다. 그러나 한국인이 도덕적 소양이 부족하여 요행, 투기, 허위를 즐기는 풍조가 있기 때문에 이를 바로잡기 위해서라도 교육이 필요하다고 주장하였다. 또한 한국의 조혼풍습이 공부하기 어렵게 만들고 있으며, 한국인을 구제하기 위해서는 위생사상을 길러주는 것이 무엇보다 급무라고 보았다.

이나다 슈노스케(稲田周之助)는 식민통치상의 교육정책의 문제점을 첫째, 구교육과 신교육의 충돌을 만들어 인심이 안정을 잃는다. 둘째, 신교육이 아직 철저하지 못한데 구교육을 폐하여 도리어 퇴보하게 만든다. 셋째, 교육제도의 급격한 변경은 각종의 혼잡을 일으킨다. 특히 과격사상이 일어나 사회, 정치에 악 영향을 미친다고 정리하였다.[255] 그는 통치에서 가장 중요한 하나는 조선인이 물질적으로 나아지는 것이고, 다른 하나는 정신적인 면에서 식민교육 및 정책을 강구하는 일이라고 하였다. 그는 양국의 역사적 관계를 다음과 같이 설명한다.

> 조선 개국의 고전(古傳)에 의하면 단군은 스사노오(素盞命尊)라고 말한 사람이 있다. 이것은 신화이기에 믿을 수 없으나 신라의 국초에 재상 호공(瓠公)이 왜국(倭國)으로부터 바다를 건너왔다는 사실이 전하고 있다. 일본에서도 스사노오가 아들 이다케루(五十盟) 등을 이끌고 신라에 와서 소시모리에 거했다는 유명한 전설이 있다. 또 웅성봉(熊成峯)에 이르러 드디어 네노쿠니에 갔다는 전설이 있다. 소시모리는 구설에는 춘천이라고 했는데 시데하라는 신라의 구도인 경주라고 했다. 또 웅성은 웅천으로 조선의 고어로 천을 나래라고 하여 경상도의 웅천이라고 말하고 있다. 이다케루

---

254 幣原坦, 「韓人の教育」, 《동양시보》 134~135호, 1909.11.20~12.20 : 최혜주, 「시데하라(幣原坦)의 고문활동과 한국사연구」, 《국사관논총》 79, 1998 : 최혜주, 「시데하라(幣原坦)의 식민지 조선 경영에 관한 연구」, 《역사학보》 160, 1998 : 최혜주, 「韓國併合前後における幣原坦の行跡と教育論」, 《朝鮮學報》 247. 2018.7.

255 稲田周之助, 「新領土に於ける教育政策」, 《동양시보》 156호, 1911.9.20. 이나다 슈노스케는 1907년 9월부터 1909년 3월까지 동양협회 학교에서 외교사를 강의하였다. 이후에는 주오(中央)대학 교수를 역임.

는 그로부터 두 사람의 매신(妹神)과 함께 일본으로 돌아가서 식림을 위해 진력했다고 한다. 그래서 한신(韓神)으로 이즈모(出雲), 기이(紀伊)에서 제사지내고 있다.[256]

즉, 두 나라는 역사적으로 친밀한 관계에 있었기 때문에 조선인들이 일본에 합체되는 것이 행복을 증진시키는 일임을 명확히 이해시켜야 하고, 종교적으로는 일본의 신도(神道)를 부식하고 '교육칙어'를 조선에 펼치는 것이 중요하다고 강조하였다.

이즈미 아키라(泉哲, 동양협회전문학교 강사)는 일본의 교육방침을 관철하고 폐해를 없애기 위해서는 식민교육을 진흥시킬 필요가 있다고 강조하였다. 이를 위해 식민학교를 설립하여 동양 방면에서 활동할 인재를 양성하는 것이 중요하다고 보았다.

> 식민교육의 단서로 갑을 두 종류의 학교를 설립할 필요가 있다. 갑은 전문학교 정도로 하고 을은 중능 정도로 하여 중등 정도의 식민학교를 가령 식민중학이라고 칭한다. 이 학교에서 교수할 과목은 농, 상, 공, 수산의 4과목으로 하고 부현(府縣) 갑종실업학교 정도의 전문학교를 교수함과 동시에 약 2개년의 중학상당의 보통교육을 실시하여, 5년 동안 공부를 마치게 한다—식민전문학교는 식민중학 졸업자 혹은 부현 갑종실업학교 및 중학교 졸업생을 수용하여 3년 내지 4년에 걸쳐 주도한 식민교육을 실시한다. 이런 종류의 학교를 졸업한 자는 식민사업 지도자의 지위에 서서 식민사상 보급의 임무를 맡도록 한다.[257]

이러한 인재 양성의 필요성은 동양협회전문학교의 학감을 지낸 니도베 이나조(新渡戶稻造)가 신영토를 개발할 우등한 식민지인을 교육하는 것과 식민사

256 稻田周之助, 「大日本帝國海外經營の根本主義」, 《동양시보》 190호, 1914.7.20.

257 泉哲, 「植民教育振興の必要を論ず」, 《동양시보》 217호, 1916.10.20.

상의 보급이 급선무라고 주장하는 지적에도 잘 나타나 있다.

> 일본인의 소질은 과연 구미 열강에 비하여 손색이 있는지 없는지를 살펴보면, 나는 유감이지만 일부 유식 계급을 제외하고 일반 국민은 정치계 60년, 경제계 100년, 사상계는 100년이 후진적이라는 것을 여러 사실에서 증명할 수 있다. 이것은 물론 일본 소학교 교육의 폐단에서 기인한 것이지만 선천적으로 일본인이 전설 이외에 한 걸음도 나아가지 못하고 인습을 귀히 여겨 아무것도 개발하지 않는 것에 있다. 이러한 국민이 어떻게 신영토를 개발할 수 있는가?[258]

다음으로《동양시보》에는 조선 통치 문제에 대해 비판적 견해를 게재하고 있다. 즉 3·1운동 이후의 대책에 대한 논의를 중요하게 생각하였다. 이즈미 아키라(泉哲)는 3·1운동 후의 통치방침으로 식민지 위주의 정책을 채용해야 한다고 주장하여, 일본의 동화주의정책을 비판하였다. 그는 새로 만들어진 관제의 최대 결점은 자치에 대한 아무런 표시가 없는 것이라고 하였다. 일본의 현회(縣會)와 같은 입법기관을 만들고, 동화정책을 폐기하는 것이 급무라고 주장하였다. 이것은 프랑스식의 동화정책을 말한다. 그는 병합의 본뜻은 평등이지만 차별적 대우를 하고 있기 때문에 일본의 헌법을 조선에 실행하여 교육과 언론의 자유를 허용할 것을 지적하였다. 위압적인 교육은 일본인에 대한 증오심을 양성하여 신교와 같은 국체보존주의를 강요한다면 심각한 원망을 피할 수 없을 것이라고 하였다. 따라서 조선인을 멸시하는 태도를 버려야 내선 융화를 이룰 것이며 다시 3·1운동과 같은 불상사가 발생하지 않기를 간절히 바란다고 글을 맺고 있다.[259]

---

258 「植民教育の急務」,《동양시보》233호, 1918.2.20, 니노베 이나조는 농학·법학박사, 도쿄제대 교수를 역임.

259 泉哲,「今後の朝鮮統治策」,《동양시보》252호, 1919.9.20. 이즈미 아키라는 메이지(明治)대학·경성제대교수를 역임. 정규영,『京城帝國大學に見る戰前日本の高等教育と國家』, 도쿄대학 박사학위논문, 1995.

이러한 일본의 통치에 대한 비판적 시각은 총독부 사무관 마루야마 쓰루키치(丸山鶴吉)에게도 보인다. 그는 '소요'(3·1운동)의 원인을 분석하여 원인(遠因)으로 병합을 반대하는 관념이 잠재된 것과 재한 일본인들이 조선인을 경멸하고 하급 관리가 권력을 남용하는 데서 찾았다. 또한 데라우치의 억압적인 언론 취체가 조선 청년의 반발을 산 것으로 보았다. 직접적인 원인으로는 재외선인이 국제연맹이나 미국의 도움으로 독립을 도모한 데서 찾았다. 나아가 재한 일본인들이 조선인을 함부로 취급하는 시대착오적인 생각을 비판하고 있다.[260] 마루야마는 일본인은 조선인이 물건을 팔면 제 값을 쳐주지 않고 때리거나, 전차를 탈 때 조선인도 전차 삯을 내지만 자리를 양보하지 않고 '요보' 취급을 하는 야만적 행동을 지적하였다. 일본 어린 아이에게도 조선인은 '요보' 취급을 당하거나, 도로를 걸으면서 짐차를 끌고 가는 조선인이 방해된다고 치고 나가도 참아야 했다고 하였다. 이러한 것들이 조선인의 인심을 험악하게 만드는 요인이 된다고 보았다.

일본 정책의 실패를 분석한 시카고 대학교수 프래디크 스탈은 첫째, 일본인과 조선인 관리의 봉급이 동일하지 않은 것. 둘째, 조선의 교육제도로 고등교육을 받고 싶은 청년에 대해서 기회를 주지 않는 것. 셋째, 일본과 조선의 아이들이 따로 교육을 받는 것을 지적하고 있다. 그는 "지금 조선에 있는 일본인의 다수는 극히 한심하고 돈도 없고 교육도 없는 낙오자들이다. 조선인 가운데 돈도 있고 교육도 상당히 받은 사람이 있는데 이들을 경멸한다면 이것이 조선 문제에서 중요한 일이다"라고 문제점을 지적하였다.[261]

또한 동화 문제를 어떻게 생각하고 있는지 살펴보자. 기다 사다키치(喜田貞吉)는 병합 후 한국인이 나라가 멸망했다고 분개하는 것에 대해, 한국은 결코 망한 것이 아니라고 한다. 그 이유는 고종황제가 필요하다고 인정하여 천황에

---

260 丸山鶴吉, 「朝鮮統治の縱斷面」, 《동양시보》 274호, 1921.7.20.

261 프래디크 스탈, 「予の朝鮮觀」, 《동양시보》 273호, 1921.6.20.

게 양여한 것이고 일본은 그것을 수락한 것이기 때문이다. 일본은 본래의 영역이었던 조선을 병합하였고, 비유해서 말하면 두 나라는 본가와 분가의 관계라고 말한다. 인종적으로나 언어학상으로 두 나라가 동일하다는 것은 의심할 수 없으며, 오랜 연대를 경과하면서 여러 다른 종족을 동화시켜 어떤 의미에서는 잡종이 되었다고 지적하였다.

> 잡종이라는 것은 해석에 의하면 매우 재미없는 감을 사람에게 주는 것이지만 우리는 이것을 오히려 우리 야마토 민족의 자랑이라고 해도 좋다고 생각한다. 다른 종족을 결코 동화시키지 않고 어디까지나 조선(祖先) 이래의 순수한 혈족만을 지속해서 가는 것은 반드시 명예로운 것은 아니다. 종족의 고립은 도저히 대국을 이루는 성질에 적합하지 않다. 다른 종족도 모두 융합 동화시켜 나가 국민의 하나가 되어 국가는 점차 발전해 가는 것이다.[262]

시라토리 구라키치(白鳥庫吉)는 일본국민에게 장차 반도를 동화할 능력이 있는 것을 의심하지 말고, 반도의 민중이 일본 국민에게 동화될 소질이 있는지 생각해야 한다. 만약 그들이 옛것을 버리고 새롭게 나가고자 하지 않는다면 동화는 쉬운 일이 아니라고 지적하였다. 그러나 다행히 그들이 유사 이래로 정치적 독립을 얻은 적이 없고, 국민적 문화도 갖지 못했다고 보았다. 즉 사대주의로 일관하여 강한 대륙 세력에 대해 아부해 왔기 때문에, 일본 국민이 강자의 위세와 우수한 문화를 가지고 군림하면 기꺼이 일본에게 복속하고 일본의 풍속에 동화될 것이라고 전망하였다.[263]

마지막으로 조선 통치상의 중요한 문제로 식민 경영과 관련하여 두 가지를 지적하고 있다. 즉 식민자의 태도와 식민 경영에 주안점을 두어야 할 부분이

---

262 喜田貞吉, 「韓國の併合と國民の覺悟」, 《동양시보》 144호 1910.9.20, 문부성 관리, 교토대학 교수를 역임.

263 白鳥庫吉, 「朝鮮半島の同化」, 《동양시보》 149호, 1911.2.20.

다. 먼저 식민 경영에 성공할 수 있는 식민자로서의 성정을 갖기 위해서는 일본 국민의 결점을 고칠 것을 주장하고 있다.[264] 즉 기쿠치 추자부로(菊池忠三郎)는 일본 국민은 섬나라 근성을 갖고 있기 때문에 국량이 협소하여 시기, 질투심에 편협하고 사람을 신임하지 않는다고 보았다. 식민 경영에 필요한 동화력은 식민자에게 가장 중요한 요소인데 쇄국주의에 익숙한 섬나라 근성의 결점을 고치는 일이 시급하다고 진단하였다. 그리고 식민 경영에 임하는 여러 기관이 권력경쟁을 일삼는 것을 경계하여 자기의 허영심이 아니라 국가의 이해관계를 먼저 생각해야 한다고 보았다.

다음으로는 식민 경영에서 가장 주안점을 두어야 할 기본적인 요소는 가옥주거, 가정, 일본식 시설을 들고 있다.[265] ① 먼저 주거 가옥의 신축과 함께 일본 거리, 일본 동네의 새로운 설계를 세우는 것이 필요하다. ② 100년의 식민 경영을 갖추기 위해서는 착실하게 가족을 데리고 거주해야 한다. ③ 풍화의 중심을 만드는 일이다. 먼저 교육 설비를 필요로 하기 때문에 적어도 소학교 유치원의 설치를 서둘러야 한다. 식민 경영에 신사(神社)가 가장 필요하다고 보았다.

이상에서 조선통치에 있어 중요한 문제로 지적한 것은 동족관계에 있는 두 나라가 동화의 방법을 모색하고 장기적인 안목에서 식민 경영을 해 나가는 문제였다. 타율성이 강하고 사대주의적인 조선인과 정체된 조선을 구하는 길은 사상, 감정, 습관, 혈액을 융화시켜 오직 일본의 식민통치로 가능하다는 논리로 귀결되고 있다.

이상에서 살펴본 것처럼 일본에서는 러일전쟁 전후의 시기에 아시아의 식민 문제를 연구하기 위해 여러 단체가 만들어졌다. 그 가운데 조선, 만주, 대만 각 지역에 지부를 설치하여 40년 동안 활발한 연구조사 활동을 통해 식민통치

---

264 菊池忠三郎, 「國民の植民的性情」, 《동양시보》 104호, 1907.5.20.

265 國府種德, 「植民經營の三眼目」, 《동양시보》 105호, 1907.6.20.

에 공헌한 단체는 동양협회였다. 그러면 동양협회가 어떠한 활동을 하였는지 정리해 보기로 한다.

동양협회는 첫째, 1898년에 설립된 대만협회를 계승하여 1907년 일본이 조선과 대륙을 경영하는 데 필요한 인재를 양성하기 위해 동양협회전문학교를 설립하였다. 일본의 영토적 야심을 조선과 대륙으로 확장하기 위해서는 무엇보다도 인재를 양성하는 일이 중요하다고 인식하였기 때문이다. 이 학교는 일본의 유일한 식민학교로서 그 역할을 하기 위해 대련(大連), 여순(旅順), 봉천(奉天), 대만, 경성에 분교를 설립하였다. 동양협회는 경성분교를 통해 조선 교육에 침투하였으며, 경성고등상업학교의 강사진은 만선사학(滿鮮史學)의 주창자 이나바 이와키치(稻葉岩吉)와 총독부의 촉탁으로 구관조사를 담당한 젠쇼 에이스케(善生永助), 정체성론을 주장하는 가와이 히로다미(河合弘民), 스즈키 다케오(鈴木武雄), 시가타 히로시(四方博), 모리다니 가쓰미(森谷克己) 등의 식민사학자들이 망라되어 있었다.

둘째, 조선 및 대만의 식민사정을 연구하기 위해 《동양시보》를 발간하고, 동양협회 학술조사부를 설치하여 자료집 50여 권을 간행하였다. 이러한 결과물은 일본의 식민 경영을 뒷받침하고 나아가 일본의 '대동아공영권' 구상의 이론적 근거가 되었다. 특히 식민사관의 한 기둥이라 할 만선사학이 시라토리 구라키치(白鳥庫吉)를 비롯한 동양협회와 만철 조사부의 이나바 이와키치(稻葉岩吉)·이케우치 히로시(池內宏)·쓰다 소키치(津田左右吉)에 의해 정립되었다. 이들은 한국사의 주체성을 부정하고 한국사를 대륙사에 부용시킴으로써 한국사의 타율성을 강조하는 역사상을 만들었다. 조사부의 연구진은 거의 도쿄제대 교수가 되어 일본 동양학계의 중추적 인물이 되었다.

셋째, 동양협회는 식민 경영에서 일본인을 조선에 이주시키는 것이 중요하다고 생각하였다. 따라서 동척의 설립을 선의하여 경제침략을 시도하였다. 동양협회의 의도대로 동척은 조선의 토지를 내량으로 매수하는 불법행위를 저질렀다. 또한 동척은 사업의 하나로 일본인을 이주시켜 지주 경영을 시도하였다.

넷째, 식민사정의 선전과 식민사상의 보급을 위한 학술강연회를 개최하였다. 일반 국민에게는 식민 경영이 얼마나 중요한 것인지 설명하고 청년들에게는 식민사상을 일으키기 위한 것이었다. 장래 국가 운명의 발전은 식민정책 또는 해외를 향한 경제적 발전의 목적을 달성하는 데 있다고까지 주장하고 있다.

다섯째, 동양협회는 조선의 귀족, 유지, 종교인, 법조인, 관리 등 각계각층의 인사들을 회유하기 위해 파견된 시찰단을 환영하고 일본의 여러 시설을 견학시켰다. 이들은 이미 총독부에 협력하거나 협력할 가능성이 있는 인물로 일본의 문화유적이나 대도시의 근대 시설을 시찰하고 돌아갔다. 귀국한 이들이 일본으로 동화되거나 일본 식민통치의 협력자로 돌아설 가능성은 컸다.

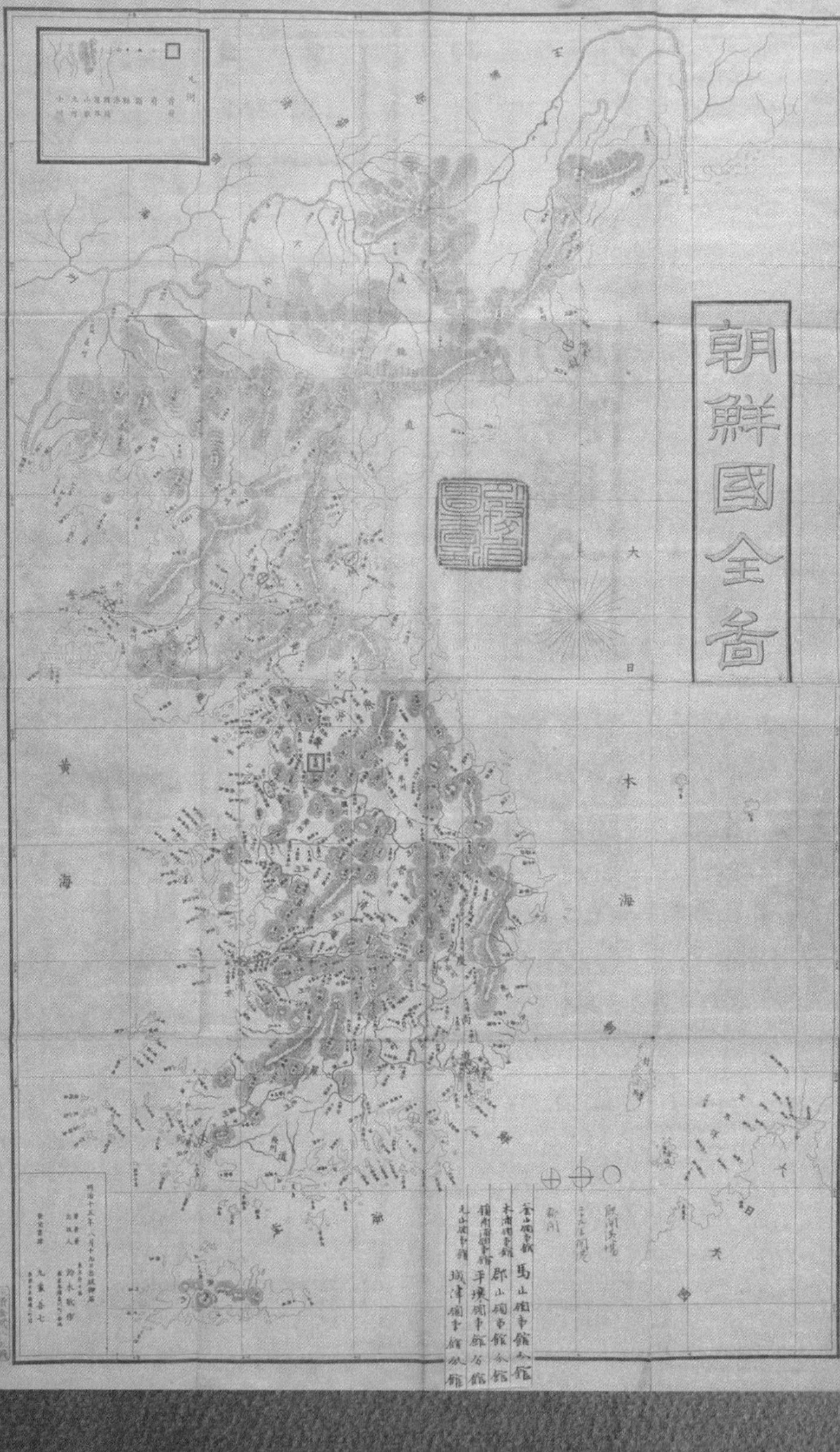

朝鮮國全圖
黄海
大日本海
馬山領事館分館
郡山領事館分館
平壤領事館分館
城津領事館分館

제2부

근대 일본인의 조선 안내서 출판활동과 조선인식

1. 개항 이후 일본인의 조선사정 조사와 안내서 간행

일본이 조선침략을 달성하기까지 조선사정을 탐색하기 위해 취한 방법은 메이지 정부 내에 정한론이 비등할 때 정탐 군인을 보내 조선관련 정보를 얻어갔다. 아울러 외교관을 통해 조선사정을 조사하고 불평등조약으로 개항을 유도한 이후 다방면에 걸친 사정조사와 연구를 추진했다. 조선 문제에 관한 관심과 조사는 개인이나 연구회 등을 통해서도 이루어져 조선을 시찰하고 남긴 안내서나 보고서, 견문기 간행으로 나타났다. 이 글에서는 근대 일본이 정한론, 운양호 사건이 일어난 시기부터 청일전쟁 시기까지 어떠한 방법으로 조선의 사정을 조사하고, 그 결과물로 안내서를 간행했는지 그 의도는 무엇인지 알아보려고 한다.

근대 일본의 조선사정 안내서와 견문기 간행에 대한 고찰은 당시 일본의 조선인식을 비롯하여 대외사상, 대외침략 과정을 밝힐 수 있는 중요한 주제의 하나이다. 그러나 지금까지 이 분야에 대해서는 조선사정 조사 경위나 간행물의 출판 상황 및 내용에 대한 연구가 부족한 실정이다.

이 글에서 분석하는 자료(〈표 2-1〉 참조)는 일본인의 시선으로 조선이 어떻

표 2-1　개항 전후·청일전쟁 시기에 간행된 일본인의 조선사정 안내서

연도	저자	도서명	출판사	비고
1874	染崎延房	朝鮮事情	三書房	戱作者, 언론인
1875	東條保	朝鮮誌略	須原屋茂兵衛	龍岡藩 유학자
1875	佐田白茅	朝鮮聞見錄	玉山堂	전 외무성관료
1875	多田直繩	朝鮮軍記	績文社	
1876	近藤保祿	朝鮮國地誌摘要	時習舍	栃木縣 士族
1876	榎本武揚	朝鮮事情	東洋社	『조선교회사』 번역
1876	瀬脇壽人, 林深造	鷄林事略		외무7등 출사
1876	總生寬	朝鮮新論	동경 萬笈閣	戱作者
1878	石幡貞	朝鮮歸好餘錄	日就社	외무4등 속
1880	坂根達郎	朝鮮地誌	前川源七郎	山口縣 士族
1880	秋野要一郎	通俗新編 朝鮮事情	風賴舍	栃木縣 平民
1881	伊澤磬*	朝鮮事情		
1881	近藤眞鋤	朝鮮八域誌	日就社	외무성 소속
1882	根村熊五郎	朝鮮近情	兎屋	長野縣 士族
1882	小林清親	朝鮮異聞	澤村屋淸吉	
1883	關根痴堂	朝鮮國志	丸善	愛知縣士族, 중국책
1883	宇津木貞夫	鷄林地誌	內外兵事新聞局	중국책 번역
1884	高山篤志	朝鮮事情		조선 유학생
1885	鈴木信仁	朝鮮紀聞	愛善社	東京府會 의원
1005	小尾直藏	朝鮮國京城奇談	東京報告堂	
1885	高城義孝*	兵要朝鮮事情		육군보병 대위
1887	小松運	朝鮮八道誌	博聞社	육군1등 軍醫
1888	陸軍參謀本部	朝鮮地誌略		
1890	小田切萬壽之助	朝鮮		외교관
1891	林武一	朝鮮案內	林武一	交際官試補
1892	青山好惠	仁川事情	朝鮮新報社	조선신보사 기자
1893	末廣重恭	北征錄	青木嵩山堂	중의원의원
1894	柵瀨軍之佐	見聞隨記 朝鮮時事	春陽堂	《마이니치신문》 특파원
1894	本間久介	朝鮮雜記	春祥堂書店	《二六新報》 기자
1894	清水橘郎	朝鮮事情 鷄の腸	梅原出張店	三重縣 士族
1894	松本謙堂	朝鮮地誌要略	中村鍾美堂	大阪
1894	難波正一	朝鮮從軍渡航案內	日進堂	
1894	波多野承五郎	北支那朝鮮探險案內	林平次郎	전 천진영사
1894	津田仙	朝鮮地名案內	學農社	蘭英學者, 농학자
1894	足立栗園	朝鮮志	益友社	역사학자, 지리학자
1894	大田才次郎	新撰朝鮮地理誌	博文館	
1894	矢津昌永	朝鮮西伯利紀行	丸善	지리학자
1894	堀內松治郎	鷄林紀遊	北畠茂兵衛	
1894	佐藤敬吉	支那朝鮮兵要地理案內	杉山書店	청일전쟁 시국해설
1894	海軍水路部	朝鮮水路誌		
1895	岡崎唯雄	朝鮮內地調查報告	岡崎唯雄	熊本상공회의소 회두

* 표시는 소재와 내용을 알 수 없는 자료임

게 묘사되었는지를 관찰할 수 있고 아울러 일본의 침략과정을 연구하는 데 참고할 수 있는 중요한 자료라는 점에서 주목할 만하다. 더구나 이 자료들은 방대하게 존재하고 있음에도 불구하고 지금까지 구체적으로 정리되지 않았다. 그러므로 군인, 외교관, 언론인, 실업가, 정치인을 망라하는 조사주체들이 조선을 어떠한 방법으로 견문하고 조사했는지 그 결과는 어떠한 것이었으며 조선을 어떻게 인식했는지 실증적으로 분석할 것이다. 이를 위해 먼저 안내서의 간행 실태를 시기별로 나누어 개항 전후, 1880년대, 1890년대로 정리하여 그 특성을 분석한다. 다음 조선사정 조사와 안내서의 간행 목적을 정리한다. 마지막으로 안내서에 나타난 조선인식을 살펴보려고 한다.

1) 조선사정 안내서의 간행 실태와 성격

먼저 근대 일본은 식민사업의 거점 확보를 위해 해외사정을 조사하고 그 일환의 하나로 조선사정 조사에 착수하였다. 그 결과물로 간행한 안내서의 간행 실태를 시기별로 개항 전후, 1880년대, 1890년대로 나누어 정리하면 다음과 같다.

(1) 개항 전후 시기의 간행물

소메자키 노부후사(染崎延房)[1]의 『朝鮮事情』(1874), 사다 하쿠보(佐田白茅)의 『朝鮮聞見錄』(1875), 도조 다모쓰(東條保)의 『朝鮮誌略』(1875), 다다 나오쓰나(多田直繩)의 『朝鮮軍記』(1875), 곤도(近藤保祿)의 『朝鮮國地誌摘要』(1876), 에노모토

1 1818~1886. 에도후기~메이지시대의 희작자. 쓰시마후추(對馬府中) 번사(藩士). 다메나가 슌스이(爲永春水)에게 배워 2대 다메나가 슌스이가 되어 이름을 다메나가 슌스이라고도 한다. 1875년《東京平仮名繪入新聞》기자가 되었다.

다케아키(榎本武揚)의 『朝鮮事情』(1876), 세와키 히사토(瀨脇壽人)[2] ·하야시 신조(林深造)의 『鷄林事略』(1876), 소우 칸(總生寬)[3]의 『朝鮮新論』(1876), 이시바타 사다(石幡貞)[4]의 『朝鮮歸好餘錄』(1878)이 있다. 이 시기의 간행서는 조선 사회 전반의 구조 및 제도, 세시풍속, 병제, 호적, 형벌제도 등에 관한 기본정보를 제공하고 있다. 메이지시기에는 조선사정 전반에 관해 어두웠으며 자료부족에 허덕였다. 이와 같은 사정을 메우기 위해 조선에 관한 서적이 간행되기 시작하였다.

이 가운데 주목되는 것은 사다 하쿠보(佐田白茅), 도조 다모쓰(東條保), 에노모토 다케아키(榎本武揚), 소우 칸(總生寬)의 저술이다. 첫째 『朝鮮聞見錄』은 전직 외무성관리에 의한 최초의 조선사정 안내서이다. 사다 하쿠보는 메이지유신 이후 이듬해 조선의 사정을 탐색하기 위해 파견한 관리다. 그는 모리야마 시게루(森山茂), 사이토 사카에(齋藤榮)와 함께 12월 부산 초량왜관에 건너가 조선사정을 조사하고 서계수리를 독촉하는 임무를 수행하였다. 그의 조사보고서인 〈조선국교제시말내탐서〉[5]는 대조선 외교정책 수립과 정한론 형성에 영향을 미쳤다. 그는 조선에서 귀국한 후 무력을 동반한 황사(皇使) 파견을 주장하

---

2 1822~1878. 막말부터 메이지 초기의 양학자, 외교관이다. 아버지는 의사 데즈카(手塚治孝), 어머니는 세와키씨(瀨脇氏). 17세부터 4년간 나가사키에서 다카시마 슈한(高島秋帆)에게 포술(砲術)을 배우고, 21세부터 4년간 에도에서 쓰보이 신도(坪井信道)에게 난학(蘭學)을 배웠다.

3 1841~1894. 가즈사노쿠니(上總國, 현재의 치바현 중부) 출신의 희작가. 가나가키 로분(仮名垣魯文, 1829~1894)과 함께 『西洋道中膝栗毛』(1870년)를 저술하여 제12~15편을 담당하였다. 이 책은 런던만국박람회 구경에 나서면서 그 도중에 일어난 골계(滑稽)를 쓴 책인데, 당시 유행하던 후쿠자와(福澤諭吉)의 『西洋旅案內』(1867)를 패러디한 책으로 알려져 있다. 그러나 이 책속에는 'ちょん'이란 용어를 'ばか' '野呂間'와 병렬적으로 표현하여 '바보'라는 의미로 사용했다.(三省堂, 『大辭林』에는 'ちょん'의 의미를 '一人前以下であること'라고 설명하고 그 전거로 이 책을 인용하고 있다.) 'ちょん'(촌)이란 말은 에도시대부터 사용된 말이고 '초센(朝鮮, ちょうせん)의' 줄임말이라는 설도 있으며 조선, 조선인을 차별하는 용어가 되었다고 한다. 메이지 초기에 이미 소우 칸은 조선인에 대한 멸시관을 갖고 있었던 것으로 볼 수 있다.

4 1839~1916. 한학자. 후쿠시마현 출신. 야스이 솟겐(安井息軒)에게 사사. 1871년 외무성에 출사하여 야나기하라씨(柳原氏)를 수행하여 청국에 갔다. 귀국하여 사법성에 출사. 1874년 조선사건을 계기로 외무성에 돌아온다. 조선수호조약체결에 진력하고 1882년 조선에서 귀국하여 제2고등학교 교수가 되었다.

5 심기재, 「明治 일본의 조선 지식」, 《일본역사연구》 15, 2002, 70~71쪽.

였으나 일본의 내부사정으로 받아들여지지 않자 관직을 사퇴한 후 『朝鮮聞見錄』을 저술한 것이다. 이 책은 강화도사건이 일어난 시기에 편찬된 점과 비교적 객관적 시각에서 서술된 점이 특징이며, 그가 부산에 체재 중 자료를 수집하고 청취, 면담 등을 토대로 작성된 것이다. 이 책의 내용은 상하 두 권으로 되어 있으며 상권은 교제(交際), 관, 혼, 상, 제, 잡지(雜誌), 하권은 무비, 형벌, 산천, 호적, 저축(儲蓄), 흠승(欽承), 관제(官制)로 구성되어 있다. 이 가운데 주목되는 것은 교제와 무비에 관한 항목이다. 전자는 메이지 원년부터 1874년까지의 조일 외교교섭 과정이 자세하게 기록되어 있다. 조일외교의 중개역할을 맡아온 쓰시마 번과 일본 정부, 조선 정부의 반응에 대해 구체적으로 언급하고 있다. 일본의 조선사절 영접, 조선의 일본사절 영접, 세견선과 조일 무역 상황, 왜관의 실태, 조선 측의 왜관통제 등에 대해서 설명하고 있다. 후자는 사다 하쿠보(佐田白茅) 일행이 조선사정을 조사할 때 가장 중요시 여긴 항목이었다. 여기서는 조선 팔도에 있는 성(城)의 수와 종류, 형태, 비상사태 시의 피난처, 개성부와 강화부, 남한산성과 북한산성에 대한 지리와 방어체제 및 봉수체제를 기록하였다. 아울러 함경도, 경상도, 전라도, 평안도의 전선(戰船), 병선(兵船), 사호선(私號船) 및 승선 인원, 훈련 시의 인원 및 훈련 상황이 자세하게 언급되었다.[6]

둘째, 『朝鮮誌略』은 유학자 도조 다모쓰(東條保)[7]가 쓰시마 여행을 통해 우인(友人)이 구한 책을 보고 여기에 일본사를 참고하고 다시 서양인이 기록한 조선관련 기록을 보충한 것이다. 내용은 조선총설, 사기(史記), 지리, 도서(島嶼), 산천으로 구성되어 있다. 이 책의 「史記」 항목에서 삼국의 역사를 일본에 대한 조공의 역사로 자세하게 기록하여 식민사학의 원형을 보여주고, 운양호 사건

---

6 佐田白茅, 『朝鮮聞見錄』 卷之下, 1875, 2~6쪽.

7 도조 다모쓰는 에도인으로 호는 淡齋, 조부 이래의 가학을 이어 다쓰오카한(龍岡藩)의 유학자였으며 생몰연대는 미상이다. 저술은 『古文孝經訓解』(1883), 『詩學必攜』, 『標註莊子因』, 『臺灣史略』(1875)가 있다. 부친은 오쿠도노한(奧殿藩) 독학(督學)인 도조 호안(東條方菴, 1808-1880), 조부는 히로사키한(弘前藩)의 유신(儒臣)으로 활약한 도조 이치도우(東條一堂)이다.

이 일어난 해에 간행된 점을 특징으로 들 수 있다. 즉 진구황후의 신라정벌 이래 삼한이 일본에 복종하고 신하가 되어 대대로 조공을 바쳤다고 주장하고, 신라만이 아니라 백제 고구려도 조공을 바친 사실을 자세하게 다루었다. '이씨조선' 이후에 조공의 일이 없어지게 되었다고 지적하여 왜곡된 역사인식이 보이고 있다. 신라왕자 아메노히보코(天日槍)가 구슬, 칼, 그릇을 바쳐서 일본에 귀화한 사실, 진구황후 정벌 시 신라왕 파사매금(波沙寐錦)이 항복하여 우마가이베(飼部, 말의 사육 등에 종사)가 된 일, 신라가 진구황후의 개선 뒤 매년 공물을 바친 일, 백제 초고왕이 매해 조공을 바칠 것을 맹세하고 항복한 일, 임나에 일본부를 두고 통치한 일, 단군이 조선을 건국한 것을 고구려 역사에 기록하고, 한무제(漢武帝) 때 조선을 멸망시켜 군(郡)을 칭한 일, 고구려 백제가 함께 진구황후에게 항복하여 내관가를 정한 일 등을 사실처럼 왜곡하여 기록하였다.

셋째, 『朝鮮事情』은 메이지시기에 간행된 조선사정 서적으로 후대에 가장 많은 영향을 미친 책으로 보인다.[8] 특히 메이지 전반기에 조선관련 정보가 매우 부족했기 때문에 실제 조선에서 포교를 담당한 선교사 달레가 저술한 『高麗洋教史略』이 번역되어 많이 이용되었다. 이 시기 대조선 외교의 중핵을 담당하게 되는 에노모토 다케아키(榎本武揚), 하나부사 요시모토(花房義質)가 관여하였다. 처음 책에 관한 정보를 얻은 하나부사 요시모토가 파리에 연락해서 책을 구입하고, 어의(御醫) 폰뻬가 요점을 정리하여 네덜란드어로 번역하고 나서

---

8 榎本武揚, 『朝鮮事情』, 序文, 1876. 이 책을 번역하여 간행하게 된 경위는 다음과 같다.

"조선은 국외인이 국내에 들어가는 것을 엄금하여 세인이 그 국정을 알 수가 없다. 아라사(峨羅斯)의 신영토인 남오소리(南烏蘇哩) 같이 겨우 도문(圖門) 일강을 건너 함경도와 서로 바라보고 있더라도 러시아인이 하천의 경계를 넘어 나가는 것을 허락하지 않는다. 또한 그 백성으로 하여금 러시아인과 준절(峻絶)하게 하므로 러시아의 서적에서 조선 내지의 일을 말한 것이 있다고 듣지 못하였다. 그 소장한 것은 하나 둘 해안도(海岸圖)에 지나지 않을 뿐이다. 일본 및 지나의 경우는 상통한지 이미 오래되어 그 책이 없지 않다고 하여도 그래도 대개 모두 옛날의 서적에 해당하여 그 근황을 알기에 부족하다. 다른 영국이나 미국 역시 모두 일체 들은 바가 없다. 특히 프랑스에 이르러서는 그렇지 않다. 선교도(宣教徒)가 이미 조선에 들어가 내지를 다니며 널리 그 교를 포교한 자가 무려 수십 인이다. 그리고 그날도 이미 오래되었다. 지난번 프랑스 정한의 일과 같은 것도 그 선교도 때문에 복수한 것에 있다. 그러므로 현재 조선의 국정에 통하는 자는 프랑스 선교도 외에 없다."

다시 일본어로 번역한 것을 하나부사 요시모토가 정리한 것이다. 당시 정한 문제가 일본정계의 중요 화두로 등장하면서 이 문제를 해결하기 위해 무엇보다 조선사정에 대한 지식이 급무였을 때 이 책을 번역하게 된 것이다.

에노모토 다케아키는 「서문」에서 "정한(征韓) 일안(一案)이 절박하여 장차 양국 간에 일이 일어나려고 하는 것 같다. 그렇다면 이 책이 특히 소책자에 지나지 않지만 반드시 도움이 되지 않을 수 없다. 하물며 이 책의 부록인 지도에서 저 나라(조선) 산하의 위치, 병영의 다소 등 모두 일목요연하게 그 내력을 알 수 있다. 그렇다면 우리 해·육군 장교가 이것을 가지고 유막(帷幕, 本營, 총지휘자가 있는 군영)의 참고에 도움이 될 것"이라고 언급하였다.[9] 책의 내용은 13장으로 구성되었으며[10] 부록에는 〈佛國征韓起源〉과 〈米國出師征韓〉, 〈佛國出師征韓〉, 〈英佛同盟陷北京之報〉 등을 수록하여 프랑스와 미국 등 제국주의의 노골적인 '정한' 시도를 소개하면서 일본도 조선침략의 정당성을 확보하려는 의도를 내포하고 있다.

넷째, 『朝鮮新論』은 희작가인 소우 칸(總生寬)이 일본 내에 정한 문제가 중요 이슈로 등장하며 찬반양론이 한창일 때 저자 자신의 견해와 함께 찬반론을 소개한 점이 특징이다. 이 책의 내용은 「조선총론」이란 제목 아래 네 부분으로 나누고 있다. ① 고대의 한일 관계는 조공의 역사로 서술하고 있다. 즉 조선의 건국시조는 기자이며, 신라왕자 아메노히보코(天日槍)의 귀화, 진구황후의 삼한 정벌 이후 관사(官司)를 설치하고 삼한(삼국)이 일본에 조공을 바친 내용이 거의 전부를 차지한다. ② 도요토미 히데요시(豊臣秀吉)의 조선침략을 조선이 조공을 오랫동안 하지 않고 몽고의 선구가 되어 일본을 침략한 '국치를 설욕'하기

---

9 榎本武揚, 『朝鮮事情』, 序文, 1876.

10 제1편 지리, 지질, 기후, 물산, 제2편 역사, 지나 부용(附庸) 등, 제3편 왕실, 제4편 정부, 정치, 병제, 제5편 법률 및 재판소, 제6편 학술검사, 계급, 학횡(學黌), 제7편 조선어 항목은 긴요하지 않아 생략함, 제8편 인민, 사회, 종족(귀족, 평민, 노예), 제9편 부녀의 형태, 혼인, 제10편 가족, 양자, 척족 등, 제11편 교법, 교도 등, 제12편 인민의 성질, 선행, 외행(猥行), 습속, 제13편 유희, 극장, 신년, 환력제(還曆祭).

위한 것으로 해석하고 있다. ③ 조선이 메이지 신정부를 멸시하여 정한론이 일어났다고 주장한다. 조선은 "예의가 없는 하나의 야만국으로 옛날을 묵수하고 지금을 비의(非議)하여 방금의 형세를 알지 못하는 완고하고 고루한 나라"로 인식하였다. ④ 운양호 사건을 도발한 의도가 "조선이 속국으로 복종하지 않아서 일본의 토벌을 받은 것을 도리어 원망하여 보복하려고 하는 것은 폭동이 아닌가"라고 묻는다.

소우 칸은 "조선은 우리나라의 반국(反國)으로 하루라도 용서할 수 없다. 하루 빨리 문죄의 군대를 보내야 한다"라고 언급하여 조선을 토벌하지 않으면 일본의 권위를 잃게 될지도 모른다고 정한을 촉구하고 있다. 이 책은 당시의 정한 논의에 대한 일반인의 견해와 운양호 사건에 대한 그들의 인식을 엿볼 수 있는 중요자료라고 할 수 있다.

> 일본인은 저들이 무례를 거듭하는 것에 이르러 복수할 기회를 기다렸으나 어긋나 그 바람을 이룰 수 없게 되었지만 정한의 기도는 확고하여 변하지 않았다. 조선해안 부두의 경황을 살필 목적으로 몰래 두 척의 배를 내어 정탐에 진력하기를 수개월 금일에 이르렀다. 겸하여 기하는 바와 같이 조선인은 일본인에게 적대의 빛을 보여 2척의 배가 발포한 것을 가지고 포대를 공격하여 이것을 탈취하고 적에게 보복하였다—일본군함은 조선 근해에 있으면서 해수의 천심을 측량하고 있었다. 조선인은 이것을 그치게 하려고 도모했지만 일본인은 떠나지 않고 도리어 조선 포대로부터 탄환이 도달할 만한 거리 안에 있으면서 그 포격을 받은 것은 명료하다.[11]

이와 같이 부록으로는 〈헤럴드〉 지의 평론을 번역한 것과, 사가현 출신의 미조가미(溝上忠友)와 도치키현 출신의 스즈키(鈴木幹興)[12]의 주장이 수록되어

11 『朝鮮新論』, 「日本朝鮮ノ評論『ヘラルト』」(澤田氏譯), 1876, 25~28쪽.

12 『小學作文書』(1885, 金井弥助), 『新選愛國の歌』(1887, 勸文堂), 『支那鹽業史』(1895, 大日本水産會) 등의 저술이 있다.

있다. 미조가미는 1883년에 고등교육을 받는 교사를 육성하기 위해 기시마군(杵島郡) 후쿠지촌(福治村, 현재의 白石町)에 지다쿠학사(自琢學舍)를 설립한 인물이다. 그는 지금 조선을 치는 것도 치지 않는 것도 모두 옳지 않다고 말한다. "저들(조선)이 잘못을 뉘우치는 대가로 적당한 상금을 납부하여 우리 깃발 아래 사죄한다면 이것을 만국의 공법에 비추어 그 죄를 용서해야 한다. 그러나 저들이 만약 망상을 갖고 그 잘못을 인정하지 않는다면 출사의 명을 내려야 한다"라고 제시하였다. 스즈키(鈴木幹興)는 "정한의 해가 있고 이로움이 없는 것은 삼척동자라도 알 수 있는 일이며 정한을 외치는 자는 미친 것이 아니면 어리석은 것이다"라고 하여 정한으로 인한 국력의 손실을 우려하였다.

(2) 1880년대의 간행물

사카네 다쓰로(坂根達郎)의 『朝鮮地誌』(1880), 아키노 요이치로(秋野要一郎)의 『通俗新編 朝鮮事情』(1880), 이자와(伊澤磐)의 『朝鮮事情』(1881), 곤도 마스키(近藤眞鋤)의 『朝鮮八域誌』(1881), 네무라 구마고로(根村熊五郎)의 『朝鮮近情』(1882), 고바야시 기요치카(小林清親)[13]의 『朝鮮異聞』(1882), 세키네 치도(關根痴堂)[14]의 『朝鮮國志』(1883), 우쓰기 사다오(宇津木貞夫)의 『鷄林地誌』(1883), 다카야마(高山篤志)의 『朝鮮事情』(1884), 스즈키 노부히토(鈴木信仁)의 『朝鮮紀聞』(1885), 오비(小尾直藏)의 『朝鮮國京城奇談』(1885), 다카기(高城義孝)의 『兵要朝鮮事情』(1885), 고마쓰 스스무(小松運)의 『朝鮮八道誌』(1887), 육군참모본부(陸軍參謀本部)의 『朝鮮地誌略』(1888)이 있다.

이 시기에는 강화조약 체결 이후 수신사 파견과 함께 조선에 대한 관심이

---

13 1847~1915. 메이지시대의 판화가, 우키요에시(浮世繪師). 쓰기오카 요시도시(月岡芳年), 도요하라 구니치카(豊原國周, 1835~1900)와 함께 메이지 우키요에계(浮世繪界)의 3傑의 한 사람으로 불린다.

14 1841~1890. 한시인(漢詩人). 미카와(三河, 아이치현) 번사(藩士). 1882년《時事新報》에 들어가 시단(詩壇)을 담당하였다.

생기면서 『通俗新編 朝鮮事情』이 간행되었다. 조선의 '개명 진보' 상태를 파악하기 위한 사정 조사서인 『朝鮮國京城奇談』이 있다.[15] 또한 조선을 둘러싸고 일본과 중국이 갈등을 빚어 임오군란과 갑신정변이 일어난 시기이기도 하다. 두 사건과 관련한 책이 간행되었고, 이밖에도 주목되는 것은 곤도 마스키(近藤眞鋤), 우쓰기 사다오(宇津木貞夫), 스즈키 노부히토(鈴木信仁), 육군참모본부의 저술이다.

첫째, 곤도 마스키는 1876년 외무성 7등출사 관리관으로 부산에 주재한 이후 외무권소서기관(1879), 부산영사(1880)를 역임하였다. 이때 조선 지리의 중요성을 감안하여 전라도와 충청도를 조사하고 『택리지』를 번역한 『朝鮮八域誌』를 간행한 것이다. 이 책은 「題言」에서 "에노모토 다케아키(榎本武揚)의 『朝鮮事情』이 조선사정 안내서로 유일하게 참고할 만한 것인데도 산천 위치, 주군 형세 등의 지리에 대한 정보가 부족하여 번역하게 되었다"라고 밝히고 있다. 『택리지』의 내용에 자신이 직접 조사한 원산, 부산, 진강, 아산, 인천, 교동, 한성 지역의 정보를 증보했다. 이러한 지역들은 개항장과 한성에 인접한 해상교통의 요지였다. 개항장을 중심으로 일본의 정치적, 경제적 세력을 확장하고 상권을 침탈하기 위한 정탐과 안내서를 준비한 것이다.

둘째, 네무라 구마고로(根村熊五郎)가 『朝鮮近情』을 저술한 이유는 "조선사건이 일어나 전도를 예측할 수 없다. 그 사정을 아는 것은 금일의 급무다. 지금 그 요점을 뽑아서 한 권으로 모아 열람하기에 편리하게 만들었다"라고 밝히고 있다.[16] 일본 내에는 이처럼 당시 임오군란이 일어난 조선을 둘러싼 상황이 급박함을 경계하고 이를 위해서 조선사정에 대한 조사연구가 필요함을 지적하는 경향이 증가하고 있었다. 이 책은 조선의 국세, 민정, 재정, 외교에 대해서는 다

---

15 전체 36쪽에 달하는 분량이지만 21장으로 나누어 왕도성곽 및 시가(市街), 남산과 북산, 국왕과 왕궁, 제아문(諸衙門), 정당, 묘당, 대신(大臣)왕래 및 회뢰(賄賂), 형벌, 결혼, 남녀왕래, 한기(韓妓), 의복과 재봉, 음식물, 가옥, 승마, 목욕탕, 서화골동, 통화, 청병의 둔영(屯營) 등을 살핀 내용이다.

16 根村熊五郎, 『朝鮮近情』, 朝鮮近情引, 1882.

음으로 미루고 먼저 정제(政制)와 풍토의 대략을 소개하였다. 그 목차를 보면 정체, 왕가, 부 대원군의 이력, 지방 정제, 병제, 법률, 조세, 종교, 국인의 종족, 사람을 등용하는 법, 국세연혁사, 지리, 기후, 인민의 기풍 및 풍속, 정당으로 되어 있다.

셋째, 『朝鮮紀聞』은 스즈키 노부히토(鈴木信仁)가 "구미열강이 조선을 약탈하려는 것을 걱정하고 조선의 독립을 지키기 위해서" 저술한 책이다. 조선의 역세, 왕실, 의식, 지리, 풍속, 인물, 문화 등에 대한 사정을 담았다. 특히 역사부문은 오토리 케이스케(大鳥圭介)가 동경지학협회에서 강연한 내용을 토대로 작성하였다. 오토리 케이스케는 일본의 아시아 외교를 주도한 인물로 조선 공사를 역임하고 청일전쟁의 중심에 서 있던 인물이다. 그의 조선인식이 이 책에 반영된 것은 물론이다. 이 책의 서문을 쓴 구스모토 마사다카(楠本正隆, 전 東京府知事)는 러시아가 블라디보스토크에 철도를 개통하려는 것은 "동양의 길을 열려는 의도이므로 경계가 마땅한 것"이라고 전제한 뒤, 이 책이 금일에 유용함이 작지 않다고 평가하고 있다. 이 책은 1894년에 수정 보충하여 간행되었다.

넷째, 『朝鮮八道誌』는 육군 1등 군의관인 고마쓰 스스무(小松運, 근위기병대대)가 원산의 생생의원에서 3년 동안 근무하면서 조선사정을 견문한 바를 저술한 책이다. 이 책은 저자가 조선의 서적을 모아 그 요점을 초역(抄譯)한 것과 견문한 것을 토대로 마쓰바라(松原覺四郎)가 초고를 작성하고 다카야마(高山熊彦, 會津 출신)와 하세가와(長谷川豊吉, 越前 출신)의 교정으로 간행하였다. 그는 「자서」에서 다음과 같이 말하고 있다. "조선은 우리에게 있어서는 동양의 정위(鄭衛)[17]의 관계이다. 그 향배를 가지고 바로 우리 성쇠를 정할 수 없다고 해도 경중을 저울질하기에 충분하다. 그런데 우리 방인(邦人)이 저 나라의 산천, 풍토, 제도, 인정, 고금의 용병, 전수(戰守), 흥망, 성패 득실의 자취를 살피는 것은 샛별과 같은 것이 아니겠는가, 그 서적이 없는데 있어서야. 그 책을 세상에 공간하여 우

---

17 춘추전국시대 하남성의 경계 안에 있던 정나라와 위나라를 말함.

리 방인으로 하여금 이것을 살피게 하는 것은 초미의 급한 일이다."

고마쓰는 이런 인식아래 조선의 위치, 분계, 지세, 지질, 기후, 연혁, 정체, 인정풍속, 교법, 학업, 상업, 공업, 의사(醫事) 등에 대하여 상세하게 기술하고 있다. 군의관으로서 조선인들의 질병상태를 조사하여 호흡기병, 소화기병(消食器病), 염증계발병(炎症繼發病), 전염병, 매독, 안병, 피부병, 중독병이 많다고 보고 기후, 가옥구조, 관습, 싸움, 온돌, 풍토 질환을 원인으로 분석한 것은 주목할 만하다. 그리고 각도의 지세, 기후, 산세 등을 정리하며 특히 요해지가 어느 곳인지 수비 문제나 험준한 곳 등 항구에는 정박이 가능한 곳이 어디인지, 전국의 물산 시장 등을 다양하게 조사하였다.

다섯째, 『朝鮮地誌略』은 육군참모본부의 첩보활동 결과 작성된 지리서다. 이 책의 편찬은 참모본부에서 전년에 간행된 『支那地誌』와 같은 군속이 담당하고 교정은 관서국과 관동국 및 편찬과 소속 장교들이 맡았다. 이 책은 정원(正院)의 지리과에서 편찬한 『日本地誌提要』와 같은 체제로 만들었고, 오하라(大原里賢) 과장을 중심으로 총 20명이 동원되었다. 한국에 파견된 첩보원들이 교정 작업을 마치고서 간행되었다.[18] 그 내용은 각 권마다 강역, 면명, 호수, 인구, 전포, 읍치, 관직, 성지관방, 창고, 학교, 명승고적, 시장, 역원, 산악, 하천, 온천, 봉수, 교량, 도서항만, 사시, 물산의 22항목을 다루고 있다.

이 책은 기존문헌(〈각주 32〉를 참조)을 기본으로 첩보활동에 의한 조사 자료를 더하여 간행되었다. 특히 인구 조사지역을 보면 농산물이 풍부한 삼남지방과 광산자원이 매장된 함경도 지방에 집중적으로 이루어져 그 의도를 엿볼 수 있다. 그리고 군사적 목적을 위해 편찬된 책인 만큼 연안조사와 해안측량의 결과 거리, 고저 등을 상세하게 기록한 것도 특징으로 지적할 수 있다.

---

18 남영우, 「일제 참모본부 간첩대에 의한 병요조선지지 및 한국근대지도의 작성과정」, 《문화역사지리》 4, 1992, 86쪽.

(3) 1890년대의 간행물

오다기리 마스노스케(小田切萬壽之助)의 『朝鮮』(1890), 하야시 부이치(林武一)의 『朝鮮案內』(1891), 아오야마 요시시게(靑山好惠)의 『仁川事情』(1892), 스에히로 시게야스(末廣重恭)의 『北征錄』(1893), 사쿠라이 군노스케(櫃瀨軍之佐)의 『見聞隨記 朝鮮時事』(1894), 혼마 규스케(本間久介)의 『朝鮮雜記』(1894), 시미즈 기쓰로(淸水橘郞)의 『朝鮮事情鷄の腸』(1894), 마쓰모토 겐도(松本謙堂)의 『朝鮮地誌要略』(1894), 난바(難波正一)의 『朝鮮從軍渡航案內』(1894), 하다노 쇼고로(波多野承五郞)[19]·스기야마(杉山虎雄)의 『北支那朝鮮探險案內』(1894), 쓰다 센(津田仙)[20]의 『朝鮮地名案內』(1894), 아다치 리쓰엔(足立栗園)의 『朝鮮誌』(1894), 오다 사이지로(大田才次郞)의 『新撰朝鮮地理誌』(1894), 야즈 쇼에이(矢津昌永)의 『朝鮮西伯利紀行』(1894), 호리우시(堀內松治郞)의 『鷄林紀遊』(1894), 사토 게이키치(佐藤敬吉)[21]의 『支那朝鮮兵要地理案內』(1894), 해군수로부(海軍水路部)의 『朝鮮水路誌』(1894), 오카자키(岡崎唯雄)의 『朝鮮內地調査報告』(1895)가 있다.

이 시기는 갑신정변 이후 일본의 지사들이 대륙 경영에 뜻을 품고 조선에 건너오는 자가 많아졌다. 일본군과 상인들 무뢰배, 대아시아주의 실현을 위한 낭인들이 들어왔다. 그들은 조선을 둘러싼 열강의 움직임에 주시하면서 상인이나 신문기자, 통신원 등으로 자신의 신분을 위장하면서 견문하고 정탐하였다. 이 가운데 주목되는 것은 오다기리 마스노스케(小田切萬壽之助), 스에히로 시게

19 1858~1929. 실업가. 게이오기주쿠(慶應義塾) 출신으로 후쿠자와 유키치(福澤諭吉)의 제자. 《時事新報》 기자, 1884년에 외무성에 들어가 천진(天津) 근무를 거쳐 외무성을 그만두고 《朝野新聞》 사장 겸 주필이 된다 이후 미쓰이은행(三井銀行) 이사, 감사역에 취임, 1920년부터 중의원의원을 역임하였다.

20 1837~1908. 사쿠라번사(佐倉藩士) 집안에서 태어나 1867년 도미하여 대농법(大農法)에 착목하였다. 1874년 『農業三事』를 발표하여 신 농법을 소개하였다. 1876년 《農業雜誌》를 발행하고 학농사(學農社)를 설립하여 농업개량사업의 인재를 양성하였다. 서양농학의 선구자.

21 1867~1923. 메이지 다이쇼의 저널리스트. 이와데현 출신. 《中陸新聞》, 《仙臺新聞》, 《秋田魁新報》 기자로 나중에 홋카이도로 이주했다. 《胆振公論》이란 잡지를 발행하였다.

야스(末廣重恭), 혼마 규스케(本間久介), 사쿠라이 군노스케(柵瀨軍之佐), 난바(難波正一), 스기야마(杉山虎雄), 아다치 리쓰엔(足立栗園), 오카자키(岡崎唯雄)의 저술이다.

첫째, 청일전쟁 이전에 간행된 『朝鮮』과 『北征錄』이 있다. 전자는 외교관 오다기리 마스노스케(1868~1934)가 1888년 일본공사관의 무관으로 부임한 육군보병대위 시바야마(柴山常則)와 함께 현지의 정탐과 조사를 통해 대조선 외교정책의 나아갈 방향을 정리한 것이다. 책의 내용은 5편으로 나뉘어 일본의 관계, 청국의 관계, 러시아의 관계, 제국(英, 美, 法, 獨, 白)의 관계, 조선반도의 미래로 구성되어 있다. 오다기리 마스노스케는 조선의 '사명'(死命)을 제압하는 것은 청국, 영국, 프랑스, 독일이 아니고 러시아라고 지적한다. 러시아는 '상업과 병략'의 두 가지 때문에 조선을 점령할 필요가 있다고 단언한다. 이때 일본의 대처방법에 대해 "지금은 조선을 방화병(防火屛)으로 삼아 강국의 홍염(紅焰, 붉은 불꽃)을 막더라도 그때에 이르러 담이 이미 무너져 문전 지척의 땅에 맹화(猛火)를 받지 않으면 안 된다. 지금은 쓰시마해협이 아국의 전관(專管)에 속하지만 그때에는 강국과 이것을 나누어 갖지 않을 수 없다—러시아의 점령은 아국을 자못 위태롭게 할 것이다"라고 하여, 즉 러시아의 남침을 막고 일본의 상리(商利)를 확장할 방법을 찾아야 한다고 지적하였다.[22]

후자는 스에히로 시게야스가 일본의 전도를 우려하여 블라디보스토크와 조선의 사정을 조사하고 견문한 내용이다. 그는 신문기자 출신으로 재야에 있을 때인 1892년 청, 조선, 연해주를 시찰하였으며 아시아주의 단체인 흥아회의 간사를 지내고 중의원의원을 역임한 인물이다. 이 책은 그가 이 지역들을 시찰한 견문기다. 그는 러시아가 절영도를 주목하여 조선 정부와 담판을 하고 있음을 결코 간과해서는 안 된다고 주장하였다. 또한 블라디보스토크 항구는 10년을 경과하지 않아 세계 무비(武備)의 요새 및 군항이 될 것임을 주목하였다.

---

22 小田切萬壽之助, 『朝鮮』 제5 朝鮮半島ノ未來, 朝鮮政略, 1890, 156쪽.

블라디보스토크는 광막한 시베리아를 앞에 두고 일본해에 면한 하나의 요항(要港)이므로 러시아의 국기를 이곳에 세운지 아직 30여 년에 지나지 않지만 상업을 비롯하여 모든 일의 진보가 매우 신속하다. 지금 러시아는 왕성하게 이민에 힘써서 대선거(大船渠)의 공사를 시작하고 시베리아철도에 착수하여, 매해 병대(兵隊)를 증가시키고 있다. 또 항구의 안팎으로 포대를 건축하여 그 규모의 광대함에 놀랄 만한 것이 있다. 지금부터 10년을 지나지 않아 세계적인 요새 및 군항이 될 것이다. 아울러 홍콩 상해에 다음가는 무역장이 될 것이다.[23]

이와 같이 스에히로는 이곳의 군대와 포대구축 상황, 철도공사, 상업시설 등을 견문하고 "일본인에게 진취의 기상이 없음"을 탄식하였다.[24] 그리고 조선의 가옥, 부산진, 원산, 한성, 강화성 등을 견문하고 조선의 무역을 확장하는 방략으로 일본인에게 조선의 사정을 알리고 일본의 자본을 주입시켜 항해를 보호할 방안을 모색할 것을 주장하였다.[25]

둘째, 『見聞隨記 朝鮮時事』와 『朝鮮雜記』가 있다. 청일전쟁 전에 전쟁준비를 겸한 정탐을 위해 취재한 사쿠라이 군노스케, 혼마 규스케의 조사기록이다. 《마이니치신문》 특파원 사쿠라이 군노스케[26]는 이 책의 저술의도를 '自序'에서 "이번에 이변이 있을 때 도한하는 동포로 하여금 그 대략을 알게 하려는 뜻 외에 다른 것이 없다. 대개 저 조선 동란 가운데 손님인 내가 살아서 고향의 산하

---

23 末廣重恭, 『北征錄』, 港內の模樣, 1893, 33쪽.

24 末廣重恭, 『北征錄』, 人口及び商業, 1893, 73쪽.
"일본인으로 이곳에 있는 자는 관리를 제외하면 대부분 서양인, 지나인의 첩으로 상인이라 부를 만한 자가 한 사람도 없다. 영사의 담화에 의하면 산동(山東)의 인민은 가장 절검(節儉)하다고 한다. 그러므로 사치품은 도저히 판매할 전망이 없다. 잡화 및 도기 등은 크게 가망이 있다. 그런데 우리나라 사람이 스스로 와서 무역을 하는 자가 없을 뿐 아니라, 이곳의 상황(商況)을 묻는 사람조차 거의 없다고 한다."

25 末廣重恭, 『北征錄』, 懇親會, 1893, 130쪽.

26 이와데현 출신. 영길리법률학교(英吉利法律學校, 현 주오대학) 졸업. 《山梨日日新聞》 주필, 《東京每日新聞》 편집장을 거쳐 오쿠라구미(大倉組) 대만지점(臺灣支店) 지배인, 사쿠라이상회를 설립했다. 1910년 제10회 중의원의원으로 당선된 이래 6회 당선되었고, 상공정무차관을 역임하였다.

초목을 볼 기회가 있다면, 다른 날 나의 견해를 가지고 식자의 가르침을 구하게 될 것이다"라고 하여, 동학군의 봉기 중에 이 책을 서술하면서 당시의 조선사정을 알리기 위함임을 분명히 했다. 그러면서 청국이 출병한 사실에 주목하여 "우리 동업자의 도한 역시 이번의 사정을 조사하여 저들의 일거일동을 정확하게 제국에 보도하여 인심의 귀향하는 바를 알게 하는 일대 책무를 갖는 것"이므로 정확한 탐문을 수행하고 그 결과를 보도할 것을 다시한번 확인하였다.

그가 견문한 가운데 주목한 것은 인천항, 일본인 거류지, 경성과 한강의 군사 지리상의 유리, 정치기관, 대원군 면담, 원세개 방문, 동학당의 동정, 전라도와 경상도 연안의 어업상황 등 다양한 곳을 정탐하였다. 그는 결론적으로 "조선의 장래는 다른 나라에 의지하여 그 목숨을 유지하는 외에 길이 없다. 다른 나라는 청국, 러시아, 영국이다. 이렇게 되면 조선의 개항을 유도한 일본제국은 하루라도 빨리 견고한 대한책을 주획하지 않으면 안 된다"[27] 라고, 열강의 각축 가운데 일본이 서둘러 조선을 확보해야 함을 제시하고 있다.

혼마 규스케는《니로쿠신보》(二六新報) 특파원, 천우협, 흑룡회 회원으로 활동하고 통감부와 총독부의 관료를 지냈다. 그는 대륙 경영에 뜻을 품고 우선 조선의 사정을 조사하기 위해 1893년에 처음으로 내한했다. 부산, 경성, 중부 지방을 정탐하고 행상을 하며 황해도와 경기도 충청도 지방을 여행했다. 그 후 도쿄에 돌아가 1894년 4월 17일부터 6월 16일자까지《니로쿠신보》에 조선 정탐 내용을 연재하고 이를 한권으로 묶어『朝鮮雜記』를 간행하였다. 그는 동학농민군이 봉기하자 일본 언론들이 조선의 인정, 풍속이나 사건발생 등 전반적인 사정을 알지 못하면서 조선 문제를 언급하는 것을 개탄하여 직접 조사하기 위해 건너왔다고 밝히고 있다. 이 책에는 조선의 풍습과 일반생활, 청국의 야심과 일본의 열세 등을 다루면서 '문명국' 일본에서 바라보는 '타자의 시선'이 생생하게 나타나 있다. 그리고 일본의 조선에 대한 관심이 고조되는 청일전쟁 발

---

27 柵瀨軍之佐,『見聞隨記 朝鮮時事』, 1894, 54쪽.

발과 함께 간행되어 일본인의 조선관 형성에 적지 않은 영향을 끼쳤다.[28]

셋째, 『朝鮮從軍渡航案內』는 난바(難波正一)[29]가 지은 도한 인부를 위한 안내서다. 10쪽에 불과한 소책자이지만 도한의 방법, 도한자의 각오, 도한자의 주의사항, 도한인부의 자격, 휴대품, 기후, 인정풍속, 업무, 급료, 풍기, 일본과 조선의 이정표 등을 자세하게 서술하였다. 청일전쟁이 발발하고 나서 예측할 수 없는 싸움을 수행하기 위해 군대를 도울 인부를 모집하기 위해서다. 보국을 위해 일반인이 할 수 있는 일이 무엇인지 생각할 것을 촉구하기 위해 "도항자여 다행히 도항하게 된다면 바로 부귀공명을 생각하지 말라, 반드시 견일불발 천곤을 맛보고 만난을 견뎌낼 각오가 있어야 한다"라고 주의를 환기시키고 있다.

그러면서 "선전(宣戰)의 대조(大詔, 조칙)는 환발되었다. 동양의 대세는 지금부터 정해질 것이다. 제국의 위신과 광영은 지금부터 점점 혁혁하게 될 것이나. 풍도(豊島)의 해첩(海捷), 아산(牙山)의 육승(陸勝)은 디만 민리 인정의 제일보일 뿐, 일본제국은 지금부터 일어나 동양화복의 대국 이것을 실행하려고 한다—이 공전적 대사(大事)를 만나 유래 충용 의열한 제국신민이, 이를 수수방관할 것인가"라고 언급하였다.[30] 언제 이 전쟁이 끝날지 알 수 없지만 신체 건강한 자는 인부로 혹은 재화가 있는 자는 군자금을 헌납하는 것이 국민 전체가 해야 할 일임을 촉구하고 있다.

넷째, 『朝鮮志』는 역사학자 아다치 리쓰엔(足立栗園)의 저술이다. 그는 이 책의 저술 의도를 「緖言」에서 다음과 같이 밝히고 있다. "지금 계림(조선)의 풍운이 날로 급하게 되어 세인 만목(萬目)의 시선이 한결같이 이곳에 집중된다. 이때에 그 방토(邦土)의 지세, 방가(邦家)의 역사를 알아서, 이해득상(利害得喪)이 있는 곳을 밝힌다. 이것은 동양의 국민이 된 자가 힘써야 할 본분이다. 특히 지

---

28 최혜주 옮김(本間久介 지음), 『朝鮮雜記 일본인의 조선정탐록』, 김영사, 2008, 278~285쪽.

29 일본의 전전선박연구회(戰前船舶硏究會)에서 작성 중인 『戰時日本船名錄'か'』에 의하면 난바(難波正一)는 제1 加德丸(99톤)의 소유주이다. 그의 자세한 이력은 불명이다.

30 難波正一, 『朝鮮從軍渡航案內』, 1894, 10쪽.

리상에서 말하면 그 땅과 일의대수(一衣帶水, 매우 가까운 거리에 있음)를, 역사상에서 말하면 그 나라와 적지 않은 관계를 갖는 우리 일본국민처럼 특히 명안달식(明眼達識)의 사려를 이 점에 다하지 않으면 안 된다. 조선이 하루아침에 큰일이 일어나면 보거순치(輔車脣齒, 불가분의 관계)의 우리는 바로 그 영향을 받는다."

그는 먼저 제1편에서 지리의 중요성을 강조한다. 특히 조선의 지리를 아는 것이 가장 긴요하다고 말한다. 청국과의 문제가 급박한 이 때 장래 러시아와 영국의 충돌이 없다고 보장할 수 없기 때문에 이 지역은 중요무대가 될 수밖에 없다는 인식이다. 다음 제2편 역사에서는 조선이 태고부터 다른 나라의 속국, 부용국이었음을 강조한다. 그리고 스사노오(素盞鳴尊)가 그의 아들 이다케루(五十孟命)를 데리고 신라의 소시모리(曾尸茂梨)에 살았으며 이다케루가 단군이고 신대 이나히(稲飯命)는 신라의 祖가 되었다고 하여 일선동조론을 주장한다. 신라 왕자 아메노히보코(天日槍)가 일본에 귀화한 것으로 서술한다. 이러한 인식은 다음 제3편 일한의 교섭에서 자세하게 전개된다. 진구황후의 정벌로 완전히 일본의 속국이 되었음을 서술하였다.[31]

일본에서는 청일전쟁의 승리 후 '무사도'를 칭양하는 것이 유행하게 되었는데, 그는 1901년 『武士道發達史』를 저술하여 진구황후의 삼한정벌을 '무사도'의 출발로 설명하였다. 즉 충군애국의 정신에서 충의심, 일본혼을 발휘한 것으로 이해하였다. 1910년에는 『朝鮮新地誌』를 간행했다.

다섯째, 『朝鮮內地調査報告』는 1879년 구마모토 상공회의소를 설립하여 초대회두를 역임하고 1902년부터 대의사(代議士)를 지낸 오카자키 다다오(岡崎唯雄)의 저술이다. 1895년 4월 14일부터 4개월간 경기, 황해, 평안, 충청, 전라, 경상도의 상업상황을 조사한 기록이다. 일본에서 조선의 내지 사정을 아는 자가 드물기 때문에 경성이나 개항장의 상황을 조사하면서 일본 상인이 어떻게 대응할 것인가의 문제에 중점을 두었다고 한다. 그는 지금 일본의 급무는 "피아

---

31 최혜주, 「메이지시대의 한일관계 인식과 일선동조론」, 《한국민족운동사연구》 37, 2003, 174~185쪽.

(彼我) 무역의 왕성을 도모하기 위해서는 내지의 생산, 소비 양자와 직접 수출입을 하는 것"이라고 지적한다. 일반관찰과 일부관찰로 항목을 나누어 전국과 각지에 대한 관찰을 수록하였다. 이 책의 특징은 구마모토현 사람들이 내지행상에 가장 적합하기 때문에 행상의 방법을 연구해야 한다고 주장한데 있다.

2) 조선사정 조사와 안내서의 간행 목적

근대 일본은 메이지 신정부의 외교 방침에 따라 조선과의 국교재개를 위해 다각적인 노력을 하게 된다. 그러나 정작 조선사정에 관한 안내서는 거의 없는 형편이었다. 조선을 개항시키기 위해서는 사전에 면밀한 조사가 실시되어야 했다. 이후 여러 계층의 다양한 인물을 통해 시기별로 조사가 이루어졌다. 사족(士族), 외교관, 군인, 기자, 실업계 인사, 학자 등이 안내서를 간행한 방법은 네 가지가 있었다. ① 직접 조선에 가서 사정을 조사하고 견문한 것을 귀국 후에 보고서로 작성하였다. ② 중국 책이나 프랑스 책을 입수하여 한문(『朝鮮國志』, 『鷄林地誌』)이나 일본어(『朝鮮事情』, 『朝鮮八域誌』)로 번역하였다. ③ 일본신문에 게재된 조선통신을 발췌하여 간행하였다(『通俗新編 朝鮮事情』). ④ 조선관련 문헌[32]을 이용하여 간행한 것은 사족출신(近藤保祿, 坂根達郎, 根村熊五郎, 淸水橘郎)이나 학자 아다치 리쓰엔(足立栗園)이 이용한 방법이다. 대부분이 ①의 방법으로 직접 견문한 것을 토대로 보고서를 작성하였다.

---

32 안내서 가운데 참고문헌을 밝힌 것은 ①『朝鮮八道誌』: 象胥紀聞, 懲毖錄, 高麗史, 朝鮮賦, 大典會通, 故事撮要, ②『朝鮮地誌略』: 東國通鑑, 東國文獻備考, 輿地勝覽, 八域誌, 朝鮮輿地誌, 東輿記畧, 道里標, 考閱餘初, 邑誌, 通史, 派出官地誌, ③『朝鮮案内』: 條約彙纂 外交志稿, 修交彙纂, 通商報告, 朝鮮紀聞, 朝鮮事情, 朝鮮聞見錄, 朝鮮八域誌, 平安黃海兩道狀況視察報告(인천상법회의소위원), 大典會通, 六典定例, 簡禮彙纂, 考閱除抄, 朝鮮海關 報告 및 年報, 東藩紀要, 朝鮮之國(로웰), 朝鮮風俗(갈스), 隱逸人ノ朝鮮(그리피스), 禁斷之國(오페르트), 年鑑香港(호이데카), ④『新撰朝鮮地理誌』: 東藩紀要, 象胥紀聞, 朝鮮八域誌, 朝鮮賦, 大典會通, 六典定例, 簡禮彙纂, 考閱除抄, 故事撮要, 高麗史, 懲毖錄, 朝鮮事情, 朝鮮紀聞, 朝鮮正體, 朝鮮聞見錄, 讀史方輿紀要, 朝鮮海關 報告.

개항 이후 공사관과 영사관이 설치되고 일본인들이 내한하기 시작하면서, 부산에는 일본인이 54명 거주하였다. 갑신정변 이후에는 일본의 지사들이 대거 조선에 건너왔고 1885년에는 4521명, 1890년에는 7245명이 거주하였다. 1894년 갑오개혁 이후에는 일본인 고문들이 들어와서 조선의 내정을 간섭하기 시작했다. 청일전쟁 후에는 1만 2303명이 거주하고 러일전쟁 후에는 많은 일본인들이 이주해와 4만 2460명이 여러 방면에서 활동하게 되었다.[33] 조선사정 안내서는 일본인들의 도한을 권유하는 데에도 영향을 미쳤을 것이다. 이제 조선사정을 조사하고 그 결과물로 안내서를 간행하게 된 목적이 무엇인지 살펴보자.

첫째, 우승열패의 현실에 대한 자각과 조선사정에 대한 정보 부족에서였다. 《지지신보》(時事新報) 기자 스기야마(杉山虎雄)는 동양의 제국(諸國)이 쇄국양이를 버리고 열강과 교섭을 열면서 동양은 전장(戰場)으로 변했다고 보고 있다.[34] 조선은 열강이 경쟁하는 이 시기 동양에서 중요한 문제로 부각되었다. 즉 조선은 '동양의 발칸반도'였다. 그러나 조선이 오랫동안 쇄국정책을 펼쳤기 때문에 외국인이 조선에 들어갈 수 없어서 조선사정을 파악하기 어렵고 참고서적 또한 부족한 상황이었다. 이 점은 안내서에 공통적으로 나오는 지적이다. 오비(小尾直藏)는 "그 소감을 기록하여 아직 저 나라의 인정 풍속을 견문하지 못한 제군에게 보여주려고 한다"라고 언급하고 있다.[35] 고마쓰 스스무(小松運)가 "조선이 본래 쇄국으로 방인(傍人)의 한수(鼾睡, 코골고 자는 것)를 용납하지 않았다. 그러므로 그 나라 산하의 형세 기후 인정 풍속 등은 오랫동안 완무(頑霧) 누운(陋雲)에 가려져 있었다. 세인이 얻어 이것을 살피는 것이 어렵다"라고 지적한 데서도 알 수 있다.[36]

---

33 권숙인, 2006, 「도한의 권유」, 《사회와 역사》 69, 2006, 188쪽 참조.

34 波多野承五郎·杉山虎雄, 『北支那朝鮮探險案內』, 부록, 朝鮮問題の由來, 1894, 139~140쪽.

35 小尾直藏, 『朝鮮國京城奇談』, 1885, 1쪽.

36 小松運, 『朝鮮八道誌』, 自序, 1887.

이처럼 열강이 각축하는 우승열패의 현실을 지적하여 '조선은 아세아의 발칸반도'라고 한 시바야마(柴山常則)의 시대인식에서도 안내서의 저술이유를 분명히 알 수 있다.[37] 한편 당시의 일본 지식인들은 야즈 쇼에이(矢津昌永)처럼 세계의 최강국 러시아와 '빈약국 조선'이 경계를 맞대고 있는 '기이한 현상'에 관심을 가졌다. 이런 상태의 조선반도를 '사나운 독수리'인 러시아에 맡겨버린다면 동양의 대세는 무엇으로 회복할 것이냐고 묻는다.[38] 일본의 위협이 되는 러시아를 방어하기 위한 조선반도의 지정학적인 중요성을 강조한 것이다. 아울러 열강이 각축하는 현실과 함께 동학봉기가 일어나 청·일 양국이 모두 출병한 상황에서 이에 대처할 방법을 강구하기 위해 안내서를 간행했음을 밝히기도 하였다.

> 동양 문제는 현시 및 장래에 걸쳐 세계에서 일대 문제라고 들었다. 의문의 중심점 되는 것은 실로 조선국으로 그 안위는 동방(東邦) 제방(諸方)의 흥망에 관련된다. 그 중 우리나라와 같이 이미 조선과 과거의 역사에서 뗄 수 없는 관계가 있기 때문에 미래에서도 역시 반드시 그렇게 되지 않을 수 없다. 하물며 현재 조선에 내란이 있어서 일·청 양국도 병사를 내는데 있어서, 이 사이에 아국인으로 해국의 사정을 모두 알아서 이것에 대처하는 방법을 강구하는 것은 무익한 일이 아니라고 믿는다. 따라서 '계(鷄)의 장(腸)'이라고 제목을 붙여 역사, 지리, 정치, 풍속 등의 일반을 기록하고 동지자의 일찬(一粲, 남에게 보아달라는 겸사)을 바란다.[39]

---

37 小田切萬壽之助, 『朝鮮』, 序(柴山常則), 1890.
"아 북쪽의 철기(鐵騎, 러시아)가 아침에 장백의 기슭을 떠나 저녁에 삼남의 구름을 깨드린다면, 계림의 풍물 이로부터 냄새가 나고, 동해의 파랑 이로부터 거칠어져, 만약 괴무(怪霧)가 부상(扶桑, 일본)의 꽃을 쇄(鎖)하고, 요기(妖氣)가 봉영(蓬瀛, 중국의 봉래와 영주)의 단을 덮기에 이른다면 우리는 장차 누구와 함께 승평을 즐길 것인가. 이 저술의 어쩔 수 없는 이유이다."

38 矢津昌永, 『朝鮮西伯利紀行』, 露韓國際間の現象, 1894, 1쪽.

39 淸水橘郞, 『朝鮮事情鷄の腸』, 緖言, 1894, 1쪽.

또한 신문기자들은 조선에 가서 탐문을 수행하고 그 결과를 안내서로 간행하였다. 즉 "이번 조선에서 일어난 사건은 근래의 한 이변에 속한다. 이 때 이웃 여러 나라의 정태를 살펴서 정확한 보도를 제국에 준다. 외교관 및 육해군의 일진일퇴는 국권의 신장과 국리의 소장에 관계된다. 그러므로 이 때 충분하게 그 행위를 감시하여 제국의 광영을 발기하는 일을 기하도록 한다."[40] 이 목적을 달성하기 위해 인천 경성 사이에 신문기자 연합 본부를 두고 활동하였다.

둘째, 군사적 정탐을 위한 조선의 지리정보 부족과 지정학적 중요성을 파악하기 위해서였다. 이를 위해 정밀한 정탐과 지도 작성이 선행되었다. 이 시기에 간행된 안내서에는 앞부분에 조선 지도를 게재한 책들이 있었고,[41] 이것이 실제로 일본이 청일·러일전쟁에서 군사작전을 감행하는 데 많은 도움이 되었다. 곤도 마스키(近藤眞鋤)가 언급한 것처럼 일본이 1880년대 초반 조선사정을 알게 된 것은 『朝鮮事情』(榎本武揚 저술)의 공이 크지만, 이 책이 풍속은 자세하나 지리에 취약하다고 애석해할 만큼 지리서가 부족했다.

마쓰모토 센도(松本謙堂)는 일본의 사명은 조선의 정세를 살펴서 동방의 백년대계를 강구하는 것이므로 이를 위해 먼저 "지리를 정밀하게 조사하는 것이 필요하다. 본편은 불과 하나의 소책자이지만 본래 완전무결하다고 할 수 없다. 그러나 최근 확실한 재료에 의해 풍습 및 형편 요지의 대개를 들어 평시 및 전시에 겸용하도록 하였다. 한산(조선)의 풍운이 급박한 금일 본편과 지도를 아

---

40 柵瀨軍之佐, 『見聞隨記 朝鮮時事』, 1894, 15~16쪽. 이때 조선에 건너간 기자들은 다음과 같다. 久保田米僊(《國民日報》), 久保田米太郎(《國民日報》, 久保田米僊의 장남), 前川九萬人(《報知新聞》), 遲塚金太郎(《報知新聞》), 櫻田文吾(《日本新聞》), 安達九郎(《二六新報》), 弓削田精一(《內外通信》), 今西恒太郎(《自由新聞》), 杉幾太郎(《時事新報》), 鈴木經勳(《扶桑新聞》), 西村時彦(《大坂朝日》), 田中賢道(자유당), 福本誠(동방협회), 柵瀨軍之佐(《每日新聞》).

41 『朝鮮新論』, 『朝鮮軍記』, 『朝鮮國地誌摘要』, 『朝鮮地誌要略』, 『朝鮮志』, 『新撰朝鮮地理誌』, 『支那朝鮮兵要地理案內』 등이다. 여기에는 측량조선여지전도, 조선전도, 조선팔도구분도, 일청한연락지도 등이 수록되었다.

울러 보면 충분히 짐작할 수 있다"라고 언급하였다.[42] 이 안내서는 평시와 전시를 겸용할 수 있도록 간행되었다.

청일전쟁의 전운이 급박해질 때 세상은 조선 문제에 주목하였다. 이 때 조선반도의 지세, 역사를 알고 이해득실을 강구하기 위한 움직임의 하나로 지리서나 역사서가 편찬되기도 했다. 아다치 리쓰엔(足立栗園)은 조선지리 연구의 필요성을 다음과 같이 말한다.

> 조선처럼 지리를 아는 것이 가장 간요하다. 대개 조선 지역은 동양에서 제 문제가 모이는 곳으로 병가(兵家)의 이른바 사지(死地)이다. 이 사지에 빠지면 이기는 것도 지는 것도 그 사람의 주책(籌策) 여하에 있다. 한편 비유하자면 이것은 마치 지뢰와 화리(火理)가 땅을 덮는 것이라고 말할 수 있다. 만약 하루아침에 여기에 하나의 도화(導火)를 당긴다면 요란한 폭발이 천지를 진동시킬 것은 손바닥을 가리키는 것과 같다. 지금 일·청의 문제는 급격하다. 장래에 영·러의 충돌은 반드시 없다고 보장할 수 없다. 이처럼 이 지역은 중요 문제의 무대이다. 그렇다면 먼저 그 지리를 연구하지 않으면 안 된다.[43]

또한 군사적 정탐을 위해 조선의 육해군 수, 총포구입 현황, 군함 규모 등의 국방력[44]이나 각도의 지세와 산세, 요해지, 수비가 험준한 곳, 남해 제일의 요지 등을 다루거나,[45] 군사적 요충지에 대해 정밀하게 조사되었다.

---

42 松本謙堂, 『朝鮮地誌要略』, 序言, 1894.

43 足立栗園, 『朝鮮志』 제1편 地理, 概論, 1894, 1~2쪽.

44 秋野要　郎, 『通俗新編 朝鮮事情』, 제3 陸海軍の事, 1880.
"군함수를 들어 보면 기천이 될 것이다. 그러나 이른바 군함이란 것은 어선을 조금 바꾼 것으로, 그 큰 것은 3~40석 쌓을 수 있는 상선에 지나지 않는다. 함내 총포를 갖춘 것이 없다. 평일 다만 해안에 버려진 것이기 때문에 배가 모두 더럽고, 혹은 선체 절반은 바다가운데 침몰하거나, 혹은 사방 구멍이 생겼다고 한다. 땔감 외에는 쓸 방법이 없는 군함이 많은 것을 볼 수 있다."

45 小松運, 『朝鮮八道誌』, 1887, 18~106쪽.

경성의 주위는 거의 일본 이수로 4리가 된다. 지세가 마치 우리 고후(甲府, 야마나시현)와 같다. 4면을 두른 기봉으로 둘러싸여 있다. 한강의 흐름은 그 외부를 둘러싸서 이것은 군사적 지리상으로 보면 천험의 요지다. 한 사람이 이것을 지키면 만 명의 병졸이 이것을 넘을 수 없는 곳이다. 성벽은 4리의 경성을 둘러싼다. 사방에 관문을 두어 밤 10시가 되면 모두 폐쇄하여 경성 내외의 교통을 차단한다—남산 산상에는 매일 밤 2개 혹은 3개의 봉수를 두어 비상을 경계한다. 만일의 유사시에 임한다.[46]

셋째, 조선에 대한 왜곡된 인식을 전파하여 조선은 독립이 불가능한 민족임을 강조하고 제국의식을 고양하기 위해서였다. ① 고마쓰 스스무(小松運)는 미개하고 누추하며 불결한 조선의 위생 상태를 거론하여 야만성을 지적한다.[47] ② 스에히로 시게야스(末廣重恭)는 조선의 가옥을 견문한 후의 불결함과 뇌물의 유행을 가지고 후진성을 지적한다.[48] ③ 사쿠라이 군노스케(柵瀨軍之佐)는 불결하고 협소한 가옥과 관료의 뇌물청탁으로 독립의 기치를 세울 수 없다고까지 강조한다.[49] ④ 호리우치 마쓰지로(堀內松治郎)는 한민의 성질은 매우 게으르고 식산이 무엇인지 모르기 때문에 가난한 백성이라고 한다.[50] ⑤ 아다치 리쓰엔은 조선은 태고부터 독립국이 아니고 항상 타방의 반속국(半屬國), 부용국(附庸國)이었다고 말한다.[51]

이처럼 일본인들은 게으르고 불결한 조선인이라는 멸시관을 갖고 가렴주

---

46 柵瀨軍之佐, 『見聞隨記 朝鮮時事』, 京城の雜見, 1894, 6쪽.

47 小松運, 『朝鮮八道誌』, 總論, 醫事, 1887, 14~17쪽.

48 末廣重恭, 『北征錄』, 家屋の構造, 1893, 19~20쪽.

49 柵瀨軍之佐, 『見聞隨記 朝鮮時事』, 釜山港の上陸, 1894, 11~12쪽.

50 堀內松治郎, 『鷄林紀遊』, 1894, 17쪽.

51 足立栗園, 『朝鮮志』, 제2편 歷史, 概論, 1894, 8쪽.

구, 관리부패, 사대주의로 가득찬 조선[52]으로 인식하였다. 아울러 일본인들의 조사 목적의 하나는 '진구황후'의 유적[53]이나 임진왜란의 전승 유적지를 따라가면서 '제국' 일본의 국력을 회상하기 위한 것으로 보인다. 이들은 근대 일본인의 조선멸시관이나 침략사상의 출발점이 되는 이 두 사적을 통해 자신의 조선인식 형성에 깊은 영향을 받아 왔기 때문이다. 이는 일본의 한국지배를 정당화하는 논리로 발전하였다.

넷째, 조선의 개항장 탐색 등을 통해 경제적 이권을 침탈하고 조선에서의 상권을 장악하기 위해서였다. ① 스에히로 시게야스는 1892년 여름 블라디보스토크, 지부(芝罘), 천진, 원산, 인천, 부산, 경성 등을 시찰하고 마지막 날 간담회에서 그동안 견문한 내용을 강연하였다. 여기서 일본의 대한정략의 중점은 조선의 무역을 확장하는 방략으로 정한다고 밝혔다. 이를 위해 조선, 중국, 러시아의 중요 개항장에 대한 사세와 정탐은 물론 이 곳을 연결하는 항해노선을 보호할 방침도 아울러 탐색한 것이다. 그의 시찰 목적이 어디에 있는지 주목되는 대목이다. 이를 통해 일본인들에게 조선의 사정을 알리고 더 많은 일본인 투자자를 물색하려는 목적도 겸하고 있었다.[54]

② 하다노 쇼고로(波多野承五郎)는 천진영사를 지낸 인물이다. 그는 중국의 지부, 천진, 북경, 통주 등지를 탐험하고, 이어서 조선의 부산, 인천의 개항장과 경성 중심의 견문기를 저술하고 있다. 그가 조선에서 주목하고 있는 것은 이곳

---

52 栅瀨軍之佐, 『見聞隨記 朝鮮時事』, 泥峴の居留地, 1894, 33~34쪽.

53 堀内松治郎, 『鷄林紀遊』, 1894, 7쪽.

"神后偉略原無雙, 高麗百濟望風降, 天兵所至皆披靡, 新羅王是日本尨. 叩頭謝罪納版籍, 歲貢玉帛80艘, 爾來恩屢叛我. 終向朱明稱附庸. 豊公赫怒遣諸將, 陸行貔貅水艨艟, 蹂躪八道前無敵, 鐵騎齊亂鴨綠江, 今日邊隙不復生, 浮槎星使皆俊厖, 樽俎折衝有餘裕, 隣交締結脣齒邦, 桅檣林立釜山浦, 旭日旗閃玻璃窓, 嗚呼神功邈矣, 豊公逝, 仰欽餘烈倒酒缸"

54 末廣重恭, 『北征錄』, 懇親會, 1893, 130쪽.

의 상권과 거류지 개항장의 무역상황인데, 부산항의 상권[55]은 일본이 장악하고 있지만 경성의 상권은 중국인이 장악했다고 보았다. 경성에서 중국인의 자본규모가 방대함에 놀라고 있다.[56] 그러면서 장래 개항장이 될 만한 지역으로 평양을 지적하고, 상업가나 정치가는 이곳에 걸음을 옮겨도 헛수고가 되지 않을 것이라고 언급하였다.

③ 사쿠라이 군노스케(柵瀨軍之佐)는 신문편집장을 거쳐 중의원, 정계와 실업계에서 활약하였다. 그는 일본인이 일한무역을 독점하고 있지만 금후 가장 주의해서 예방해야 할 것은 '지나'인이라고 언급하고 있다. "저들은 상업상의 기회를 보고 가장 예민하게 인내각고 하여 한인의 기분을 취한다. 특히 최저리의 금원(金員)을 운전하기 때문에 소지한 상품가격이 추락해서 이윤을 얻을 전망이 적을 경우에는 오랫동안 이것을 소장해서 가격의 등귀를 기다린다."[57] 그리고 조선의 개항장을 견문한 뒤 일본인이 장래 조선에서 시행할 사업으로 수산업이 유망함을 강조하였다.

—일본인이 현재 및 장래 조선에서 시행해야 할 일대 사업은 생각건대 수족(水族)을 수확하는 하나가 있을 뿐이다. 이런 광경임에도 불구하고 수산회사는 겨우 1개소이기 때문에 획득한 어족도 판매하기 어렵고 따라서 어민 스스로 이것을 잡으

---

55 波多野承五郎·杉山虎雄, 『北支那朝鮮探險案內』, 釜山及其近傍, 1894, 116~117쪽.
"전항(全港)의 상권은 대개 우리 상인이 장악하였다. 물가는 대략 내국과 같고 방인의 여점(여인숙)이 있고 요리점이 있으며 작은 상점, 중국 상점이 있다. 그 이름은 하나의 무역장이지만 그 실은 우리 식민지이다—동래부, 성안에 3000의 병사가 있다고 하지만 실제로는 4, 50인에 지나지 않는다. 이것을 보면 조선의 병비 여하를 살피기에 충분하다."

56 앞의 책, 1894, 125쪽.
"경성의 상권은 지나인의 손바닥에 들어가고 방인은 항상 지나인의 뒤에 있는 상황이다. 당시 지나인이 경성에 재류하는 자는 3000인에 이르고 대자본을 가지고 와서 왕성하게 일본과 경쟁할 뿐 아니라 조선 상인과도 길항하기에 이르러 조선인 중 이를 마음에 두는 자는 몰래 크게 이것을 걱정한다, 방인은 지나인의 거동이 의외로 활발하고 자본이 풍부한데 놀라고 있다."

57 柵瀨軍之佐, 『見聞隨記 朝鮮時事』, 釜山港の商況, 1894, 131쪽.

려고 하는 생각이 적어지고 있다. 일본의 사업가들은 빨리 여기에 착목하여 조선 연안에서 수족을 우리 장중(掌中)에 거둔다면 단지 그 사람의 이익뿐 아니라 일본 국가의 부유함이 여기에서 다소 더해질 것임은 의심할 바 없다.[58]

④ 청일전쟁을 전후하여 이전에 이루어진 조선에 대한 사정 및 지리 조사를 토대로 상권장악을 위한 개항장 및 전국 시장 조사가 이루어졌다. 그 예를 혼마 규스케(本間久介)와 오카자키(岡崎唯雄)가 경기, 황해, 평안, 충청, 전라, 경상도에 대한 조사에서 알 수 있다. 즉 상권 확장을 위한 급선무가 무엇인지를 조사하여 식산흥업의 방편을 알기 위한 것이었다. 이에 대한 자세한 내용은 다음 장에서 검토한다.

3) 조신사정 안내서에 나타난 조선인식

(1) 조선속국론

조선속국론이란 조선이 상고시대부터 일본에 조공을 바쳐왔고 당나라 이래 '지나'에도 조공을 바친 속국이었다는 주장이다. 아울러 그러한 '지나'의 영향으로 조선의 정치, 풍속, 인종이 모두 "지나와 같아서 우둔하며 풍속은 구습을 숭상하여 변혁을 좋아하지 않는다"라는 내용이다.[59] 이 주장은 도조 다모쓰(東條保)의 『朝鮮誌略』(1875)과 다다 나오쓰나(多田直縄)의 『朝鮮軍記』(1875), 소우 칸(總生寛)의 『朝鮮新論』(1876)에 잘 나타나 있다. 여기서는 공통적으로 조선이 상고시대부터 일본과 중국에 조공을 바쳐 독립한 적이 없는 나라로 묘사되어 있다.

---

58 柵瀬軍之佐, 『見聞隨記 朝鮮時事』, 全慶兩道岸の漁業, 1894, 132쪽.

59 東條保, 『朝鮮誌略』, 朝鮮總說(平田登圃), 1875, 3쪽.

조선은—인구가 700만이다. 예부터 일본과 지나의 속국이 되어 독립한 적이 드물다. 옛날 지나(支那) 주(周)의 무왕이 은(殷)에게 이겨 기자를 조선에 후(侯)로 삼아 평양에 도읍하였다. 그후 40여 세를 지나 왕준(王準)에 이르러 참람하게 스스로 왕을 칭했지만 한(漢)의 초에 연인(燕人) 위만이 이것을 쫓아 그 땅의 왕이 되었다.—삼국이 서로 상쟁하여 그후 일본의 진구황후가 이것을 정벌한 이래 우리 일본에 속한 것이 수백 년이 되어 문예를 전하고 또 조공을 하였다. 그로부터 수당(隋唐)에 이르러 자주 지나(支那) 때문에 정복당하여 혹은 이에 복종하고 혹은 이에 반항하여 몇 번의 연혁을 거쳐 지금에 이르렀다.[60]

이 책들의 특징은 개항 이전에 간행되었으며, 상당한 분량을 할애하여 조공(朝貢)의 역사를 기록하고 있다는 점이다. 조선이 예전에 일본의 '속방'이었던 것을 잊고 메이지 신정부가 탄생한 이후 국교재개 교섭에 응하지 않으며 서계 접수를 거부하여 일본에 모욕을 주고 있다는 인식도 보인다. 진구황후의 삼한 정벌, 신라왕자 아메노히보코(天日槍)의 귀화, 백제 초고왕의 조공을 바친다는 약속, 내둔관가(內屯官家)의 설치, 탐라의 조공, 고구려의 조공 등을 기술하여 조선의 역사를 조공의 역사로 만들었다. 즉 조선은 상고 이래 일본에게 공물을 바쳐왔고 일본왕의 보호와 도움으로 지탱된 역사였다는 것이다.

특히 『朝鮮新論』에서는 도요토미 히데요시의 조선정벌에 대해서도 그 이유를 고려가 조공을 하던 나라임을 잊고 몽고침략 시에 원나라의 선구가 되어 일본의 서변을 노략질했기 때문에 '문죄(問罪)의 군사'를 일으킨 것이라고 주장한다.

조선은 왕고부터 우리에게 조공한 나라이다. 중고 아국이 쇠하기에 이르러 조공을 결한 지가 수백 년이다. 도리어 지나의 선구를 이루어 우리 서변에 노략질하기

---

60 多田直繩, 『朝鮮軍記』, 1875, 2~3쪽.

에 이르러 문죄의 군을 일으켰으나 저 매우 좁은 조선으로 하여금 우리의 국위를 알게 할 수 없었다. 아아 슬프도다. 실로 분로쿠(文祿) 원년 도요토미 히데요시(豊臣秀吉)가 분연히 원수를 갚고 보국을 위해 100만의 병력을 일으켜 바다를 건너니 중군(衆軍)이 패주하고 여러 성(城)이 무너져 국왕이 도망가고 태자를 생금하는 길이 와해되고 구할 수 없게 되었다. 이에 국치를 설욕하기에 충분하였다. 하물며 재 정벌에 있어서야 황조(皇祖) 사자의 영으로 하여금 이것을 알게 한다면 명목(瞑目)하기에 충분하다. 하늘이 만약 히데요시에게 2년을 빌려주었다면 명(明)을 전복시키는 것이 어찌 각라(覺羅)씨를 기다렸겠는가. 하물며 계림은 일 소국인 것을—[61]

그러면서 "조선이 속국으로 복종하지 않아서 토벌을 받은 것을 도리어 원망하여 보복하려는 것은 폭동이 아닌가"[62]라고 말한다. 나아가 이미 속국이었던 조선이 도요토미 히데요시의 침략을 보복하려고 운양호 사건을 일으켰다는 왜곡된 주장을 하고 있다. 이런 조선의 '폭동'에 관대함이 지나치면 나라의 권리를 잃게 될지 모르므로 정한해야 한다는 주장을 거듭하고 있다. 운양호 사건과 개항을 추진하고 있는 일본인의 조선인식의 일단을 엿볼 수 있는 대목이다.

『朝鮮紀聞』에는 일본의 상고시대에 스사노오가 한국에 왕래한 적이 있다는 주장을 한다. 이 책에도 마찬가지로 진구황후의 삼한정벌과 신라왕의 조공약속, 고구려 지역이 일본판도에 속하게 되었다는 조공의 역사가 나열되어 있다.[63] 조선이 상고시대부터 독립국이 되지 못하고 다른 나라에 예속된 속국이었다는 주장은 『朝鮮志』에도 한층 왜곡된 형태로 드러나게 된다. "이 나라는 일 소토인데도 불구하고 소방이 분열하여 항상 서로 공격하고 마침내 통일로 돌아간 시대가 없다. 당(唐)의 힘을 빌려 스스로 통합을 도모한 결과는 마침내

---

61 總生寬, 『朝鮮新論』, 1876, 16~17쪽.

62 앞의 책, 1876, 22~23쪽.

63 鈴木信仁, 『朝鮮紀聞』, 4~12쪽; 「日韓交通略史」, 1885, 21~29쪽.

지나(支那)에게 병합되었다. 그 후 북방에서 일어난 발해, 거란, 여진, 몽고의 난에 의해 항상 견제를 받아왔다. 마침내 원조(元朝)의 잠식을 받아 토지가 크게 삭감되었다"[64] 라고 한다.

이 책에는 식민사관에서 말하는 일선동조론, 타율성론의 주장이 상당히 구체적으로 나타나고 있다. "스사노오가 그의 아들 이다케루를 데리고 내려와 신라국에 이르러 소시모리에 살았다"라고 하여 산인도(山陰道)에서 오키도(隱岐道)를 거쳐 일본해를 횡단하여 조선의 동북부에 왕래한 것이라고 한다. "스사노오가 아국에서 저 나라로 건너가 그의 아들 이다케루를 그 땅에 남기고 우리 이즈모(出雲)에 돌아왔다면 이다케루는 마침내 단군이 되어 그 땅에 군림한 것이 아닐까 추측된다"[65] 라고 설명한다. 즉 일본신의 남동생인 스사노오의 아들이 조선을 건국한 단군이라는 일선동조론의 원형을 볼 수 있다.

이처럼 메이지 초기에 나온 출판물 가운데 과거 양국 사이의 역사적 근거를 내세우며 조선속국론을 주장하고 있는 것이 보인다. 이런 주장의 이면에는 일본 정부가 개항교섭을 통해 조선 정부를 압박하며 이의 타개를 위한 운양호 사건 도발과 정한론 실행의 타당성을 강조하는 것을 볼 수 있다. 여기에는 근대 일본이 중국보다 발 빠르게 조선에 대한 선점을 유도하려는 의도가 내포되어 있다.

(2) 조선멸시론

조선사정 안내서에는 이전 에도시대의 조선 통신사가 일본에 문화를 전해준 조선의 문화적 우수성에 대한 인식은 보이지 않는다. 안내서의 여러 곳에서 노골적으로 조선인에 대한 멸시관을 드러낸다. 1868년 메이지유신 이후 문명개화를 이룬 문명국 일본이 타자의 시선으로 '미개화'된 조선을 바라보는 '문

64 足立栗園, 『朝鮮志』 제2편 歷史 槪論, 1894, 8~9쪽.

65 앞의 책, 제2편 歷史 제1장 建國の起源, 1894, 10~11쪽.

명과 야만'의 교차점을 읽을 수 있다. 따라서 조선에 대한 긍정적인 시각보다는 부정적인 편견에 가득 찬 모습이 보인다. 근대 일본인들의 조선 멸시관은 조선인의 불결, 추악, 게으름, 비진보성에 잘 나타나 있다. 이 멸시론 가운데는 타율성론과 정체성론이 혼재되어 있다.

혼마 규스케(本間久介)는 조선이 '오늘은 청에 의지하고 내일은 러시아에 의지'하기 때문에 청과 일본의 각축장이 될 뿐 아니라 서구열강의 각축장이 되어 위급한 상황이 전개될 것으로 예견하고 있다. 그리고 조선인의 사대주의 근성을 비판하며 일본의 국력에 대한 자신감을 드러내고 있다. 중국이 이미 동양의 맹주로서의 위신을 잃었음에도 조선은 이를 자각하지 못하고 청을 숭배하는 사대주의에 빠졌다고 본 것이다. 그렇기 때문에 일본은 중국 중심의 중화체제를 타파하기 위해 청일전쟁을 준비하고 청으로부터 조선의 독립을 강조하게 된다. 이밖에도 그는 ① 조선인은 나태하고 무사태평하다. 비가 오면 절대로 일을 하지 않고 목수가 반나절 걸릴 일을 3~4일이나 걸려서 한다. ② 일본인 여행객에게 구걸하여 비굴하다. ③ 관리는 모두 도적이며 조선인은 참담한 지옥에 살아도 개의치 않는 것은 유전성에 의한 것이다. ④ 조선인은 단순하고 불결하다고 한다. 그 불결함을 다음과 같이 적고 있다.

> 불결은 조선의 '명물'이다. 경성은 말할 것도 없고, 팔도 가는 곳마다, 시가다운 시가를 볼 수가 없다. 우마의 인분은 주머니 안에 넘치고, 그 불결한 것은 말로 할 수가 없다.—음식물의 불결은 역시 이 나라의 특색이라 할 수 있는 것으로, 썩은 생선과 야채를 사용하는 것은 물론이고, 그 음식물을 조리하는 모양을 볼 때는 어떠한 호걸이라 해도 수저를 드는 데 주저하지 않을 수 없다.—외방인으로서 조선을 여행하는 자는 그 곤란을 이루 말할 수 없다. 특히 어느 객사에도 목욕탕이 없는 것은 더욱 여행자를 고통스럽게 한다.[66]

---

66 최혜주 옮김(本間久介 지음), 『朝鮮雜記-일본인의 조선정탐록』, 시가의 불결, 2008, 238~239쪽.

야즈 쇼에이(矢津昌永)는 부산과 원산항 등을 견문하면서 조선인 가옥의 누추함과 음식점의 불결한 모습을 지적한다. 거류지 주변의 모습을 보고 마치 '중앙아프리카'라는 생각이 든다고 묘사하여 일본의 문화적 민족적 우월성을 드러낸다. "한인의 집은 인류가 살만한 곳이 아니라고 의심했다—이러한 모양으로 국가라고 말할 수 있는 조직의 실행이 있는가. 국민에게 진보 개량의 생각이 있는가. 청결의 관념이 있는가. 취각이 있는가, 아니라는 의심이 든다"[67] 라고 말한다. 그리고 이러한 인식은 조선인의 위생적 불결과 질병의 만연, 이에 대한 방임 상태를 지적한 군의(軍醫) 고마쓰 스스무(小松運)의 다음 지적에도 보인다.

> 이 나라의 미개는 본래부터 위생이 무엇인지를 모른다. 그러므로 그 가옥이 왜소하고 누추하며 비습하여 대기(大氣)가 유창하지 못하다. 민인(民人)은 머리가 지저분하고 얼굴이 더러우며, 때와 종기가 가득하다. 도포는 헤지고 소매는 찢어져 남루하다. 음식은 조잡하고 거칠며, 질기고 부패한 것을 상관하지 않는다. 도로는 불결하고 분뇨가 낭자하여 냄새가 코를 찌른다. 혹 사람이 죽었을 때는 제멋대로 오랫동안 그것을 집에 둔다. 사체가 부패하여 벌레가 나오기까지 방치해 둔다—질병이 기인하는 매개가 되지 않는 것이 드물다. 그러므로 이것을 역으로 말하면 전국이 하나로 병마 역귀의 유린 발호에 방임하고 있다고 말해도 과언이 아니다.[68]

스에히로 시게야스(末廣重恭)가 1892년 8월 23일 부산주변을 견문하면서 조선의 가옥을 본 인상을 "지금 실지에서 이것을 보니 매우 협소하고 또 틀림없이 더럽지만 일찍이 상상한 것보다 심하지 않았다—인가(人家)라기 보다는 돼지우리와 같다. 공정하게 평한다면 우리나라 변두리에 있는 에다촌(穢多村, 천민

---

67 矢津昌永, 『朝鮮西伯利紀行』, 朝鮮固有の臭氣始めて鼻を搏つ, 1894, 16쪽.

68 小松運, 『朝鮮八道誌』, 總論, 醫事, 1887, 14쪽.

거주 지역)에 방불하다"라고 언급하고 있다.[69] 또한 경성지역을 돌아보고 대원군을 방문하여 남긴 인상기에 의하면 "걱정되는 것은 문약에 흐르고 나아가 활기가 없는 것이다. 그 모습은 헤이안조(平安朝)의 말로와 동일하다. 다음날 나는 대원군을 알현하여 말하기를 어제 국왕전하의 행행을 보니 순연한 당(唐)·명(明)의 유풍이다. 사람에게 1000년 전에 있는 일본의 모습을 추상시킨다고 했다. 대원군은 좋지 않은 얼굴이다."[70] 즉 조선의 상태를 일본의 헤이안시대(平安時代, 794~1185년경)에 해당되듯 일본보다 1000년은 뒤진 것으로 묘사하고 있다.

사쿠라이 군노스케(柵瀨軍之佐)는 조선 문화를 천시하고 조선인이 살아가는 모습을 야만시하면서 조선의 전통문화·풍습·생활모습 등을 악의적으로 표현하고 있다. 일반 백성들의 생활을 언급하면서 야만적이고 미개한 모습을 강조한다.[71] 또한 지배자들은 국토와 민중을 평화롭게 하는 일 등에는 관심이 없고 오직 자신의 안위만을 생각하며, 뇌물과 청탁에 길들여진 부패하고 무능한 이들로 묘사하고 있다. 그는 이와 같은 서술을 통해 조선에 대한 우월감과 멸시감을 일본인에게 심어줌으로써 일본이야말로 미개한 조선을 개화시키고 나아가서는 조선을 지배할 수밖에 없다는 식의 결론을 이끌어내고 있다. 계속해서 "정치의 질서가 없고, 민중의 기력이 없고, 사회가 난잡하다. 하나는 전정(專政)의 억압 결과라고 생각하면 실로 집정관이 얼마나 무정한 것인가. 얼마나 시세에 밝지 못한 것인가를 애석하게 여기지 않을 수 없다"라고 지적한다.[72]

계속해서 그는 "상상할 수 없는 것은 한인 일반의 생활이다. 저들은 본래부터 의관이 엄장(嚴裝)하고, 응대가 근엄하여 용이하게 반개국(半開國)의 인민으로 보기 어렵다. 그러나 그 생활정도 정태를 보면 가난하고 천한 것을 알 수

---

69 末廣重恭, 『北征錄』, 1893, 19~20쪽

70 앞의 책, 1893, 111쪽.

71 柵瀨軍之佐, 『見聞隨記 朝鮮時事』, 京城の雜見, 1894, 45~46쪽.

72 앞의 책, 政治機關の組織, 1894, 48~50쪽.

있다. 또한 불쌍한 자가 있는 것을 느낀다. 그 원인은 저들이 게으른 것 때문에 많으나, 중대한 주요 원인은 누구나 정치의 횡포를 평하고 그것을 굳게 믿는 것"이라고 생각했다.[73]

(3) 러시아 경계론

러시아는 부동항을 찾아 남진정책을 펼치고 있었다. 이 때문에 일본과 마찰을 빚게 되었다. 일본 정부는 외무성 7등 출사 세와키 히사토(瀨脇壽人)를 러시아에 파견하여 교섭을 벌였다.[74] 그는 형식상 외교관이었지만 정탐이 주된 임무였다. 당시 두만강 건너 니콜리스크에 머물던 중 함경도 출신인 김인승(金麟昇)을 만나 조선사정을 자세하게 듣고 조선의 전적을 참고하여 가가와현(香川縣)의 하야시 신조(林深造)와 함께 『鷄林史略』을 간행하였다. 이 책은 러시아의 남진정책에 대응하기 위한 조선사정 안내서였다.[75]

이처럼 일본은 조선과 경계를 맞대고 있는 러시아를 주목하여 양측의 사정을 정탐하고 러시아에 대한 경계심을 늦추지 않고 있었다. 또한 『朝鮮紀聞』의 서문을 쓴 구스모토 마사다카(楠本正隆)는 이 책의 간행의의를 '요충지인 조선에 주목하는' 러시아를 경계하기 위함이라고 지적한데서도 그것을 알 수 있다.

> 조선은—무비요충지일 뿐이다. 북은 러시아와 새로운 경계가 되고 일의대수이며, 나머지는 모두 만주 지역이다. 러시아가 블라디보스토크에 장차 철도를 개통한다

---

73 앞의 책, 執政官及配下, 1894, 54~55쪽.

74 구양근, 「일본 외무성 7等出仕 瀨脇壽人과 외국인 고문 金麟昇」, 《한일관계사연구》 7, 1997.

75 이 책은 두 권으로 되어있으며 권1은 전국의 위치, 도서(島嶼), 산천, 기후, 지미(地味), 산물, 국군(國郡)도성(부 戶數), 숙역(宿驛) 도로 교량, 정강(政綱), 문학, 풍속, 화폐, 도량형, 양전(量田), 이정(里程), 권2는 병제, 시취(試取), 병선, 성보(城堡), 군기군장(軍器軍裝), 경급(警急), 봉수, 연병, 시위 입직 행순(行巡), 부신(符信), 병적, 면역(免役), 구휼휴가, 유방(留防), 포폄, 군형(軍刑), 역마구목(驛馬廐牧)이다.

고 들었다. 동양에 길을 열려는 것이다. 또 청국 해육의 운수를 열어 내정을 수행한다고 들었다. 각각 경계가 당연한 것이다. 나는 일찍이 10년이 지나지 않아 동양의 정세가 크게 변할 것이라고 말한 적이 있다. 지금 청불전쟁이 일어나 프랑스군이 광서성(廣西省)에 들어갔다. 또 대만섬을 공격하려 한다. 이에 전투가 여러 달이다. 비록 강화의 날이 머지않아 동양 대세의 종국에 이를 것이지만, 그것이 어떻게 될지 알 수 없다. 오호라 시태(時態)가 이미 이와 같다. 경세의 인사가 마땅히 깊이 생각해야 할 때이다. 이 책이 금일에 유용함이 어찌 작은 도움에 그치겠는가.[76]

오다기리 마스노스케(小田切萬壽之助)는 조선의 운명을 위태롭게 할 나라는 열강 중에 러시아이며 상업과 병략의 두 가지 면에서 반드시 조선을 점령할 필요를 느끼고 있다고 단언한다. 그는 열강가운데 미국은 장래 어떤 사고가 일어나도 태평양을 건너와서 반노를 합중국의 한 주로 만드는 일은 없을 것이라고 보았다. 청국은 안남사건이래 조선을 자국의 판도에 넣는 것은 외우(外憂)를 증가시키는 일이기 때문에 불가능하다고 말한다. 동양에 대해 통상·정략상 중대한 관계를 갖는 것은 영국이지만, 자랑하던 해군이 쇠퇴하였고 상업도 위축되어 자국의 방어에 급급한 지경이 되었다고 진단한다. 프랑스나 독일도 조선을 점령할 시기가 아니라는 것이다.

그는 이상의 열강에 비해 러시아는 식민정략의 의향이 가장 확실하기 때문에 위험하고 경계해야 한다고 판단하였다. 특히 러시아가 남오소리(南烏蘇里) 방면에서 조선 유민을 보호한 것, 경흥조약, 부산 절영도를 조차하여 석탄고를 설치하려고 한 것, 조선에서 러시아당이 증가하고 있는 것은 러시아의 의도를 의심케 하는 증거로 보았다. 이러한 상황에서 일본이 나가야 할 방략은 러시아의 남하를 막는 것이며, 이것이 실패한다면 쓰시마 해협이 위험하고 오키(隱岐)의 사이고항(西鄕港)도 위험하게 된다고 주장한다. 즉 러시아가 조선을 점령하

---

76 鈴木信仁, 『朝鮮紀聞』, 序文, 1885.

기 전에 일본이 조선을 점령해야 한다는 방향을 시사하고 있다.[77]

러시아의 절영도 조차 문제에 대한 우려를 표명한 것은 스에히로 시게야스(末廣重恭)이다. 그는 "러시아는 지난해부터 이 섬에 주목하여 자주 빌리려는 담판을 열고 미국도 역시 같은 청구가 있다고 한다. 이 일은 우리나라에 있어 중요한 사건이며 결코 가볍게 간과해서는 안 된다"[78] 라고 경고한다. 그리고 원산항에 도착해서는 조선에서 제일 중요한 항구라고 지적하며 그 이유로 러시아가 남하할 때 이 항구에 깃발을 날릴 위험이 있기 때문이라고 보았다. 1892년 조선과 블라디보스토크를 견문하면서 쓴 이 글에는 이 항구의 상황을 자세하게 적고 있다. 즉 시베리아철도 건설에 착수하여 매해 군대가 증가하고 있으며 항구 내외에 포대를 건축하고 규모가 광대한 것이 놀랄만하다는 것이다. "지금부터 10년을 경과하지 않고 이 항구는 세계 무비의 요새 및 군항이 되어 홍콩, 상해에 다음가는 무역장이 될 것"이라고 하여, 이 여행의 자세한 내용은 같은 해 『東亞之大勢』(靑木嵩山堂 발행)라는 책에 따로 자세히 기록할 정도로 러시아의 움직임을 주목하였다.

사쿠라이 군노스케(柵瀨軍之佐)는 러시아와 조선을 견문하던 중 조선에 주재하던 원세개 (袁世凱)를 방문하였다. 그러자 원세개는 그와 동행했던 이나가키 만지로(稻垣滿次郎)[79] 에게 시베리아철도의 준공 기일을 물었다. 중국에서도 시베리아철도 준공 후의 문제를 주시하였고 그 결과 일본에게 경계가 필요함을 언급한 것이다.

> 군은 이에 응해 말하기를 러시아가 지금 당초 설계한 선로를 바꾸어 지나, 만주의 경계에 근접하고 있다. 그러면 일단 공사 준공을 고하고 철도관통 때인 10년 후에

---

77 小田切萬壽之助, 『朝鮮』 제5 朝鮮半島ノ未來, 朝鮮政略, 1890, 149~156쪽.

78 末廣重恭, 『北征錄』, 1893, 17~18쪽.

79 1861~1908. 외교관, 영국의 케임브리지대학에 유학 후, 1891년 간행한 외교론 「東方策」으로 호평을 받았다. 1897년 타이의 최초 변리공사가 되고, 나중에 스페인 공사를 역임하였다.

는 금일 망막한 시베리아 광원도 변하게 될 것이다. 과연 일신화(一新化)를 더하게 될 것이다. 만약 이에 이르면 지나는 가장 경계를 해야 할 때가 올 것이다. 원세개는 웃으면서 말하기를 지나는 걱정할 것이 없다. 일본이야말로 일단의 경계가 필요할 것이다. 아니 서로 변방의 경계를 엄하게 하는 것이 긴요할 것이다.[80]

《지지신보》 기자 스기야마(杉山虎雄)는 지정학적으로 동양의 '소점'(燒點, 발화점)이 된 조선 문제는 러시아의 시베리아철도의 낙성 이후 폭발력을 갖게 될 것임을 지적하였다. 즉 이 철도의 효용이 군사상 · 상략상(商略上) · 식산상(殖産上) 어디에 있는가를 강구하지 않으면 안 된다고 보았다.[81] 그는 시베리아의 부원이 존재하는지 여부는 아직 자세하지 않아 식산상의 효율은 미지수이며, 캐나다의 태평양철도 개통이나 니카라과 운하의 개척도 임박해 상략상 철도의 효율성은 기대하기 어렵다고 주장한다. 그러므로 이 철도는 군사철도라고 할 수 있으며 완성된 뒤에는 러시아의 병세는 크게 증가하여 태평양연안에 군대를 파견하는 것은 어렵지 않다는 계산이 나온다고 언급하였다.

아울러 러시아 정략의 요점은 조선을 독립국으로 유지하여 러시아의 '쇄륜'(鎖鑰, 동력을 전달하는 쇠사슬 바퀴)이 되게 하는 것이며, 만일 타국이 조선의 독립을 위험하게 한다면 이를 간과하지 않을 것이라고 경고하였다. 즉 이 철도의 준공 후 청국, 영국, 일본은 직접 영향을 받지 않지만 조선은 가장 큰 피해를 입을 것이라고 예측하고, 일본은 이에 어떻게 대처할 것인지 크게 경계할 것을 주장한 것이다.

80 柵瀨軍之佐,『見聞隨記 朝鮮時事』, 袁世凱を訪ふ, 1894, 65쪽.

81 波多野承五郎,『北支那朝鮮探險案內』,「朝鮮問題の由來」(·杉山虎雄), 1894, 157~161쪽.

(4) 일본세력 확장과 내지행상론

혼마 규스케(本間久介)는 청일전쟁이 일어나기 전에 조선을 정탐하면서 일본인의 상권장악 상황에 대해 다음과 같이 지적하고 있다.[82] 첫째, 부산의 경우 일본거류민이 '지나'인보다 많아 일본이 우세하지만 경성지역은 도저히 일본이 '지나'인을 능가하기 어렵다. 남대문 근처의 잡화상도 '지나'인의 방해로 장사하기 어려운 정도라고 하였다. 둘째, 팔도 시장에서 '지나'인을 보지 않는 지역이 없다. 그들이 파는 물건은 바늘, 못, 당지, 당실, 부싯돌, 성냥, 담뱃대 등으로 적은 자본을 가진 자는 금건을 파는 자도 있다. 셋째, '지나'인은 한 푼의 자금도 없이 와서 거액의 재산을 얻어 귀국하는 자가 많다. 일본인은 행상하는 것을 부끄러워하여 노점을 펴는 것을 바보처럼 생각한다. 즉 조선에서 일본이 세력을 떨치고 국권을 확장시키기 위해서는 청국보다 일본의 세력 확장이 시급한 일이라고 주장한다. 그런데 각 지방의 상권을 청국상인이 장악하고 있는 상황을 비판적으로 언급한 것이다.

야즈 쇼에이(矢津昌永)는 1893년 7월 24일부터 약 20일간 개항장 부산과 원산, 블라디보스토크를 중심으로 견문하였다. 원산을 방문했을 때 무역상으로 오랜 경험을 갖고 있는 가지야마 신스케(梶山新介)와 회담한 내용에서 그가 일본의 국익을 얻기 위해 조선이 얼마나 좋은 시장인가를 설명하는 대목이다.

> 일본인은 조선무역에 가장 적당하다. 우리 국민의 성질로 구미로 향하는 것보다는 먼저 오히려 조선무역에 종사하고 무역의 흥정을 알아야 한다. 특히 향토에 연연하는 우리나라 사람이라도 이곳에 도래하면 각별히 어렵지 않다. 또 조선에 의해 우리 국익을 얻는 것은 실로 많고, 현재 주재하는 우리 국민도 항상 일만 명을 내려가지 않는다. 자본금은 500만 내지 800만 엔으로 여기에 대한 수익이 적지

82 최혜주 옮김(本間久介 지음), 『朝鮮雜記』, 6부 청국의 야심과 일본의 열세, 1894, 194~211쪽.

않다. 또 일본 어민이 조선연해의 어획에 종사하는 자가 1만 명으로 그 어액(漁額)이 대개 150만 엔이다. 이것저것 합하면 조선이 우리나라에 이익을 주는 것이 적지 않은 것을 알 수 있다. 외교상 어찌 이것을 도외시하겠는가 운운.[83]

일본은 청일전쟁에 승리한 후 청국상인의 상권을 장악하고 식산흥업의 방편에서 개항장을 비롯한 전국적인 조사에 들어갔다. 그런 작업의 일환으로 구마모토현에서는 농업은 무라카미(村上)위원, 어업은 오타니(大谷)위원, 상업은 오카자키(岡崎唯雄)가 맡아 조사했다. 오카자키는 일본이 전후에 해야 할 급무 중의 급무로 조선에서 어느 사업을 먼저 할 것인지를 연구하는 일이라고 보았다.[84] 청일전쟁 이후 일본군대의 수용을 위해 행상하는 자가 많아졌지만 도한자의 대부분이 인천, 경성에 그치고 내지에 들어가지 못하는 것이 가장 문제라고 지적하였다. 그 이유로 교통의 불편, 언어의 불통, 기후의 부적합, 가옥식품의 불량을 들었다. 그러나 구마모토현 사람은 이런 곤란을 극복하고 다른 부현 사람보다 내지에 들어가 행상하는 데 유리하다고 말하고 다음과 같이 행상의 방법을 제시한다.[85]

첫째, 10인 1조로 편성하여 행상을 하며, 조선어를 학습한 뒤에 실행하기 어렵기 때문에 몇 가지 언어만을 습득하도록 설명한다. 예를 들면 '자기가 휴대한 상품품목', '매매상의 응답', '금전 계산 및 부르는 방법', '숙박, 음식을 위한 응답'을 기억해둔다. 둘째, 행상루트로는 부산에서 동서로 깊숙이 들어가 행상지를 선택한다. 남부지역보다는 북부에 가는 것이 득책이고, 남부에서는 일본의 병참부가 있는 곳이 상업상 주목해야 할 곳이다. 특히 조선이 법치가 없는 나라이기 때문에 상인이 행상을 위해 길을 떠날 용기가 나지 않으므로 일본군

---

83 矢津昌永, 『朝鮮西伯利紀行』「朝鮮貿易に對する紳商の談話」, 1894, 59~60쪽.

84 岡崎唯雄, 『朝鮮內地調査報告』, 一般觀察, 開港場, 南部ト北部トノ比較, 1895, 1쪽.

85 岡崎唯雄, 『朝鮮內地調査報告』, 內地行商, 1895, 9~15쪽.

이 있는 곳을 들고 있다. 셋째, 주의를 촉구할 것은 내지인의 성정이라고 한다. 함경도는 인정이 달라 일본인을 미워하는 풍조가 있고 위해(危害)를 가하려는 자가 있다고 하나 일부분이고 전체적으로는 그렇지 않다고 지적한다. 청일전쟁 이후 조선의 형세가 일변하여 일본인의 세력이 커지고 일본잡화를 기호하는 정도가 높아지고 있다. 몽매한 한인을 단골로 만드는 것이 용이하다고 파악한다. 그리고 한인은 성질의 연경(軟硬)과 상관없이 제어하기 쉬운 자들이기 때문에 행상자에게는 매우 편리하다고 보았다.

이처럼 한인의 기호에 따라 적당한 물건이 무엇인지 먼저 연구하여 중요품목에 대한 기호의 요점, 결점 및 장점, 개량점, 장래 수용정도의 가능성 등을 제시하고 있다. 즉 의류, 소간물(小間物, 방물), 음식품, 문구, 장식품, 등구(燈具), 금속 및 금속기, 도기, 칠기, 잡품을 들고 있다. "개항장에서 한인에게 시험 삼아 팔아본 뒤에 점차 내지에 넓혀가는 것이 득책이다. 혹은 내지의 큰 시장 허다한 남녀가 모이는 곳에서 아직 한인이 견문하지 못한 물건을 진열하여 널리 그 용법을 알리면, 가령 일시에 그것을 판매하지 않더라도 한인에게 점점 신기한 물품을 구입할 마음을 일으키는 단서를 열 수 있다"라고 구체적인 방안을 제시하고 있다. 이밖에도 한인의 상업조직, 운수, 각종산업, 노동, 금융사정 등에 대한 설명이 있다.

이상에서 살핀 것처럼 개항 전후 시기에는 정한 문제가 일본정계의 화두로 등장하고 운양호 사건, 개항추진을 통해 조선에 관한 관심이 증가되었다. 그런데 비해 이 시기 일본에서는 조선사정 전반에 관해 어두웠으며 자료부족에 허덕였다. 일본은 조선침략의 정당성 확보를 위한 준비 작업의 하나로 조선사정을 조사하고 안내서를 간행하기 시작하였다. 이것은 조선 사회 전반의 구조 및 제도, 세시풍속, 병제, 호적, 형벌제도, 지리, 역사 등에 관한 다양한 정보를 제공하고 있다.

1880년대에는 강화도조약 체결 이후 수신사 파견과 함께 조선에 대한 관심이 증가하고, 조선을 둘러싸고 일본과 중국의 갈등이 일어나기 시작하였다.

임오군란, 갑신정변과 관련된 책이 간행되었다. 일본은 정치적, 경제적 세력을 확장하고 상권을 침탈하기 위한 목적에서 개항장과 한성에 인접한 지역을 조사하고 안내서를 준비한 것이다. 일본 내에서는 당시의 조선을 둘러싼 상황이 급박함을 경계하고 이를 위해 조선에 대한 연구가 필요함을 지적하는 주장이 증가하였다. 특히 러시아의 남하정책에 대한 깊은 우려와 함께 육군참모본부의 첩보활동의 결과 지도와 지리서가 간행되었다. 농산물이 풍부한 삼남지방이나 광산물이 매장된 함경도 지방에 집중적인 조사도 이루어졌다. 그리고 군사적 목적에서 연안, 해안측량 등과 요해지, 항구, 험준한 지형 등을 다양하게 조사하였다.

1890년대에는 갑신정변 이후 일본의 지사들이 대륙 경영에 뜻을 품고 일본군 상인 무뢰배들이 내한하였다. 그들은 조선을 둘러싼 열강들의 움직임을 주시하면서 상인이나 통신기사 등으로 신분을 위장하여 정탐을 수행하고 안내서를 간행하였다. 이 시기에는 조선정탐을 통해 일본의 대조선 외교정책의 방향을 제시하는 책이 간행되어 러시아의 남침을 막고 일본의 상리(商利)를 확장할 방법을 모색하였다. 청일전쟁 준비를 위한 정탐도 이루어져 열강의 각축가운데 일본이 서둘러 조선을 선점할 것을 주장하는 논의도 보이고 있다. 그리고 조선의 지리와 역사에 관한 연구도 이루어져 지리적으로는 청, 러시아, 영국과의 충돌이 예상되는 중요무대로 인식하고, 역사적으로는 태고부터 일본의 속국이었음을 강조하였다. 이것은 조선은 독립이 불가능한 나라이며 일본과는 형제지간임을 주장하는 타율성론과 일선동조론의 왜곡된 인식으로 발전하였다.

2. 1900년대 일본인의 조선이주 안내서 간행과 조선인식

근대 일본은 청일전쟁과 러일전쟁에 승리한 이후 일본의 민족적 우월성을 강조하는 국가주의와 함께 대외팽창 분위기가 고조되었다. 그 결과 대만을 식민지로 확보하여 국제사회에 후진 제국주의 국가로 등장하였다. 이어서 대한

표 2-2　1900년대에 간행된 일본인의 조선이주 안내서

연도	저자	도서명	출판사	비고
1900	薮山生	朝鮮半島の天然と人	兵事雜誌社	
1901	小川隆三	渡韓見聞錄	静岡民友新聞社	실업가
1901	信夫淳平	韓半島	東京堂書店	외교관
1901	恒屋盛服	朝鮮開化史	博文館	東亞同文會
1902	香月源太郞	韓國案內	靑木嵩山堂	《關門新報》
1902	井原儀	韓國略誌	赤間關,和田善平	교과용
1903	岡庸一	最新韓國事情	靑木嵩山堂	언론인, 상업회의소
1903	長田信藏	韓國成業手引	大阪渡韓奬勵事務所	개성부거류민총대
1903	葛生修亮	韓海通漁指針	黑龍會	흑룡회 회원
1904	山本庫太郞	最新朝鮮移住案內	民友社	
1904	天野誠齋	朝鮮渡航案內	新橋堂	
1904	矢津昌永	韓國地理	丸善	지리학자
1904	長田秋濤	露西亞朝鮮支那遠征奇談	文祿堂	불문학자
1904	小須賀一郞	渡韓の栞	又間精華堂	수의사
1904	桑村常之丞	淸韓露渡航案內	小川尙榮堂	종군기자
1904	勝本永次	滿韓露案內	此村黎光堂	歙軒
1904	佐藤政治郞	韓國成業策(渡韓のしるべ)	岡島書店	《大阪每日新聞》 기자
1904	佐藤政次郞	韓半島乃新日本	日進舍印刷所	상동
1904	岩永重華	最新韓國實業指針	寶文館	신의주거류민단장
1904	森潤三郞	朝鮮年表	春陽堂	서지학자, 京都府立圖書館 직원
1905	沖田錦城	裏面の韓國	輝文館	신문기자
1905	松宮春一郞	最近の韓國	早稻田大學出版部	《電報新聞》 기자
1905	伊藤長次郞	韓國及九州談	東京	농정가
1905	加藤政之助	韓國經營	實業之日本社	중의원의원
1905	田淵友彦	韓國新地理	博文館	문학사
1906	塩崎誓月	最新の韓半島	靑木嵩山堂	《조선신보》 기자
1906	圓城寺淸	韓國之實情	樂世社	《萬朝報》 기자
1906	堀內泰吉,竹中政一	韓國旅行報告書	神戶高等商業學校	神戶高等商業學校
1906	上村賣劍	淸韓遊踪	東京堂	《岩水公論》 사장
1906	荒川五郞	最近朝鮮事情	淸水書店	중의원의원
1907	伊藤淸藏	韓國殖民管見	전국농사회	盛岡高等農林敎授
1907	農商務省山林局	韓國誌	東京書院	農商務省山林局

1908	薄田斬雲	暗黑なる朝鮮	日韓書房	《경성일보》 기자
1908	薄田斬雲	ヨボ記	日韓書房	상동
1908	靑柳綱太郎	韓國殖民策	輝文館	재무관
1909	薄田斬雲	朝鮮漫畫	日韓書房	《경성일보》 기자
1909	櫻井市作	僅日錄	新潟公友社	積善組合 이사
1909	佐村八郎	渡韓のすすめ	樂世社	宏文學院 교수
1909	小松悅二	新撰韓國事情	東亞研究會	《讀賣新聞》 기자
1910	朝鮮日日新聞社	渡韓成功法	實業之日本社	朝鮮日日新聞社
1910	足立栗園	朝鮮新地誌	積善館	지리학자
1910	井手正一	朝鮮之實情	公友社	
1910	地理研究會	朝鮮新地理	田中宋榮堂	地理研究會
1910	奧田抱生	朝鮮年代記	古川弘文館	교육가

제국을 보호국으로 만들어 이를 발판으로 강제병합을 감행했으며 대륙정책을 추진해 나갔다. 일본이 조선을 식민지로 상정하고 침략을 달성하기까지 취한 조사 방법은 ① 군인의 정탐활동, ② 관료, 외교관, 언론인, 학자 등을 통한 조사, ③ 민간이나 연구회 등 단체의 이주식민 타당성 조사가 있었다.

일본에서는 개항 전후시기부터 조선에 대한 관심이 높아지면서 이러한 조사의 결과물로 다양한 안내서(견문기)가 간행되었다.[86] 이후 통감정치기, 식민통치기에 걸쳐 간행된 방대한 조사 자료가 존재하고 있음에도 불구하고 지금까지 어느 정도의 규모로 출판이 이루어졌는지 전체상을 파악하기 어려운 실정이었다. 조선사정을 조사한 개인이나 단체가 조선을 어떠한 방법으로 조사하고 시찰했으며 어떠한 시선으로 조선·조선인을 바라보았는지 고찰할 필요가 있다. 당시 일본의 대외침략 과정을 밝힐 수 있는 중요한 단서가 될 것이기 때문이다.

---

86 최혜주, 「개항 이후 일본인의 조선사정 조사와 안내서 간행」, 《한국민족운동사연구》 73, 2012.12.

이 글에서는 주로 러일전쟁 전후부터 병합이 이루어지는 1910년까지 일본인의 조선이주 안내서 간행이 무슨 목적을 위해 감행되었으며, 어떤 사람들이 조선의 현지 사정을 조사하여 어떤 성격의 안내서를 간행했는지 고찰하려고 한다. 여기서 분석하는 자료(〈표 2-2〉 참조)는 일본 국회도서관과 니가타(新潟)현립도서관, 국립중앙도서관에 소장된 자료를 이용하였다.[87] 다만 당시 많은 일본인들이 조선을 찾았지만 단순한 시찰이나 관광을 위해 간행한 여행기는 분석 대상에서 제외시켰다. 먼저 이주 안내서의 간행 실태를 러일전쟁 이전과 이후, 강점 단행까지의 시기로 나누어 분석하고 간행 목적과 그 성격을 정리하였다. 이어서 이주 안내서에 나타난 조선인식을 조선 민족성론, 조선 보호론, 식민지 적합론, 조선 경영론으로 나누어 살펴보려고 한다.

1) 조선이주 안내서의 간행실태와 성격

(1) 러일전쟁 이전의 간행물

일본인의 한국이주는 1876년에 체결된 조일수호조규부록과 무역규칙에 의해 이루어졌다. 이후 이주민의 상업 활동이 활발해지자 일본은 1881년에 거류인민영업규칙을 제정하여 일본인의 상업 활동을 적극 지원하였다. 1883년에는 재조선국일본인민통상장정을 한국 정부와 체결하여 일본 상인의 내지침투와 영업활동을 보호하였다. 러일전쟁 직후 1904년 5월 각의에서는 한일의정서 조약문을 근거로 보다 체계적 침략지침인 「대한방침 및 대한시설강령」, 「대한시설 세목」을 결정하였다. 이에 따라 한국 경영의 방침으로 군사·외교·재정·교통·통신·척식 등 6항목에 걸친 구체적인 방안을 수립하였고, 한국을 식

87 〈표2-2〉에 제시한 안내서는 모두 그 내용을 확인했으나, 실업가 오가와(小川隆三)의 『渡韓見聞錄』(1901)만은 소재를 알 수 없으므로 추후에 보완하려고 한다.

량 및 원료공급지로 주목하여 일본의 과잉 인구를 배출할 이주식민정책을 추진하였다. 한편 러일전쟁 이전부터 등상하기 시작한 '만·한 이민집중론'은 구미지역으로의 이민을 반대하고 일본의 세력권인 만주와 한국에의 이민을 장려해야 한다는 내용이었다. 한국은 농업이민지로 가장 적당하고 적어도 1000만 명 정도 이민을 수용할 수 있다는 주장이다. 일본 정부도 1908년 9월의 각의에서 「대외정책방침 결정의 건」으로 '만·한 이민집중론'을 받아들이는 방침을 결정하였다.[88] 이듬해 외상 고무라 주타로(小村壽太郎)도 일본은 만주·한국으로의 이민을 강화한다는 방침을 표방했다. 이러한 식민정책이 성립된 배경에는 개인이나 단체 등을 중심으로 이주 안내서가 간행된 점을 들 수 있다.

먼저 병사잡지사에서 발행한 『朝鮮半島の天然と人』(1900), 오가와 류조(小川隆三)의 『渡韓見聞錄』(1901), 시노부 준페이(信夫淳平)의 『韓半島』(1901), 쓰네야 세이후쿠(恒屋盛服)의 『朝鮮開化史』(1901), 가쓰기 겐다로(香月源太郎)의 『韓國案內』(1902), 오카 요이치(岡庸一)의 『最新韓國事情』(1903), 오사다 신조(長田信藏)의 『韓國成業手引』(1903), 구즈우 슈스케(葛生修亮)의 『韓海通漁指針』(1903)이 있다.

『朝鮮半島の天然と人』은 병사잡지사에서 1900년《兵事雜誌》임시 발행호(제5년 제2호)로 간행되었다. 이 잡지는 "군국적 사상을 환기해서 우리 대일본 동포에게 병사상 웅대한 기식(氣識)을 주고 이로써 국민개병주의를 사실상 받아들이게 하여—조국을 위해 애쓰는 바가 있기를 절망(切望)하려는" 취지에서 만들어졌다. 지면구성은 사설, 군사요론, 전술연구, 군국사정, 군사총담, 잡록, 군사소설, 군사신보, 서임사령, 군사영달 등 군사상의 최신, 최요(最要) 사항을 게재하였다. 매월 2회(8, 23일) 발행되고 1부 6전(錢)이었다.[89] 이처럼 군국사상 환기를 위해 중요한 역할을 한 잡지사가 조선에 관한 임시호를 발행한 목적은 서구 열강의 물결이 일본의 안방까지 도달했다는 위기의식에서였다. 인도,

---

88 이규수, 「20세기 초 일본인 농업이민의 한국이주」, 《대동문화연구》 43, 2003.9, 31~33쪽. 정연태, 「대한제국 후기 일제의 농업식민론과 이주식민정책」, 《한국문화》 14, 1993.

89 『朝鮮半島の天然と人』의 광고(쪽수 표시 없음), 병사잡지발행소 同人, 1900.

베트남, 타이, 버마가 차례로 무너지고 중국도 분할 위기에 직면하여 다음 차례인 조선반도가 위험하다고 보았기 때문이다. "반도의 존망이 일본의 국방과 경제상의 안위에 미치는 영향이 크기 때문에 이를 막기 위해서도 먼저 조선의 지리를 연구해야 한다"라고 강조하고 있다. 내용은 조선 지리의 각론에서 해안선, 산맥, 평야, 하류, 지질, 기후, 천산 등에 대해 소개하고, 조선반도의 부원이 남부의 전주지역에 있으며, 한강과 낙동강의 중요성을 지적하였다.[90] 아울러 광산이 풍부하지만 국민이 몽매하여 자력으로 채굴하기 어려운 사정을 거론하여 일본의 관심을 촉구하고 있다.

시노부 준페이는 1897년 한국주재 영사관보로 부임하여 4년간 근무하면서 한국의 국력을 조사하고 세계 통상의 영향력 추이를 연구하였다. 그리하여 자세하게 관찰한 한국의 지리 역사 제도 문물 인정 풍속 등을 11장으로 나누어 『韓半島』를 저술하였다. 이 책에서 주목한 것은 부산, 인천, 경성, 개성, 평양의 상업과 재정, 일본, 청국, 러시아, 미국과 조선의 국제관계, 열강들의 철도, 광산, 수산, 항운, 토목 등을 둘러싼 이해관계, 조선에 관한 통계표를 첨부하고 개항장의 수출입 관계나 호구통계, 교육, 종교현황 등을 소개하였다. 그는 "한국민은 게으르고 선천적 열등감에 젖어 있으며 독립할 수 없는 사대주의가 국가의 부강을 막아왔다"[91] 라고 하는 기본적인 조선관을 가지고 있었다. 이 책을 저술한 표면적인 이유는 여행하려는 일본인에게 한반도를 자세하게 소개하기 위한 것이었지만, 실제의 목적은 외교관으로 부임한 저자가 철저하게 현지조사를 하고 그것을 기술하여 일본의 '이익선'(利益線)을 확보할 방법을 강구하고 경제침략을 위한 준비 작업에 다름 아니었다.

『朝鮮開化史』는 쓰네야 세이후쿠(恒屋盛服)가 1894년 한성에 들어와 내각기록국 관보과 관원이 되어 기록편찬 사무를 감독하면서 1901년에 간행하였

---

90 앞의 책, 제2장 지리각론, 1900, 92쪽, 146쪽.

91 信夫淳平, 『韓半島』 제2장 「京城」, 1901, 120쪽.

다. 이 책의 간행 목적은 그가 1874년 이후 조선 문제에 관심을 가지고 아시아주의 단체인 동아농분회, 식민협회에서 활동하면서 조선의 식민지화를 위해 집필한 것이다. 지리, 인종, 문화, 외교의 4장으로 나누어 〈지리편〉에서는 조선 반도의 지리와 8도 개략, 지세, 기후를 소개하고 단군조선 이래 삼한과 삼국사, 고려, 조선의 강역, 위치 등을 서술했다. 〈인종편〉에서는 일선동조론의 주장이 될 만한 근거로 천강인종의 분포와 특색, 이주 그리고 천손족(天孫族)의 우수성을 중심으로 살폈다. 〈문화편〉에서는 불교전래와 융성, 백제문화의 일본전파, 신라와 고려 문명, 태종·세종·세조의 업적, 도요도미 히데요시 침략 이후의 서양문물 전래, 신분사회와 종교교육, 정부제도와 운수·교통 문제 등을 다루었다. 〈외교편〉에서는 반도가 상고 이래 빈번하게 침범을 받은 사실과 진구황후의 정토(征討)와 임나일본부 설치를 다루었다. 신라외교를 중심으로 한 일본과의 외교 관계, 고려와 거란·송·금의 관계, 몽고군의 정복과 왜구 문제, 일본군과 청의 조선침략, 쇄국시대와 개국 후의 외교 관계를 중심으로 살펴보았다.

『韓國案內』는 부산에서 오랫동안 《간몬신보》(關門新報) 통신원으로 주재하던 가쓰기 겐타로(香月源太郎)가 조선사정을 시찰한 내용이다. 간행 목적은 조선을 여행하는 자를 위한 참고와 개항장 및 개시장의 발달상황을 소개하기 위해 서술한 안내서이다. 통계자료와 지도는 당시에 조사한 것을 담았다. 내용은 총론과 경성안내, 인천안내, 진남포안내, 평양안내, 원산안내, 군산안내, 목포안내, 마산포안내, 부산안내로 구성되었다. 총론에는 지세, 인종, 가옥, 행정, 병제, 우편전신, 인정풍속, 역사, 호구, 기생, 내지여행, 농업, 어업, 광업, 수출입 통계를 다루었다. 부록으로 경부철도, 경인철도, 해로이표(海路里表), 기선임전(汽船賃錢), 일한조약, 해관세목, 조선약어(朝鮮畧語) 회사·은행·상점 안내를 수록하였다. 대체적으로 조선사정에 대한 개략적인 내용이 주된 것이지만, 역사 항목에서는 진구황후의 정한과 도요토미 히데요시의 조선정벌을 장황하게 서술하고 정한론, 수호조규 체결, 1882년의 일본공사관 피격, 갑신정변을 중심으로 근대사를 정리한 점이 주목된다.

『最新韓國事情』은 부산일본인상업회의소의 오카 요이치(岡庸一)가 저술한 것이다. 그는 《와카야마실업신문》(和歌山實業新聞) 주필을 지내다 초빙되어 부산에 살면서 한국의 실업 사정을 중점으로 조사 연구하였다. 기존에 한국의 사정을 연구하여 풍속이나 문학, 역사, 대한정책 등을 논한 책자는 여럿 있었지만 이 책의 간행 목적은 순수하게 실업 방면에서 일한무역의 경영에 중점을 두어 한국을 분석한 점에 있다. 그 구성을 보면 총론, 생산, 화폐, 무역, 물가, 신용, 내국상업, 교통, 운수, 재정, 조약법규, 일한무역 경영론으로 되어 있다.

『韓海通漁指針』은 우익단체인 흑룡회의 후원으로 간행되었다. 이 책의 간행 목적은 흑룡회 회원인 구즈우 슈스케(葛生修亮)[92]가 1899년부터 어업의 실지조사를 위해 전라, 경상, 강원, 함경 연해와 두만강에서 어망을 내려 조류와 해저를 살피고 어리(漁利)를 탐구하여 연안의 풍속 인정을 조사하는 데 있었다. 그후 부산, 강원, 원산을 조사하고, 경성, 진남포, 평양 등을 거쳐 충청, 전라도를 시찰하며, 조선어업협회와 통어조합연합회(通漁組合聯合會)에 소속되어 활동하였다. 이러한 활동은 일본이 조선 연해를 독점하여 어시장을 획득하기 위한 정보가 되었다. 구즈우는 1903년 2월 흑룡회가 해외본부를 부산에 두고 요시쿠라 오우세이(吉倉汪聖)를 간사로 임명했을 때 조사원이 되어 한국에서의 활동을 계속하였다. 이것은 러시아와의 전쟁 그리고 일본의 한국과 만주지배를 염두에 둔 준비과정이었다. 내용은 연혁과 여러 규칙, 통어조합연합회, 연해지리, 해리(海理) 및 기상(氣象), 중요 수산물, 통어의 장세(狀勢), 중요 어업의 상세, 포경업의 상세, 어획물 처분 및 판매, 외인의 포경업, 한인 수산업 일반, 희망, 한해통어지침부록(韓海通漁指針附錄)으로 구성되었다.

『韓國成業手引』은 일본인의 한국이주를 유도하기 위해 오사카의 도한장려사무소(渡韓奬勵事務所)에서 발행하였다. 저자 오사다 신조(長田信藏)는 개성부에 거주하면서 개성부거류민총대로 활동하고 개성학당을 설립하여 회계감독

---

92 1874~1958. 치바현 출신으로 구즈우 도스케(葛生東介)의 동생. 1901년 우치다 료헤이(內田良平)와 함께 흑룡회를 창립. 신해혁명 때 중국에 건너가 혁명파를 원조한다. 우치다 료헤이의 사후 흑룡회 주간이 되었다.

을 지냈다. 이 책의 간행 목적은 일본인이 어떻게 식민지를 이용할 것인지 소개한 것이며, "개인에게는 성업의 안내서이며 국가에게는 식민의 방안이 되는" 자료이다. 따라서 한국에 이민하는 일본인들이 개척할 사업으로, 농업·양잠업·인삼업·매약업(賣藥業)·채금업·연초업·양조업·제염업·목축업·삼림업·도기업·수공업·수산업 등을 소개하고 있다.

그는 「自序」에서 "조선반도는 군사상의 필요에서만이 아니라 우리가 매해 40만의 인구과잉을 뱉어내는 절호의 땅이란 것은 이미 확연한 국론이 되었다. 참으로 기뻐해야 할 현상이다. 대개 조선식민은 아국인이 영국인의 기우(氣宇, 기백과 도량)에 가깝게 되는 유일한 세계적 훈련이다. 장래 무한한 발달을 이룰 우리 제국의 국민은 종관철도를 이용하여 뿌리 뽑히지 않는 근저를 한국 내지에 쌓아가지 않으면 안 된다. 우리들은 제국 이익선의 선봉에 가세하여 조선 내지에서 신산(辛酸)을 맛보기를 여러 해, 이 사이 얻은 바의 경험과 견문을 선택하여 대한 경영의 자료로 삼는 것은 적지 않은 쾌사이다"라고 말하며 "야마토(大和) 민족의 팽창을 바라는 자는 마땅히 조선에 건너가야 한다"라고 역설하고 있다.

이 시기에 간행된 안내서는 개인보다는 단체, 즉 병사잡지사, 부산일본상업회의소, 흑룡회, 도한장려사무소의 후원으로 발행되었다. 일본침략의 기선을 제압하고 정당성을 확보하기 위해 조선사정을 조사하고 특히 일본인의 이주를 장려하기 위한 안내서를 간행한 것이다.

(2) 러일전쟁기의 간행물

일본인들은 러일전쟁의 발발을 일본이 대륙으로 진출할 수 있는 절호의 기회로 여기고 있었다. 러일전쟁기에 간행된 이주 안내서에는 야마모토 구라타로(山本庫太郎)의 『最新朝鮮移住案內』(1904), 아마노 세이사이(天野誠齋)의 『朝鮮渡航案內』(1904), 야즈 쇼에이(矢津昌永)의 『韓國地理』(1904), 오사다 슈토(長田秋濤)의 『露西亞朝鮮支那遠征奇談』(1904), 고스카 이치로(小須賀一郎)의 『渡韓の栞』(1904), 구와무라 쓰네노조(桑村常之丞)의 『淸韓露渡航案內』(1904), 가쓰모토

에이지(勝本永次)의 『滿韓露案內』(1904), 사토 마사지로(佐藤政治郎)의 『韓國成業策』과 『韓半島乃新日本』(1904), 이와나가 시게카(岩永重華)의 『最新 韓國實業指針』(1904), 오키다 긴조(沖田錦城)의 『裏面の韓國』(1905), 마쓰미야 슌이치로(松宮春一郎)의 『最近の韓國』 (1905), 이토 초지로(伊藤長次郎)의 『韓國及九州談』(1905), 가토 마사노스케(加藤政之助)의 『韓國經營』(1905), 다부치 도모히코(田淵友彦)의 『韓國新地理』(1905)가 있다.

이 시기에 간행된 안내서는 크게 도항안내, 러시아·만주 안내, 기업(起業)과 경영, 지리연구에 대한 것이 주종을 이루고 있다. 첫째, 도항안내서는 야마모토 구라타로의 『最新朝鮮移住案內』, 아마노 세이사이[93]의 『朝鮮渡航案內』, 고스카 이치로의 『渡韓の栞』이다. 야마모토는 조선사정에 밝은 인물로 1907년에는 『諸官立學校入學受驗準備書』를 저술하기도 했다. 그는 『最新朝鮮移住案內』에서 일본인의 이주지역으로 호주는 인종 문제 때문에, 남미는 기후 때문에, 북미는 노동자를 필요로 하기 때문에 부적당하며 조선이 가장 적당하다고 보았다. 그러므로 러일전쟁의 실리를 챙기기 위해 조선에 이주할 것을 다음과 같이 주장하고 있다.

> 성공은 기회를 잡으려는 사람에게 온다. 우리는 역시 금일의 일대 기회를 놓쳐서는 안 된다. 몸에 병환이 쌓이지 않고 감히 활발한 정신과 자영자활의 능력을 가지고 지망(志望)을 품고 성공하려는 사람은 일본 내지에 몸을 오그리고 생활난, 직업난을 탄식하는 것을 그치고 하루라도 빨리 조선에 이주하여 이 좋은 기회를 이용하는 데 주저하지 말아야 한다. 청산 가는 곳마다 부원(富源)이 있는 곳, 자유가

---

93 아마노 가오루(天野馨), 한영거사(寒英居士)라고 한다. 그는 1894 청일전쟁 후 일본이 점령한 대만 사정조사를 단행하여 『臺灣事情:地理風俗』(1895, 大川屋)을 저술한 적이 있다. 천연자원이 풍부하고 공업상, 상업상 중요지역이었던 대만을 경영하기 위해 지세, 산천, 도부, 항만, 인정, 풍속, 산물에 이르는 상세한 고찰을 담은 책이다. 저술로는 『日清大戰爭』(1894), 『日清韓繪入海陸戰爭軍歌』(1894), 『日清戰爭實地見聞演說』(1895) 등이 있다. 이러한 경험을 토대로 러일전쟁 중에는 『朝鮮渡航案內』를 저술한 것이다.

있는 곳, 우리의 고향이다.[94]

아마노 세이사이는 『朝鮮渡航案內』의 「自序」에서 간행 목적에 대해 "가능성 없이 일확천금을 노리는 사람들의 도한은 위험천만한 일이므로 충분히 조사 탐구해서 부원을 척식할 각오로 이권을 점수(占收)하는 것이 중요하다는 것"을 알리기 위해서라고 말한다. 이를 위해 조선의 실리, 지세와 부원, 풍속과 습관, 기후와 유행병, 도한 준비, 도한의 마음가짐, 상륙안내, 직업안내, 농업가·상업가·광업가·어업가·노동자의 도한, 저명지 안내 등을 소개하고 있다.

고스카 이치로는 오사카에서 수의사로 활동하면서 양계(養鷄)와 양돈(養豚)[95]의 방법을 연구하였다. 이런 관심은 한국에서의 농업 경영 문제로 연결되었다. 그는 『渡韓の栞』의 간행 목적을 「서언」에서 "지금이 도한할 좋은 기회인데도 불구하고 한국이 어디에 있는지, 어떤 나라인지, 어떠한 물산이 나오는지, 어떠한 이익이 있는지 알 수 없기 때문"이라고 밝히고 있다. 이 책의 구성은 지세·조류(潮流)와 일·한 관계, 위치·면적·인구, 경계·구획, 수로·개항지, 6대강, 각 개항지에서 경성까지의 도순(道順), 금광, 어류분포, 어류제조법, 한국의 기관(奇觀)으로 되어 있다. 이 책의 자매편으로 도한자의 편리를 위해 간행한 것이 『日露清韓會話早まなび』(1904)가 있다. 일상생활에 필요한 단어나 회화 등에 대해 정리한 것이다.

둘째, '만·한경영'을 국시로 삼고 대외진출을 표방하면서 청·러시아·만주 안내서가 간행된다. 오사다 슈토(長田秋濤)의 『露西亞朝鮮支那遠征奇談』, 구와무라 쓰네노조(桑村常之丞)의 『清韓露渡航案內』, 가쓰모토 에이지(勝本永次)의 『滿韓露案內』가 있다. 이 책들의 간행 목적은 러일전쟁을 시작하면서 일본에서 러시아, 한국, 중국의 지도를 다투어 구매하는 전쟁 붐이 조성되고 전쟁은

94 山本庫太郎, 『最新朝鮮移住案內』 1. 绝好の發展地, 1904, 12~13쪽.

95 『養鶩全書』(1901, 有隣堂), 『副産養豚法』(1904, 青木嵩山堂), 『眞正養禽學』(1904, 青木嵩山堂), 『六畳一室百拾貳羽飼養法』(1920, 日本養鷄社), 『養鷄簡易成功法』(1923, 日本養鷄社) 등의 저술이 있다.

물론 무역 상업 등을 고찰하는 자가 많아진 데 따른 안내를 위해서였다.

오사다 슈토는 법률을 공부하기 위해 프랑스에 유학한 불문학자로 귀국 후에는 이토 히로부미 등 정재계 인사들과 폭넓은 관계를 유지했으며 연극에 관심을 갖고 문학작품을 번역하였다. 특히 러일전쟁 이후에는 남방개발에 관심을 갖고 『圖南錄』(1917)을 간행했다. 구와무라는 종군기자로 러일전쟁을 취재하면서 관련 정보를 수집하고 이 책을 간행하였다.

가쓰모토 에이지는 『滿韓露案內』에서 삼국의 토지상황, 인정풍습, 군비(軍備) 전반에 걸치는 안내서로 군인, 상업가, 여행객, 군부(軍夫)를 위해 간행하였다. 「서문」에서 "극동의 소인(小人), 금후의 거조(擧措), 반드시 천지를 울리고 사해를 움직이기에 이를 것이다. 이 동양에서 공전의 장거는 아국 역사가 있은 이래 일찍이 없었던 쾌사이다. 아니 동양에서 공전의 장거가 아니다. 세계에서 공전의 장거이다. 내가 이에 만주·한국·러시아 안내를 저술하고 있을 때 우리 용군(勇軍)의 포화로 강국 러시아군을 만·한의 양 지역에서 격파함을 만나니 아아 동쾌하다"라고 언급하였다. 그는 『(實地應用)日韓會話獨習』(1904, 통역 李有鎔 교열)을 간행할 정도로 조선사정에도 밝았다. 일본인들이 러일전쟁을 치루면서 조선에 갈 일이 많아지고 전승 후에라도 상업에서 일본과 조선의 관계는 끊을 수 없기 때문에 조선어를 배워두지 않으면 안 된다는 인식을 가지고 있었다. 첫 대면의 인사, 여행, 식사, 기후, 군사, 상업에 필요한 말과 일상생활에서 사용하는 단어 등을 소개하고 있다.

셋째, 기업(起業)과 경영에 대해서는 사토 마사지로(佐藤政治郎)의 『韓國成業策』과 『韓半島乃新日本』, 이와나가 시게카(岩永重華)의 『最新 韓國實業指針』, 이토 초지로(伊藤長次郎)의 『韓國及九州談』, 가토 마사노스케(加藤政之助)의 『韓國經營』이 있다.

사토 마사지로는 《오사카마이니치신문》(大阪每日新聞) 기자로 러일전쟁 후의 한국 경영에 관한 안내서를 간행하였다. 『韓國成業策』의 간행 목적은 일본의 대륙발전 근거지는 한반도에서 시작해야 하고 열강의 간섭으로부터 한국 경영을 선취하는 것이 시급함을 주장하기 위해서였다. 즉 러일전쟁 중은 한반도의 사업을 시작할 기회라는 것이다. 전쟁의 대세가 이미 정해지면 열강의 실업가가 밀려와서 만·한경영에 착수할 것이기 때문이다. 그는 "금회 새로 발표된 일한의정서에 의해 보더라도 한국은 완전히 우리 제국에 의뢰하여 제국 보호 아래 선 것을 명시하였다. 본방 실업가는 이 의정서의 정신을 확충하여 일·한 양 국민의 이권을 확보하고 절동(絶東, 극동) 국민의 평화와 융창을 기할 각오가 없어서는 안 된다"[96]라고 하여 러일전쟁이 대륙 경영에 착수할 시기임을 언급하였다. 책의 내용은 도한의 호시기, 일·러의 개전과 도한, 10년 계획, 신일본 경영의 근거지, 농업의 호망(好望), 양잠업의 호망, 연초경작 및 제조수익, 사금채취 호망, 천여(天與)의 목장, 자연의 과림(果林), 압록강의 보고(寶庫), 경부철도 연선의 부원으로 되어 있다. 〈보유편〉에 한국경영 신론, 〈부록편〉에 저명지 안내 개황을 첨부하였다.

『韓國及九州談』은 농정가 이노 초시로가 1905년 9월부터 한 달간 규슈와 한국을 여행하고 쓴 견문기다. 그의 한국시찰 목적은 러일전쟁 승리 후 한국을 통치하는 방법을 연구하여 한국 내 일본인 이주촌락 건설을 장려하고, 또한 한국의 쌀 생산량을 정확히 파악하여 일본의 식량 공급상의 안전망을 구축하기 위함이었다. 이 책에서 가장 많은 비중을 차지하는 것은 한국의 농업에 대해서다. 규슈지역에서는 각지의 농장, 농학교, 농회, 쌀개량 조합, 창고를 시찰하였다. 한국에서는 수원의 농사사정과 농경지의 분포, 전제, 지조, 우경, 비료, 농기구, 경작법, 농지소유권, 토지매수, 도한시의 주의사항 등을 소개하였다. 경성에 머물 때 만난 한국의 귀족, 관리, 화폐금융, 동족주의, 채광(採鑛) 등을 항목별로 서술하였다. 그는 결론에서 지금이 바로 한국 경영을 단행할 시기임을 주장하였다.

---

96 佐藤政治郎, 『韓國成業策』, 「序」, 1904, 1~4쪽. 사토 마사지로는 政治郎와 政次郎를 이름으로 함께 사용했다.

금후의 한국 경영은 우리 제국민의 천직, 즉 당연히 하늘이 준 직책이다. 저들을 문명으로 이끌어 부원(富源)을 열고 이로써 우리가 30년 사이에 얻은 이 문명을 금후 10년이나 20년 사이에서 저들로 하여금 꼭 함께 성공시켜서 기개와 의협으로써 임하게 하지 않으면 안 된다. 제군, 지금 국민의 대발전을 시도할 때가 왔다. 섬 제국에서 가난한 생애를 보내기보다는 오히려 일약 궐기하여 이러한 신천지에 당신의 신 생애를 열라. 국민이 가는 곳마다 모두 신일본! 국기의 그림자는 휘날리고 항상 당신을 따를 것이다. 가라 먼저 한국으로, 가라 먼저 한국으로, 한국 경영이 급무임은 저 비관 낙관 모두 공론을 논할 때가 아니다. 지금 실로 실행할 시대! 단행할 시기이다.[97]

가토 마사노스케는 언론인으로《오사카신보》(大阪新報)와《유빈호치신문》(郵便報知新聞) 기자를 지낸 뒤 1892년 이래 중의원의원에 당선(12選)되어 활동한 정치가다. 그는 한국 보호국화를 식민지화로 인식하고 한국 경영의 대책을 강구하기 위한 목적에서『韓國經營』을 저술하였다. 1905년 5월 25일 경부철도 개통식 때 한국을 방문하여 부산, 대구, 경성, 인천, 평양, 정주, 안동현, 용암포, 진남포, 겸이포를 시찰하였다. 그리고 하세가와(長谷川) 대장, 하야시(林) 공사, 메카다(目賀田) 고문, 재조일본인 등을 접견하고 한국 경영 문제를 정리하기 위해 농상공업, 인정 풍속, 교육 등 다양한 자료를 수집하였다. 이에 대한 결론으로 ① 대한정책에서 우선 강구할 것은 한국과 일본의 관계 정립 문제다. 즉 한국은 독립국이 아니고 일본의 보호국이므로 러시아의 용훼는 물론 열강과의 교섭을 단절시켜야 한다. ② 어떠한 방침으로 한국을 경영할 것인가라고 언급하여 한국 정부와 국민을 회유하는 한편 위력을 사용할 것을 지적하고 있다. 이 책의 내용은 총론, 인정풍속 및 습관, 교육, 지방자치, 인민의 생활, 제실(帝室) 및 정부조직, 통화, 한제(韓帝) 및 양반, 한국민, 한국의 사업, 철도, 경성, 일

---

97 伊藤長次郎,『韓國及九州談』, 1905, 122~124쪽.

본인 거류지, 대관과의 회견, 잡건, 결론으로 이루어져 있다.

넷째, 지리연구서는 야즈 쇼에이(矢津昌永)의 『韓國地理』, 다부치 도모히코(田淵友彦)의 『韓國新地理』이다. 일본인들의 한국에 대한 인문지리서들은 러일전쟁 전후 다량으로 간행되기 시작했다. 그 대표적인 것이 야즈의 『韓國地理』이다. 그는 지리학교수로 중등학교 교과서와 참고서를 저술하여 지리학계의 중진이 된 인물이다.[98] 러일전쟁의 승전보가 도착한 날 서문을 쓰고 "한국은 결코 외국이라고 볼 수 없으며 일본인이 한국에 대해 알려고 하는 것이 마땅하여 저술했다"라고 간행 목적을 말한다. 내용은 한국의 경계, 위치, 면적 및 해안, 도서와 산천수계를 다루고 있다. 이어서 기후, 식생, 광물 등과 인문환경 부분에서 인종적인 면을 언급하고 있다. 남방계는 고대일본의 혈통이 영향을 준 것으로 일선동조론에 기초한 내용이다. 그리고 신분제나, 교통, 운송 및 각종 산업을 기술하면서도 한국의 낙후성과 일본의 역할을 강조하였다. 마지막에는 한국인은 국가정신이 부족한 '식민적' 국민이라고 할 수 있으며, 식민지로서의 자격을 갖춘 곳임을 인구밀도, 기후풍토, 토지의 생산력, 광물매장, 수산업을 예로 들고 있다.

다부치 도모히코는 문학사로 러일전쟁 승리 후 강화조약이 성립한 날을 기념하여 쓴 『韓國新地理』의 「서문」에서, 간행 목적을 한국이 "일본의 부속국, 보호국이 되어 일본의 판도에 들어갔으므로 지리학 연구자가 참고할 수 있도록 서술했고, 한국의 산맥을 실지 조사한 고토 분지로(小藤文次郎)의 결과를 참고했음"을 밝히고 있다. 『韓國新地理』는 정치, 경제, 사회, 문화 등 다방면에 걸쳐 한국관련 내용을 수록한 종합적 인문지리서이다. 이 책은 러일전쟁이 끝난 직후 간행되어 1910년에는 6판을 발행할 정도로 대표적 지리서가 되었다. 내용은 크게 지문지리, 인문지리, 처지(處誌) 등으로 되어 있다. 지문지리는 한국의 지리적 위치, 지세, 조석(潮汐), 생산물 등을 기술하였다. 인문지리는 인종과

98 최혜주, 「『朝鮮西伯里紀行』에 보이는 야즈 쇼에이(矢津昌永)의 조선인식」, 《한국학논집》 44, 2008.

풍습, 가옥, 종교, 교육, 정치, 병제, 재정, 외교, 산업 등에 대해서 서술하였다. 처지에서는 팔도의 중요 도시 등을 서술하였다. 다른 저서로는 1907년에 『受驗用復習用西洋史摘要』와 『受驗用復習用英文典摘要』를 저술하였는데, 중학교, 사범학교, 고등여학교 등 수험생을 위한 포켓북이다.

이 시기에 간행된 안내서는 도항안내, 러시아·만주안내, 기업(起業)과 경영안내, 지리연구에 대한 것이 주종을 이룬다. 도항안내서에 보이는 이주에 대한 관심은 인구증가에 대한 절박함에서였다. 러시아와 만주, 지리에 대한 관심은 러일전쟁 승리 후 대륙진출을 기도하기 위함이었다. 기업과 경영안내는 한국경영과 만주 경영을 위해서였다.

(3) 러일전쟁 이후 병합까지의 간행물

러일전쟁 이후 한국에 도항하는 자들이 급격히 증가하면서 강제 병합을 난행하기까지는 이전보다 간행물도 급증하는 현상을 보이고 있다. 시오자키 세이게츠(塩崎誓月)의 『最新の韓半島』(1906), 엔조지 기요시(圓城寺淸)의 『韓國之實情』(1906), 호리우치 야스키치(堀內泰吉)·다케나가 세이이치(竹中政一)의 『韓國旅行報告書』(1906), 아라카와 고로(荒川五郎)의 『最近朝鮮事情』(1906), 이토 세이조(伊藤淸藏)의 『韓國殖民管見』(1907), 농상무성 산림국(農商務省山林局)의 『韓國誌』(1907), 우스다 잔운(薄田斬雲)의 『暗黑なる朝鮮』과 『ヨボ記』(1908), 아오야기 쓰나타로(靑柳綱太郎)의 『韓國殖民策』(1908), 사무라 하치로(佐村八郎)의 『渡韓のすすめ』(1909), 고마쓰 에쓰지(小松悅二)의 『新撰韓國事情』(1909), 사쿠라이 이치사쿠(櫻井市作)의 『僅日錄』(1909), 조선일일신문사(朝鮮日日新聞社)의 『渡韓成功法』(1910), 아다치 리쓰엔(足立栗園)의 『朝鮮新地誌』(1910), 이데 쇼이치(井手正一)의 『朝鮮之實情』(1910), 지리연구회(地理硏究會)의 『朝鮮新地理』(1910), 오쿠다 호세이(奧田抱生)의 『朝鮮年代記』(1910)가 있다.

대표적인 것을 들어보면 첫째, 도항안내서이다. 사무라 하치로[99]의 『渡韓のすすめ』, 조선일일신문사(朝鮮日日新聞社)의 『渡韓成功法』이 있다. 『渡韓のすすめ』는 이토 히로부미를 4차례 접견한 사무라가 2개월간 한국을 시찰한 기록이다. 그는 간행 목적을 "일반인들에게 사소한 것이라도 한국사정을 소개하고 싶은 점과 장래 일본 청년들이 한국에서 발전의 여지를 발견하기를 바라는 점에서"라고 밝히고 있다. 이 책은 상·중·하편으로 구성되었다. 상편에는 한국의 실제 모습, 발전과 이주의 여지, 이주 장려, 일본제국의 책임, 이주민 자격 등이다. 중편은 자연 풍물, 실제 한국에서 생활하는 데 필요한 생활비와 기관들, 그리고 이주 후 가능한 직업 등을 소개하였다. 하편에서는 경부선과 경의선을 중심으로 주요 역에 대한 사정을 담았다. 그는 한국은 "빈약국이 아니며 무한한 보고(寶庫)이고, 한국인도 게으른 백성이 아니다"라고 강조한다. 적어도 일본인 100만 명은 이주해야 한다고 말한다. 즉 "1000만 인의 한인 중에 100만 인 정도는 들어가지 않으면 안 된다. 그것도 주로 철로연도 번화가로부터 먼저 이주시키고 싶다. 그러면 외국인이 기차에서 보더라도 일본인이 두루 있는 것을 보고 함부로 넘보거나 새로 야심을 야기할 여지가 없다"라고 언급하고 있다.

『渡韓成功法』은 조선일일신문사 조사부에서 소자본 성공법을 보급하고 도한을 장려하기 위해 재한 성공자 중에서 모집한 글을 수록하였다. 즉 일용품상, 소매상, 음식품상, 한인상대 성공담, 반상반농(半商半農), 농목(農牧), 노동이다. 그리고 부록에 〈한국도항안내〉를 붙여 여비, 도한 후의 생활 상태를 소개하고 〈질문권〉에는 궁금한 사항을 문의하도록 편성하였다. 이 책의 간행 목적을 "한국 경영의 본의는 우리 국민의 세력을 부식하는 데 있다. 즉 반도의 여러

---

99 철학관(현재의 도요[東洋]대학)에서 철학을 전공하고 교육가 가노 지고로(嘉納治五郎, 1860~1938)가 중국에서 온 유학생들을 위해 도쿄의 우시고메(牛込)에 설립한 고분가쿠인(宏文學院)의 교수를 지냈다. 이 학교는 1896년에 관비유학생을 중심으로 입학생을 받아들인 후 1909년까지 존속하였다. 13년간 7192명이 입학하고, 3810명의 졸업생을 배출하였다고 한다. 저서로는 『古代哲學』(1894, 철학관), 『明治聖勅集』(1895, 六合館), 『國書解題』(1904, 吉川半七), 『日語新辭林』(1906, 富山房)이 있다. 고분가쿠인에 대해서는 坂根慶子, 「宏文學院に於ける日本語教育」, 《東海大學紀要 留學生教育センタ》 13호, 1993, 1~16쪽.

곳, 우리 동포의 이주가 왕성하여 가는 곳마다 우리의 경제적 세력을 충실하게 만드는 데서 처음 경영의 실적을 완수할 수 있게 되었다. 그리고 이주를 장려하려고 한다면 적어도 저들에게 위안을 주고 그 도한 후의 생활 방법 등에 관해 걱정하지 않도록 해야 한다. 우리는 이에 보는 바가 있어서 다음의 제안을 한국에 사는 우리 동포를 향해 보내는 것"이라고 말한다.

둘째, 한국사정 안내서이다. 시오자키 세이게츠(塩崎誓月)의 『最新の韓半島』, 엔조지 기요시(圓城寺清)의 『韓國之實情』, 호리우치 야스키치(堀內泰吉)의 『韓國旅行報告書』, 아라카와 고로(荒川五郎)의 『最近朝鮮事情』, 우스다 잔운(薄田斬雲)의 『暗黑なる朝鮮』과 『ヨボ記』, 고마쓰 에쓰지(小松悅二)의 『新撰韓國事情』, 이데 쇼이치(井手正一)의 『朝鮮之實情』이 있다.

먼저 언론인이 쓴 책은 시오자키 세이게츠의 『最新の韓半島』와 엔조지 기요시의 『韓國之實情』, 우스다 잔운의 『暗黑なる朝鮮』과 『ヨボ記』, 고마쓰 에쓰지의 『新撰韓國事情』이 있다. 시오자키 세이게츠는 《조선신보》(朝鮮新報) 기자로서 다년간 견문한 내용을 전후 도항자의 안내와 기업가의 참고용으로 소개한 것이다. 부산, 목포, 인천, 경성, 군산, 강경, 대동강, 진남포, 원산 등지의 사정을 36장으로 나누고 부록으로 〈만주잡기〉를 수록하였다. 그는 서문에서 간행 목적을 "방인(邦人) 대 한인의 관계도 근래 현저하게 변화하였으니 이러한 사정에 정통하지 않으면 기업, 경영 모두 의외의 실패를 초래할 수 있다"라고 하여 이를 방지하고자 서술했음을 밝히고 있다. 제33장 한인의 대우에 대해서는 "한인은 돼지와 인간의 중간 정도로 취급되는 것에 만족하지 않으면 안 된다. 왜냐하면 한인은 인간 같은 동물로 돼지에 가까운 것이기 때문이다. 그러나 이미 인간인 이상은 가령 하등이라고 해도 설마 동물취급은 할 수 없으니 이에 인류로서 어떤 정도로 대우할 것인가를 연구하지 않으면 안 된다"라고 하여 한국인을 비하하는 인식이 보인다.

엔조지 기요시는 《유빈호치신문》(郵便報知新聞) 기자를 거쳐 1898년 《요로즈초호》(萬朝報)에 입사하여 재정과 경제를 담당하는 논설기자가 되었다. 한편 1903년에는 대러동지회(對露同志會)에 참가하여 러일개전론을 주장하였다. 러일전쟁 중이던 1905년에는 6월 4일부터 28일까지 국민후원회의 파견으로 부산, 경성, 인천, 대진, 대구, 미산 등지를 시찰하여 그 내용을《요로즈초호》에 게재하고 다시『韓國之實情』으로 출판하였다. 부산에 도항하면서 느낀 연락선과 숙박시설의 불편, 경부철도와 한국철도에 대한 현황, 대한제국 황제 및 관리, 인민, 잘못된 일본의 대한정책, 재한방인(在韓邦人)의 악폐, 경성의 학교와 감옥, 산림, 항만, 농업, 광업, 어업, 대한 경영상의 주의, 한국의 폐제(幣制), 부현별 거류민, 한국거류민의 희망 등 31개 항목에 걸쳐 직접 견문한 것을 수록하기 위해서였다. 부록으로 한국도항의 마음가짐을 덧붙였다. 이 책의 간행 목적은 러일전쟁 수행과 전후 경영에 필요한 한국의 제반 사정에 대한 자세한 관찰이었다. 그의 한국사정에 대한 인식은 부정적이고 야만적인 모습을 드러내고 있다.

그리고《경성일보》(京城日報) 기자로 건너온 우스다는 재조일본인의 시선으로 경험한 한국의 풍물을 기록하면서 자신의 체험에 비중을 두었다. 간행 목적은 책 제목처럼 한국의 어두운 면만을 적고 주로 한국 풍습의 미개성과 한인의 생활상 및 처세 등을 다루기 위해서였다. 그는 한국의 현실을 보여주는 특정 계층으로 한의사, 기생, 양반, 하층민을 들고 있다. 이 두 책 외에 1909년에 간행한『朝鮮漫畵』도 '문명'과 '야만'의 이분법에 따라 한국의 야만성을 시각화한 것이다. 이러한 책들이 일본인들에게 한국의 이미지를 "불결, 악취, 태만, 폭식, 저능, 무사태평"한 인상을 준 것은 일본의 식민지화 과정에서 조선에 대한 차별적 이미지를 생산하는 역할을 했다고 할 수 있다.

『新撰韓國事情』은《요미우리신문》(讀賣新聞) 기자이며 동아연구회 회원인 고마쓰 에쓰지[100]가 1908년부터 여러 차례 도한하여 팔도의 인정풍속을 시찰하고 각종 재료를 수집하여 서술한 것이다. 이 책의 간행 목적은 일본이 열강의 침탈로부터 '한국을 선점(先占)'하기 위해 주로 한국의 정치, 재정과 경제, 농

---

100 호는 겐도(謙堂)이다. 저서에는 러일전쟁 참가 군인의 훈공을 표창하기 위해 저술한『金鵄勳章:武勳錄』(1907)이 있다. 그리고『加納久宜全集』(1925),『帝都郊外發展誌』(1928),『滿蒙から上海へ』(1933),『支那の中堅を衝く』(1937) 등이 있다.

업, 삼림, 어업, 광업, 종교, 교육, 도부(都府) 및 항만, 법규에 관한 사항을 게재하는 데 있었다. 부록으로 〈韓國紳士錄〉을 첨부하였다. 동아연구회는 일본이 "세계의 일등국이라는 자부심을 갖고 동양평화의 담보자" 즉 동양의 맹주 역할을 실행하기 위해 청·한·인도·타이 등의 국정을 조사연구한 단체이다. 고마쓰가 동아연구회를 만든 이유는 기존의 조사단체인 동방연구회, 동양협회, 동방협회만으로는 구미인들의 동아시아 선점 조사를 막기에 부족하다는 인식에서였다. 이 연구회는 한국사정 조사와 출판의 후속조치로 만주와 북청에 대한 조사와 간행을 계획하고 있었다.

다음 『韓國旅行報告書』는 고베(神戶)고등상업학교 학생 호리우치 야스키치(堀內泰吉)·다케나가 세이이치(竹中政一)가 여름방학을 이용해 한국의 경제사정을 조사한 보고서이다. 학교에서 고베실업협회(神戶實業協會)와 제휴하여 학생들의 취직시장을 개척하기 위해 파견한 것이다. 궁극적인 조사 및 간행 목적은 '식민지'로서의 한국의 가치를 연구하는 데 있었다. 보고서의 내용은 식민자의 입장에서 한국을 평가한 것이다. 원산을 시작으로 평양, 개성, 서울, 대구를 거쳐 부산으로 돌아오는 총 35일의 여정을 통해 한국의 정치적 상황, 지형, 종교, 풍습, 습속, 산업현황 등에 관하여 조사하였다.

『最近朝鮮事情』은 중의원의원 아라카와 고로(荒川五郎)가 1905년 여름부터 조선을 시찰하고 나서 견문한 것을 자세하게 기술하였다. 개항장, 경부철도, 지리, 왕궁, 국체, 정치, 재판, 교육, 종교, 조선인, 가옥, 혼인, 의복, 음식물, 풍속, 교통, 금융기관, 상업, 무역, 내지이주, 기후, 농업, 어업, 광업 등이다. 그는 조선 경영은 일본의 '천직'이며 일본국의 '생명'이라고 말한다. 간행 목적을 밝힌 '자서'에서 "조선 경영의 일이 하루 진행되면 100일의 이익이 있다. 열 걸음 늦어지면 1000걸음의 손해가 있다. 일시 일각이 급할 때 방인의 대부분이 조선 사정에 밝지 못한 것은 실로 유감이다. 조약협상 여하에 완전하지만 사정에 밝지 못하면 교섭이 촘촘하지 못하고, 교섭이 촘촘하지 못하면 관계가 얕고 관계가 얕으면 국권이 신장되지 않으며 국권이 신장되지 않으면 경영의 일 역시 진행되지 않는 것이다. 그러나 교섭을 촘촘히 하는 것은 방인의 이주 장려를 첫째로 삼는다"라고 하여 경영의 중요성을 언급하였다. 아울러 조선반도는 세계에서 유망한 지역임을 다시한번 강조하여 이주를 촉구하였다.

이데 쇼이치(井手正一)의 『朝鮮之實情』은 병합을 기념하여 간행한 안내서이다. 이 책의 간행 목적은 조선의 풍속사가 방대하여 여러 책이 필요하지만 일본인들이 그 대략을 빨리 파악할 수 있도록 소책자를 서술한 것이라고 밝히고 있다. 즉 병합 이후 조선통치를 염두에 둔 준비 작업이었다. 책 앞부분에 '한국병합조서'와 '한국병합조약' 원문을 수록하고 합병의 의의, 합병과 교육, 합병의 전말을 통해 합병의 불가피함을 설명하였다. 그는 "세상에서 합병을 단지 영토 확장, 제국주의의 실행이라고 논하는 자가 있다"라고 지적하면서 천박한 견해라고 반박하고 있다. "현명한 한국 황제가 깊이 생각하여 병합을 단행하고 통치권을 일본 황제에게 양여한 것은 백성을 편안하게 하기 위해서였다"라고 강변하였다.[101] 그리고 연혁, 시니, 사회계급, 교육, 종교, 문학, 풍경 인속, 농업, 제조업, 상업, 수산업, 광업, 산림업, 교통운수, 도항안내, 철도와 역을 수록하였다. 아울러 그는 『韓國併合紀念帖』(1910, 駸駸社)도 출판하였다.

셋째, 한국식민 경영에 관한 안내서이다. 이토 세이조(伊藤清藏)의 『韓國殖民管見』, 아오야기 쓰나타로(青柳綱太郎)의 『韓國殖民策』, 사쿠라이 이치사쿠(櫻井市作)의 『僅日錄』이 있다. 『韓國殖民管見』은 모리오카(盛岡)고등농림학교 교수 이토 세이조가 40여 일간 한국의 서남부 지역을 시찰한 보고서이다. 그는 삿포로(札幌)농학교에서 니도베 이나조(新渡戶稻造)에게 식민학을 배우고 농정학, 농업경제학 연구를 위해 유럽에 유학한 학자이다. 이 책은 문부성이 주최한 전국실업학교장회의와 농림학교에서 강의한 내용을 정리한 것이다. 간행 목적은 한국식민의 목적과 추세, 중소농민 이식책을 중심으로 학교는 물론 일반사회에 한국식민의 중요성을 호소하기 위해서였다.

『韓國殖民策』은 《오사카마이니치신문》 특파원으로 내한하여 《복포신보》

---

101 『朝鮮之實情』 제1장 合併の意義, 1910, 22~25쪽.

주필로 활동한 아오야기 쓰나타로가 한국 경영을 위한 식민론을 서술한 책이다. 식민책 개론, 식민과 관리, 식민과 종교, 식민과 교통, 식민과 농업, 식민과 상업, 식민과 식림, 식림과 어업, 이주 장려 등을 정리하였다. 간행 목적은 식민을 논하는 자들의 담론이 공허함을 비판하면서 식민의 요소를 연구하고 이주 식민을 장려하기 위해서였다. 그는 일본 인구의 증식이나 동방 경영의 대책(大策)에서 이주식민이 가장 중요하다고 보았다. 이렇게 경제적 동화를 이룬 뒤에 내선동화가 가능하다는 주장이다.

사쿠라이는 1897년 니가타현의 지주층을 중심으로 결성된 적선조합(積善組合)이사를 지내고 니가타시장(1916~1919)까지 역임한 인물이다. 『僅日錄』의 간행 목적은 그가 1905년 가을과 1909년 2월에 니가타시의 공무를 수행하면서 한국의 경성과 평양 등을 시찰하고 그 변화상을 정리하기 위해서였다. 그는 '서'에서 "한국 장래의 발전은 결코 비관할 만한 것이 아니며, 방인의 발전을 기대하고 기다릴 만한 것"이라고 확신하고 있다. 아울러 한국 경영에서 긴요한 것은 "오방(吾邦)의 우승권을 인정하게 하고 우리의 국풍을 따르게 하는 데는 꼭 물질적으로 인도하여—저들을 동화시키는 일"이라고 보았다.[102] 그리고 식민지를 개척하기 위해 도한하는 자에게 긴요한 것은 "공고한 결심 외에 배우자를 동반하는 일"이라고 말한다. 그렇지 않으면 반드시 실패로 끝날 것이라고 단언하고 있다.[103] 내용은 통감정치와 한국정치의 관계, 정치와 실업, 상업과 공업, 농업, 북한의 청진과 니가타에 대해서 수록하고, 부록으로 나고야, 히로시마, 시모노세키, 후쿠오카와 두 번째 찾은 경성과 평양에 관한 단신(短信)을 담았다.

넷째, 지리서이다. 농상무성(農商務省) 산림국의 『韓國誌』, 아다치 리쓰엔(足立栗園)의 『朝鮮新地誌』, 지리연구회의 『朝鮮新地理』, 오쿠다 호세이(奧田抱生)의 『朝鮮年代記』가 있다. 『韓國誌』는 농상무성에서 1907년에 발행한 종합 지리

102 櫻井市作, 『僅日錄』 제1장 3년간의 한국의 진보, 1909, 5~6쪽.

103 앞과 같음, 제10장 북한청진과 우리 니가타, 1909, 95쪽.

서이다. 간행 목적은 한국이 반식민지로 전락한 시기에 병합을 준비하면서 미래 조선의 '척식'(拓植)의 기조를 다지기 위해 편찬된 관찬 지리서이다. 이 책은 러시아 대장성에서 조사한 내용을 초역한 것이다. 한국의 산업 중 농경지의 비율, 농사법, 수확계산법, 농작물의 종류, 목축업을 다루고 있다. 이어 수산, 수렵, 임업, 광업, 제조, 상업, 하천, 교통, 지질, 인구, 지방행정조직, 교육, 학술, 종교 등의 사항을 수록하였다.

1910년에는 병합을 기념하여 한반도의 지리를 조사하고 이전의 역사와 병합된 이유를 밝히는 저술이 간행되기 시작한다. 『朝鮮新地誌』의 간행 목적은 역사학자이며 지리학자인 아다치 리쓰엔이 "합병의 유래를 밝히고 신영토의 지식을 학교와 가정의 참고서로 보급"하기 위해서였다. 조선의 자연 및 인문현상을 백과사전식으로 나누어 기술하고 당시의 조사통계도 이용하고 있다. 전반부는 조선의 위치, 지리 정보를 언급하고 후반부에서는 조선의 역사, 외교사, 합병의 시말, 조선 일화(逸話)를 적고 있다. 이 책의 저본이 된 것은 1894년에 출판한 『朝鮮志』이다. 여기서 한반도를 둘러싼 러시아와 영국의 충돌을 예상하고 조선 지리의 중요성을 강조한바 있다. 아울러 조선이 "태고부터 다른 나라의 속국, 부용국이었음"을 언급하고, "스사노오의 아들 이다케루가 단군"이라는 일선동조론을 주장하였다. 1901년에는 『武士道發達史』를 저술하여 진구황후의 삼한정벌을 '무사도'의 출발로 설명하였다.[104]

『朝鮮新地理』는 오사카지리연구회(大阪地理研究會)에서 발간한 자료이다. 일본에서는 19세기말부터 조선 진출을 위해 한반도의 지리 정보를 조사 측량하고 여러 종류의 지리서가 발간되기 시작하였다. 병합과 동시에 일본인의 조선 진출이 식민지로의 이주라는 의미로 바뀌게 되자 기존의 지리서와 다른 새로운 지리서가 편찬된 것이다. 「서언」에서 이 책의 간행 목적을 "병합 후 금일

---

104 최혜주, 「개항 이후 일본인의 조선사정 조사와 안내서 간행」, 《한국민족운동사연구》 73, 2012.12, 20~21쪽.

먼저 동화설이 왕성하게 일어난다. 과연 동화를 바란다면 우리는 반드시 조선의 지리, 인정 등을 알지 않으면 안 된다. 누가 다른 나라를 자세하게 모르고 동화 간친(懇親)을 바라겠는가"라고 하여 금일의 병합에 응하기 위함이라고 밝히고 있다. 아울러 앞으로 일본인들이 조선 땅을 답사할 경우 자신이 아는 지역만 가기 때문에 조선 전부를 소개한 이 책을 읽고 필요한 지식을 얻기를 바란다고 하였다. 구성은 지문, 인문, 지방지로 나누어 〈지문편〉에서는 조선의 지리, 자연 환경을, 〈인문편〉에서는 주민들의 종족과 가족제도, 언어와 풍속, 성질, 의식주 생활과 위생, 인구 등을 다루고 있다. 〈지방지편〉에서는 각 도별로 주요 도시와 지형, 명승 등의 정보를 언급하고 있다.

『朝鮮年代記』는 오쿠다 호세이[105]가 일본의 신대(神代)부터 한국 병합에 이르는 시기까지의 한·일 관계사를 정리한 간략한 연대기이다. 제일 먼저 일본 신대의 스사노오가 아들 이다케루를 데리고 신라의 소시모리에 강림하는 것으로부터 시작한다. "소시모리는 우두(牛頭)이며, 이다케루는 한신(韓神)이 되었다"라고 한다. 다음 항목에 단군을 설정하여 단군이 무술년에 즉위하여 나라를 조선이라고 하고 평양에 도읍했다고 소개하였다. 그리고 "일설에 태백산에 내린 것은 환인의 아들 환웅이며, 환인은 일본신 이자나기(伊弉諾), 환웅은 스사노오, 단군은 이다케루"라고 왜곡된 주장을 하고 있다. 부록으로는 삼국시대, 고려, 발해, 조선시대 왕의 세계표(世系表), 일본에서 파견한 사신 약표(略表) 등을 수록했다.

이 시기에는 도항안내서, 한국사정 안내서, 한국식민 경영 안내서, 지리서가 간행되었다. 도항안내서는 '무한한 보고'인 한국에의 도항을 권유하는 것으로 소자본을 가지고 성공한 사람들의 수기를 수록하였다. 한국사정 안내서는

---

105 1825~1934, 교육가로 이름은 一夫, 字는 式齋, 호는 主客說詩堂·飯沙山農·紫燕棲主人·百朋齋 등이다. 미쓰비시상업학교(三菱商業學校)에서 한자·부기·산술을 배웠다. 부친과 함께 다이칸주쿠(大觀塾)를 세워서, 한시 한문을 가르치고 나고야상업(名古屋商業)의 교원이 된 뒤 상경하여 호고학(好古學)의 선구자가 되었다. 저서에 『日本金石年表』가 있다.

한국인의 미개성을 타자의 시선으로 묘사하여 한국에 대한 차별적 이미지를 생산하였다. 한국식민 경영 안내서는 중소농민 이주책을 중심으로 추진하는 한국식민의 중요성을 호소한 것이다.

2) 조선이주 안내서에 나타난 조선인식

일본인들이 조선이주 안내서를 간행한 목적은 첫째, 조선의 현지 사정을 모르고 정보가 부족하기 때문에, 둘째, 일본 민족의 팽창을 위해 '이익선'을 확장하고 한국에의 도항을 장려하기 위해서, 셋째, 러일전쟁 이후 '보호국'이 된 한국을 '지도'하기 위해서, 넷째, 동양의 보고인 한국의 부원을 개척하여 한국을 식민지로 경영하기 위해서였다. 이 안내서에 나타난 조선인식에 대하여 조선 민족성론, 조선 보호론, 식민지 적합론, 조선 경영론을 중심으로 살펴보자.

(1) 조선 민족성론

청일전쟁 이후 도항하는 일본인이 늘어나기 시작하며 한국에 관심을 가진 일본인들에게 한국을 안내하기 위한 안내서가 다양하게 간행되었다.[106] 그 가운데 빠지지 않고 등장하는 것이 한국인은 어떠한 성질을 가졌는가, 어떤 민족인가 하는 점이다. 대체적으로 한국인에 대한 이미지는 좋지 않은 모습으로 묘사되고 있다. 시노부 준페이는 한국인의 성품은 게으르고 한국이 발달하지 못한 것도 그것이 원인이라고 보았다.[107] 또한 일본과의 민족적 관계는 일본이 임나일본부를 설치한 이후 긴밀해졌으며 "진구황후가 정한(征韓)한 뒤에 삼국은 복종하여 조공을 끊이지 않았으며 조선 전체가 일본에게 부용(附庸)했다"

---

106 최혜주, 「개항 이후 일본인의 조선사정 조사와 안내서 간행」, 《한국민족운동사연구》 73, 2012.12.

107 信夫淳平, 『韓半島』 제2장 京城, 1901, 120~124쪽.

라는 주장을 하고 있다.[108] 이러한 인식은 가쓰키 겐타로(香月源太郎)의 『韓國案內』에서도 엿볼 수 있다.

주아이(仲哀)천황 자리에 나가 9년 진구황후, 제(帝)를 설득하여 정한의 뜻을 결정하고 스스로 남장을 하여 장(將)이 되어 바다를 넘어 신라를 공격하였다. 신라왕이 항복을 청하고 고려 백제의 양국도 역시 내부하여 이후 서번(西蕃)이라 칭하고 조공을 끊이지 않을 것을 약속하였다. 삼국이 이에 모두 평정되고 조선은 완전히 우리의 부용에 속하게 되었다.[109]

이처럼 한국인의 근본적 자질이 "선천적으로 애국관념 혹은 국가적 정신이 부족하다"[110]라는 지적이나, 한국의 지리적 관계가 항상 강국의 압박을 받아 어쩔 수 없었던 것이라는 인식도 보인다. 즉《덴포신문》(電報新聞) 기자를 지내고 1905년 대한제국의 학부에서 일본인들이 교과서를 편찬 할 때 내한하여 활동한 마쓰미야 슌이치로(松宮春一郎)는 "압박이 강해지면 수족을 쓸 수 없게 되고 압박이 제거될 때면 피로를 느끼게 되어 한국의 지위가 지금처럼 불쌍한 한국이 되어 버렸다"라는 것이다.[111] 언론인 가미무라 바이켄(上村賣劒)은 1903년 북청(北淸)과 한국을 기행하며 느낀 소감을 "한국이 지리적 형세 때문에 강대국 사이에서 강한 나라를 섬기고 살 수밖에 없었다. 이러한 한국의 사대주의를 책망하는 것은 우활(迂闊)한 것"이라고 말한다. 도리어 한국의 사대주의는 일본에게 편의(便宜)한 것이라고 본다. 한국은 '지나'와 일본에게 조공하는 것이 2000년의 습관이기 때문에 한국의 군신이 반드시 일본에 와서 스스로

---

108 앞의 책, 제9장 國際關係の事歷, 제1절 日本, 1901, 386쪽.

109 앞의 책, 「總論」, 歷史, 1901, 15쪽.

110 矢津昌永, 『韓國地理』, 「朝鮮の殖民的資格」, 1904, 190쪽.

111 松宮春一郎, 『最近の韓國』, 제31장 韓國の地位, 1905, 319쪽.

숙이게 될 것이라고 보았다. 다만 "이웃 강국인 러시아를 견제하지 않으면 한국은 러시아에게 사대할 것이기 때문에 이를 일본이 막아야 한다"라는 논리이다.[112] 또한 그는 부산포에 도착한 소감을 "한국인의 게으른 풍속에 대해서 들은 것보다 상태가 심하며 가는 곳마다 토지가 불결하여 악취가 나고 모든 자녀가 하나같이 유흥을 좋아하는 무리가 아닌 자가 없다. 흰옷을 입고 긴 옷자락을 끌고 2척 길이의 담뱃대를 입에 물고 일어나고 누우며 유유히 왕래하여 인간의 세상에서 바쁜 일이 있는 것을 모르는 것 같다. 참으로 망국의 백성"이라고 말한다.[113] 이러한 한국이 장래 일본의 부용의 위치에 설 것은 의심할 필요가 없으므로 실업가들은 농업과 상업, 어업에서 일본의 국력을 부식하는 방법을 연구해야 할 것이라고 보았다.

30일 동안 규슈와 한국을 여행한 이토 초지로(伊藤長次郎)는 한국을 시찰하면서 한국이 미개한 원인은 "끽연, 전두(纏頭, 시레미), 게으름, 불결, 온돌, 조혼, 가정 때문"이라고 이해하였다. 이 가운데 가정에서 부인의 세력이 남자보다 월등한 것을 지적하고, 부인이 외출할 때에 가마를 타거나 보행하면서 얼굴을 가려 타인에게 보이는 일이 없는 것은 곤란한 풍습으로 보고 있다. '야만'적인 한인이 문명에 도달하기가 얼마나 어려운 일인가를 다음과 같이 말한다.

> 세상에서 한국을 계발하고자 하는 자는 이러한 점에도 주의하지 않으면 안 된다. 미국 신문기자 한 사람이 한인이 문명에 도달하는 것은 모려(牡蠣, 굴조개)가 스스로 껍질을 벗어나 산을 넘어 다른 해면으로 옮기는 것보다 어렵다고 말했다. 말이 매우 가혹하고 먼저 현상은 그런 것이지만 이러한 야습만속의 폐를 탈각시키고 완미수구의 무리를 개발할 계획을 세우는 것도 한 경영자가 유의해야 할 점일 것이다.[114]

---

112 上村賣劍,『清韓遊踪』,「韓國の形勢」, 1906, 1~3쪽.

113 앞의 책,「釜山浦に抵る」, 1906, 25쪽.

114 伊藤長次郎,『韓國及九州談』,「風俗所感」, 1905, 75쪽.

한편 일본인들에게는 일본이 한국을 식민지로 경영하기 위해 먼저 필요한 일은 한국의 사정을 알고 한국인을 어떻게 취급할 것인가 하는 점이 중요한 관심사였다.[115] 이 점에 대해《조선신보》기자 시오자키 세이게츠(塩崎誓月)는 한국인의 취급을 어느 정도로 조절할 것인가에 대해 다음과 같은 글을 쓰고 있다.

> 한인은 돼지와 인간의 중간 정도로 취급되는 것에 만족하지 않으면 안 된다. 왜냐하면 한인은 인간 같은 동물로 돼지에 가까운 것이기 때문이다. 그러나 이미 인간인 이상은 가령 하등이라고 해도 설마 동물 취급은 할 수 없으니 이에 인류로서 어떤 정도로 대우할 것인가를 연구하지 않으면 안 된다. 이렇게 한인이 모두 진화하여 고등한 인간이 되면 일한인의 교제는 원만하게 맺어지겠지만 실제로 고등인은 적고 저 양반이라 칭하는 자도 대부분은 무지무능하여 구제할 수 없는 무리뿐이다. 이러한 무리에 대해서 대등적 사교를 맺는 것은 도저히 불가능하다. 어쩔 수 없이 저들을 억제하지 않으면 안 된다. 특히 우리 정부의 재한 제 관아의 한인 취급에 관한 수심(手心)은 어느 정도 이해를 고려해야 한다.[116]

이처럼 시오자키 세이게츠는 한국인을 '돼지에 가까운 존재'로 인식하고 있으며 양반에 대한 인식도 '구제할 수 없는 무리뿐'이라는 멸시관을 보이고 있다. 이런 야만적이고 무능한 한국인을 어떻게 다룰 것인가가 조선 통치의 핵심이 되는 것으로 이해한 것이다.

이와 비슷한 인식은 신문기자 오키다 긴조(沖田錦城)와 우스다 잔운(薄田斬雲)의 조선사정 소개에 잘 드러난다. 오키다는『裏面の韓國』에서 러일전쟁 후의 경영을 위해 한국사정을 세밀하게 조사한 내용을 담았다. 그는 기본적으로

---

115 堀內泰吉,『韓國旅行報告書』제2편 國民ノ狀態 제3장 風俗習慣 제3절 韓人ノ性質, 1906, 29~33쪽에는 한국인의 성질에 대해서 ① 신경질, 허영심, 호기심이 많고, ② 위생관념, 저축심, 선견지명이 부족하고, ③ 사대주의와 태타(怠惰)주의가 심한 것으로 파악하였다.

116 塩崎誓月,『最新の韓半島』33. 韓人待遇に就て, 1906, 189~191쪽.

는 한국은 '극동의 비밀국'이라고 하여 아무런 희망이 없는 나라로 보는 것은 잘못이라고 생각한다. 그러니 한국은 "야마토 민족이 비약할 수 있는 유일한 나라"로 생각하고, 식민사업을 수행하기에 유망한 곳이라고 진단하였다. 한국인은 "세계 제일의 끽연국민, 돼지우리 같은 집에서 개돼지 생활을 하여 분뇨처리를 못하는 세계 제일의 불결국민"이라고 보았다. 그리고 공공관념이 결핍되었고 금일주의, 비오는 날에는 휴업을 일삼는 세계 제일의 '유타국'(遊惰國)으로 묘사하고 있다.

이렇게 한국인의 야만성과 미개성을 문명국 일본인의 시각에서 타자화하여 한국인에 대한 차별적 이미지를 재생산해 내고 있었다. 《경성일보》 기자 우스다도 경성체재 중 경험한 조선사정을 『暗黑なる朝鮮』, 『ヨボ記』를 통해 조선의 어두운 면을 중심으로 묘사하고 있다.

> 조선은 태평한 도둑의 소굴이다. 조정에 있는 자는 조세를 도둑질하고, 뇌물을 훔친다. 재야에 있는 자는 하나의 마을 전체가 화적이 된다. 이 나라에 오는 자는 크거나 작거나 반드시 도둑근성을 품고 온다. 비열한 마음을 가진 인간이 모여 요보다운 나라를 만들고 있는 것이다.[117]

당시 재조언론인들은 신문이나 잡지매체를 통해 본국 일본에 조선사정을 전달했는데 그것이 일본에서 조선 붐을 조성하는 데 중요한 역할을 했다.

그러나 드물게 한국인은 게으른 백성이 아니라고 하는 주장도 보인다. 사무라 하치로(佐村八郞)는 1909년 2개월간 한국을 시찰한 뒤 도쿄에서는 한국의 실정을 알기 어렵다고 하면서 발전의 여지가 많은 한국에 청년들을 도항시키고 싶다는 뜻을 표명한 인물이다. 그는 한국인은 게으른 백성이 아니라고 말한다. 그 이유는 체력이 강건하고 지구력이 강하며 힘든 노동과 장시간 일에도 견

---

117 薄田斬雲, 『ヨボ記』, 「老耄國」, 1908, 33~34쪽.

디는 인간이라고 보았다. 일부 양반이 "긴담뱃대를 물고 유유히 왕복하는 것을 보고 게으르다는 말을 하는 것은 가혹한 평"이라고 주장하였다.[118] 그가 이렇게 말하는 이유는 한국의 땅이 기름져 농사에 적당하고 광산에 매장량이 풍부하며 삼면이 바다로 되어 있어 어리(漁利)가 막대하므로 무한한 보고에 적어도 100만 명의 일본인을 이주시킬 수 있다고 보았기 때문이다.

이와 같이 한국·한국인에 대한 조사와 안내서 간행의 초점은 먼저 어떠한 성질과 풍습을 가진 민족인가, 한국인을 어떻게 취급할 것인가에 있었다. 이는 한국을 식민지로 경영하고 식민사업을 수행하기에 유망한 지역인지 탐색하기 위한 목적에서였다.

(2) 조선 보호론

러일전쟁의 발발과 함께 추진된 일본의 한국 보호국화는 1905년 11월 조약체결로 완전한 보호권이 확립되었다. 일본에서는 문명국의 입장에서 야만국 조선을 지도하고 보호할 사명을 가진 야마토 민족임을 주장하는 담론이 무르익게 된다. 일본이 전쟁을 통해 러시아를 제패한 것은 다른 열강을 견제할 수 있는 절호의 기회였고, 일본의 '이익선' 확장을 위해 가장 먼저 착수한 것이 한국에 대한 보호국 만들기였기 때문이다. 이미 시노부 준페이(信夫淳平)는 일본이 한반도에 '이익선'을 확장하는 것을 다른 나라에게 양보할 수 없는 이유는 양국이 "지리상, 역사상 특수한 관계를 갖기 때문에 당연한 권리이며 책무"라고 주장하고 있었다.[119]

조선에 대한 일본의 책임론은 가토 마사노스케(加藤政之助)의 주장처럼 대한정책에서 강구해야 할 첫 번째 문제라는 지적에서도 엿볼 수 있다. 일본이 한

---

118 佐村八郎, 『渡韓のすすめ』, 「遊惰の民でない」, 1909, 21~22쪽.

119 信夫淳平, 『韓半島』, 제10장 各國の利益線, 1901, 621~622쪽.

국을 위해 청일·러일전쟁을 치루면서 수많은 비용과 희생을 치렀기 때문에 한국은 완전한 일본제국의 보호국이라는 것이다. "금후 러시아로 하여금 한국의 일에 간섭하지 못하게 하는 것은 물론 세계 열국을 향해서도 한국은 순연한 우리 보호국임을 선명(宣明)하여 한국으로 하여금 직접 열국과의 교섭을 끊게 하는 것이 지당하다"라고 주장한다.[120]

이러한 보호국론에 대해 엔조지 기요시(圓城寺淸)는 일본의 대한정책의 문제점을 지적하여, ① 한국을 독립국으로 대등하게 대우하고 있는 것은 대한정책을 우유부단하고 비굴로 흐르게 하는 폐단이 된다. ② 러일전쟁 후의 대한처분은 일본의 국시이고 개전 목적이므로 이를 단호하게 강행해야 하며 한국 황제를 압박하지 않는다면 보호국은 명목뿐이고 실효를 거둘 수 없게 된다. ③ 한국의 주권 일체를 일본에 위임케 하여 '조선총독'을 두고 한국 관리를 감독케 하는 것이 좋다. ④ 한국의 외교권만을 가지고 다른 재정, 군사, 경찰 및 내치사무를 그대로 두는 것은 크게 잘못된 정책[121]이라고 언급하였다. 즉 러일전쟁 직후 보호권을 공인받은 시점에서 한국 황제를 압박하여 외교권만이 아니라 모든 권한을 탈취할 것을 분명히 말하고, 이미 '조선총독'에 대한 주장을 하고 있는 것은 주목된다. 아울러 재한 일본인의 악폐로 거론하고 있는 것은 ① 일본인이 한인과 결탁하거나 사주하여 좋지 않은 일을 한다. ② 한인에게 허위로 차용증서를 쓰게 하여 차액을 빼앗는다. ③ 경부철도회사의 철도부설 경영에 필요한 부지 구입에서 비리를 자행한다. ④ 거류민회의 임원들이 암투, 충돌, 배척을 일삼는다. ⑤ 일본인들이 한인을 속이거나 때리고 던지는 등 횡포한 점을 들어 시정을 촉구하였다.[122]

《조선신보》 기자 시오자키 세이게츠(塩崎誓月)는 동아시아의 형세를 '한집

---

120 加藤政之助, 『韓國經營』 제16장 結論, 제1 韓國に對する大方針, 1905, 168~169쪽.

121 圓城寺淸, 『韓國之實情』, 1906, 92~96쪽.

122 앞의 책, 1906, 109~110쪽.

안'(一家)에 비유하여 "지나는 반사(半死)의 노부(老父), 일본은 당대의 주인공, 조선은 성가신 방탕자식"이라고 말한다. 조선은 '방탕한 자식'이므로 아버지는 조금도 감시를 게을리 할 수 없다는 것이다. 조금이라도 방심하면 장난을 치려고 하기 때문에 "옛날 진구황후 정벌부터 도요토미 히데요시의 정한, 메이지유신 이래 두세 번의 소동을 부린 적이 있으므로 금후 충분하게 단속하지 않으면 안 된다"라고 보았다. 이를 위해서도 조선의 사정을 연구하여 자식의 성질을 꿰뚫어 보는 것이 긴요한 일이라고 말한다. 조선에 대한 철저한 보호와 간섭이 필요하다는 것이다.[123]

호리우치 야스키치(堀內泰吉)는 "조선이 일본의 보호국이 된 것은 세계열강도 공인한 것이므로 장차 조선을 일본의 내지 연장으로 생각하여 이곳에 식민하고 개척하여 이들을 교육하고 지도할 책임을 갖는 것"이라고 말한다.[124] 따라서 조선에서 복리를 증진하고 유리(遺利)를 거두어 상호 이익이 되도록 도모해야 하며 이를 위해 먼저 조선 내지의 사정을 숙지해야 한다고 조사의 목적을 강조하였다.

이처럼 일본에서는 러일전쟁에 승리한 후 보호국이 된 조선에 대한 책임을 어떻게 수행할 것인가에 대한 다양한 논의가 이루어진다. 예를 들면 세계의 보호국이나 식민의 역사를 고찰하여 어떻게 성공했는지, 어떻게 실패했는지를 참고하여 조선의 현재 및 장래의 경영을 연구하고 유종의 미를 거두는 것이 조선에 대한 일본의 책임이라는 것이다.[125] 이러한 보호책임론은 한국을 국제사회에서 주권행사도 하지 못하는 보호국이란 명분아래 사실상 일본의 식민지 전 단계로 들어선 것을 의미하였다.

---

123 塩崎誓月, 『最新の韓半島』, 1. 日露戰爭に就て, 1906, 2~3쪽.

124 堀內泰吉, 『韓國旅行報告書』 제1편 總論 제1장 韓國旅行 제2절 旅行ノ目的, 1906, 1~2쪽.

125 佐村八郎, 『渡韓のすすめ』, 「日本帝國の責任」, 1909, 23~24쪽.

(3) 식민지 적합론

조선이주 사정조사 안내서는 대부분 일본인의 이주를 권유하기 위해 간행된 것이다. 야즈 쇼에이(矢津昌永)는 식민지로서 고려해야 할 요소로 인구밀도, 기후풍토, 토지의 생산력 여하, 광물 매장 여하를 든다. 앞에서 검토한 것처럼 이주를 권유하기 위해서는 조선이란 신천지가 얼마나 풍부한 천연보고인지, 어떤 사업을 하면 유망한지, 일본에서 생활하는 것보다 어떤 점이 나은지, 토지, 기후, 인구밀도 등을 소개한 책이 많았다. 조선이 이른바 식민지로서 얼마나 적합한 땅인지, 이를 어떤 방법으로 경영하는 것이 좋은지 등을 정리한 것이다. 이 점을 안내서들은 어떻게 인식하고 있는지 살펴보자.

첫째, 조선은 매해 급증하는 일본 인구를 수용할 수 있다는 점이다. 조선의 인구밀도가 일본의 절반 정도이므로 1300만 명을 수용할 식민지로 적합하다고 보았다. 당시 일본의 인구증식률을 감안하면 조선은 약 30년 동안 일본인을 수용할 여지가 있을 정도라는 진단이다.[126] 이토 초지로(伊藤長次郎)는 조금 더 구체적으로 "한국의 면적이 1만 3406방리, 인구 1053만 명이므로, 1방리에 786인이 된다. 일본의 절반 정도에 도달하지 않으므로 동일한 인구밀도가 되게 하려면 아직 1300만 명이 필요하다"라고 보았다.[127] 앞에서 살펴본 것처럼 당시 일본에서 가장 중요한 문제로 거론된 것은 인구의 증식과 식량 문제였다. 이 점이 일본인의 조선 이주를 권유하는 안내서를 간행한 이유의 하나였다. 그런데 일본의 인구증식과 식량 문제 때문에 이주지를 선정하거나 식민지를 개척할 필요가 있었지만 호주는 인종 문제로, 남미는 기후 문제로, 북미는 노동자를 필요로 하기 때문에 일본인의 이주가 적당하지 않다고 보았다. 그러나 조선이 식민지로 가장 적합하다고 생각한 이유는 인구밀도가 높지 않으며,

---

126 矢津昌永, 『韓國地理』, 「朝鮮の殖民的資格」, 1904, 190~191쪽.

127 伊藤長次郎, 『韓國及九州談』, 「結論」, 1905, 119쪽.

더구나 조선에 가는 방법이 매우 용이해서 일본 정부의 여행허가서를 얻기도 쉽고, 여비는 겨우 15엔이면 부산까지 갈 수 있었다. 조선에서는 싼 임금으로 조선인을 부릴 수 있고, 조선의 국정은 항상 위축되어 관리의 가렴주구가 심하고 국민은 몽매하고 게으르며 저축심이 없기 때문에 독립을 유지하기 어려운 지경이라는 것이 조선을 견문한 사람들의 인식이었다.[128]

둘째, 러일전쟁의 발발과 승리는 조선이 식민지로서 적합하다는 인식을 확산시켰다. 전쟁의 승리로 일본이 조선에서 러시아 세력을 완전히 소탕했기 때문에 구미열강이 아직 손을 대지 않고 있는 지금이 사업에 착수할 수 있는 좋은 기회라는 것이다. 만일 열강들이 전쟁이 끝난 것을 알게 되면 실업가를 대량으로 보내 만·한경영에 착수할 것이라고 예상하고 있었다. 사토 마사지로(佐藤政治郎)는 "해·육군대가 연전연첩(連戰連捷)의 위공을 올리더라도 국민의 실제적 경영이 뒤따르지 않으면 개척한 신영토의 이권을 헛되이 열강에게 점취당하지 않을 수 없다"[129]라고 지적하여 만·한경영의 발판을 삼고 대륙 경영을 준비해야 한다고 보았다. 아울러 한국의 영토보전이 실패로 돌아가면 일본의 규슈나 홋카이도 지역도 위험에 빠질 것이라고 경고하였다.

> 러일전쟁은 한반도의 사업계에 선편(先鞭)을 착수할 좋은 시기이다. 전쟁에 승리하여 먼저 낙착을 알리게 되면 세계 열국의 실업가는 조류가 밀려오는 것처럼 맹연하게 만·한경영에 착수할 것은 불을 보듯 분명하다. 이에 이르면 대세가 이미 정해져 일본의 소자본가 소실업가 등이 경영할 범위는 매우 축소될지도 모른다. 즉 일·러 개전 중에 인심이 흉흉하여, 개척해야 하는 부원도 방기되고 착수해야 할 사업도 천연(囅然)되어 반도에서 실업적 경영이 아직 시작되지 않았다고 하는 경우가 기민한 실업가, 유력한 경영가가 계획을 실행해야 할 좋은 기회일 것이라고 생

---

128 山本庫太郎, 『最新朝鮮移住案內』 1. 絶好の發展地, 1904, 8~11쪽.

129 佐藤政治郎, 『韓國成業策』, 「序」, 1904, 1~4쪽.

각한다. 만에 하나 일본의 해·육군이 한국의 영토를 보존하는 것이 불가능해서 일의대수의 선녀편인 남한지방까지도 러시아 병사의 발굽아래 유린되어 버린다면 그 때는 규슈도 홋카이도도 일본해 연안도 같은 운명에 빠질 것이다. 일본 내지의 사업계도 매우 위급한 경우라는 것을 각오하지 않으면 안 된다.[130]

셋째, 한국은 천연보고라는 점이다. 농업, 어업, 광업은 조선의 3대업으로 일본인이 가서 개척한다면 이익이 결코 적지 않을 것이라는 전망이다.[131] 아오야기 쓰나타로(青柳綱太郎)는 한국은 팔도 가는 곳마다 보고이고 '동양의 보고'이기 때문에 "일본인이 와서 경영하여 이익을 천착하고 보호를 확약하는 것이 당연하며, 이것이 일본인의 의무"라고 하였다. "세계의 낙원인 한반도에 일본인이 와서 경영의 실행자가 되어야 할 시기에 봉착했기 때문에 이주를 주저해서는 안 된다"라고 그 실행을 촉구하였다.[132] 사무라 하치로(佐村八郎)도 한국은 '무한한 보고'라고 소개한다. 즉 땅은 기름져서 농사에 적당하고 광산은 도처에 매장물이 풍부하며 삼면이 바다로 연안에서의 이익은 막대한 것으로 보았다. "경부·경의 600여 리의 철로가 있다. 경원·호남·평원 등의 횡단선도 가까이 부설되어 있다. 장래의 부를 상상할 수 있다. 여기에 실력을 부식하여 실리를 도모하면 무한한 보고"[133]라고 하여 일본이 무력으로 실리를 도모할 것을 주장하고 있다.

---

130 앞의 책, 제2장 日露の開戰と渡韓, 1904, 7쪽.

131 荒川五郎, 『最近朝鮮事情』, 「自序」, 1906, 1~2쪽.

132 青柳綱太郎, 『韓國殖民策』 제10장 來れ日本人, 1908, 153쪽.

133 佐村八郎, 『渡韓のすすめ』, 「貧弱國とは誰れがいう」, 1909, 18~19쪽.

넷째, 양국은 '동문동종'(同文同種)의 나라라는 점이다.[134] 한국 식민이 다른 외국보다 용이한 것은 인종과 언어, 기후, 성질이 같기 때문에 희망적이고 절대 불가능한 것이 아니라는 전망이다. 인종적으로는 신화시대부터 두 나라는 형제 관계에 있었으며 스사노오의 아들 이다케루가 신라에 건너가 소시모리에 산 것으로 보았다. 이로써 두 나라의 인종적 교류가 이루어졌고, 기후도 매우 비슷하며 조선인의 성질도 '지나'인보다 완고하지 않고 일본과 비슷한 풍습을 지닌다. 따라서 "일본인의 힘으로 이 나라의 경제계를 잘 지도하여 함께 발달하는 것이 가능하기" 때문이다. 또한 "한국에서 이미 행해지고 있는 경제상의 시설은 일본의 그것에 어느 정도 유사하므로 이것을 더욱 일본적으로 만드는 것은 만주, 대만 등보다 어렵지 않다"[135] 라고 보았다. 일본적으로 만든다는 것은 식민지로 통치하여 일본처럼 동화시켜 나가겠다고 하는 것이다.

다섯째, 한국은 농업이주 식민에 적당한 나라라는 점이다. 아오야기는 『한국식민책』「자서」에서 한국통치의 근본책으로 가장 중요한 것이 농업이민이며 한국통치의 성패가 농촌 문제에 달려 있다고 말한다. 내선동화를 신속하게 하고 경제력을 크게 하는 유일한 방법은 본토에서 넘치는 일본인을 한국에 이민시키는 것이 첩경이 된다고 보았다. 그는 "조선 민족의 동화는 우수한 일본 민족 다수의 힘으로 해야 한다"라고 이주식민론을 주장하였다.[136] 또한 사쿠라이(櫻井市作)처럼 한국에의 이민은 북미나 남미에 비해 처음부터 노동자가 아닌

---

134 이러한 인식은 모리 준사부로(森潤三郎)의 『朝鮮年表』 제2편 제1장 檀君ノ世, 13쪽에도 보인다. "우리 전설에 신대(神代) 스사노오(素盞嗚尊)가 그의 아들 이다케루(五十猛命)와 신라에 건너가서 소시모리(曾尸茂梨)에 살았다고 한다. 그러므로 국사가 중에 단군을 이다케루라고 하는 자가 있다"라고 한 것처럼 동종(同種)으로 묘사되고 있다. 그리고 아다치(足立栗園)는 『朝鮮新地誌』 제10장 인종과 계급에서 "(조선인은) 일본 내지인과 다른 용모를 하고 있지만—동일 종족이 일본과 조선에 나뉘어 식민했다고 하는 것이 적당하다"라고 하고, 『朝鮮年代記』에서도 단군은 이다케루라고 왜곡된 주장을 하고 있다.

135 伊藤清藏, 『韓國殖民管見』, 前篇 韓國殖民の目的と其趨勢 제4절 余が欲する韓國殖民の希望は合理的なりや, 1907, 8~9쪽.

136 青柳綱太郎, 『朝鮮統治論』 제7, 朝鮮人同化問題, 5, 民族的偉力を用ゆる同化策, 1908, 136~138쪽.

지주나 자본가가 될 수 있기 때문에 "한국이민은 행복한 것"이라는 점을 강조하여 이주식민을 권유하는 경우도 있었다.[137]

한편 이토 세이조(伊藤淸藏)는 한국은 세상 사람들이 말하는 것처럼 망한 나라가 아니기 때문에 일본인이 한국에 꼭 이주해야만 부패가 극에 달한 한국을 개량할 수 있다고 자신한다. 한국인 10명 사이에 일본인 1명이 들어가면 한인관리가 이를 신경 써서 자연히 부패를 개량하는 것이 가능하다는 진단이다. 이렇게 일본인이 들어가 식민할 경우 어떠한 사업이 가장 많은 일본인을 흡수할 수 있는가는 농업식민정책이 가장 적당하다고 보았다.[138] 아울러 한국에서 농업식민이 성공하기 위해서는 일본의 중소농민을 이식하여 일본과 한국이 합동하고 내부의 구성을 개혁해 가야 한다. 중소농민의 이주를 장려하기 위해서는 전문기관을 설치해야 하는데, 통감부에서 가능한 설비를 만들어야 한다. 즉 식민국을 두어야 하고 명칭은 '식민계'(殖民係)로 해도 좋다고 하였다.[139] 식민국의 사업은 식민에 관한 조사, 조사 보고서의 배포, 식민국원의 지방유세, 이주민의 분배, 이주민의 보호에 종사하는 것이다. 그리고 식민국의 힘에는 한계가 있으므로 이 사업을 완성시키려면 농업 경영에 필요한 자금을 대여하는 '식민지대은행'(殖民地代銀行)을 설립할 것도 제안하고 있다.[140]

이와 같이 러일전쟁 전후에는 조선이 식민지로 적합하다는 내용을 적극적으로 표방한 안내서가 간행되기 시작하였다. 일본이 러시아세력을 완전히 소탕한 것이 조선 진출의 좋은 기회라는 점, 조선은 천연 보고이므로 개척하면 상당한 이익을 거둘 수 있다는 점, 동문동종의 관계인 조선인을 동화시키면 경

---

137 櫻井市作,『僅日錄』 제7장 韓國における農業(第1), 1909, 57~58쪽.

138 伊藤淸藏,『韓國殖民管見』 前篇 韓國殖民の目的と其趨勢 제5절 朝鮮人の方より見るも日本人の韓國殖民は其幸福を增す上に於て必要なり, 9~11쪽. 제6절 何を以て我等は最も多く朝鮮に殖民することを得るや, 1907, 11~13쪽.

139 앞의 책, 後篇 中小農民植付け策 甲, 殖民局設置 제1절 殖民局設置の必要なる理由, 1907, 27~30쪽.

140 앞의 책, 제3절 殖民局の事業, 31~35쪽. 乙, 殖民地代銀行, 1907, 37~52쪽.

제상 통치가 쉽다는 점, 일본의 식량과 인구 문제를 해결하기 위해 농업이민의 최적지인 조선에 전문기관을 설치할 것을 강조한 것이다.

(4) 조선 경영론

일본은 러일전쟁에 승리한 이후 구체적으로 조선을 경영하는 방법을 모색하기 시작하였다. 조선 경영을 위해 무엇이 가장 필요하다고 보았고 이를 위해 어떤 점에 착안했는지 신일본 건설, 내지행상, 토지소유권 확장, 교육 문제를 중심으로 살펴보자.

첫째, 신일본 건설에 대해서이다. 오사다 신조(長田信藏)는 일본인의 이주를 촉구하게 된 계기는 경부철도의 개통이라고 보았다. 종전에는 도한자가 개항장에만 재류하였지만 이제는 철도를 이용해서 "낙동강 상류에 제2의 부산을 만들고, 영산강 상류에 제2의 목포를, 금강 유역에 제2의 군산을 만들지 않으면 안 된다"라고 도한자의 분발을 촉구하였다. 그는 장래 일본인이 나가야 할 곳, 즉 신일본을 건설해야 할 지역으로 한국 내지의 저명한 시장과 미개간 지역을 들고 있다.[141]

사토 마사지로(佐藤政治郎)는 신일본 건설의 근거지로 거론된 곳은 농사경영의 경우 북한보다는 남한방면이 좋고 금강, 영산강, 낙동강 부근, 그리고 경부철도 본지선의 연선지를 선택하지 않으면 안 되며 신일본 경영은 이들 방면을 근거지로 척지이민을 확장하는 것이 가장 필요하다.[142] 북한의 경우 '동양무진의 보고'인 압록강이 경의선 개통으로 유망한 지역이라고 보았다. 이 지역은 특

---

141 長田信藏,『韓國成業手引』,「緖言」, 1903, 9~10쪽.

강화부(교동, 여주, 광주, 장단), 황해도(해주, 봉산, 재령, 황주, 장단) 충청도(공주, 강경, 장암, 직산, 충주, 가홍), 전라도(전주, 여산, 임파, 광주, 제주, 나주, 영암, 영광), 경상도(대구, 경주, 영일, 안동, 상주, 낙동, 진주, 통영, 창원, 웅천, 김해, 밀양, 구포, 울산, 동래), 강원(춘천, 원주, 울릉도), 함경도(함흥, 영흥, 갑산, 경성, 길주, 무산, 경원, 경흥), 평안도(성천, 안주, 영변, 강계, 의주).

142 佐藤政治郎,『韓國成業策』 제4장 新日本經營の根據地, 1904, 15~17쪽.

히 만·한경영의 실행을 위해서도 신속하게 경영에 착수해야 할 곳이라고 언급하였다.[143] 압록강에서는 용암포의 개항과 누만상의 웅기반 개항은 무역항으로서의 경제적 요인 외에 군사상 국제 관계상 중요한 지역으로, 러시아의 남하를 저지하기 위한 방편이기도 했기 때문이다.[144]

그러나 그는 일본 정부의 조선 개발과 경영에 일본과 러시아의 위기가 절박한데도 일본 정부는 경부선과 경의선에 약간의 보상과 자금 대여만을 약속한 상태이며, 광산 개착(開鑿), 상공업 발달, 농사 개량을 비롯한 이권 확장에 대해서는 진전이 없음을 비판한다. 적어도 "홋카이도나 대만 경영에 대한 방침과 동일한 정신을 가지고 조선 경영에 착수하지 않으면 안 된다"라고 지적하였다.[145] 이어서 일본 정부의 대한 경영 방침도 일정하지 않고 일본 정부의 대표인 영사의 자질 및 정견에 문제가 있으며 재류 일본인도 영주할 목적으로 한국 경영에 착수하는 자가 매우 적은 실정을 언급하였다. 일본 정부의 확고한 대한 정책을 촉구한 것이다.

둘째, 내지행상과 일본세력의 확장 방법에 대해서이다. 일본이 조선에서 그 세력을 확장하는 방법으로 주목한 것은 청국상인의 동태파악과 그에 대한 대응방법 강구였다. 시노부 준페이(信夫淳平)는 청상(淸商)이 일본상인 보다 우세한 10대 원인으로 "상업자본이 윤택한 것, 신용거래가 많이 이루어지는 것, 고리에 지배당하지 않는 것, 상업도덕을 중요시 하는 것, 수입무역은 내국무역의 방침이 아니고 외국무역의 방침에 있는 것, 수입품 중 원가가 저렴한 게 많은 것, 투기적 상업이 적은 것, 상업상의 연락이 일관된 것, 꾸밈이 없고 인내의 특성이 있는 것, 불생산적 소비가 적은 것"을 나열하고 있다. 이러한 청상의 특성이 검소하고 인내심이 강한 점이 성공요인이므로 그들의 장점을 알고 일본상인

143 앞의 책, 「韓國成業策 補遺」, 7. 縱觀鐵道開通後の新經營, 鴨綠江の鐵道經營, 1904, 148~149쪽.

144 앞의 책, 8. 雄基灣開放, 9. 龍巖浦に新日本を經營すべし, 1904, 150~156쪽.

145 앞의 책, 「韓國成業策 補遺」, 2. 日韓利益の共通(上), 1904, 124~126쪽.

의 각성을 통해 세력신장 방안을 강구해야 한다고 주장하였다.[146]

조선 내지행상에서 일본인들이 곤란한 점은 현지를 시찰한 여러 사람에 의해 지적되었다. 먼저 이데 쇼이치(井手正一)는 ① 시장이 먼 것, ② 현지의 자세한 사정을 잘 알 수 없는 것, ③ 교통 운수 기관이 불완전한 것을 언급하였다. 일본상인이 조선에서 행상하기 부적당한 성격을 가졌지만 조선에서의 행상은 개인의 이익만이 아니라 조선인의 생활 상태를 신속하게 일본화 시키는 데 큰 효과가 있는 문제라고 보았다. 즉 조선인의 동화책으로 중요한데도 일본인이 주저하는 사이에 청국이나 미국 등 외국인이 내지 상권을 장악하게 된다면 상인 한사람의 패망에 그치지 않을 만큼 중대한 문제라고 인식하였다.[147]

다음 사쿠라이는 일본상인의 상업도덕이 청상에 비해 낮은 점이 유감이라고 말한다. 그리고 ① 물품이 일정하지 않고 조잡한 물건을 만들며, ② 일본인 상호 간에 쓸데없는 경쟁을 하여 서로 무너뜨리는 것이 문제라고 지적한다. 일본이 한국을 동화시키려 한다면 먼저 영국이 인도에서 한 것처럼 한국의 풍속과 기호품을 연구하고, 다음에 일본상인들의 무익한 경쟁을 없애는 것이라고 보았다.[148] 청일전쟁 이후 잠시 청상의 세력이 주춤하지만 이후 저들의 착실한 상업술은 일본상인을 압도할 것이기 때문에 이 문제를 극복하는 것이 관건임을 피력하였다. 특히 시오자키 세이게츠(塩崎誓月)는 경성지역의 '지나'인이 다수가 아니면서도 그 상업적 세력이 대단하다고 보았다. 상업도덕심도 강하고 일치단결을 잘하며 박리(薄利)에도 잘 움직여서 상계(商界)에서의 권력은 점차 그들 수중에 들어갈 것임을 경고하였다. 즉 경성지역에서 세력을 실추하면 그 영향이 전국에 미칠 것이기 때문에 일본상인의 분발을 촉구한 것이다.

146 信夫淳平, 『韓半島』 釜山及び仁川, 1901, 24~31쪽.

147 井手正一, 『朝鮮之實情』 제13장 商業, 1910, 166~168쪽.

148 櫻井市作, 『僅日錄』 제5장 韓國における商業と工業(上), 1909, 31~32쪽.

금일의 상황을 추이할 때 지나인의 상권은 점점 확장하고 한인의 진보는 의외로 현저하고 한국의 수부에서 일본상인의 지위가 아무래도 이상하게 될 것이니다. 수부에서 세력을 실추하면 그 결과는 한국 전체의 상계에 파급되지 않을 수 없다. 전후 우리 상민의 일대분발을 요하는 부분이다.[149]

셋째, 토지소유권 장악방법에 대해서이다. 조선 경영에서 가장 유망한 사업이 무엇인가를 안내하는 책자 가운데 가장 많은 것이 농업식민에 관한 것이었다. 농업 경영의 중요성은 토지소유권이나 저당권의 확보와 관련해서 여러 견해가 소개되었다. 가토 마사노스케(加藤政之助)는 토지소유권의 확보 진행을 일본 정부가 주저하고 있는 점을 지적하며 열강이 최혜국 조관에 의해 균점을 요구해 온다면 번잡한 일이 생길 것이므로 당국자는 결연히 이 문제를 해결할 것을 주장하였다.[150]

아마노 세이사이(天野誠齋)는 일본인들 가운데 조선사정에 정통하지 않은 사람들이 조선거류지 외에 전혀 토지소유권이나 저당권을 갖지 못하는 것으로 생각하여 도한계획을 단념하는 경우가 있다고 지적하였다. 지금이 토지를 매수할 좋은 기회라는 근거로 다음 네 가지를 들고 있다.[151] ① 조선인은 백동화의 시세변동으로 조세부담이 과중하게 되면 소작인이 되어 노동하는 것이 토지를 소유하는 것보다 낫다고 생각하여 매각해 버린다. ② 조선인의 성질이 게을러 토지를 팔아 돈 대신으로 사용한다. ③ 토지를 저당 잡혀 돈을 빌리는 것이 다반사이므로 계약한 뒤 떨어진 신발을 버리는 것처럼 돌보지 않는다. ④ 조선인들은 의식주의 욕망이 채워지면 그것으로 충분하다. 일본인들은 매우 싼 값으로 용이하게 토지를 살 수 있다.

---

149 塩崎誓月,『最新の韓半島』에도 보인다. 4) 京城と龍山, 1906, 29~30쪽.

150 加藤政之助,『韓國經營』 제16장 結論, 제7 土地所有權, 1905, 185~186쪽.

151 天野誠齋,『朝鮮渡航案内』, 朝鮮の實利, 1904, 10~13쪽.

이와 같이 토지소유에 그다지 관심이 없는 조선인에게 토지소유권을 빼앗을 수 있는 다양한 방법을 소개한 것이다. 이토 세이조(伊藤淸藏)도 농업은 조선 국민의 10분의 8을 차지하므로 한국식민에는 농업식민이 가장 적당하다는 생각을 갖고 있었다. 그는 조선에서의 토지매수는 간단한 방법으로 많은 토지를 획득하는 것이 가능하다고 말한다. 토지를 살 때 영구 소작을 약속하는 조선인의 토지만을 매입하면, 일본인은 한국에서 지주가 되어 그들이 지불하는 지대를 영구히 받을 수 있게 된다는 계산이다. 즉 조선인의 자본결핍을 이용하는 방법인 셈이다.[152]

넷째, 교육이 급선무라고 인식한 점이다. 앞에서 살펴본 것처럼 일본인 가운데는 조선인의 의타주의가 개인을 근면으로부터 차단하여 사대주의를 만들고 국가의 부강을 방해하여 왔다는 인식이 지배적이었다.[153] 역사적으로도 동서의 강국으로부터 압제당하여 항상 사대주의에 복종해 온 습관을 가지고 있다는 것이다. 시노부는 그런데도 조선의 교육법은 기왕의 사대주의 정신을 교성하기에 부족하다고 말한다. "자국의 역사를 버리고 지나사(支那史)만을 받아들여 국민 스스로 자기를 선천적 열등인종으로 여기는 비념(卑念)을 양성하고, 아동 때부터 날마다 외우면서 대국의 문물을 경모 숭배해 왔다"라고 하여 금일 교육이란 것이 없다고까지 단언한다.[154]

오사다 신조(長田信藏)는 개성학당을 설립하여 회계감독을 지낸 인물인데, "야마토 민족의 팽창을 바라는 자는 일본 '이익선'의 선봉에 가세하여 모두 한

152 伊藤淸藏, 『韓國殖民管見』 前篇 韓國殖民の目的と其趨勢 제9절 資本の缺乏に乘ずる殖民は如何, 1907, 18~20쪽.

153 櫻井市作, 『僅日錄』 제3장 統監政治と韓國政治の關係(下), 1909, 17쪽.
"한국의 외교가 항상 세계의 대세를 모르고 스스로 고래부터 묵수해온 사대주의를 가지고 유일한 정책으로 삼아, 일화견주의(日和見主義, 기회주의)를 실행하고, 때로 일본에 의지하고, 혹은 청국에 혹은 러시아에, 혹은 미국에 의지하려고 한다—한국 태황(太皇)이 자리에서 물러나, 풍류생활을 보내게 된 것은 스스로 바라서 이루어진 결과로 스스로 초래한 결과 외에 다름 아니다."

154 信夫淳平, 『韓半島』 제2장 京城, 1901, 128쪽.

국으로 가야한다"라고 주장한다. 또한 "조선 부식(扶植)은 평화적으로 추진하지 않으면 안 되고 적어도 50여 년의 경영을 각오해야 한다"라고 말한다. 그는 제국의 '이익선' 확장은 농부, 공수(工手), 상인을 데리고 들어가면 되지만, 그래도 여전히 부족한 것은 교육이라고 인식하였다. 즉 일본이 조선에서의 세력 부식을 위해 열을 올리고 있는 상황이지만 하나 간과하기 쉬운 것이 바로 교육이라고 보았다. '국체' 교육의 필요성을 다음과 같이 지적하고 있다.

> 이 사이에 강당에서는 건국 2500년 이래 한 번도 외국에 진 적이 없는 국체를 이야기하여 들려주고, 문밖에서는 치외법권을 이용하여 자유로이 경영을 진행시켜 실업자의 행동을 보여준다. 한인의 머릿속에는 일본제국의 만세가 울릴 것이다. 이와 같은 관념을 가진 한인이 사회의 상류에 서서 일본고문의 지도 유액(誘掖)을 기다려 국성을 행하기에 이른다면 한국 정부의 사법행정은 기강이 크게 펼쳐지게 될 것이다. 사회는 스스로 일신되어 내지의 부원도 점차로 개척되므로 국력의 증진은 미루어 알 수 있다.[155]

이처럼 일본의 '국체'를 교육하는 일은 일본의 국풍에 조선인을 동화시키는 수단이므로 금후 조선인에게 일본어 및 일본역사를 교육시키는 일이 필요하다고 본 것이다. 아울러 조선인은 사대주의 국민이기 때문에 일본에게 의뢰하려고 할 것이고, 반드시 일본인에게 접근하여 일본에 귀화하고 싶다는 생각을 하게 될 것이라고 언급하였다.

덧붙여 아오야기는 식민의 방법으로 종교 문제를 거론하여 식민에는 종교가 수반되어야 하며 종교가는 이주민의 위안자, 보호자 역할을 담당해야 한다. 이주자가 한국 경영에 매진하기 위해서는 종교인 가운데 불교인의 식민포교를 촉구하고 이들이 한국 경영에 참여하여 신일본의 낙원을 건설하도록 만드는

---

155 長田信藏, 『韓國成業手引』, 「結論」, 1903, 116~117쪽.

종교의 중요성을 강조하였다. 또한 종교가의 책임은 교육에 있으며 이주민의 자제교육은 포교자의 책임이라고 하였다. 만일 종교가에게 여력이 있다면 부근에 있는 한인의 자제교육도 담당시킨다는 구상이었다. 교육을 통한 회유정책을 시행하면 한국인의 완고한 견해를 없애고, 이주민과 원만한 관계를 이룰 수 있다고 보았기 때문이다.[156]

이데 쇼이치(井手正一)는 병합을 기념하여 병합의 의의를 강조하고 병합 이후의 조선통치에 대한 의견을 개진하였다. 교육 문제에서는 "이조 500년의 사직이 쇠약에 빠지게 된 이유는 실로 교육이 불완전한데 있다"라고 보았다.[157] 병합 이후 이 문제에 진력하여 면목을 일신하게 되었지만 특히 농학교를 신속하게 착수해서 조선 농업의 비상한 개발을 가져와야 하고, 의학교, 실업학교 역시 급선무임을 언급하였다. 그리고 조선인의 동화교육을 위해 일본인 교육자의 분발을 촉구하였다.

> 조선인은 듣는데 있어 물정에 어둡고 어리석지 않다. 말하는 데 도를 가지고 하고 이끄는 데 법을 가지고 한다. 이것을 계발하는 것이 어렵지 않다. 금일과 같은 나쁜 풍습을 양출한 것은 오랜 세월 시정에 지나친 것이 많은데 말미암는다. 과연 그렇다면 참으로 내지 교육자가 분기할 때인 것이다. 다만 인정풍속에서 생활 상태를 달리하는 것을 가볍게 두는 것은 위험한 것이 없다고 할 수 없다. 마땅히 먼저 그곳에 살면서 자세하게 각반의 사정을 관찰하여 시행하는 바가 필요하다.[158]

이렇게 조선의 교육이 불완전하여 망하게 되었기 때문에 제 산업 분야의 발달을 촉진하기 위해 교육이 시급하며 이를 일본인 교육자가 맡아서 해줄 것

---

156 青柳綱太郎,『韓國殖民策』제3장 殖民と宗教, 1908;『朝鮮宗教史』,「我宗教家に警告す」, 1910, 151~157쪽.

157 井手正一,『朝鮮之實情』제7장 教育總說, 1910, 81쪽.

158 앞의 책, 1910, 85~86쪽.

을 당부하는 내용이다. 그러나 여기에서는 일본의 불법강점으로 침략을 당해 한국이 망한 사실은 은폐되고 경세 수탈을 위한 산업개발로 왜곡되어 병합을 합리화시키는 논리로 둔갑해 버린 것을 볼 수 있다.

이처럼 조선이주 안내서를 간행한 목적의 하나는 부원개척을 통한 식민 경영이었다. 이를 위해 일본인의 이주를 권유하여 신일본 촌락을 건설하고, 당시 상권을 장악하고 있던 청상을 배제시킬 방법을 연구하여 일본 상권을 확장해 가는 것이 중요하다고 보았다. 아울러 일본인의 정착을 위해 토지소유권을 장악하는 방법을 소개하는 것과 재조일본인 자제의 교육은 물론 식민통치에 유리하게 조선인을 동화시킬 방법으로 교육이 시급한 문제라고 생각하였다.

이상에서 살펴본 것처럼 일본에서는 19세기말부터 조선 진출을 위해 한반도의 지리와 사정을 조사하고 지리서와 안내서가 발간되기 시작하였다. 병합을 준비하면서 미래 식민지 조선의 '척식'의 기초를 다지기위해 조선사정 조사와 이주정보 안내서 및 지리서 출판은 계속되었다. 일본인들이 조선이주 안내서를 간행한 목적은 ① 조선 현지 사정에 대한 무지와 정보 부족, ② 일본 민족의 팽창을 위한 '이익선' 확장과 한국에의 도항 장려, ③ 러일전쟁 이후 '보호국'이 된 한국을 '지도'하기 위해, ④ 동양의 보고인 한국의 부원을 개척하여 한국을 식민지로 경영하기 위해서였다. 지금까지 살펴본 내용을 요약하면 다음과 같다.

첫째, 일본은 청일전쟁 이후 중국이 서구열강에 의해 분할되는 위기에 직면하자 그 위험이 조선에 미치게 되면 일본의 국방선이 위험하게 된다는 위기의식을 갖게 되었다. 조선사정 안내서는 러일전쟁 발발 이전까지는 개인보다는 단체, 예를 들면 병사잡지사, 부산일본상업회의소, 흑룡회, 도한장려사무소의 후원으로 발행되었다. 그리고 종군기자들의 정탐이 전쟁 수행에 도움이 되었으며 러시아와의 관계를 중요시하는 내용들을 보고하여, 러일전쟁 발발을 일본이 대륙으로 진출할 수 있는 절호의 기회로 여기게 되었다. 이처럼 일본은 조선침략의 정당성 확보를 위해 조선사정을 조사하고 특히 일본인 이주를 장려하기 위한 안내서를 간행하였다.

둘째, 일본인들의 본격적인 도한이 이루어지는 것은 러일전쟁 직후였다. 전쟁 이후의 안내서는 도항안내, 러시아·만주안내, 기업과 경영, 지리연구에 대한 것이 주종을 이루었다. 도항안내서에 보이는 이주에 대한 관심은 인구증가에 따른 식량 문제에 대한 절박함에서였다. 러시아와 만주, 지리에 대한 관심은 러일전쟁 승리 이후 조선을 장악하고 대륙진출을 기도하기 위함이었다. 기업과 경영에 대한 관심은 한국 경영과 만주 경영을 위해서였다.

셋째, 강점 전후 간행된 안내서는 도항안내서, 한국사정 안내서, 한국식민 경영 안내서, 지리서였다. 도항안내서는 '무한한 보고'인 조선에의 도항을 권유하는 것으로 소자본을 가지고 성공한 사람들의 수기를 수록하여 현장감을 더했다. 한국사정 안내서는 언론인들이 경성에 살면서 '문명'과 '야만'의 이분법으로 조선의 어두운 면을 부각시켜 '문명' 이식을 강조하거나, 조선인의 미개성을 묘사하여 조선에 대한 차별적 이미지를 생산하기도 했다. 한국식민 경영 안내서는 중소농민 이식책을 중심으로 한국식민의 중요성을 호소하거나, 통상무역이나 이주식민을 통해 경제적 동화를 이루고 나서 내선동화를 추진하자는 내용도 보인다.

3. 1910년대 일본인의 조선사정 안내서 간행과 조선인식

근대 일본의 조선사정 안내서와 시찰기 간행에 대한 고찰은 당시 일본의 조선인식을 비롯하여 대외사상, 침략과정을 밝힐 수 있는 중요한 주제의 하나이다. 그러나 지금까지 개항 전후부터 식민통치기에 걸쳐 총독부는 물론 민간에서 어떻게 조사가 이루어지고, 어느 정도로 결과물이 출판되었는지 전체상을 파악하기 어려웠다. 따라서 이 글에서는 1910년대의 일본인 가운데 어떤 사람들이 조선의 현지 사정을 조사하고 어떤 성격의 안내서를 간행했는지 알아보려고 한다.

그러나 아직도 조선사정의 조사경위나 간행물의 출판 상황 및 내용분석에 대한 연구가 부족한 실정이다. 저자는 이러한 학계의 연구 상황을 감안하여 개항 이후 일본인의 조선사정 조사 및 안내서 간행과 1900년대 일본인의 조선이주 안내서 간행에 대한 연구를 진행하였다.[159] 전자는 개항 이후 청일전쟁까지 어떠한 방법으로 조사를 감행했는지 알아보고, 군인, 외교관, 언론인, 학자 등이 남긴 자료를 분석하여 그 현황을 파악하였다. 후자는 러일전쟁 이후부터 병합까지의 시기에 간행된 안내서를 분석하여 일본인의 조선이주와 대외침략 정책 수립에 미친 영향을 살펴보았다. 이러한 연구는 일본인이 직접 보고 기록한 1차 자료를 발굴하여 시기별로 그 특징을 살펴봄으로써 일본의 조선 진출의 사회경제적 배경을 이해할 수 있는 기반을 만든 점에 연구사적 의미가 있다고 생각한다.

이러한 선행연구의 토대 위에 세 번째 작업으로 1910년대 일본인의 조선사정 안내서 간행실태와 성격을 정리해 보려고 한다. 여기서는 일제가 강점 이후 식민통치를 원활히 하고 조선 경영에 집중하기 위해 민간에서 조사한 조선사정 안내서를 동화와 식민통치 선전에 이용한 점을 주목하였다. 이 시기에도 많은 양의 안내서가 간행되었으나 먼저 안내서의 간행실태를 크게 다섯 가지로 나누어 검토하였다. 총독부 관리, 일본 관료, 조선시찰단, 조선주차군, 재조 언론인의 조선조사와 시찰내용을 분석하여 간행목적과 성격을 살펴볼 것이다. 다음 안내서에 나타난 조선인식을 조선 민족성론, 조선인 동화론, 일본인 이주론을 중심으로 검토하여 일본인들이 조선을 어떻게 인식했는지 실증적으로 분석하려고 한다.

이 글에서 분석대상으로 삼은 자료는 일본국회도서관, 규슈대학도서관, 와세다대학도서관, 국립중앙도서관에 소장된 자료를 이용하였다. 단순한 여행

---

159 최혜주, 「개항 이후 일본인의 조선사정 조사와 안내서 간행」, 《한국민족운동사연구》 73, 2012 ; 최혜주, 「1900년대 일본인의 조선이주 안내서 간행과 조선인식」, 《한국민족운동사연구》 75, 2013.

기나 보고서보다는 민간에서 출판한 안내서, 시찰기를 중심으로 고찰하며, 총독부 당국에서 편찬한 관찬자료는 지면 관계상 분석에서 제외시켰다.

1) 조선사정 안내서의 간행실태와 성격

(1) 총독부 관리의 조선안내서

총독부 관리들이 간행한 조선안내서가 있다. 그들은 총독부에 소속된 관리라는 유리한 지위에 있으면서 구관조사와 최근의 통계를 활용하여 조선사정을 조사 연구한 자료집을 간행하였다. 총독부 촉탁 야마지 조이치(山道襄一)의 『朝鮮半島』(1911), 취조국원 요시다 에이자부로(吉田英三郎)의 『朝鮮誌』(1911), 경무총감부원 다구치 하루지로(田口春二郎)의 『最新朝鮮一斑』(1911), 재무관 야마구치 도요마사(山口豊正)의 『朝鮮之硏究』(1911), 하라다 히코구마·고마쓰 데쓰조(原田彦熊·小松徹三)의 『朝鮮開拓誌』(1913), 경찰관료 이마무라 토모(今村鞆)의 『朝鮮風俗集』(1914), 총독부 촉탁 무라카미 타다요시(村上唯吉)의 『朝鮮人の衣食住』(1916), 함경남도 서기 후지토 게이타(藤戸計太)의 『最新朝鮮地誌』(1918)가 있다.

이 가운데 주목할 만한 안내서를 살펴보면 첫째, 『朝鮮半島』는 총독부 촉탁 야마지 조이치가 병합된 조선을 어떻게 경영할 것인가에 대한 소견과 자신이 조사한 조선의 사회, 제도, 관습관련 자료 등을 정리하였다. 친군부적인 정치인 오쿠마 시게노부(大隈重信)나 전 주한군참모장 무타 게이쿠로(牟田敬九郎) 등 군부인사, 그리고 경무국장인 마쓰이 시게루(松井茂)의 서문을 붙여 간행하였다. 오쿠마는 이 책을 "조선인을 지도해서 우리에게 동화시키고 충량한 신민이 되게 하는 것은 서로 정의(情意)가 잘 통하지 않으면 안 된다. 이 책은 이 요구에 응하여 편익이 있는 것을 의심하지 않는다"라고 평하고 있다. 마쓰이는 서문에서 조선의 풍속관행 연구가 가장 시급한 일이라고 보고 야마지가 수행한 작업의 중요성을 다음과 같이 평가하였다.

하루가 늦으면 하루의 손실이 있다. 내가 내부 경무국장에 있으면서 야마지 군을 번거롭게 하여 조사를 맡긴 이유이나. 군은 나와 동향으로 일찍이 와세다를 졸업하고 조선에 왔다. 문필이 종횡하고 기절이 늠름하여 이 자료를 수집하기에 노력하였다. 자료를 풍부하게 모아 아주 귀중한 글이 되었고, 이것이 모두 경세의 대문자가 되었다. 우리 경찰계를 위해 자랑할 만한 자가 아닌가.[160]

이 책의 전편은 야마지가《대한일보》주필로 있으면서 병합의 기회를 이용하여 "신부반도는 어떻게 경영해야 하나를 논술한 것"이고, 일선동화 문제와 조선통치상 교육의 중요성, 조선 내의 기독교 교세와 포교방법 등과 만주철도의 중요성, 조선 정부의 산업진출 문제 등을 다루고 있다. 후편은 저자가 내부 및 조선총독부 경무총감부의 촉탁으로 조사한 구관제도 자료를 골자로 한 것이나. 여기에서는 조선의 향촌사회, 계급, 풍습 등을 조사한 내용을 서술하고 조선통치에 대한 구상을 적고 있다.

또한『조선풍속집』은 경찰관료 이마무라가 일본에서 경찰로 활동하다 1908년 조선으로 건너와 충북·강원도 경찰부장, 평양·제주경찰서장을 지내면서 조선의 풍속을 조사하고 간행한 것이다. 그 뒤에도 원산부윤, 체신부, 조선사편수회, 총독부 중추원 촉탁, 청구학회, 경성서물동호회 회원으로 활동하며 조선 민속학 연구에 많은 업적을 남겼다. 이마무라는「자서」를 통해 이 책을 간행한 이유를 "직무를 집행하면서 민도와 조화가 이루어지는가 하는 점에 대해 고심한 적이 한두 번이 아니었다. 나는 이때부터 조선의 풍속 및 습관에 대한 이해가 필요하다는 것을 절실하게 느꼈다"라고 밝히고 있다. 원활한 식민통치를 위해서는 조선인의 제반 풍속을 이해하는 것이 중요했기 때문이다.「題辭」를 쓴 아키야마 마사노스케(秋山雅之介)는 "풍속은 사회의 반면(半面)에서 불문율로 백반의 제도가 모두 이것과 밀접한 관계를 가진다. 또한 행정, 사법 사

---

160 山道襄一,『朝鮮半島』, 序, 1911, 7쪽.

무 역시 이것과 서로 상응하지 않으면 안 된다. 이 때문에 위정(爲政)의 국(局)을 맡은 자가 이를 잠시도 소홀히 할 수 없다"라고 하여 이 책을 간행한 이유를 설명하였다.

이 책의 내용은 조선의 풍속에 대한 전반적인 것들을 조사한 것이다. 조선의 미풍양속을 다루면서 일본인들이 조선인의 열등성을 강조하는 것은 선입견 때문이라고 말한다. 조선의 미풍으로 효도, 윗사람에 대한 예우, 족외혼, 정조관념, 관청의 명령 준수, 이웃 간의 협동, 낙천성 등을 들고 있다. 이밖에도 사회계급, 관혼상제와 친족 관계, 형벌, 범죄, 송덕행위와 효자·열녀에 대한 포상도 언급하였다. 세시풍속으로는 투전·골패·화투 등의 도박과 계, 숙박업, 대금업, 매춘부, 과부와 노비, 출산, 각종 미신이나 종교, 민간요법 등을 다루었다. 비교적 사실에 입각하여 서술한 것으로 민속사 연구에 중요한 기초자료라고 할 수 있다.

둘째, 『朝鮮之研究』는 야마구치가 한국 정부의 재정고문부에 고용되어 재무관을 지낸 5년 동안 현시에서 자료를 조사하고 수집하면서 조선통치를 위해 가장 필요한 것이 무엇인지 밝힌 안내서이다. 그 내용은 총설, 풍속, 조선인의 성정, 농업, 수산, 광업, 어업, 공업, 상업, 금융기관, 교통, 통신, 내지인의 발전상황, 재정, 은사금사업을 다루고 있다. 결론 부분에서는 반도이주의 가치와 반도개발의 필요성, 교통개선과 산림 경영의 급무, 교육 기타 행정에 관한 요건 등을 담았다. 재정고문 메카다 다네타로(目賀田種太郎)와 고바야시(小林重), 바바 에이이치(馬場鍈一)의 서문이 있다. 바바는 통감부의 총무부 경리과장을 지내고 1936년에는 대장대신이 된 인물인데, 이 책이 조선을 진지하게 연구하려는 자나 조선에 가서 사업을 하려는 자에게 도움이 된다고 추천하고 있다. 이들은 한결같이 "조선사정에 관한 서술이 종류가 많지만 탐구가 부족하고 견문이 미치지 않는 것이 있어 억측과 오류에 빠지기 쉽다"라고 말하면서, 이 책의 간행의의를 평가하였다.

야마구치 도요마사도 「범례」에서 자신이 재무관이라는 현직에 있으면서 최근의 사정과 통계자료를 활용하여 조선사정에 대한 억측과 오류를 바로잡은 점에 간행 의의가 있다고 밝히고 있다. 그는 조선 민족성의 장단점을 잘 파악하고 그에 대처하는 것이 중요하다고 보았다. 나아가 조선을 단지 내지인의 이주지로 만들어서는 안 되고, 조선인을 지도 개발해야 한다고 강조하였다. 아울러 병합이 오히려 제국을 고민하게 만들 것이라는 우려에 대해 내지인의 경제적 부담이 증가하더라도 장래 국가의 안위 차원에서 필요하다고 언급하였다.

셋째, 『朝鮮人の衣食住』는 후술하듯이 1912년부터 2년간 조선에 주둔한 제8사단의 군의부장 사카모토(坂本武戊)가 소속부대의 군의 22명에게 부과한 조선인의 의식주 조사와 산업통계를 근거로, 여기에 촉탁 무라카미 자신이 실제로 견문한 내용과 견해를 보충하여 간행한 것이다. 이 책이 8사단에서 편찬한 저본과 다른 점은 '食'부분에서 농산물과 수산물을 보충하고, 위생부분을 생략한 점이다. 그는 자신이 총독부에 근무하면서 업무상 전국을 다니며 접촉한 사람이 무려 30만 명이 넘으며 조선인의 생활 상태에 대해 비교적 자세하게 관찰하였다고 말한다. 무라카미는 「서」에서 이 책을 간행하는 이유는 "조선 경영에 관심이 있는 자에게 도움이 되기 위해서"이며 "토지의 풍속습관 혹은 기호가 어떠한지 조사하는 것은 사업 경영의 선결 문제"라고 그 중요성을 강조하였다.

이 자료에서 다룬 범위는 경흥, 경원, 종성, 회령, 무산, 나남, 북청, 혜산진, 삼수, 중강진, 함흥, 원산, 양덕, 개성, 성천, 안주, 덕천, 의주, 초산 등으로 군대가 주둔한 북부지역에 한정되어 있다. 그러나 구체적인 지역정보를 수록한 귀중한 자료라고 할 수 있다. 분량면에서 보면 의식주 가운데 '食' 항목이 가장 많은 비중을 차지하고 있다. 먼저 '衣' 항목에는 의류, 신발, 침구, 모자, 비옷, 머리모양, 세탁, 의복재료를, 다음 '食' 항목에는 주식물, 부식물, 식사회수 및 섭취량, 간식품, 기호품, 식료와 농산물, 식료와 수산물, 주방, 물에 대해 그리고 '住' 항목에는 가옥주변, 구조와 구별, 각 지방의 가옥, 목욕에 대해 수록하였다.

총독부의원원장 하가 에이지로(芳賀榮次郎), 공업전습소장 도요나가 마리(豊永眞里), 경성위술(衛戍)병원장 사토 쓰네마루(佐藤恒丸)의 서문이 있다. 하가는 "조선을 시찰하는 자나 조선에 거주해서 자기의 직무를 집행할 때, 또는 사업을 경영할 때, 선인의 생활상태 즉 의식주의 현상을 연구하여 모두 알지 못하면 결코 목적을 수행할 수 없다"라고 지적하여, 이 자료가 구체적인 일상생활의 현상과 각도 각지의 풍속을 상술한 점에서 그 간행의의를 높이 평가하였다. 사토는 서문에서 조선통치의 급선무는 "조선 민족의 의식주를 아는 것이 첩경이며 이 셋을 안 뒤가 아니면 그 민족에 대해 손을 댈 수 없을 것"[161] 이라고 지적하고 있다.

(2) 일본 관료의 조선시찰기

다음으로 일본에서 조선으로 와서 직접 조사하고 간행한 시찰기가 있는데, 병합이 추진된 이후 1910년대에는 관료들이 간행한 시찰기가 많이 보이지는 않는다. 그러나 이들이 조선에 파견된 목적은 조선의 실상을 직접 눈으로 보고 그 문제점을 파악하여 일본의 조선정책에 반영하기 위한 의도에서였을 것이다. 가노 히사요시(加納久宜)의 『朝鮮旅行記』(1911)와 하라 쇼이치로(原象一郎)의 『朝鮮の旅』(1917)를 살펴보자.

첫째, 가노 히사요시는 자작(子爵)으로 가고시마현지사, 전국농사회간사장, 제국농회초대회장을 지내 '일본농정의 아버지'로 불린 인물이다. 그는 1911년 5월 11일부터 14일간의 일정으로 조선을 시찰하였는데, 그 지역은 부산, 초량, 마산, 진해만 군항, 대구, 경성, 수원, 둑도, 인천, 진남포, 평양, 신의주, 안동현이었다. 「서언」에서 조선을 시찰한 목적은 "저들의 좋은 점을 발견하고, 산업 발달에 참고가 되는 자료의 발굴물이라도 발견한다면 조선의 기념선물로 가지고 돌아가려고 한다"라고 밝히고 있다. 특히 조선의 농업과 조선인의 생활 및 위생, 교육에 관심을 가지고 시찰하였다.

> 투기적인 대지주는 국가에 유해무익일 뿐, 필경 조선개발의 방해자이다.―조림에 힘을 쓰는 자가 없는 것은 이익을 목전에 둘 수 없는 것이 이유지만, 매수한 토지에

---

161 村上唯吉, 『朝鮮人の衣食住』, 序, 1916, 5쪽.

때로 홍수가 범람하는 해를 입는 경우도 있다.—치수의 요의는 산림의 경영에 있는 것은 알 수 있는 것인데 그 근본책인 조림을 소홀하게 하고 이익을 거두려는 것처럼 아마도 일의 본말 수미(首尾)를 잘못하고 있는 것이 아닌가.—조선인은 근면한 민이다. 이것을 게으른 민이라고 하는 것은 필경 학정의 결과가 그렇게 만든 것이다.—누추한 집의 비위생은 온돌식의 구관과 공기의 건조한 천혜로 다소의 차이가 있을지 모르지만 병원의 설치나 수도 보급, 하수 유통은 인도상 급무 중의 급무이다.[162]

이와 같이 가노 히사요시는 농업에서 투기적 대지주가 조선개발의 방해자라는 점, 산림 경영이 매우 소홀한 점과 함께, 조선인이 게으른 것은 학정의 결과 때문이라고 인식하였다. 그리고 조선에서 가장 시급한 것은 위생시설과 상하수도의 보급이라고 지적하였다.

둘째, 하라 쇼이치로는 문관고등시험에 합격한 뒤 농상무성 광산국, 법제국 참사관으로 근무하고, 국세원(國勢院) 제2부장(1920)으로 퇴직한 인물이다. 그는 1917년 7월 12일부터 8월 20일에 걸쳐 경성의 관청, 학교 시설과 대전, 전주, 광주, 목포, 진주, 진해, 부산, 경주 등지의 조선인 풍습, 산업 등을 시찰하였다. 이 책의 「서언」에서 장래 일본제국이 나가야 할 방향은 "동서남북으로 여러 식민지를 경영해서 국가사회의 물적 기초를 함양하는 일"이라고 보았다. 그러나 식민지 조선에 대한 식민지로서의 평가는 엄격하다. 먼저 일본의 연장지로서 사회적 의미가 있지만 경제적으로는 매우 빈약한 것이다. 광업을 제외하면 '부원'이라고 할 만한 것이 거의 없는 데도 이것을 통치하는 것은 매우 귀찮은 존재라고 평가한다. 그럼에도 불구하고 기본적으로 조선은 "일본이 대식민국으로 가는 데 실로 아주 좋은 시험 밭"이라고 인식하였다. 조선 경영의 성패가 일본의 장래 국운에 중요하기 때문에 무엇보다도 "조선이라는 것에 취미를 가지는 것이 첫째"라고 말하고 있다.

---

162 加納久宜, 『朝鮮旅行記』, 「旅中の感觸」, 39~40쪽 : 〈朝鮮人の生活及び衛生〉, 1911, 48~49쪽.

나아가 일본이 조선이란 식민지를 시장으로 삼아야 하는 이유를 "일본이 대국이 되기 위해서는 조선을 식민지로 하여 백년정책을 수립해야 하기 때문"이라는 것이다. 즉 그는 식민지 경제를 가지고 일본 경제의 기초를 삼아야 한다고 보았다. 이것이 대국이 되려고 하는 자에게 필요한 것이라고 설명하였다.

> 우리 일본이 이제 도착하지 않으면 안 되는 사회상의 위기를 안온하게 넘어가기 위해서는 꼭 이 식민정책에 의해 과잉인구나 노동력을 안배해서 가지 않으면 안 된다. 장래 이 방면에서 식민정책의 필요는 점점 증대되어 갈 것이라고 생각한다. 이 목적에는 본국과 위도가 같은 일본인이 영주하기 적합한 조선 등은 먼저 첫째로 이용하지 않으면 안 된다. 여기에서 바야흐로 나라를 일으켜 가는 데는 식민정책의 효용이라고 하는 것은 실로 중대하다고 말하지 않을 수 없다. 협의의 경제정책이라는 것과 사회정책이라는 것을 실체로 한 경국제민의 대방책이고, 장래 우리나라의 진로를 개척해야 할 백년의 정책이라고 생각한다.[163]

이처럼 하라는 일본의 백년정책은 조선이주를 통해 과잉인구와 노동력을 안배하는 데 있다고 보았다. 이 자료의 중요한 특징은 조선의 주요 지방을 구석구석 보고 그에 대한 관찰을 기록하였으며, 조선통치의 요체(要諦)가 무엇인지 자신의 비판적 견해를 피력한 점이다. 예를 들면 후술하듯이 식민통치의 문제점과 동양척식회사(이하, 동척)의 존재와 사업에 대한 우려를 가감없이 밝히고 있다.

(3) 조선시찰단의 조선시찰기

일본에서는 한반도 강점 이후 각 지역별로 산업시찰단을 편성하여 조선을 방문하고 있었다. 그들은 귀국 후 당국과 정보를 교환하며 이민정책을 추진하였

163 原象一郎,『朝鮮の旅』7월 12일, 1917, 9~11쪽.

다. 사절단의 편성 과정이나 그들을 전폭적으로 지원한 인사들을 보면 첫째, 조선에서는 총독을 비롯하여 정무총감, 시찰단이 시찰하는 지역의 담당관, 재조 언론인이 있고, 둘째, 일본에서는 정부의 주무장관인 농상무대신과 담당국장, 언론인이 있으며, 셋째, 시찰단을 파견하는 지방에서는 지사와 현청의 담당자, 상업회의소, 정치인, 교육계 인사 등이 관여하고 있었다. 일본 정부와 각 지방단체, 조선총독부와 시찰지의 도청·부청 등의 담당자들이 일체가 되어 긴밀하게 협조하며 일본인의 이주와 부원개척 및 상권 확장을 위해 움직였던 것이다.[164]

여기서 살펴보려고 하는 것은 비슷한 시기에 지리적으로 조선과 가까운 지역에서 시찰단을 편성하여 조선에 대한 경제적 진출의 가능성을 타진한 다음의 단체들이다. 즉 니가타현의 적선(積善)조합에서 간행한 『日本海之對岸』(1911)과 시가현의 『朝鮮視察談』(1912), 히로시마현의 『朝鮮視察概要』(1913)가 있다.

첫째, 『日本海之對岸』은 니가타현의 지주층을 중심으로 1897년에 결성된 적선조합에서 1911년 6월 28일부터 26일간 함경남북도와 블라디보스토크 등지를 시찰한 내용을 조합 이사 하야시 세이지(林靜治)가 정리한 것이다. 이 보고서의 내용은 여행일지, 블라디보스토크 개관, 다망(多望)한 청진항, 함경북도 남부의 요항(要港)인 성진, 함경남도 북부의 요항 서호진 및 함흥, 원산 개견(槪見), 평양 및 진남포, 북선(北鮮)의 경제계·교육으로 이루어졌다.

시찰단은《니가타마이니치신문》사장 하기노 사몬(萩野左門)을 단장으로 22명의 시찰단원으로 구성되었다. 시찰원의 자격은 ① 현재 실업에 종사하고

---

164 林靜治, 『日本海之對岸』, 「目次」, 1911, 1~3쪽. 이것을 알 수 있는 사례를 보면 니가타현의 경우 시찰 일정을 기술한 일지에, 조선총독(寺內正毅), 정무총감(山縣伊三郎), 농상무대신(牧野伸顯)의 제사(題辭)가 있고, 추천의 서문을 쓴 사람은 다음과 같다. 니가타현지사(淸棲家教)·내무성 참사관(井上友一)·농상무성 농무국장(下岡忠治)·동 수산국장(道家齋)·농 공부국장(岡實)·내무서기관(中川望)·내무성촉탁(國府種德)·귀족원의원(德富猪一郎)·《도쿄아사히신문》기자(杉村廣太郎)·조선총독비서관(桑原八司)·동척이사(林市藏)·함북 재무부장(田中卯三)·《북한신보》사장(淺岡重喜)·《원산매일신문》사장(西田常三郎)·니가타현 내무부장(石川啓)·동 지방과장(相馬恒彦)·동 권업과장(金森輝夫)·니가타 시장(吉田良治郎)·니가타현 교육회장(鳥居鍗次郎)·중의원의원(坂口仁一郎)·니가타상업회의소회두(白勢春三)·시찰단장(萩野左門)·적선조합 전무이사(櫻井市作)이다.

또 실업 장려에 관한 일을 하는 자로, 상당한 자산이 있고 형벌에 처해지지 않은 자, 신체건강한 자로 한다. ② 신문기자, ③ 기타 현에서 적당하다고 인정하는 자로 되어 있다.[165] 니가타현에서는 시찰단에게 2000엔을 보조하면서, "금일 조선이 새로 우리 판도에 돌아오고 그 동안(東岸) 각 요진(要津)과의 교통은 블라디보스토크 항과 함께 몇 배 중요한 관계가 되었다. 이것을 시찰해서 피아의 산업을 연락하고 개발할 급무는 목전에 임박해 왔다. 현에서 2000엔의 보조를 결정하여 시찰단을 장려한 목적도 반드시 여기에 있다. 결코 심상 한만(汗漫)한 유력(遊歷)이라고 보는 것을 용서하지 않는다"라고 강조할 정도로 이 시찰단에 거는 기대가 큰 것을 알 수 있다.[166]

시찰순서는 먼저 니가타항을 출발해서 블라디보스토크(7월 1일)로 직행하여 시찰하고, 다음 함경도의 청진(4일), 나남(5일), 경성(鏡城)(5일), 성진(6일), 서호진(7일), 함흥(7일), 원산(8일)을 시찰하고, 부산(11일), 경성(12일), 인천(13일), 둑도(14일), 수원(15일), 평양(16일), 진남포(18일), 경성(19일), 부산(19일)으로 이어지는 코스를 시찰하였다. 각 지역의 특성에 맞게 항구의 무역상황과 주요 수출입 품목 등을 주목하고 나남과 원산에서는 병영과 군사시설을 보거나, 기타 농업과 상업회의소, 학교를 점검하고 앞으로 어떠한 사업이 유망한지 살펴보고 있다.

니가타현에서는 니가타항이 일본 서부의 중요 항구로 조선 북부와 러시아 교역의 중심항이라고 생각했기 때문에, 일찍부터 함경북도를 외교상, 군사상, 경제상 주목해온 지역이었다.[167] 상업교역상에서 보더라도 이 지역의 성진, 청진, 웅기는 "제국과 구라파 아시아를 연결하는" 중심 지역이었고 제국의 상권 확장을 위해서 함북지방에 대한 연구는 필수적이라고 보았던 것이다.

둘째, 『朝鮮視察談』은 시가현의 촉탁을 받은 이구치 요시무네(井口吉宗)가

165 앞의 책, 朝鮮視察巡航船計劃大要(豫定), 1911, 2~4쪽.

166 앞의 책, 朝鮮視察團を餞す 對岸交通線の價値, 1911, 17쪽.

167 앞의 책, 序, 田中卯三, 1911.

1912년 3월 20일부터 4월 10일에 걸쳐 17일 동안 조선을 시찰하고 남긴 기록이다. 이 책의 구성은 시찰의 방침, 시찰한 곳, 시찰의 종별(種別), 시찰의 감상, 부록으로 이루어졌다. 특히 시찰한 장소는 주로 농업관련 시설이다. 즉 권업모범장의 목포·둑도·용산·대구지장(支場), 동척의 둑도·수원·대구출장소, 목포·나주·군산·광주 등지의 농장, 그리고 개성과 진남포의 금융조합 등도 시찰하였다. 이 책에 서문을 쓴 나리다 군페이(成田軍平)는 반도 경영의 길이 쉽지 않음을 지적하고, 조선의 풍토를 연구하고 그 부원을 개척하는 것이 동화를 이루는 데 있어 급선무임을 밝히고 있다.

이구치는 "조선의 부원개척은 일본의 보고로 이미 그 자물쇄는 열렸지만 이것을 유감없이 수득하는 방법은 아직 완비되지 않았다"라고 말한다.[168] 이 보고를 차지하기 위해 어떠한 방법으로 조선의 부원을 개척할 것인가 그 방법을 타진하기 위한 조사였던 것이다. 그는 시찰 후의 소감으로 조선은 ① 일본의 과잉인구를 수용할 여지가 있고, ② 농업에는 다대한 희망을 가질 수 있으며, ③ 이주농민의 견인불발의 각오가 필요하며, ④ 내지 이주민을 보호하기 위해 동척의 존재는 중요하다고 보았다.

셋째, 『朝鮮視察概要』는 1912년 4월 12일에 출발하는 히로시마조선협회의 조선시찰단 21명이 부산, 대구(4.13), 경성(4.14), 인천(4.17~18), 안동현(4.18~19), 신의주(4.19), 평양(4.19~20), 삼랑진(4.21), 마산(4.21~22) 등지를 시찰하면서 조사한 것이다. 즉 대구의 공장 및 시장, 달성공원, 권업모범장을 시찰하고, 경성의 공업전습소, 총독부의원, 동아연초회사, 파고다공원, 경복궁, 왜성대, 한양공원, 총독관저를 시찰하였다. 그리고 인천의 세관 및 항만, 안동현의 신사참배, 평양학교, 고전장터, 마산의 항만시가, 진해만의 공장 및 학교를 돌아보는 일정이었다. 각 지방에서 주로 조사한 것은 호구, 무역, 금융기관, 교통, 공업, 공장, 회사, 조합, 시장, 종교, 학교, 위생, 경제상황, 주요 수출입품 등에 대한 것이었

---

168 井口吉宗, 『朝鮮視察談』 第2 視察の個所, 1912, 9~10쪽.

다. 이 사절단도 데라우치 총독, 나카무라(中村) 농무과장, 히도미(人見) 상무과장, 각지의 민단장과 상업회의소회두를 비롯한 유지, 각지의 히로시마 출신자들의 전폭적인 도움으로 조사가 이루어졌다.

히로시마시는 히로시마의 상공업이 오카야마, 후쿠오카에도 미치지 못한 상황에 대한 우려에서 우선 1912년 1월 12일에 히로시마조선협회를 결성하였다. 협회의 임원은 간사와 평의원으로 구성되었다. 간사에는 히로시마시의 실업계 유지 호리우치(堀內武吉), 구마히라 겐조(熊平源藏) 등이 발기인으로 참가하고, 앞에 나온 야마지 조이치(山道襄一)의 이름도 보인다. 그리고 우에무라(植村石太郎), 사토(佐藤忠順), 고토(後藤吉太郎), 요시노(吉野伊三郎)가 있다. 즉 "히로시마시의 현재를 걱정하고 장래를 도모하는 자 어찌 분연히 궐기하여 이것을 구제하지 않을 것인가. 지금 시대의 요구는 히로시마시의 발전을 기획해야 할 실업청년가를 일으켜 크게 장래를 향해 활동하게 해야 한다"라고 보았다.

「조선시찰단취의서」에 의하면 히로시마의 실업계가 오카야마나 후쿠오카와 비교해서 손색이 없기 때문에 앞으로 히로시마 인사가 활약할 무대는 조선만한 곳이 없다고 강조하였다. 따라서 이 협회의 첫 사업으로 계획한 것이 히로시마시의 발전을 위해 조선에 시찰단을 파견하는 일이었다.[169] 「규정」에 의하면 파견목적은 "완전한 조사연구를 위해서"이며, 시찰단 인원을 50명 이상 100명 이하로 하고 경비는 1인당 50엔으로 정했다.

---

169 廣島朝鮮視察團,『朝鮮視察概要』第2 廣島朝鮮協會の組織, 1913, 5쪽.
「조선협회의 계획사항」으로 밝히고 있는 것은 다음과 같다.
1. 본회 조직의 취지를 조선총독부, 각 관아 및 거류민단 및 상업회의소 등에 통고하여 장래의 연락 방법을 도모할 것,
1. 조선 각지의 본 현인회(縣人會)와 연락을 취하여 상호 편익을 도모할 것,
1. 회원이 참고가 될 조선담화회를 수시로 개최할 것,
1. 시기를 계획하여 조선 관광단을 조직할 것,
1. 히로시마 조선 간의 기차 및 기선의 화물운임 저감(低減) 방법을 강구할 것,
1. 회원 중 조선의 사정을 취조하려는 자가 있을 시는 그 편의를 도모할 것,
1. 작년 현회가 건의한 조선 시찰원 파견 건은 급속히 실행을 당국자에게 촉구할 것.

(4) 조선주차군의 조선안내서

조선주차군이 간행한 조선사정 안내서에는 제8사단 군의부에서 작성한 『朝鮮人衣食住及其ノ他ノ衛生』(1915), 압강생(鴨江生)의 『軍人必讀朝鮮の硏究』(1916), 조선주차군부관부의 『朝鮮赴任者案內』(1917)가 있다. 첫째, 『朝鮮人衣食住及其ノ他ノ衛生』은 앞에서 언급한 무라카미가 쓴 저서의 저본이 된 책이다. 조선에 주둔한 제8사단의 군의부장 사카모토(坂本武戊)가 소속 군의 22명에게 부과한 과제인 「조선인의 의식주 및 위생과 지방병 조사」를 2등 군의 다케우치(武內三十春)가 모아 등사판으로 간행한 것이다. 그는 소속 군의들이 1912년부터 2년간 경흥, 경원, 종성, 회령, 무산, 나남, 북청, 혜산진, 중강진, 함흥, 원산, 양덕, 개성, 성천, 안주, 덕천, 의주, 초산, 삼수에서 조사한 위생자료를 정리하고, 『조선지』, 『조선총독부통계연보』와 《조선의학회잡지》 등을 참고하였다.[170]

이 책의 내용은 인간 생활의 3대 요소인 의식주를 중심으로 자세하게 서술하면서 그림도 곁들이고, 특히 제4장 기타 위생에서 기상, 사체의 처치, 결혼, 육아, 위생기관, 지방전염병, 지방병, 기타 질병을 다루었다. 이처럼 식민지배와 통치 자료로 삼기 위해 조선인의 풍습과 질병 위생 등 일반생활의 구석구석까지 세밀하게 조사하고 파악한 상황을 엿볼 수 있다.

둘째, 『軍人必讀朝鮮の硏究』는 압강생이 쓴 안내서로 부제를 「조선부임자심득」이라고 붙이고 조선에 부임하는 일본 군인들이 필히 알아야 할 조선사정이 들어 있다. 서문에는 "제국 군인으로 조선연구가 필요한 것은 말을 기다릴 필요가 없다. 특히 증설 사단이 조선에 배치된 금일에 있어서 한층 그 긴요함을 느낄 수 있다. 그런데 시중에 조선을 연구하는 데 적당한 서적이 있음을 보지 못하였다"라고 밝히고 있다. 특히 제국 군인들이 조선사정에 관해 파악하고 또 앞으로 있을 전쟁을 준비하는 차원에서 한기(寒氣)가 무기나 행군, 전투 등

---

170 第8師團 軍醫部, 『朝鮮人衣食住及其ノ他ノ衛生』, 「緖言」, 「課題作業提出者」, 1912, 1~3쪽.

에 미치는 역할을 실험하여 자세하게 정리했다는 점에서 중요하다.

이 책에는 조선에 관한 제반 사항을 망라하고 군사상 필요한 사항을 상세하게 서술하였다. 전자는 조선의 지세, 기후, 인구, 중요시가지, 인종, 주민상태, 농상공업, 교통, 지방행정, 종교 및 향사(享祀), 교육을 수록하였다. 후자는 조선 기후가 군사상에 미치는 영향을 다루고 있다. 여기서는 항한력(抗寒力) 실험성적, 한기가 병기 및 피복에 미치는 영향, 한기가 공작 및 행군에 미치는 영향, 전투 및 경계근무, 숙영(宿營)에 관한 상세한 정보가 들어 있다. 그리고 조선 내 위생상황에서는 위생기관, 지방전염병, 군대의 위생상 주의에 대해 다루었다.

마지막으로 특기할 만한 것은 제4편에서 조선역사에 대한 개요가 간략하지만 상세하게 서술된 점이다. 군인들을 대상으로 하는 안내서에도 조선 역사에 대한 내용이 들어 있는 것은 철저하게 정신적으로 무장시키기 위한 준비라고 생각된다. 또한 반도가 병합에 이르기까지 2000년간 그 독립을 유지해 온 것은 연구할 만한 가치가 있는데, 조선이 지리상 천혜의 위치에 있으며, 외교적으로 '시나' 세력을 끌어들인 점을 들고 있다. 이 외에도 부록에는 부임자의 마음가짐으로 출발 전 준비사항, 항해 중 유의사항, 승선과 위생 문제, 세관통관 문제 등을 수록하였다.

셋째, 『朝鮮赴任者案內』는 조선주차군에서 발행한 안내서로 일본에서 부임하는 군인, 군속, 가족이 알아야 할 기본 사항이 간략하지만 상당히 자세하게 들어 있다. 출발 전 준비사항, 각 관사의 평면도, 승선 및 항해 중의 주의사항, 조선에 상륙 후 본인은 물론 가족이 생활하는 데 필요한 여러 가지 정보 등을 담았다. 예를 들면 조선에서 하녀를 고용하는 데 1개월에 약 5엔 정도의 비용이 들지만 적당한 사람을 구하기 어렵기 때문에 필요한 사람은 가능하면 일본에서 건강한 자를 데리고 가는 것이 좋다는 내용도 보인다.[171]

조선에서의 생활정보는 입학, 화폐, 위생상태, 병원, 교통, 철도, 우편, 전등,

171 朝鮮駐箚軍 副官部, 『朝鮮赴任者案內』 12 家婢ニ就テ, 1917, 19~20쪽.

수도, 거주신고 방법 등을 안내하고 있다. 부록으로는 기차운임, 정기승차권, 할인권, 귀향군인 군속 승선, 세관통과심득, 승선자심득, 여행자심득, 성진축탁소 설치, 수송상의 주의사항, 서호진 및 신포축탁수비대 폐지, 조선의 지형과 지세, 조선의 기후, 중요시가지, 내지인 교육 문제 등을 다루고 있다.

(5) 재조언론인의 조선안내서

재조언론인들은 이미 조선에 와서 활동하고 있었기 때문에 누구보다도 조선사정에 정통한 인물이었다. 따라서 이들이 간행한 안내서에는 조선사정 연구와 조사에서 중요한 정보와 내용이 들어 있었다. 그 대표적인 인물로 아오야기 난메이(青柳南冥, 난메이는 쓰나타로의 호)의 『新撰京城案內』(1913)와 『最近京城案內記』(1915)가 있다. 그리고 야마가타 이소오(山縣五十雄)의 『京城雜筆』(1912), 샤쿠오 슌조(釋尾春芿)의 『新朝鮮及新滿洲』(1913)와 『最新朝鮮地誌』(1918)가 있다.

첫째, 아오야기는 1901년 내한한 이래《오사카마이니치신문》통신원, 한국 정부 관리, 조선연구회 간사,《경성신문》사장 등을 역임한 조선통이다.[172] 그는 『新撰京城案內』「敍說」에서 이 책의 저술 목적을 "대륙의 대도부를 건설하려는 일본인의 이주가 점점 많아져 가고 있는데, 새로 이주하려는 내지인에게 동도의 주인이 되고, 또 장래 시민의 각오를 가지게 하려는 것"이라고 밝히고 있다. 경성에 관한 여러 사정을 자세하게 안내하고 있지만, 특히 주목되는 것은 경성의 지가(地價)에 관한 상세한 정보와 총독정치 하의 조선인에 대한 연구를 분석하여 수록한 점이다.[173] 이것은 많은 일본인의 이주를 촉구하고 조선인을 통치하기 위한 배려라고 볼 수 있다. 이 책의 내용은 경성지리, 역사적 경성, 경성의 시가·지가·전기철도·전등·일본인·조선인·상업·경제계·공업·농

---

172 최혜주, 「아오야기(青柳綱太郎)의 내한활동과 식민통치론」,《국사관논총》94, 2000: 최혜주, 「일제강점기 아오야기의 조선사연구와 내선일가론」,《한국민족운동사연구》49, 2006.

173 青柳南冥, 『新撰京城案內』, 「京城市街の地價」, 61~75쪽: 「京城の朝鮮人」, 1913, 127~149쪽.

업·신문잡지·재류외국인·금융·은행 회사·종교·교육·위생기관·동식물원·명소·관아·물가 등을 다루고 있다.

둘째, 『京城雜筆』은 야마가타 이소오가 총독부의 기관지인 《서울프레스》(영문판)의 주간으로 《경성일보》의 「無題錄」이란 난에 3년간 연재한 기사 가운데 발췌한 글이다. 경성에 오는 일본인들을 위해 자신이 견문한 경성의 모습을 소개한 경성안내서인 셈이다. 예를 들면 몇 년 전에 세계에서 가장 불결한 땅이었던 경성이 지금은 청결하게 되었다고 하여 총독정치의 치적을 선전하거나,[174] 조선에서 성공하려면 조선인을 사랑해야 한다,[175] 조선을 근본적으로 구제하는 일은 벌거숭이산에 식림사업을 일으키는 것이다,[176] 외국인이 본 일선인의 관계,[177] 조선인을 사랑하는 것은 폐하에 대해 바치는 의무,[178] 고치지 않으면 안 되는 일본인의 약점[179] 등을 소개하고 있다. 그리고 '조선 내지여행의 경험'에서는 조선의 소작인을 어떻게 취급해야 하는가, 어떻게 조선을 근본적으로 구제할 수 있는가에 대한 해결방법을 모색하여 다시 식림사업을 강조하였다.

셋째, 샤쿠오 슌조(釋尾春芿, 슌조의 호는 旭邦)는 1900년 내한한 이래 1912년부터 《朝鮮及滿洲》를 30여 년간 발행하고 조선고서간행사업을 벌이며 조선에 관

---

174 山縣五十雄, 『京城雜筆』, 「新來者の京城觀」, 1912, 3~4쪽.

175 앞의 책, 「朝鮮で成功するには朝鮮人を愛せよ」, 1912, 14~15쪽.

176 앞의 책, 「朝鮮の植木日」, 1912, 56~57쪽.

177 앞의 책, 「外人の觀たる日鮮人關係」, 1912, 80쪽.
"조선인은 일본인을 혐기(嫌忌)하는 것이 매우 심하고, 그 미움이 골수에 사무치며, 소학아동이라도 깊이 마음에 새긴다. 이것은 실로 일본이 조선 경영에 대한 일대 장애이고 일본에게 있어서는 중대 문제이다. 그 원인은 일본 정부는 극력 선인의 무육에 노력하더라도 최하등의 일본인이 선인을 노예와 같이 다루고, 저들에게 능욕폭행을 가하며 이로써 일본 정부의 열성을 수포로 돌아가게 한다. 나는 우려한다. 일본은 장래 러시아 청국 어느 쪽인가와 다시 전쟁을 하게 되지 않을 수 없을 것이다. 이 때에 선인이 일인에 등을 돌리면 일본은 상당한 곤란을 보게 될 것이다."

178 앞의 책, 「朝鮮人を愛するは 陛下に對し奉る義務」, 1912, 183쪽.

179 앞의 책, 「改めねばならぬ日本人の弱點」, 1912, 185~188쪽.

한 사정 조사와 연구를 계속한 인물이다.[180] 그는 먼저 「緒言」에서 『新朝鮮及新滿洲』를 간행하는 의의를 "조선에 관한 서적은 상당히 많지만 병합 이전의 출판물이 대부분이고, 병합 이후에 간행된 것은 거의 없으며 있다고 해도 조선과 만주를 아우르는 서적은 없는 실정이기 때문이다. 일본제국의 신영토 경영, 대륙 경영과 일본인의 식민지개척의 실적을 한눈에 볼 수 있게 하기 위해서"라는 것이다. 그러나 최근 일본인의 조선과 만주에 대한 연구가 저조하고 조선개발·만주개척과 일본화의 대사업도 전도요원한 것이 되었다고 진단하였다. 이 책을 출판하는 이유는 첫째, 병합한 조선의 전도를 어떻게 할 것인가, 경영의 손을 댄 만주의 장래를 어떻게 할 것인가, 일본제국의 국시수행에 좌절을 가져오는 것을 어떻게 할 것인가에 있다. 둘째, 모국에 있는 일본인의 생활난, 취직난을 타개하기 위해 미국, 남양, 사할린, 대만도 좋지만 일본과 기후 풍토가 비슷한 조선과 만주를 첫 번째의 식민지로 만들기 위해서라고 밝히고 있다. 아울러 식민지로서 타당한가를 살피기 위해 산업방면에 가장 많은 지면을 할애하였다.

강제병합 이후 조선이 일본의 신영토로 편입되고, 한반도는 '자국영토'란 인식 아래 조선개발에 활용하기 위한 본격적인 조사가 진행되었다. 기존의 조선관련 지리지 등도 개정의 필요성이 제기되면서 새로운 정보를 보충한 신판 지리지들이 나오게 된 것이다. 그러나 학술적인 출판물의 수가 매우 적은 편이다. 샤쿠오도 「서언」에서 이 점을 지적하여 병합 이전에 비해 병합 후 매우 빠른 속도로 변해가고 있음에도 조선을 아는 참고자료도 부족하기 때문에 총독부 토지조사국과 농상공부의 도움을 받아 『最新朝鮮地誌』를 저술하게 되었다고 밝히고 있다. 더구나 각 학교에서 교재용으로 쓸 '조선지지'가 부족하며 내지의 경우는 더 심각하다고 말한다. 이 책은 상·하편으로 나누어 상편에는 조선의 자연지리와 인문지리에 관해 기술하고, 하편에서는 조선지방지를 기술하였다. 병합 후 조선 각 지방에 대한 통폐합 이후의 호구이동과 내지인 증가, 교

---

180 최혜주, 「한말 일제하 샤쿠오(釋尾旭邦)의 내한활동과 조선인식」, 《한국민족운동사연구》 45, 2005.

통, 경제상태 등에 관한 상세한 기술을 반영한 자료로 중요하다.

이 시기의 안내서들이 이전 시기와 다른 점은 조선을 식민지로 만들기 위한 사전준비를 위해서가 아니라, 식민지 조선을 효율적으로 통치·경영하기 위한 방법을 모색하려는 자료라는 점이다. 즉 조선통치·경영, 시장개척, 일본인의 진출, 전쟁 준비, 대륙 경영을 위해 철저한 조선연구가 필요했던 것이다. 따라서 총독부의 관리나 일본에서 온 관료, 시찰단, 조선주차군, 재조언론인들은 무엇보다도 조선통치의 가장 급선무는 조선 민족성의 장단점을 파악하여 동화 문제를 해결하고, 조선인의 풍습, 질병, 위생 등을 조사하는 일이라고 보았다.

아울러 그들은 일본제국의 신영토(조선) 경영과, 대륙 경영을 위해 백년정책을 세울 것을 주장하였다. 이를 실현하기 위해서는 조선에 이주하여 부원을 개척하고 경제적 진출의 가능성을 타진하는 일이 급선무라고 인식한 것이다.

2) 조선사정 안내서에 나타난 조선인식

(1) 조선 민족성론

일제는 1910년 강제병합에 의해 조선을 식민지로 만든 이후에도 어떻게 조선인을 동화시켜 식민통치를 원활히 할 수 있을까 하는 점을 고심하였다. 식민지 조선에 관심을 갖는 사람들은 이 문제를 주목하게 되고 이 시기에 간행된 안내서에도 강조되었다. 무엇보다도 조선을 병합한 뒤 통치 성과를 올리기 위해서는 "조선인의 성격 및 습속을 알아서 그들을 회유하는 것이 급선무"라고 보았다.[181]

---

181 原田彦熊, 小松徹三, 『朝鮮開拓誌』 제1편 總論 제8장 半島の人情風俗, 1913, 46~48쪽.

"선인(鮮人)의 부인은 일반적으로 남편보다 연장자를 보통으로 하므로 15, 6세, 20세로 성장하더라도 남편은 감히 의도대로 할 수 없는 것이다. 이와 같이 조혼의 폐는 드디어 선인으로 하여금 지각신경을 둔하게 만들고 무기력한 국민이 되게 하는 최대원인이라고 말할 수 있다—요컨대 내지의 동포가 선토(鮮土)를 개척하는 데 있어서는 먼저 선인의 성격 및 습속을 모두 알아서 마땅히 그들을 회유하지 않으면 안 되는 것은 어찌 나의 파언(婆言)만이라고 하겠는가."

이 때 간행된 안내서에서 조선의 역사와 습속 및 민족성에 대해 어떻게 인식하였는지 살펴보자.

먼저 하라다 히코구마(原田彦熊)는 두 나라는 태고부터 긴밀한 관계에 있었으나 아직 인종적으로는 일본인과 조선인이 동일 종족에서 나왔다고 단정하기 어렵다고 이해하였다.[182] 이와 같은 견해는 『軍人必讀朝鮮の研究』에도 보이는데, 동일인종은 아니지만 한족(韓族)은 이즈모족(出雲族)과 가장 밀접하며 제주도인은 내지인에 가깝다고 지적하였다.

> 일본인과 조선인이 정말 동일인종에서 나왔다고는 아직 단정하기 어렵다. 어느 학자는 또한 한족이란 것을 인정한다. 한족이란 것은 부여족에 가깝지만 순 부여족은 아니다. 한족과 혈통상의 관계가 있어도 순 한족은 아니다. 아마도 예맥 등과 동종으로 서로 전후하여 남하하고 다른 종속과 섞인 것이 아닐까 한다. 우리 이즈모족과 가장 밀접한 관계를 갖는 것은 이 한족이라는 설이 있다.
>
> 조선인의 용모 골격은 대체로 일본인과 비슷하고 그 언어를 같게 하고 복장을 같이 하면 이것을 구별하기 어려운 일이 없지 않다. 그러나 자세하게 관찰하면 반드시 그렇다고 말하기 어렵다. 수염이 적고 코가 낮은 것은 가장 일본인과 같지 않은 점이며 남녀를 논하지 않고 미목(眉目)이 우유(優柔)하여 삼엄한 풍채가 없다. 체구가 대개 장대하며 북쪽 사람은 특히 그렇다. 아마도 만·몽의 혈통을 섞은 것이 많아서 일 것이다. 다만 제주도의 인민은 대개 일반 조선인과 달리 오히려 내지인에 가깝다고 말하는 자가 있다. 반드시 근거 없는 설은 아니다.[183]

---

182 앞의 책, 제1편 總論 제4장 住民と戶口, 1913, 20쪽.

"사적에 비추어 보면 금일의 이른바 내지와 조선과의 관계는 멀리 태고부터 있었다. 특히 구마소(熊襲), 이즈모(出雲) 양족과 신라, 백제의 관계와는 북방의 토민에 있어서 퉁구스족과의 관계보다 더욱 서로 밀접한 것과 같다. 따라서 일본의 혈통을 혼합한 것은 의심할 것이 없는 일설이라고 볼 수 있다. 그러나 일본인과 조선인이 동일 종족에서 나왔다는 것은 아직 단정하기 어렵다."

183 鴨江生, 『軍人必讀朝鮮の研究』 제5장 人種, 1916, 38~39쪽.

그리고 다구치 하루지로(田口春二郎)는 조선이 단군이란 자에 의해 창설되었고 일설에 단군은 스사노오(素盞嗚尊)라고 하며, 신라의 시조 혁거세가 일본의 식민지 사로(斯盧)에서 일어나 근린을 병합하였고, 신라 4대왕 석탈해는 일본인 단바국주(丹波國主)의 아들이라고 서술하고 있다.[184] 더 나아가 고구려, 백제, 신라 모두가 일본의 속국이었다는 인식을 보이고 있다. 즉 야마구치 도요마사(山口豊正)는 박혁거세와 호공은 야마토 민족으로 신라의 창건자이고, 전라도 경상도 및 강원도의 일부 조선인 중에는 일본 민족의 후예가 있다고 한다. 그리고 스사노오는 강원도와 일본의 이즈모국(出雲國)을 아울러 다스렸다고 전해지는 이야기를 소개하고 있다.[185] 태고부터 식민지로 시작된 조선의 역사는 결국 일본 식민통치의 선정에 의해 경영되고 개발되어야 한다는 왜곡된 조선인식을 엿볼 수 있다.

『軍人必讀朝鮮の研究』도 조선인의 열등한 민족성에 대해서 다음과 같이 지적하고 있다.

> 저들은 대개 음유(陰柔)하고, 음험하며 교회(狡獪)하고 휼사(譎詐)하며 유타(遊惰)하고 경박하고 음일하고 불결하며 파렴치하다. 또한 성질이 자못 참혹하다. 저들은 신의가 부족하고 의협심이 부족하며 인자에 부족하고 박애심이 부족하고, 근면역행 정신에 부족하며 독립자영의 지기가 부족하다. 저들은 허영의 민이다. 그러므로 집에 내일의 저축이 없어도 몸에는 견포(絹布)를 입고 양양하다. 저들은 부끄러움을 모른다—2식을 1식으로 줄여도 양반같이 행세하고 신사 얼굴을 하는 풍습이 있다. 저들은 비굴하다. 다른 이에 대해 존대하는 습관이 있어도 겸양의 미풍을 결하며 강자에 대해서는 자못 종순하더라도 약자에 대해서는 매우 교폭하다. 저들의 유타

184 田口春二郎,『最新朝鮮一斑』 제19편 朝鮮署史, 1911, 386~387쪽.

185 山口豊正,『朝鮮之研究』 제1장 總說, 2 沿革略, 1911, 4~8쪽.

(遊惰), 불결, 파렴치에 이르러서는 세계 각국의 망국민과 그 궤를 같이한다.[186]

야마구치 도요마사는 조선 민족성에 대해 하나는 조선인은 도저히 문명인이라고 할 수 없다는 점, 다른 하나는 근면과 인내는 내지인보다 못하지 않으므로, 잘 지도하면 전도유망한 인민이라고 소개하고 있다. 그는 '합방' 이후 조선인의 민족성을 연구하여 최선의 통치방법을 강구하는 것이 중요하다고 보며, 조선인의 민족성에 대한 자신의 견해를 다음과 같이 말한다.[187]

첫째, 조선인은 애국심이 부족하다. "풍교(風教)는 오랫동안 퇴폐되어 한갓 껍데기만 남아 정치의 해독은 극도에 달하고 국민의 사상은 산만하여 통일될 바가 없는 상황에 경과한 것이다. 그러므로 저 조선인 상하의 단결심은 유래 박약하고 애국심은 모든 방면에서 보더라도 불충분하다"라고 한다. 둘째, 조선인의 시대사상을 조소한다. "종래 사대주의를 취했을 뿐 아니라, 그 사상은 드디어 국민성으로까지 미쳐 조선인은 모두 이 사상의 감화를 받아 언제나 세력이 강한 자를 추종하는 등 소위 강하게 나오면 꺾이고 약하게 나오면 기어오른다고 하는 풍조로 일관하고 있다"라고 한다. 셋째, 조선인의 당쟁심은 각별하다. "이 당쟁심은 금일이라고 해도 도저히 일소할 수 없다. 사색의 당파는 그 도랑이 깊고 결코 이합집산을 하지 않는다. 여전히 서로 알력이 있는 모습이고, 표면 협화를 가장하지만 속마음은 융합하기 어렵다"라고 한다. 넷째, 조선인은 정권을 잡으면 사복을 채우기에 급급하다고 한다. 이러한 조선인의 민족성을 고쳐나가는 것이 식민통치의 관건이 됨을 강조하였다.

아오야기 난메이(青柳南冥)는 경성에 사는 식민지 조선인의 모습을 조선왕조시대와 비교해서 설명하고 있다. 조선인들은 "수백 년 압박과 주구에 고통을 받아 상가(喪家)의 개"와 같으며, 지금은 통감정치와 총독정치를 통해 일·한(日

---

186 鴨江生, 『軍人必讀朝鮮の研究』 제5장 人種 제1절 民情, 1916, 49~51쪽.

187 山口豊正, 『朝鮮之研究』 제3장 朝鮮人の性情, 1911, 61~70쪽.

韓)이 '한 집안'(一家國)이 되어 "신정(新政)을 감사하고 있다"라고 말한다. 그러면서도 자신이 경성에서 관찰한 조선인이 게으를 수밖에 없는 이유를 비싼 갓을 쓰고 있어 행동의 제약이 있고 민첩하지 못하며, 고춧가루에 중독되어 판단력이 부족하며, 흰옷 때문에 노동을 기피하고 있다고 분석하였다.[188] 따라서 갓을 폐기하고, 고춧가루를 구축하며, 흰옷을 개량하여 '문명'화시킬 것을 주장한다.

이와 같이 일제가 무단통치를 시작하면서 가장 고심한 것은 어떻게 조선인을 동화시켜 식민통치를 원활하게 할 수 있을까에 있었다. 이 점을 해결하기 위해 두 나라는 역사적으로 어떤 관계에 있었는가, 조선인의 성격 습속은 어떠한 것인가를 파악하는 것이 중요했다. 다만 여전히 조선은 '일본의 속국'이었다거나, 조선인은 '음험하고 게으르고 불결하고 파렴치하여' 도저히 문명인이라고 할 수 없는 열등성을 강조하는 왜곡된 인식이 주된 것이었다.

(2) 조선인 동화론

일제는 조선을 강점한 이후 구체적으로 식민지 조선을 통치하는 방법을 모색하기 시작하였다. 전술한 것처럼 조선 통치를 위해 풍속 관행 등의 민족성연구가 가장 급선무라고 보았는데 동화를 위해 어떤 점에 착안했는지 살펴보자.

야마지 조이치(山道襄一)는 통감부시대부터 자신은 반도통치의 최후는 병합에 있고, 한국병합은 1000만 명이나 되는 조선인을 어떻게 처분할 것인가에 달려 있다고 보았지만, 위압정책이나 회유정책과 같은 것은 찬성하기 어려웠다고 말한다.

---

188 青柳南冥, 『新撰京城案內』 京城の朝鮮人 2. 現今の朝鮮人, 1913, 133~149쪽.

> 일부 형식존중의 급진론자를 냉소함과 동시에 연약한 한인본위 정략, 대외기겸(對外氣兼) 정책을 채용해야 한다고 생각하는 정치가에 대해 기탄없이 반대 의견을 개진하였다. 특히 대한정책 중 허영 현식(衒飾)주의를 가지고 하는 것은 절대 금물임을 주장하였다. 그렇다면 우리 국가는 한국의 역사, 조선인의 감정능력 등과 우리 국가의 그것 및 백 년 후의 대륙정책이 어떻게 하면 조화될 수 있는가의 문제를 해결하여, 그런 뒤에 한국의 정치적 형식의 관계를 해결하는 것이 아니면 2000년 래 반도에 대해 반복된 실패와 동일한 역사는 또 반복되지 않으면 안 된다. 그러므로 우리 국가는 분명(奔命)에 피곤하고 드디어 스스로 파멸의 늪에 빠지지 않으면 그치지 않을 운명과 닿아 있다. 어찌 삼가지 않아서야 되겠는가.[189]

이처럼 그는 조선 경영 방침은 형식주의가 아닌 조선인과 내지인의 '융화 동일'에 있음을 지적한다. 즉 "제국의 일부가 된 조선"을 어떻게 통치할 것인가의 문제에 대해 정치적 해결이 중요한 것이 아님을 강조한 것이다. 계속해서 조선인은 일본에 대해 "스스로 선진국이라는 자기도취에 빠진 일본인을 보면 왜노라고 꾸짖고 동이(東夷)라고 멸시했다. 그뿐 아니라 수백 년 이래 섬겨온 대륙국가에 대해서도 근본적인 동화를 하는 일이 없었다"[190]라고 지적하여, 동화의 어려움을 강조하였다. 그러나 반도통치의 최후목적은 동화에 있으며 이것을 전제로 먼저 '인종의 도태'가 필요하고, 이것은 결코 무력으로 '토인을 구축'하는 것이 아니라고 하였다. "인도를 무시하는 민족적 박해를 의미하는 것도 아니다. 인간 진화의 이치와 합치하는 적자생존의 의의를 이루려는 외에 다른 것이 아니다"[191]라고 강변하였다.

그가 동화의 방법으로 제안한 것은 먼저 경제적 발전의 능력을 가지지 못

---

189 山道襄一, 『朝鮮半島』 前篇 新版圖經營策 제1장 新版圖經營の根本方針 제1절 人類移動と統治の方針, 1911, 7쪽.

190 앞의 책, 제2절 同化論と歷史上の統治策, 1911, 12~15쪽.

191 앞의 책, 제3절 經濟的淘汰と同化の方法, 1911, 20쪽.

한 국민이 구축 도태되는 것은 피할 수 없는 운명이므로 패자를 도태시키고 우승자를 보호 교육시켜야 한다고 보았다. 다음은 반도의 우수한 자를 동화시키려면 가장 좋은 수단은 우수한 동포를 이주시켜 장래 50년간 3000만 명의 내지인을 반도에 이식하지 않으면 안 된다고 주장하였다. 이를 위해 군정을 시행하는 것보다는 예후비병으로 둔전병식 이주법을 강구해야 한다. 군사교육을 받은 자는 ① 충군애국사상에 풍부하고, ② 일본인은 우승 국민임과 동시에 부약좌강(扶弱挫强, 약자를 도와 강자를 무릎꿇게 함)하는 무사도의 진수임을 믿고, ③ 질서 생활에 익숙하고, ④ 노동력이 우수하며 무술의 마음을 가지고 있으므로 이들을 이주시켜 농상공업에 종사시킨다면 하나는 국방상 공안유지상 이익이 있고, 둘은 식산진흥상 조선인 동화에 도움이 될 것이라고 분석하였다. 즉 이민단을 자위단으로 조직하여 군대의 주둔을 줄이고 헌병경찰 수를 줄여 국가재정상에도 이익을 줄 수 있다는 계산이다.[192]

이와 같이 그는 결론적으로 동화의 목적을 이루기 위해서 중요한 것은 우수한 일본국민을 보내는 이민정책과 함께 실업교육의 장려 및 소학교육 즉 국민교육과 일본어 보급이라고 말한다. 일본어와 문자보급을 통해 조선인의 능력, 사상, 감정, 언어 등을 통일시켜 획일적인 신앙을 가지게 하는 것이 신판도를 영유할 수 있는 길이라는 것이다. 다만 동화가 우수한 일본 민족을 희생시키는 일이 아님을 설명하고 있다.

> 그러나 이것 때문에 우리 5000만 동포가 2500년 이래 신성한 혈족을 계승해왔다고 하는 자신과 포부, 조종(祖宗)의 황모(皇謨)를 우내(宇内)에 발양할 사명을 갖는 천손인종(天孫人種)이라고 하는 국민적 자각에 대해 한 점의 의심을 가져서는 안 된다. 특히 모국의 신성한 땅과 민을 떠나 반도식민지에 재주하는 자제의 두뇌를 향해 한국병합이 자연의 운명으로 국민적 자기심(自棄心)을 야기시킨다는 망국관의 인

---

192 앞의 책, 제3절 經濟的淘汰と同化の方法, 1911, 27쪽.

> 상을 새기게 하는 언론행정정책 등은 가장 경계해야 할 일이다. 쇠잔한 1000만을 동화시키는 것 때문에 우승한 5000만을 희생에 바치는 것은 단연코 한국병합과 조선인 동화의 주지가 아니라는 것을 잊어서는 안 된다.[193]

다음으로 야마지 조이치는 동화작용을 순조롭게 진행시키기 위해 필요한 것은 문명적 시설을 완전하게 갖추는 일, 즉 교통기관에 의해 '공동융화의 정신'을 발달시키고 공원, 극장, 도서관, 박물관 등 공중·사회적 취미를 풍부하게 하여 인심을 근본적으로 변혁시켜야 한다고 보았다.[194] 통치의 비결은 반드시 법률이나 제도의 힘에 의해서만 가능한 것이 아니라 오히려 감정을 융화시키는 감화교육의 중요성을 강조한 것이다. 이것을 모르는 정치가는 국가 100년의 대평(大平)을 기획하기에 부족한 것이라고까지 단언하고 있다. 아울러 면과 동을 순수한 자치조직체로 만들 것을 제안한다. 즉 구관을 파괴하지 않는 범위에서 자치단체를 통해 촌락을 조직하면 내지인의 단체이민을 장려하여 장래 조선인을 점진적으로 동화시켜 나갈 수 있다고 전망하였다.[195]

한편 '일선동화'가 초미의 급선무라고 인식하는 가노 히사요시(加納久宜)의 경우도 두 가지를 지적한다. 하나는 조선인과의 결혼을 추진한다. 동화를 위해 보통교육의 효과를 기다려야 하지만 아직 조선 교육의 전도가 요원하므로 내지의 양민을 조선에 옮겨와 신동포를 동화시키는 방법 외에 없다고 말한다. 그 방법은 조선인과 결혼을 추진하는 것이 득책이라고 보았다. 이를 추진하기 위해 ① 내지에서 먹을 것이 없는 자의 도선(渡鮮)을 방지하여 양민의 이주를 촉구하는 방침을 취할 것, ② 단독의 도선자보다 전호 이주자를 특히 보호할 것, ③ 산업의 개발상 필요가 있는 사항을 정해 이것에 해당하는 사업을 창시하는

---

193 앞의 책, 제3절 經濟的淘汰と同化の方法, 1911, 31쪽.

194 山道襄一, 『朝鮮半島』 前篇 新版圖經營策 제2장 朝鮮人教育の過去及び將來 제3절 教育方針及び感化事業の必要, 1911, 50쪽.

195 앞의 책, 後篇 制度及び舊慣 제1장 半島の自治的下級行政 제3절 面及洞と自治制の將來, 1911, 44~45쪽.

자에게는 규정 범위 안에서 토지, 농구, 기계, 종묘, 자금 등을 보조하고 또 대여할 것, ④ 보조 또는 대여의 제한은 오로지 소자본가의 실업자를 보호하는 데 있게 할 것이라고 정리하였다.[196]

다른 하나는 국민교육의 영구사업으로 청년단체를 만들 것을 제안하고 있다. 즉 보통소학교에 청년단체를 부속시키고, 이 단체는 졸업생 및 20세 이하의 청년으로 조직하며, 회칙은 정부의 인가를 받게 하고, 국비를 보조하여 훈련 수습시켜야 한다고 말한다. ① 보통소학교를 졸업한 자가 재학 중에 얻은 지식을 유용하게 써서 제2대 문명적 양민이 될 소지를 만들고, ② 미래의 청년회원이 될 소학생도의 실업교육 실습소로 이 설비를 이용하여 미래 생도와 청년과의 연쇄를 굳게 하며, ③ 조선인으로 하여금 교육과 산업을 연계시키는 효과가 있으므로 일선동화의 요결이 될 것이라고 생각하였다.[197]

하라 쇼이치로(原象一郎)의 경우는 실제로 학교를 참관하고 나서 느낀 소감을 피력하면서, "조선의 영리한 아동이 왜 성인이 되면 멍청한 자가 되는지 위정자들은 이 점을 깊이 연구해야 한다"라고 지적한다.[198] 그러면서 그 이유를 "국제적 경우, 정치적 상태, 사회 상태, 생활 상태의 악영향으로 그렇게 된 것이 아닐까" 추측하고 있다. 아울러 조선인이 매우 게으른 자라고 전해지고 있지만 그렇지 않다는 것이다. 이것이 조선통치책을 강구하는 데 있어 매우 중요한 점이다. 표면적인 사회현상만을 보고 조선통치의 효과를 논하는 것은 오류를 만

196 加納久宜, 『朝鮮旅行記』, 「旅中の感觸」, 〈日鮮の同化〉, 1911, 52~53쪽.

197 앞의 책, 「旅中の感觸」, 〈朝鮮の青年團〉, 1911, 53~55쪽.

198 原象一郎, 『朝鮮の旅』 7월 20일, 1917, 83~84쪽.

"먼저 1학교 국어교수를 보았다—놀랄 정도로 일본어가 능숙하다. 일본인 아동과 조금도 다르지 않다.—요컨대 언어가 명석유창한 점, 대화에 질서가 있는 점, 태도가 안정되어 또랑또랑한 점 등은 일본인 아동이 미칠 바가 아니다. 졸자(하라 쇼이치로를 말함)는 적지 않게 놀랐다. 이렇게 영리한 아동이 왜 성인이 되면 멍청한 자가 되는 것일까. 필경 금일처럼 영리한 것은 저들이 열등인종이기 때문에 조숙하고 지금이 그 정신력의 정점에 가깝기 때문일까, 아니면 1000년 전에 이미 찬란한 문명이 꽃핀 국민이므로 원래는 열등인종이 아니다. 이 아동에서 보는 것처럼 우량한 소질을 가지고 있지만, 국제적 경우, 정치적 상태, 사회상태 특히 생활상태의 악영향에 의해 성년이 되면서 점점 그 정기가 빠지고 빛이 없어져버려 그런 것일까."

들어 내는 기초가 되기 때문이다.

그는 동화의 단계로 경제적 융합(생활수단의 융합), 사회적 융합(사회생활 감정의 융합), 국가적 융합(국가사상의 동화귀일)을 제시하고 있는데, 이 세 가지 단계가 성공하면 식민정책의 사명은 끝나는 것이라고 말한다. 먼저 경제적 융합은 일본인이 자본가, 기업가, 지주가 되어 조선에서 사회경제의 원동력 지위에 서고 조선인은 종업자, 노동자의 지위에 서서 양자가 긴밀하게 경제 관계를 이루는 것이라고 한다. 이렇게 하면 조선 13도의 산천을 일본의 '부원'으로 삼을 수 있다고 한다. 다음 사회적 융합은 ① 조선인에게 물이 아래로 흐르듯이 덕(德)으로 해야 한다, ② 그 수단으로 조선인의 풍속습관 기타 사회생활의 형식, 일체의 사회감정을 존중하여 큰 해가 없는 한 결코 파괴하지 않는 것이라고 한다. 즉 형식적인 동화가 아닌 실질적인 동화를 해야 한다고 주장하였다.

> 동화, 좀 이상하게 보이지만 결코 이상한 것이 아니다. 긴 역사를 갖는 민족 특히 고도의 사회의식을 갖춘 민족을 하루아침에 동화하려고 생각하는 것은 가망이 없는 잘못이다. 이와 같은 것은 세계의 식민사에 아직 알지 못하는 바이다—본질(本質)의 고정력이 강하면 강할수록 그것을 변질시키는 것은 곤란하다. 성급한 조치는 표면에서는 동화처럼 보이는 일이 있어도 그 실질은 동화도 아무것도 아니다. 파괴이다. 소란이다. 결과는 소배(疎背) 반항에 지나지 않는다. 이것을 분별해서 온존하고 침윤시켜 자연히 근저로부터 변질시켜 융화하지 않으면 안 된다.[199]

하라는 1917년 7월 23일에 경성여자고등보통학교를 시찰하고 나서 조선인의 여자교육은 남자교육에 비해 못하지 않은 중요한 의미가 있다고 지적한다. 그는 동화의 문제를 다시 거론하면서 식민정책의 근본은 경제적 융화와 사회적 융화인데 그중 사회적 융화가 한층 더 곤란하다고 보았다. 그러나 "사회적

---

199 原象一郎, 『朝鮮の旅』, 1917, 2~96쪽.

융화가 일단 이루어지면 경제적 융합보다도 더욱 유력하게 사회의 근체를 단단하게 하는 시멘트이다. 이것은 무엇보다도 부인을 감화하는 것에서부터 들어가는 것이 지름길"이라고 여자교육의 중요성을 언급하였다.[200]

이와 같이 안내서에는 조선통치의 최후 목적은 동화에 있다고 보며, 동화의 방법으로 우수한 일본인을 이주시키고 실업교육과 국민교육을 통해 동화의 목적을 달성해야 한다고 인식하였다. 아울러 조선과 일본인의 결혼을 추진하거나 청년단체 결성 등의 방법을 통해 무엇보다도 형식이 아닌 실질적인 동화를 강조하였다.

(3) 일본인 이주론

1910년대 조선에 이주하려는 사람들의 가장 큰 관심사의 하나는 조선에서 현재와 장래 어떠한 사업이 유리할 것인가 라는 점이다. 따라서 이 시기에 간행된 안내서에는 거의 이 부분을 중요하게 다루고 있다. 일본인 이주 문제가 중요했던 것은 일본의 인구팽창과 식량 문제를 해결해야 하는 절박함이 있었다. 이 점에 대해 인구과잉과 식량 문제, 동척이민에 대한 논의, 상권 확장을 중심으로 살펴보자.

먼저 하라다 히코구마(原田彦熊)는 일본인은 지금 반도개척을 위해 노력하고 분투해야 할 시점에 있기 때문에 조선에 대한 정밀한 정보가 필요할 때임을 언급하고 있다. 그 이유는 일본제국의 인구증식력이 왕성하여 이미 5000만 명을 넘었고, 국토에 비해 과잉인구가 되어 한정되어 있는 농산의 공급으로 이것을 충당하기 어려운 현실을 들고 있다. 따라서 모국인이 이주의 목적을 가지고 기간지를 매수하여 농사를 경영하는 것이 적당한 대책이며, 한갓 소작료만을 위해 안일하게 조선인을 구축하려는 것은 크게 경계해야 할 일이라는 인식이

200 앞의 책, 1917, 114~115쪽.

다.[201] 또한 매년 일본의 식량이 1000만 석이나 부족한데 이것을 조선에서 공급할 수 있다면 제국의 경제상에 크게 유리할 것이라고 진단하고 있다. 다만 조선의 농업이 황폐하게 된 것이 바로 수리(水利)를 무시해서이므로 이 점을 이주자가 주입시켜 반도의 황무지를 부활시켜 제국의 일대보고를 만들어야 한다고 그 방법을 제시하고 있다.

> 조선농업의 개척은 실로 각하의 급무로 제국본토의 부족을 외미 수입에 의존할 것인가. 다액의 정화(正貨)를 국외에 유실하지 않으면 제국경제상 보더라도 역시 깊이 우려하지 않을 수 없는 문제가 된다. 사회 문제로 인구정책으로 장차 식량 문제로 초미의 급함이 된다고 하지 않을 수 없다. 과연 그렇다면 이 문제는 단지 조선개발상의 문제가 아니고 소위 제국전토의 대 문제라고 하지 않을 수 없다. 모국의 동포된 자 반도개척에 일층 노력 분부하여 제국의 경륜과 함께 실적을 올릴 것을 바라마지 않는다.[202]

나아가 야마지 조이치(山道襄一)는 이주 문제를 조선반도에 한정하지 않고 만주지역까지 확장시킬 것을 주장한다. 하나는 이 지역이 군사상 중요지역으로 조선반도의 생명이 걸린 지역이라고 보았기 때문이다. 이미 일본의 대륙침략을 예견하여 이 만주지역 연구의 필요성을 강조한 것이다.

> 만약 우리 국가가 대륙에 군대를 움직일 일이 일어난다고 하면 말할 것도 없이 장백산맥에서 유출하는 도문강의 상류와 압록강 수원과의 사이에 개재하는 일대 평야와 도문강 말류 일대의 땅은 군사상 유일하게 없어서는 안 될 필요지점이다. 조선반도의 생명은 이 일선에 걸려 있다는 것은 누구라도 승인하는 바일 것이다.

---

201 原田彦熊·小松悅三, 『朝鮮開拓誌』 제4편 農業 제1장 既墾地, 未墾地, 1913, 107쪽.

202 앞의 책, 제6장 農産物, 1913, 128쪽.

> 그렇다면 이 지점은 만주 시베리아 방면을 향해 장래 군사적 행동을 취할 인후가 된다. 그러므로 이 지점을 통과해서 대륙에 연장 발전해야 할 철도의 포설은 많은 말이 필요하지 않는 최대의 급요한 일이라고 말하지 않을 수 없다—하물며 이 철도는 경제상에서 보더라도 실제로 큰 의향을 갖고 있는 것은 만주 부원의 가치를 자세히 보면 그것이 큰 것임을 알 수 있다.[203]

다른 하나는 만주의 경제적 가치를 주목한 것이다. "비옥한 땅이 연이어 탄탄하고 경계가 없는 서북만주 및 큰 옥야가 산재한 북부만주는 이것을 아세아주의 텍사스라고 할 수 있다. 누가 만주의 땅을 가지고 경농식민에 적합하지 않다고 주장하는가"라고 하여, 만주에는 적어도 300만 명의 식민을 하기에 충분한데 일본인의 발전 희망이 없다고 하는 비관론은 잘못된 것이라고 비판하였다.

> 요컨대 이들의 부원은 이민의 입장에서 볼 때 낙관 비관 두 파로 나뉘더라도 철도 경영 특히 북만주에 부설된 철도의 전도를 판단하는 자에 대해서는 양설이 모두 동일 결론을 가지고 온다고 말하지 않을 수 없다. 우리 국가 대륙발전의 입장에서 결코 가볍게 간과할 것이 아니다—그러나 만주의 상업은 이것을 남청지방에 비교하면 매우 열악한 것이 있는 것은 누구라도 부인하지 않는 것이지만, 이것이 만주 상인의 품위가 열등한데 있는 것이 아니라 다만 교통기관의 불비에 기초한 부진에 지나지 않는다. 또한 만주 주민은 농본주의를 가지고 상업을 중시하지 않는 것이 아니라 교통이 발달하게 될 때에는 남청에 못지않은 부원의 개발과 내외무역의 발달을 보게되는 것을 결코 의심할 수 없다. 동시에 이것에 대한 연구는 조선 경영

---

203 山道襄一,『朝鮮半島』前篇 新版圖經營策 제5장 朝鮮及滿洲鐵道の經營と方針 제4장 軍事上より見たる吉會鐵道, 1911, 139쪽.

표 2-3　1910년대에 간행된 일본인의 조선이주 안내서

연도	저자	도서명	출판사	비고
1911	山道襄一	朝鮮半島	日韓書房	촉탁
1911	吉田英三郎	朝鮮誌	町田文林堂	취조국원
1911	田口春二郎	最新朝鮮一班	日韓印刷株式會社	경무총감부원
1911	加納久宜	朝鮮旅行記	福音印刷合資會社	鹿兒島縣지사
1911	林靜治	日本海之對岸	積善組合	新潟縣
1911	山口豊正	朝鮮之研究	巖松堂書店	재무관
1911	坪谷善四郎(水哉)	海外行脚	博文館	大橋도서관장 시회의원
1912	日韓書房	最近朝鮮地誌	日韓書房	
1912	井口吉宗	朝鮮視察談	井筒活版所	滋賀縣
1912	山縣五十雄	京城雜筆	內外出版協會	언론인
1912	東洋拓植株式會社	朝鮮移住手引草	경성, 東洋拓植	
1912	三輪如鐵	大邱一斑	玉川書店	전직 양잠교사
1913	原田彦熊, 小松徹二	朝鮮開拓誌	朝鮮文友會	
1913	大木春三	趣味の朝鮮の旅	朝鮮印刷株式會社	
1913	廣島朝鮮視察團	朝鮮視察概要	增田兄弟活版所	廣島縣
1913	釋尾春芿	新朝鮮及新滿洲	朝鮮雜誌社	언론인
1913	青柳南冥	新撰京城案內	朝鮮研究會	언론인
1914	鳥賀羅門	朝鮮へ行く人に	博愛社助成活版部	
1914	今村鞆	朝鮮風俗集	斯道館	촉탁
1915	石原留吉	京城案內	京城協贊會	경성부사무관
1915	杉本正幸	最近の支那と滿鮮	東京	경제학박사
1915	村瀨米之助	雲烟過眼錄	竹村商店	敎諭
1915	第8師團 軍醫部	朝鮮人の衣食住及其ノ他ノ衛生	등사판	
1916	鴨江生	軍人必讀朝鮮の研究	厚生堂	
1916	村上唯吉	朝鮮人の衣食住	大和商會	촉탁
1917	原象一郎	朝鮮の旅	巖松堂	법제국참사관
1917	三浦兼助	明治癸卯 朝鮮紀行	其中堂書店	서적상
1917	熊澤壽太	鮮滿大觀	名都大觀社	
1917	東洋拓植株式會社	朝鮮移住案內	大盛堂印刷所	
1917	朝鮮駐箚軍 副官部	朝鮮赴任者案內		와세다대 소장
1918	釋尾春芿	最新朝鮮地誌	朝鮮及滿洲社	언론인
1918	藤戶計太	最新朝鮮地誌	巖松堂 京城店	함경남도 서기
1919	間野暢籌	滿鮮の五十日	國民書院	
1919	大町桂月	滿鮮遊記	大阪屋號書店	문학가

상 결코 등한하게 해서는 안 될 것이라고 믿는다.[204]

동척의 설립과 사업 경영에 대해서는 긍정적인 안내서가 대부분이다. 아오야기 난메이(青柳南冥)는 동척이 일본내지의 농민을 조선에 이주시켜 집약적 경영의 실지모범을 나타내고 비교적 인구가 희박한 지방으로 일본내지의 농민을 이식한 점을 평가하고 있다.[205] 이구치(井口吉宗)도 내지 이주민을 보호하기 위해 대자본가의 유력한 수완이 필요한데 그 역할을 동척이 하고 있으며 생산물의 판로, 비료 농구 등의 구매면에서 각 출장소에서 편의를 제공하고 있다고 밝히고 있다.[206]

그러나 하라 쇼이치로(原象一郎)는 동척의 존재와 그 사업내용에 대해 비판적인 시각으로 보고 있다. 동척은 조선에서 절대적인 농업자이고, 이 사업이 조선전반의 농업경제의 운명을 좌우하는 것으로, 이 회사의 존재활동이 장래 조선 사회경제에 미칠 영향은 매우 크다고 보았다. 그런데도 조선에서 일본인의 사회적 발전을 위해 큰 시장을 주고 있다고 설명하였다.

> 장래 조선에서 사회경제의 발전을 위해 일본인의 사회적 발전을 위해 깊은 우려에 견딜 수 없는 것은 동척의 존재와 그 사업이다—그 사업 중에 유감이지만 조선에서 사회경제의 발달 및 우리 동포의 사회적 발전에 대해 큰 지장이 되는 것이 있을 뿐 아니라, 사업 내용에도 기다(幾多)의 모순을 가지고 있어 도저히 회사의 목적대로 활동을 할 수 없는 소이(所以)의 악인연에 묶여 있어 애처로운 뿐이다. 동척의 존재 내지는 사업이 사회에 주박된 것은 중역 내지는 사용인을 얻을 수 있나 없나

---

204 앞의 책, 前篇 新版圖經營策 제8장 新版圖の國際關係事情 제3절 滿洲の經濟的價値, 1911, 276쪽, 296~297쪽.

205 青柳南冥, 『新撰京城案內』, 東洋拓植會社と京城, 朝鮮の拓植と東拓, 1913, 214~216쪽.

206 井口吉宗, 『朝鮮視察談』 제4 視察の感想, 1912, 37~38쪽.

와 같은 비근한 점에 있는 것이 아니다. 실로 제도 그것의 본질에 있는 것이다.[207]

또한 그 문제점으로 지적한 내용은 ① 동척이 영리회사로서 공익사업을 맡아서 하는 것이 부조리하며, 정부로부터 많은 보조금을 받으면서도 수년간의 이민이 겨우 2000여 호에 불과한 것, ② 집약적으로 소규모의 토지를 경영해야 하는데 6만 정보 이상을 독점하고 있는 것, ③ 동척 금융부에서 대농이 소농의 토지를 겸병한 자금을 빌려주고 있는 것, ④ 동척이 하는 토지개간이란 것이 다액의 비용이 필요하고 이익계산이 어려운 사업이라는 것, ⑤ 동척에서 식림사업에도 손을 대고 있는 것, ⑥ 모범농장을 설치하고 농업을 지도하는 등 공익사업을 하는 것 등은 그 목적이 모순에 가득하고 각종 병근이 깊이 골육에 들어간 것이므로, 국가의 백년대계를 위해 발본색원하지 않으면 안 된다고 주장하였다.

야마구치 도요마사(山口豊正)는 조선이 이주지로서 얼마나 유망한 곳인지 또 어떠한 것이 적당한 사업인지를 강조한다. 먼저 조선은 일본의 과잉인구를 수용할 여지가 충분하다. 조선은 1만 4000여 방리의 면적에 인구는 1296만 명에 불과하다. 1방리 안에 900명이 살고 있는데, 일본은 1방리에 2000명이 살고 있어 앞으로 일본의 과잉민을 수용할 여지가 충분한 것으로 보았다. 식산흥업상 농산물이나 수산물, 공예품, 광업에서 내지인이 투자 경영하는 데 비교적 염가로 생산품을 산출할 수 있고, 내지에서 얻기 어려운 물건을 조선에서 용이하게 얻을 수 있어 국가경제상 이익이 큰 것으로 판단하였다. 아울러 금후 내지식 경작방법을 펼치면 그 수확은 적어도 5할 이상 증가한다고 보았다. 부업으로 적당한 것은 양잠, 과수, 소채, 면화, 축우사업 등으로 내지인의 단체이주가 필요하고, 다만 이주자의 건실한 사상과 인내력이 걱정이라고 말한다. 이들 농업이주자를 보호하기 위해 당국에 바라는 점에 대해 ① 위생교육 설비를 강구

---

207 原象一郎, 『朝鮮の旅』 7월 30일, 1917, 146~158쪽.

할 것, ② 통신을 빠르게 할 것, ③ 생산물의 판로, 농구비료 구매 등에 대해 편리를 부여할 것[208]을 요구하였다.

이구치 요시무네(井口吉宗)도 1912년 3월 20일부터 4월 10일에 걸쳐 조선의 농공상업을 중심으로 시찰하면서 일본 농민의 생활난을 구제하기 위해 급선무로 해야 할 일로 "내지에서 경지정리 수행과 신영토에서의 이민사업 확장"을 들고 있다. 이를 위해 조선에 이민 수용의 여지가 어느 정도 있는지 농사에 대한 투자조사, 이주민의 각오, 조선에게 미치는 영향 등을 조사하는 것이 이번 시찰에서 가장 주목한 문제였다.

그 결과 첫째, 일본의 과잉인구를 수용할 여지가 충분하며 식산흥업상 수산물, 공예품, 광업에 투자하면 염가의 생산품을 산출할 전망이 밝다고 보았다. 그리고 가장 희망적인 것은 농업에 있고, 곡식, 소채, 과실 모든 작물이 적당하며 농사개량을 실시하면 5할 이상의 증수도 가능하다고 생각하였다. 둘째, 내지인이 대지주가 되어 토지를 소유하고 있지만 경영자 자신이 소작미의 수득을 목직으로 하고 있기 때문에 재래와 같이 조선인에게 소작시키는 것이 필요하다. 셋째, 이주민이 농업을 포기하고 다른 업종으로 전환하는 사람이 많은 것이 문제이다. 이 때 농업을 포기하는 이유를 ① 조선의 농민과 함께 경작하는 것을 멸시하여 스스로 지휘자처럼 행세한다. ② 일확천금을 꿈꾸고 농경 같은 박한 이윤사업을 싫어한다. ③ 일가 단란의 위안을 얻을 방법이 없어 영구 정착할 생각이 들지 않는다고 보았다. 넷째, 이주민에 대한 보호 장려가 필요하며 그 역할은 다행히 동척이 하고 있으나, 내지 이주민이 조선농사에서 개량사업을 통해 자기 운명을 개발하고 국가의 영구한 부원을 개척해야 하는 것이 목하 급무임을 깨닫게 될 것[209]이라고 주장하였다.

이주의 문제는 이렇게 농업분야에만 국한된 것은 아니었다. 조선 경영의 일

208 山口豊正, 『朝鮮之研究』 제16장 結尾, 1911, 329~335쪽.

209 井口吉宗, 『朝鮮視察談』 제4 視察の感想, 1912, 35~38쪽.

환으로 일본제국의 상권 확장에 주목하여 이에 대해 조사하였다. 먼저 하라다 히코구마(原田彦熊)는 조선의 상업과 외국무역에 주목하였다. 조선 경영을 하는 자는 조선에서 '지나'로 수출하는 상품과 대책을 연구해야 한다고 보았다.

> 조선에서 어떠한 것이 현재 및 장래에 더욱 판로가 많은 것인가. 혹은 어떠한 물품이 그 호평을 얻을 수 있는가에 대해 큰 연구를 하지 않으면 안된다. 쌀, 생우, 과물 등은 그 수요가 이미 현저한 것으로 금후 더 산액의 증가를 도모해야 하지만 한편 새로이 수출해야 하는 것에 대해서는 조사연구를 요한다. 우리는 이 각성을 모국인 동포에게 촉구하려고 한다.[210]

나아가 과물, 염육(鹽肉), 통조림 등을 계속해서 수출하게 된다면 조선의 러시아령 무역은 수백만 원이 넘을 것이다. 이것은 조선의 경제를 반전시키는 데도 크게 착목해야 하는 중요 문제라고 생각하였다. 아울러 국경지방의 상권은 아직 '지나' 상인이 장악하고 있기 때문에 "모국인 중에는 한갓 일확천금을 탐하거나 혹은 관헌에 의해 일을 하려고 하거나 혹은 선인을 선동하여 저들과 함께 공막한 이권운동을 하는 자가 있다면 이를 크게 경계해야 할 것"[211] 이라고 주장하였다.

다음 일본제국의 상권 확장을 위해 북한과 동해안 지역조사를 진행하는 조선시찰단의 행보도 주목된다. 특히 앞에서 살펴본 것처럼 니가타현은 이번 시찰을 통해 일본이 해상권을 장악하고 만주와 시베리아 지역으로 진출하는 데 청진과 원산항이 중요한 거점이 되기 때문에 앞으로 함북지역에 대한 연구의 필요성을 제기하였다.

---

210 原田彦熊·小松徹三,『朝鮮開拓誌』 제5편 商業 제1장 朝鮮の外國貿易, 1913, 156~157쪽.

211 앞의 책, 제3장 朝鮮對淸國及米國人の貿易狀態, 1913, 170쪽.

우리 니가타 항의 장래는 대발전을 할 것이고, 이에 동반하여 어느 곳과 무역을 해야 하는가. 청진이 바로 그곳이다. 지금 청진은 블라디보스토크항이 폐쇄됨에 따라 유일하게 북만주 북한 시베리아의 토구(吐口, 배출구)가 된다. 그리고 철도는 가까운 장래에 회령, 길림을 지나 구주간선에 연락된다. 또 북한에서 원산, 경성, 평양에 연결되면 청진의 장래는 크게 유망할 것이다. 그리고 우리 니가타 항은 청진과 서로 관계를 만들면 바로 대륙 관계를 만들어 나가 구주 관계도 만들 수 있다. 이와 같다면 누가 니가타와 한국과의 관계적 발전을 의심하는 자가 있겠는가.[212]

이처럼 적선조합의 전무이사 사쿠라이 이치사쿠(櫻井市作)는 청진은 블라디보스토크항이 폐쇄되면 유일하게 북만주, 북한, 시베리아의 출구가 되는 곳이고, 장래 철도가 연결된다면 청진과 니카타항의 장래는 크게 유망할 것임을 예견하였다. 그는 이미 1905년과 1909년에 경성과 평양을 시찰하고 1909년에 『僅日錄』을 간행하여 이 지역에 대한 관심을 갖고 있었다.[213] 하야시 세이지(林靜治)는 원산에 대해서는 동조선 연안에 있는 항구로 가장 발달한 상항(商港)이며 내지인의 경영도 가장 진보한 도회로 보고, 더구나 군비상으로 보면 더욱 중요한 곳이라고 인식하였다.[214] 그는 돌아오는 배안에서 조선과 일본의 교통을 연결시키는 것이 시급함을 지적한다. 즉 원산, 청진, 성진과 쓰루가(敦賀, 후쿠이현의 남부)지역을 잇는 4각 동맹을 맺어 항로를 개척해야 하고 이를 위해 국고보조를 받기를 바란다고 제안하고 있다.[215]

히로시마시찰단의 일원으로 조선을 시찰하고 난 뒤 감상을 쓴 후쿠나가(福永平之助)는 조선에 대해 해륙교통편이 유리한 히로시마상인이 활약할 절호

---

212 林靜治, 『日本海之對岸』 清津に關する意見 北韓清津と吾新潟, 1911, 75~77쪽.

213 최혜주, 「1900년대 일본인의 조선이주 안내서 간행과 조선인식」, 《한국민족운동사연구》 75, 2013, 63~64쪽.

214 林靜治, 『日本海之對岸』 第18信(2) 重要なる最終視察地の歡迎(其の二) 元山視察, 1911, 143쪽.

215 앞의 책, 元山港概見, 1911, 184~185쪽.

의 시장으로 파악하고 있다. 그런데도 현지에서 조사해 보니 조선에 있는 대부분의 물품이 오사카 제품으로 히로시마의 수입품은 거의 없었다고 말한다. 그는 "히로시마상인이 편안함만을 추구하는 나쁜 관습을 벗어나지 못하고 용기를 내서 수족(手足)을 반도에 펼 수 없는 것"이 문제라고 지적하고 있다. 아울러 오사카 제품이 저렴한 것은 배편의 운임이 싸기 때문이므로, 히로시마도 수출 발전을 도모하기 위해서는 선박운임을 싸게 하고 히로시마 남쪽의 우지나(宇品)항에 대한 선박기항 도수를 증가하는 데 힘써야 할 것[216]이라고 말한다. 그렇게 하면 조선에 물자공급 수량이 현저하게 증가하여 유리한 지위를 차지할 수 있을 것이라고 전망하였다.

이와 같이 일본인에게 이주 문제가 중요했던 것은 일본의 인구팽창과 식량부족을 해결해야 하는 절박함이 있었기 때문이다. 그러므로 조선이 농상공업의 이주지로서 얼마나 유망한지, 또 어떠한 사업이 적당한지 연구가 필요하다고 생각하였다. 나아가 조선만이 아니라 만주지역까지 확장시켜 일본인의 이주 문제를 해결해야 한다고 보았다. 또한 상권 확장을 위해 함북지역 연구가 필요하며, 청진, 원산, 성진은 군비상으로 중요한 곳이라고 인식하였다.

이상에서 살펴본 것처럼 일제는 조선을 병합시키기 전에 동화정책을 수립하기 위한 기초 작업의 하나로 조선 사회에 대한 실태파악을 위해 구관제도를 조사하였다. 병합 이후에도 총독부는 계속해서 통치 자료로 삼기 위해 사회, 제도, 풍속, 산업, 의식주 등의 조사와 연구를 진행시켰다. 이 글에서는 이를 뒷받침한 총독부 관리와 민간단체의 조선시찰 및 안내서 간행을 살펴보았다.

일본인들이 이러한 조선사정 안내서를 간행한 이유는 ① 식민지 조선의 실정을 파악할 자료의 부족, ② 조선통치에서 가장 중요하다고 판단한 동화 문제의 해결, ③ 일본의 과잉인구·부족한 식량 문제의 해결과 일본인 이주대책,

---

216 廣島朝鮮視察團, 『朝鮮視察概要』, 「團員感想錄」, 〈觀鮮雜記〉, 1913, 159~160쪽.

④ 일본제국의 경제발전 도모, ⑤ 만주지역의 상권 확장과 대륙침략을 준비하기 위해서였다.

이 시기의 안내서는 총독부 관리, 일본 관료, 조선시찰단, 조선주차군, 재조언론인들이 간행한 것이 중요하다. 이들이 주목한 것은 조선인을 어떻게 동화시키고 어떤 사업을 경영할 것인가에 있었다. 총독부 관리는 현직에 있는 유리한 지위를 이용하면서 최근의 통계자료를 활용하여 조선사정을 조사하였다. 일본에서 파견된 관료들은 조선의 실상을 직접 보고 문제점을 파악하여 정책에 반영하기 위한 의도였다. 니가타현, 시가현, 히로시마현의 조선시찰단은 조선에 대한 상권 확장과 경제적 진출의 가능성을 타진하기 위해서였다. 특히 청진과 원산, 성진을 주목하였다. 조선주차군의 안내서는 군인과 군속, 가족들이 부임해서 생활하는 데 필요한 생활정보, 조선역사, 전쟁수행을 위한 방한(防寒) 대책 등이 들어 있다. 재조언론인은 이미 조선에서 활동하여 조선사정에 정통한 인물이었다. 이주해 올 일본인에게 필요한 조선의 역사와 민족성, 경제상황, 유망한 사업, 이주자의 각오 등을 소개하였다.

4. 일제강점기 재조일본인의 지방사 편찬활동과 조선인식

재조일본인의 활동에 관한 연구는 우선 체계적인 자료정리와 구체적인 사례연구, 지역연구가 중요하다. 특히 시기별, 지역별, 계층별 차이에 따른 다양한 재조일본인 사회의 특질에 대한 검토가 필요하다. 이 글은 일제강점기 재조일본인의 출판활동에 주목하였다. 이를 위해 일제강점기 지방의 현황을 파악할 수 있는 중요자료인 지방사의 간행실태를 분석하여 재조일본인들의 역할을 조명하고자 한다.

일본이 조선을 강점한 이후 식민통치를 하면서 동화를 달성하기 위해 취한 방법은 ① 총독부의 취조국과 학무국, 지방국, 중추원 등에서 식민지 기초조사를 실시하였다. ② 재조일본인 사회의 민단이나 언론인 등을 통해 각 지방사(지)를 편찬하였다. ③ 조선연구 단체를 결성하여 조선의 풍습, 역사, 문화 등을 연구하고 자료집을 출판한 것을 들 수 있다. 즉 총독부는 강점 이후에 식민통치를 원활히 하고 조선개발에 집중하기 위해 조선사정을 조사하고 보고서 등을 간행하였다. 민간에서는 이 방침에 협조하는 차원에서 지방사(지)를 편찬하였는데 총독부는 이를 조선인 동화와 식민통치 선전에 이용하였다.

이 글에서 다룬 지방사(〈표 2-4〉)와 각주(217, 218)에 소개한 지방지는 일본 국립정보학연구소의 학술정보와 일본국립국회도서관 근대디지털라이브러리 검색을 통해 조사한 것이다. 이 중에서 『韓國地理風俗誌叢書』(경인문화사)와 국립중앙도서관, 국회도서관, 서울대학교도서관에 소장된 자료를 이용하여 다음과 같이 분석하고자 한다. 첫째, 재조일본인이 편찬한 지방사의 종류와 내용을 정리하여 그들이 어느 곳을 주목하였으며 어떤 내용을 조사 간행하였는지 살펴본다. 둘째, 지방사의 간행 목적이 무엇이며 어디에 이용하려 했는지 구체적으로 정리한다. 그리고 지방사의 편찬자가 누구인지 그 성향을 분석하여, 식민지배자로서 그 지방에 살던 재조일본인의 존재양태를 파악하는 단서를 찾아보고자 한다. 셋째, 간행서적에 나타난 조선인식을 내선일체론, 부원개발론, 북선개척론, 국도천도론으로 나누어 살펴보고, 그들이 조선만이 아니라 만주지역에까지 조사연구를 단행한 점에 주목하였다.

표 2-4 일제강점기 재조일본인이 간행한 지방사

연도	편저자	도서명	발행(인쇄)처	비고
1911	和田孝志	新義州史	島田叢文館	《만주신보》 통신기자
1911	平井斌夫·九貫政二	馬山と鎭海灣	濱田新聞店	법학사 《만한지실업》 기자
1912	경성거류민단역소	京城發達史	일한인쇄	青柳綱太郎 촉탁
1913	富村六郎	忠南論山發展史	青雲堂印刷部	논산
1913	尾西要太郎	鮮南發展史	조선신문사	인천
1914	평양민단역소	平壤發展史	평양민단역소	熊谷直亮 민장주임
1914	酒井政之助	發展せる水原	일한인쇄	《조선신문》 지국장
1914	대구부	大邱民團史	도쿄 秀英舍	三浦庄一郎 집필
1915	釜山甲寅會	日鮮通交史-釜山史	조선시보사	川本準作 집필
1916	高尾新右衛門	元山發展史	啓文社	원산 전 민단 촉탁
1919	篠田治策	文祿役と平壤	精華堂인쇄부	평안도교육회
1925	保高正記	群山開港史	近澤商店인쇄부	민단, 상업회의소
1925	廣瀨憲二	歷史の平壤	近澤인쇄부	평남교육회
1926	永井勝三	北鮮間島史	회령인쇄소	함북도평의회원
1926	前田力	鎭南浦府史	동 간행소	조선매일신문사
1926	경성부공립보통학교	(鄕土資料)京城五百年	동 교원회	촉탁 加藤灌覺 강연, 小田省吾 감수
1928	宇津木初三郎	全羅北道發展史	文化商會	익산
1928	片岡議	麗水發展史	片岡商店	《광주일보》 사장
1928	岩本善文·久保田卓治	北鮮の開拓	동 편찬사	함경북도 주사
1929	木村晴光	慶南略史	경남교육회	부산공립고녀교유
1929	荻森茂	京城と仁川	대륙정보사	신문기자
1930	목포부	木浦府史	三秀舍	목포
1931	진주군교육회	晋州概史	鹽川인쇄소	진주
1931	石本惠吉	豆滿江流域史	국경사정조사회	경성

1931	河井朝雄	大邱物語	조선민보사	대구
1932	安齋霞堂	忠淸南道發展史	호남일보사(대전)	《호남일보》改題기념
1932	경성공립소학교	京城の地理歷史	동 교원회	경성
1932	長野末喜	京城の面影	내외사정사	언론인
1933	李英	忠州發展史	동 간행소	충주
1933	인천부	仁川府史	인천부	인천
1933	大森頑石	鮮滿發達史	선만사업협회	大阪
1933	片岡議	南鐵沿線史	片岡商店	남조선철도주식회사
1934	宇津木初三郞	金堤發展史	군산일보	이리지사
1934	豊川善曄	京城遷都論	흥아당서점	흥아학원
1934	경성부	京城府史	경성부	小田省吾, 岡田貢
1935	함경북도	咸北小史	행정학회인쇄소	경성
1935	군산부	群山開港前史	군산부	竹中康雄(군산중학교교유)
1936	군산부	群山府史	橋本인쇄소	군산
1936	岡田貢	京城の沿革	경성관광협회	경성부 촉탁
1936	岡田貢	京城史話	일한서방	경성공립소학교
1937	대구부교육회	大邱讀本	행정학회인쇄소	竹尾款作
1937	부산부	釜山府史原稿	미간행	都甲玄鄕, 小田省吾
1937	조선연구사	新興之北鮮史	조선연구사	遠藤律洲 주간
1938	稻葉岩吉	平安北道史	평북도청	조선사편수회 수사관
1938	阿部薰	北鮮開拓史	민중시론사	《민중시론》 사장
1939	국민징신총동원조선연맹	內鮮 體の靈地扶餘	국민전신총동원조선연맹	
1941	岡田貢	京城の沿革と史蹟	경선부	경성부 촉탁
1943	전주부	全州府史	전주부	전주
1943	대구부	大邱府史	대구부	경성제대교수末松保和

1) 간행서적의 실태와 성격

일제하 재조일본인에 의해 편찬된 지방사는 도사(道史), 부사(府史), 발달사, 발전사, 향토사라는 이름으로 간행되었다. 지방지는 발전지, 연혁지, 향토지, 산업지[217] 그리고 요람, 안내, 부세일반, 사정, 대관(大觀)[218] 등 다양한 종류가 있다. 이것은 식민통치에 필요한 자료조사의 결과물이며 나아가 식민통치의 결과로 지역사회가 발달했음을 보여주는 의도에서 편찬된 것이 많았다. 당시 발행자들은

---

217 강점 이후 간행된 지방지는 다음과 같다. 足立栗園, 『朝鮮新地誌』(1910) : 吉田英三郎, 『朝鮮誌』(1911) : 木村靜雄, 『慶州誌』(1912) : 山田市太郎, 『北朝鮮地』(1913) : 原田彦熊, 『朝鮮開拓誌』(1913) : 목포지편찬회, 『木浦誌』(1914) : 酒井俊三郎, 『鳥致院發展誌』(1915) : 釋尾春芿, 『最新朝鮮地誌』(1916) : 金谷雅城, 『忠州發展誌』(1916) : 藤戶計太, 『最新朝鮮地理』(1916) : 田中麗水, 『大田發展誌』(1917) : 逵無門, 『金泉發展誌』(1918) : 藤戶計太, 『朝鮮地理誌』(1918) : 총독부, 『朝鮮地誌資料』(1919) : 奧田悌, 『慶州誌』(1920) : 田中市之助, 『忠南産業誌』(1921) : 남해교육회, 『南海郡鄕土誌』(1923) : 天野行武, 『忠北産業誌』(1923) : 大熊彌三郎, 『淸州沿革誌』(1923) : 日高友四郎, 『新編朝鮮地誌』(1924) : 菊池謙讓, 『朝鮮諸國記』(1925) : 取訪史郎, 『馬山港誌』(1926) : 古莊仁太郎, 『平壤誌』(1927) : 평양상업회의소, 『平壤全誌』(1927) : 함경도청, 『咸鏡南道誌』(1930) : 奧士居天, 『忠州觀察誌』(1931) : 逵捨藏, 『慶北沿線發展誌』(1931) : 인천교육회, 『仁川鄕土誌』(1932) : 加納安正, 『金泉全誌』(1932) : 평양교육회, 『平安北道鄕土誌』(1933) : 공주공립보통학교교우회, 『忠南鄕土誌』(1935) : 豊川善曄, 『朝鮮鄕土地理』(1935) : 田中市之助, 『浦項誌』(1935) : 재령군교육회, 『載寧郡鄕土誌』(1936) : 황해도교육회, 『黃海道鄕土誌』(1937) : 평양부, 『平壤大誌』(1938).

218 요람, 사정, 안내 등은 다음과 같다. 大崎峰登, 『鴨綠江』(1910) : 대구신문사, 『慶北要覽』(1910) : 진남포신보사, 『鎭南浦案內記』(1910) : 三輪如鐵, 『朝鮮大邱一般』(1911) : 小林六三郎, 『韓國 大田一般』(1912) : 福崎毅一, 『京仁通覽』(1912) : 三浦好吉, 『鮮南要覽』(1912) : 野村喜一郎, 『北鮮視察錄』(1912) : 三輪如鐵, 『大邱一般』(1912) : 森田福太郎, 『釜山要覽』(1912) : 草間芳男, 『黃海道要覽』(1913) : 전라북도, 『全羅北道要覽』(1913~1921) : 원산상업회의소, 『元山案內』(1914) : 평양명승구적보존회, 『平壤之現在及將來』(1915) : 北村友一郎, 『光州地方事情』(1916) : 동양척식주식회사 경성지점, 『間島事情』(1918) : 평양상업회의소, 『平壤府事情要覽』(1919) : 대구상업회의소, 『最近大邱要覽』(1920) : 경기도편, 『京畿道事情要覽』(1922) : 함경남도, 『朝鮮咸鏡南道事情』(1922) : 草間芳男, 『黃海道要覽』(1923) : 평양부, 『平壤府事情要覽』(1923) : 평안북도, 『平北紹介』(1924) : 경기도, 『京畿道要覽』(1924,25) : 柳川勉, 『黃海道之現狀』(1925) : 大曲重義, 『釜山大觀』(1925) : 목포부, 『木浦大觀』(1926) : 伊藤光三郎, 『群山案內』(1926) : 황해도, 『黃海道要覽』(1927) : 牛丸潤亮, 『最近間島事情』(1927) : 익산군편, 『益山郡事情』(1928) : 坂上富藏, 『江景事情』(1928) : 함경북도, 『咸北要覽』(1928) : 평안남도, 『平安南道要覽』(1928) : 川島喜彙편, 『新釜山大觀』(1934) : 충청북도, 『忠淸北道要覽』(1934) : 제주도, 『濟州道道勢要覽』(1936) : 矢野千城, 『新版大京城案內』(1936) : 조선신문사대관편집부, 『大京城府大觀』(1936) : 竹林修三, 『北鮮及北滿事情』(1936) : 경상남도, 『道事業概況』(1938) : 진남포상공회의소, 『鎭南浦港案內』(1938) : 勝田伊助, 『晋州大觀』(1940).

지방사와 지방지를 명확한 기준에 의해 구분한 것으로 보이지 않지만 이 시기에는 이전에 간행된 읍지, 지리지, 향도지, 인내서 등 지방지의 축적 위에 지방사의 편찬이 가능해졌다. 이 점이 필자가 지방사에 더 주목하는 이유이다. 따라서 여기서는 지방사를 중심으로 간행 주체별로 나누어 거류민단, 교육회, 도(부)청, 언론인 및 단체의 간행 실태와 성격에 대해 살펴보자(〈표 2-4〉 참조).

(1) 거류민단사 간행

개항 이후 내한한 일본인들은 1884년에 진고개를 중심으로 거류지를 형성해 나갔다. 1886년 이후에는 경성, 인천, 부산 지역에 대다수가 거주하였다. 거류지는 1887년 「거류지규칙」에 의해 거류민회를 갖게 되고, 행정기관인 거류민역소가 만들어짐으로써 자치단체의 외형을 갖추게 되었다. 이후 1905년에 거류민단법이 발포되었다. 통감부는 이듬해 7월 통감부령으로써 「거류민단법시행규칙」을 발포하고 거류민들은 상업회의소 활동을 강화하여 거류민 조직을 정비해 나갔다. 그러나 총독부는 1910년 병합 이후 거류민단을 해체시켜 지방행정기관에 편입하기로 결정했다. 결국 1914년 거류민단은 해체되어 부제(府制)를 실시하고, 일본인의 교육은 학교조합에 인계하였다. 거류민단의 해체로 일부 민단에서는 민단의 역사를 정리할 필요성이 제기되었다. 민단이 설치된 지방은 경성, 인천, 부산, 진남포, 군산, 평양, 목포, 원산, 마산, 대구, 신의주였다.[219]

① 『京城發達史』(1912)는 1880년부터 1910년까지의 경성거류민의 역사를 서술하였다. 데부치 가쓰지(出淵勝次) 영사관보의 편집비 보조와 기쿠치 겐조(菊池謙讓), 야마구치 다헤에(山口太兵衛),[220] 와다 쓰네이치(和田常市), 나카지마(中島

219 손정목, 『한국개항기 도시변화과정연구』, 일지사, 1982 : 木村健二, 『在朝日本人の社會史』, 未來社, 1989 : 高崎宗司, 『植民地朝鮮の日本人』, 岩波書店, 2002.

220 1866~1934. 가고시마현 출신 실업가. 1884년에 조선에 건너가 무역업을 일으켰다. 조선상업은행, 경성전기 등의 취체역을 역임하였다.

司馬之助) 등의 사비지원으로 샤쿠오 이쿠호(釋尾旭邦) 조선잡지 사장을 거쳐 아오야기 쓰나타로(青柳綱太郎)가 편집촉탁을 맡아 마무리 지었다. 아오야기 쓰나타로는 이 책의 의의를 "조선의 정치는 경성의 정치고, 경성의 정치는 곧 궁정의 정치다. 그러므로 경성정국의 파란은 바로 반도의 정치사요, 외교사요, 혈투사다"라고 반도발전에 공헌한 거류민의 역할을 평가하는 데서 찾았다. 또한 민장 고조 간토(古城菅堂)[221]는 '소일본' 건설에 매진한 거류민의 분투를 "국시의 운용에 노력하고, 금후라도 반도개척의 중대한 임무는 양어깨에 있으며, 특히 신부선민(新附鮮民)의 동화는 우리 거류민이 담당해야 할 일대 사명"이라고 평가하고 있다. 즉 민단은 철폐되지만 계속해서 거류민들의 사명은 반도개척과 선민동화에 있음을 천명한 것이다. 내용은 거류지발전, 경제발전, 일본인 상업회의소 연혁, 교육발전, 위생기관발전, 종교발전, 교통발전, 용산발전소사로 이루어졌다.

② 『平壤發展史』(1914)는 민단철폐 전의 민회에서 평양연혁사 편찬이 가결되고 불과 20여 일 만에 완성되었다. 구마가이 나오스케(熊谷直亮)[222] 민장은 편찬주임이 되어 도쿄에서 간행하기 위해 40년 지기인 도쿠토미 소호(德富蘇峯)의 서문을 받았다. 도쿠토미 소호는 평양에 대해 "한(漢)민족 식민지의 중추로서, 병가(兵家)가 반드시 다툴 만한 지역으로 분로쿠역(文祿役, 임진왜란), 청일전쟁, 러일전쟁으로 나라의 영예를 빛낸 곳"이라고 평가하였다. 《서선일보》(西鮮日報)사장 하세가와(長谷川華汀)는 "발전사는 동포의 고심경영사이고, 노력분투의 역사

---

221 1857~1934. 오이타현 출신으로 의사, 실업가, 경성상업회의소 부회두. 1887년에 조선에 건너가 인천거류지병원장에 취임. 그후 일시 향리에 돌아가 의원을 개업한 뒤, 1903년 다시 조선에 건너가 동생이 경영하는 찬화(贊化)병원의 원장 및 경성의사회 회장을 지냈다. 1908년 의사를 폐업하고 정미업, 광산업 경영에 착수하여 실업계에 들어간다. 조선실업은행 두취 외, 국동(國東)은행, 조선은행, 조선화재해상보험의 취체역, 경성원예관 사장, 경성상업회의소 부회두를 지냈다.

222 1863~1920. 통역관, 신문기자. 구마모토 번사(藩士) 쓰다 노부히로(津田信弘, 1824~1883)의 아들. 1884년 중국에 건너가 지부(之罘)에서 중국어를 배우고 청일·러일전쟁에 통역관으로 종군하였다. 뒤에 《국민신문》 경성특파통신원, 《경성일보》 기자가 되었다.

다. 신제도의 갱시를 기회로, 이것을 장래에 기념하여 오랫동안 자손에 전하고, 아울러 그 유래, 연혁, 역사를 알리려는 것은 훌륭한 일임을 잃지 않는다"라는 제문(題文)을 싣고 있다. 이 책은 자치제 철폐와 진정서, 사단상설운동, 도수장 등 당시 총독부와 민감하게 대립하던 문제에 대한 민단의 입장을 표명하였다. 그리고 평양·원산 간 철도의 급설(急設) 문제, 임진왜란(문록역), 청일전쟁, 러일전쟁 당시의 평양상황에 대해 상세하게 서술하였다.

③『大邱民團史』(1914)는 대구부에서 미우라(三浦庄一郎)에게 위촉하여 대구민단의 역사를 편찬한 것이다. 편찬자료는 경북도청, 대구부청, 대구경찰서, 대구상업회의소, 조선민보사 등의 지원을 받았다. 1911년부터 3년간 대구민장을 지낸 기쿠치 겐조는 대구민단의 치적에 대해 「序」에서, (1) 시가를 정리하여 도시적 상황으로 만들었다. (2) 상수도를 설치하여 위생상태를 개선했다. (3) 공동묘지를 설정하여 식민지의 영구한 신념을 만들었다. (4) 산업발달을 통해 공애부조(共愛扶助) 생활을 기도했다. (5) 공중의 오락과 조국적 정신을 일으켜 공원과 신사를 건립했다. (6) 식민지교육을 발달시켜 자제 풍교를 일으켰다. (7) 교통발달을 촉진하여 경북의 진보를 바라고 항상 기관설정에 매진하였다. 아울러 "나는 관부(官府)가 이 민단기록의 정신을 소화하고 선용하여, 제국의 조선통치의 요소에 충당하도록 후계자에게 열망하는 것"이라고 하여 이 책을 통치자료로써 이용해 줄 것을 언급하고 있다.[223]

④『日鮮通交史』(1915)는 갑인회(甲寅會)에서 2권으로 편찬한 부산의 역사기록이다. 1권은 전근대 일본인의 한반도 진출과 한·일관계, 2권은 근대 개항장 부산의 일본인 생활을 서술하였다. 갑인회는 1914년 3월 부산에 거주하던

---

223 본문은 전체 25장으로 대구성벽 철거, 신궁요배전 건립, 달성공원기성회 설립 등과 같은 민단의 활동을 기술하였다. 이어서 재정, 교육, 위생, 종교, 시구개정, 교통운수, 금융기관, 권업시설, 각종 경제관련 내용과 대구상업회의소, 공원 및 적십자사와 애국부인회, 사법관련 기관 및 신문과 통신 등을 서술하고 있다. 부록에서는 지방행정, 토지조사와 수용, 신세(新稅), 토목, 경북의 경지(耕地), 광업, 임업, 경편철도, 낙동강의 발전수력 등을 비롯한 20개 항목으로 분류하여 각종 통계수치를 제시하였다.

일본인 거류민단 간부와 의원들이 조직했다. 총독부가 거류민단을 해체하자 이에 항의하여 조직된 단체다. 거류민단의 구성원은 쓰시마 출신이 대부분이었는데, 총독부가 민단을 해체하면서 민단의원에게 지급한 위로금 1200원으로 저술경비를 조달했다. 집필을 담당한 가와모토(川本準作)는 집안 대대로 통역을 지낸 쓰시마 출신으로 이즈하라한어학소(嚴原韓語學所)를 졸업하고 외무성 파견 어학생이 되어 부산 초량어학소(草梁語學所)에서 공부하였다.[224] 가와모토는 요시다 도고(吉田東伍)가 쓴 『日韓古史斷』(1893)을 많이 참고했다. 그런 인연으로 1915년 도쿄에 있는 요시다를 찾아가 서문을 요청하였다. 요시다는 이 책에서 진구황후가 신라를 정복한 후 여러 차례 남선에 출병한 것을 기록하고, 고대 일본이 4세기에서 7세기에 걸쳐 반도에서 어떻게 활약했는지를 미화하였다. 또한 반도와 일본은 동종(同種)으로 일본의 '작은 동생'(小弟)인 조선이 망하지 않도록 반도의 독립을 기뻐해야 하며, 일본의 울타리로서 중요하다는 인식을 갖고 있었다.[225] 이러한 것을 보면 『日鮮通交史』의 한·일관계 인식이 어떠한 것인지 짐작할 수 있다.

⑤ 『元山發展史』(1916)는 거류민단이 폐지되자 민단의 촉탁 다카오 신에몬(高尾新右衛門)이 저술하였다.[226] 그는 「범례」에서 원산의 역사를 한마디로 "우리 민족이 해외개척의 선봉으로 활약한 분투사이고 발전사, 외교사, 식민사"라고 정의한다. 그리고 '대륙 경영의 국시'를 수행해야 할 중임을 맡고 있으며, 내선인이 함께 개발에 노력해야 한다고 언급한다. 한·일관계에 대한 인식은 「총론」에서 "우리 태고사에서 스사노오의 소시모리, 신라사에서 석씨(昔氏)의 다파나국

---

224 松原孝俊·趙眞香, 「嚴原韓語學所と釜山草梁語學所の沿革をめぐって」, 《言語文化研究》 8, 1997.

225 최혜주, 「근대 일본의 한국사관과 역사왜곡」, 《한국독립운동사연구》 35, 2010, 284~287쪽.

226 총론의 내용은 영흥만과 원산항, 원산관련 사건, 각종단체이다. 특히 개항 이후 1910년까지는 한국, 일본, 청국, 러시아 등과 관련된 국제정세를 다루고 있다. 민단이사, 상업회의소, 철도기성회 활동 등을 세부적으로 소개하고 있다. 이밖에 1889년 원산에서 일어났던 방곡령 사건을 원산거류 일본인의 시각으로 서술하는 등, 원산부의 여러 단체와 시설에 대해 해마다 그 변화 상황과 활동 등을 설명하고 있다.

(多婆那國)은 확실히 일한민족적 관계를 말한다. 우리 상고사에서 일본부의 임나, 삼한의 조공은 민족적 관계에서 국제적 관계로 들어간 것이다"라는 지적에 잘 나타나 있다. 일본신의 아들 스사노오가 소시모리에 내린 것과 석씨가 일본의 다파나국에서 온 것은 일선동조론의 원형을 말한다.

(2) 향토사 간행

향토사는 도 교육회나 일선 중고교 교원들이 학생교육용으로 상고시대부터 양국의 교섭과 관련이 깊었던 지역을 중심으로 '친밀한' 관계를 설명하는 내용이 대부분이다.

평안남도교육회에서 간행한 『文祿役と平壤』(1919), 『歷史の平壤』(1925)이 있다. 전자를 집필한 시노다 하루사쿠(篠田治策)는 이 교육회회장으로 평안남도 도지사, 이왕직차관, 조선사편수회 위원과 경성제대 총장(1940~1944)을 역임한 인물이다. 그는 임진왜란에 대해 "이 대사업은 타이고(太閤, 도요토미 히데요시)의 훙거(薨去)에 의해 중도에서 좌절했다고 해도, 우리나라의 무위(武威)를 대륙에 빛나게 하고, 우리 국민의 자존심을 일으키게 한 효과는 실로 위대하다. 금일에 우리는 외국과 싸워서 진다는 생각을 하지 않는다. 사실에서도 일·청, 일·러의 양 전역에서 증명되는 것이다"라고 평가한다.[227] 후자를 집필한 히로세 겐지(廣瀨憲二)는 평양공립여학교 교유로 유사이전, 단군, 기자, 위만, 낙랑시대, 고구려, 문록, 일·청시대의 평양에 대해 저술하였다. 그는 단군전설에 대해 이 전설은 "조선 민중이 자각을 환기한 시대에 발전을 보인 것은 매우 의미 있는 일이며, 저들의 자존심을 높일 때에는 단군의 이름을 소리 높였던 것"이라고 지적한다. 단군전설은 경시할 수 있는 것이 아니라고 말한다.[228] 이밖에도

---

227 篠田治策, 『文祿役と平壤』 1. 征明軍の威容, 1919, 1~2쪽.

228 廣瀨憲二, 『歷史の平壤』 3. 檀君傳說と平壤, 1925, 40쪽.

『有史以前の平壤』(1924)과 『古朝鮮と平壤』(1924)을 간행하였다.

경성에 관한 것은 『京城五百年』(1926), 『京城の地理歷史』(1932), 『京城史話』(1936)가 있다.

① 『京城五百年』은 경성부공립보통학교 교원회에서 편찬하였다. 이 교원회가 조직된 것은 1922년으로, 경성부내의 17개 보통학교에서 각 1명의 위원이 모여서 향토지를 조사하고 연구해 왔다. 그후 총독부 촉탁으로 경성부사 편찬위원인 가토 간가쿠(加藤灌覺)에게 강연을 위촉하여 1925년 7월과 1926년 1월에 매일 2시간씩 14일간 강연한 내용을 묶은 것이다. 감수를 맡고 서문을 쓴 경성제대 교수 오다 쇼고(小田省吾)는 "이 책이 단지 아동교육상의 참고자료로서 도움이 클 뿐만 아니라, 역사적 유적 등을 널리 일반에게 소개하고 또 후인(後人)에게 전하는 데도 크게 공헌할 것"이라고 간행의의를 언급하고 있다. 내용은 이조사 개요, 경성의 연혁, 축성, 유적과 이조사 약연표, 이조 세계표 등으로 이루어졌다.

② 『京城の地理歷史』는 경성사범학교 생도모임인 지리역사연구부에서 연구한 내용을 필사한 것이다. 「서설」에 의하면 내지여행을 하면서 일반인들의 조선에 대한 인식이 매우 부족한 것을 보고 향토 지리역사 연구에 뜻을 두게 되었음을 밝히고 있다. 그 내용은 경성의 지질, 기후, 주거, 인구, 교통과 장래의 경성도시계획, 경성의 역사와 사적이다.

③ 『京城史話』는 경성공립소학교교원회에서 경성부촉탁 부사편찬주임인 오카다 미쓰구(岡田貢)를 초빙하여 1935년 7월과 1936년 6월에 강습회를 개최했을 때의 강연내용을 정리한 것이다. 이 책은 아동에 대한 '사적 도야'(史的陶冶)는 향토교육의 핵심이란 의미에서 매우 중요하다고 강조하고 있다. 경성의 파란만장한 역사는 모두 "병합에의 도정(道程)이고, 내선융화에의 약속이며, 선만일체(鮮滿一體)로 약진할 서곡"이라고 인식하기 때문이다. 따라서 이러한 아동교육을 통해 "장래 반드시 보다 높은 황국의 이상은 동아의 천지에 만개할 것임을 확신한다"라고 말한다. 다음 해 속편이 간행되었다. 서문에서 중일전쟁 발발을 즈음하여 "'지나' 29군을 격파하여 북지(北支) 명랑화의 초석을 쌓았다. 이

것도『京城史話』에 수록될 만한 사건이다. 이렇게 이 책이 중대한 시국에 명랑한 반도의 수도 경성에서 출간되는 것은 우연이 아니라고 생각한다"라고 쓰고 있다. 이들이 이런 침략과 승리의 역사를 아동들에게 교육시키는 것은 황국의 이상을 실현하는 길이고 또한 사명이라고 생각했기 때문이었다.

경상도 지방을 다룬『慶南略史』(1929),『晋州槪史』(1931),『大邱讀本』(1937)이 있다.

① 『慶南略史』는 부산공립고등여학교의 교유 기무라 하루미쓰(木村晴光)가 경남교육회의 위촉을 받아 저술하였다. 그는「편찬요항」에서 저술원칙을 편년체의 일선사(日鮮史), 경남사로 할 것과 국사를 경(經)으로 경남지방사를 위(緯)로 하여 경남 명소의 유적·유물에서 위인·현철을 찾으며, 시기를 태고부터 일한병합의 유래까지로 정했다. 그리고 "사물은 아는 것에 의해서 애착 옹호가 생기는 것이 당연하다. 사실을 알지 못하고 공영(共榮)의 길은 강구할 수 없다. 지방사는 지리적으로 협소한 것이지만 실제는 그렇지 않다"라고 주장하였다. 그는 고대 일본의 한반도와의 인연은 일본신 스사노오(須佐之男尊)가 아들 이다케루와 함께 다스린 것이 진국(辰國)이며, 지금의 경남에서 북으로 멀리 강원, 충청에도 미쳤다고 설명한다. 이처럼 태고부터 현대에 이르기까지 그 인연이 깊은 것을 강조하고, '일한병합은 복고정치'라고 인식하였다.

② 『晋州槪史』는 진주군 교육회에서 '교육칙어' 환발 40주년 기념사업으로 진주공립고등보통학교 교유 사쿠마(佐久間敎洞)가 진주사를 편찬한 것이다. 진주는 고순시국(古淳是國)으로 변한 12국에 속하고, 진한 마한이 각각 신라 백제에 통일된 후도 가라(加羅)의 고타가야(古陀伽倻)로서 잔존하여, 진구황후의 반도 경영 후 김해 및 안라에 설치한 일본부의 보호 아래 있었다고 한다. 이 책의 저술의도도 고대 일본이 삼한을 정복하여 임나일본부를 설치하고 진주도 그 보호아래 있었음을 강조하고 있다. 그리고 삼국, 신라, 고려시대의 진주 역사, 임진왜란과 진주와의 관련을 서술하였다.

③ 『大邱讀本』은 다케오(竹尾款作)가 대구부 교육회에서 간행하였다. 그는 대구보통학교·대구사범학교 훈도(訓導) 등을 지냈다. 대구부 교육회는 머리말에

서, 첫째, 청소년 자녀에게 향토 대구의 애향심을 배양시키고, 장래 대구 발전에 기여할 의지를 도야하기 위함이다. 둘째, 중등학교 하급생과 고등소학교·심상소학교·보통학교 상급생을 대상으로 삼았으며, 학교 교재가 아닌 과외(課外) 읽을거리에 알맞도록 편찬했다고 한다. 대구는 이 무렵 인구 11만의 '대도시'였다. 이 책은 대구의 역사를 되짚고 현황을 소개하며 장래를 전망하고 있다. 「대구의 연혁」에서는 대구의 역사에 대해 일본 관련 사실을 중심으로 다루고 있다. 고대사에서는 임나일본부설(任那日本府說)에 입각하여 "임나가 낙동강 중·하류를 장악하고, 대구에까지 세력을 뻗치고 있었다"라고 서술하고 있다. 이 책의 마지막에는 「우리들의 각오」라는 다음 글이 실려 있는 것이 독특하다.

> 장래의 대구는 우리들의 양어깨에 달려있다. 우리들은 지리(地利)를 얻어, 선인의 노력에 의해 건설된 대구를 점점 발전시키는 데 전력을 경주하지 않으면 안 된다. 우리들은 자치정신을 가지고 협심하여 기다(幾多)의 양풍미속을 발양해서 순량한 도덕을 양성하고, 누습을 고쳐서 근검치산(勤儉治産) 경제를 충실히 해야 한다. 공중위생을 지켜서 건강을 증진하고 납세 준법의 의무를 수행하여 부정의 진전을 도모하고, 나아가 제종(諸種)의 문화에 공헌하지 않으면 안 된다. 이렇게 우리들의 대구는 교외의 산이 무성하고 들은 풍성하며 풍치는 좋아지고 있다. 시가는 확장되어 상공업은 발전하고, 제종의 문화시설은 충실하여, 산업의 도시, 풍광의 도시, 문화의 도시, 평화의 이상향이 될 것이다.[229]

이밖에도 『忠州發展史』(1933)는 충주 지역에 대한 전반적인 정보를 담고 있다. 저자가 이영(李英)으로 되어 있는데 판권지의 발행인은 이봉근(李奉根)이다. 즉 동일인이며,[230] 충북단양공립보통학교 훈도(1925), 청산보통학교 훈도

229 대구부교육회, 『大邱讀本』, 1937, 71~72쪽.

230 이 책의 25장 '단양을 보다'에서(179쪽), 이영(李英)은 "단양은 기자가 교직 1년의 생활을 보낸 제2의 고향이다"라고 밝힌 점을 보면 동일 인물로 추정된다.

(1926)를 지낸 인물이다. 그는 시정방침의 치적으로 다음과 같이 지적하였다. ① 행정 및 경찰기관으로 그 이전과는 비교할 수 없는 편의를 누리고 있다. ② 주민의 민간신앙을 타파의 대상으로 보았다. ③ 실업교육 특히 농업교육이 강화되어야 한다. ④ 통치 이후 충주지방에 전기가 보급되었다. ⑤ 수리사업이 이전과 비교해 안정적으로 진행되고 있다. ⑥ 군수, 읍장, 보통학교 교장, 훈도 등의 글을 수록하고, 서무주임들의 시국만담을 통해 식민통치의 합리화를 선전하고 있다.

(3) 도(부)사 편찬사업

도청이나 부의 편찬사업은[231] 관찬의 성격을 가지며 식민통치의 선정을 소개하고 각 지방의 부원개발을 강조하는 내용이 대부분이다. 먼저 부사를 편찬한 것은 진남포, 목포, 인천, 경성, 군산, 전주, 대구이고, 부산의 경우 정식으로 간행되지 못하고 필사본만이 전한다. 부사편찬은 민단폐지 후 부제(府制)가 시행되면서 각부의 부사 편찬사업의 일환으로 이루어진 것이다. 따라서 총독부와 각 부청의 전폭적인 지원 아래 추진되었다. 1910년대 이후 지방사 편찬의 경험 등이 축적되고 총독부의 촉탁 오카다 미쓰구(岡田貢), 가토 간가쿠(加藤灌覺), 가메다(龜田正)나 경성제국대학 교수 오다 쇼고(小田省吾), 스에마쓰 야스가즈(末松保和), 조선총독부 수사관 이나바 이와키치(稻葉岩吉) 등 전문가의 참여로 수준높은 지방사로 간행되기에 이르렀다. 각 부사의 편찬경위를 보면 다음과 같다.

---

231 美座流石, 『平安北道史』, 序, 1938, 1~2쪽.

"요즈음 황국 내외의 수사사업이 번성하게 일어나는 것은 국운 융창, 문화진전에 의한바 경축할 만한 것이다. 대개 수사는 일단이 아니고 중앙의 사가 있고, 지방의 사가 있다. 두 가지가 서로 어울려 완벽하게 된다고 말할 수 있다—현하 황국은 이전에 없었던 일에 직면하여, 시정 백반, 모름지기 갱시 쇄신을 더하고, 이것을 기왕 문헌에 비추어 취사안배를 더하지 않으면 안 되는 것은 본래부터 분명한 것이다. 도사 편찬의 사업, 여기에서 하루도 늦출 수 없는 것이다."

①『鎭南浦府史』는 조선매일신문사에 근무하는 마에다 치카라(前田力)가 1925년 만·몽 여행을 다녀오다 친구인 야마다 이치타로(山田市太郞)의 집에서 부사편찬을 위촉받았다. 다음 해 1월에 진남포에 있는 야마다의 집에서 반년 동안 집필하였다. 진남포 개항30주년을 기념하여 그 역사를 정리한 것이다.「최근의 진남포」 항목에서는 진남포부의 정치와 행정, 경제계의 각종 현황, 사회단체와 종교단체, 지역유지들에 해당하는 공로자와 성공자 등을 기술하였다.[232] 야마다는 조선총독부 철도국 서기로『北朝鮮誌』(상·하)를 편찬한 인물이다.

②『木浦府史』는 학교의 훈도를 지낸 가미구라 쇼헤이(神藏昌平)가 1928년부터 2년 동안 집필하였다. 부윤 도비시키 슈이치(飛鋪秀一)를 위원장으로, 고문에 다카네(高根信禮), 위원에 야마노(山野瀧三)를 위촉하였다. 이 책의 간행은 첫째, '반도의 보고'인 목포가 "물자 탄토(呑吐)의 요항(要港)이고, 문화 유주(流注)의 관문으로 그 책임은 중대하다"라는 인식에서, 둘째, 시국이 사상·경제공황에 직면하여 그 타개의 비책이 결코 심상한 것이 아니다. 새로운 시대의 추이를 서술하여 자손에게 보여주는 것은 긴요한 것이라는 인식에서 이루어졌다. 정치, 사사(寺社) 종교, 교육문예, 산업경제 및 지지로 나누어 권말에 연표와 여담을 붙였다. 가미구라 쇼헤이는『史蹟木浦』(1931)도 간행하였다.

③『仁川府史』는 인천개항(1883) 50주년 기념사업의 하나로 1931년 인천공립심상고등소학교장을 지낸 나카지마(中島訂治郞)와 고타니 마스지로(小谷益次郞)가 편찬에 종사했으나, 나카지마의 타계로 이어서 고타니 마스지로, 다나카 후쿠이치(田中福一), 이와사키 지로(岩崎二郞, 경성제대 법문학부 조수)가 1년 반에 걸쳐 완성하였다. 인천부윤 마쓰시마(松島清)는 부사저술의 의의를 "인천은 대경성의 관문으로 일본근세사상 일청·일러전쟁에서, 그리고 도시자체의 발전상에서도 중요한 역할을 한 곳"이기 때문에 이 사적을 후세에 남겨야 한다고 말

232 이 책의 서문을 쓴 하라다(原田鐵策)는 "재래의 안내서, 부세일반(府勢一般)과 전혀 다르게 자료가 풍부하고 기사가 간결하며, 관찰이 투철하다"라고 평가하고 있다.

한다. 내용은 총설, 정치외교, 행정, 인천의 생성발전, 재정, 항만, 교통운수, 무역, 산업, 통화금융, 교육, 신사종교, 사회 등이다.

④『京城府史』는 1926년 부협의회에서 부사편찬이 논의되어, 6월에 편찬촉탁으로 가타야마 이시치로(片山伊七郎)가 임명되었으나 사임을 하게 되어, 다음 해 4월에 오카다 미쓰구(岡田貢), 안규응(安奎應)을 촉탁으로 여기에 고원 2명을 배치하였다. 같은 해 7월 경성제대교수 오다 쇼고, 중추원촉탁 윤희구(尹喜求)를 고문으로 총독부촉탁 가토 간가쿠(加藤灌覺)를 편찬위원으로 임명하여 자료수집 감정을 위촉하고 사업을 시작하였다. 1928년 경성사정에 정통한 야마구치 타헤에(山口太兵衛), 소가(曾我勉), 예종석(芮宗錫)을 위원으로 보강하고, 1930년 사진촬영을 고이와 다케시(小岩武)에게 위촉하였다. 교정은 경성남자공립고등소학교장 다케다(武田知星), 매동공립보통학교장 하부(土生米作)가 맡았다. 내용은 경성의 연혁개요, 통감정치와 병합 후 부제실시에 이르는 개요, 한성부의 연혁, 내지인의 내주와 발전상황 등이다.

⑤『群山府史』는 군산부가 군산개항(1899) 35주년 기념사업의 일환으로 발간하였다. '경제도시' 군산의 진보발전의 자취를 후세에 전하기 위해서다. 편자 아키야마(秋山忠三郎)[233]는 『군산안내』(千葉胤矩), 『군산개항사』(保高正記·村松祐之), 『富之群山』(三輪規)을 참고하여 저술했다고 한다. 또한 편찬방침은 개항 이래의 부정(府政), 항세(港勢)의 변천추이를 계통적 조직적으로 기술하고, 우선 군산의 획기적 시대라고 할 수 있는 지방제도 개정 후의 부정을 상세하게 서술했음을 밝혔다.

⑥『全州府史』는 1936년부터 7년간 4대 부윤을 거치면서 완성되었다. 총독부도서관장 하기야마 히데오(荻山秀雄)의 감수아래 공립소학교장을 지낸 가메다(龜田正)가 전주부 촉탁으로 작업을 진행하다가 홍수와 중일전쟁의 발발로 중지되었다. 1938년 다시 공립보통학교장을 역임한 나미마쓰(並松茂)가 촉탁

---

233 『群山消防組發達誌』(1927), 『宮崎佳太郎翁傳』(1938)을 저술하였다.

으로 보강되면서 가메다는 경성에 가서 편찬자료 수집을 맡았다. 이후 1940년 감수자가 총독부도서관의 오구라 치카오(小倉親雄)로 바뀌면서 43년에야 완결되었다. 사진촬영은 하야시(林明吉)와 야마시타(山下稔夫)가 맡았다. 「例言」에서 눈에 띄는 것은 기사·사진·지도 가운데 '시국 탓'에 어쩔 수 없이 삭제된 것이 적지 않다고 밝힌 점이다. 그리고 경성부사편찬주임인 오카다 미쓰구에게 자료제공과 연구의 주의사항, 사무적 조작 등에 대해 도움을 받은 사실이다.

⑦ 『大邱府史』는 1935년부터 8년간 5대 부윤을 거쳐서 간행되었다. 총독부 수사관 이나바 이와키치(稻葉岩吉)의 지휘로 문학사 시게요시(重吉) 촉탁을 조수로 사료수집에 착수하였다. 이어 경북공립고등여학교장 시라카미 주키치(白神壽吉), 경성제국대학교수 후지다 료사쿠(藤田亮策)의 주선으로 같은 대학 스에마쓰 야스가즈(末松保和) 교수를 주임으로 편찬을 개시하였다. 시국 사정으로 1943년에야 완성을 보게 된 것이다. 대구부윤 우에노 히코하치(上野彦八)는 대구가 일본문헌에 처음 나타나는 것은 『일본서기』 진구황후 섭정 49년기에 보이는 '탁국'(啄國)이라고 보았다. 당시 이미 대구가 중요한 위치에 있었으며 어느 시대에나 대구가 남한의 웅도(雄都)로 중요시되고, 정치도시 혹은 경제도시, 군사도시로 발전되어 왔다고 주장한다. 내용은 조선시대 전후의 대구, 부제 실시 전후의 대구, 부재정의 추이, 대구신사, 군사, 사법, 경찰, 교육, 산업, 상수도, 위생시설, 사회사업, 언론기관의 발달에 대해서 수록되어 있다.[234]

다음 북한사 편찬은 북선지방이 일본, 중국, 러시아와의 접촉점이고, 국방,

---

234 이밖에도 부청에서 위촉하여 편찬된 서적은 『京城の沿革』(1936), 『京城の沿革と史蹟』(1941)과 『群山開港前史』(1935)가 있다. 전자는 경성부 촉탁인 오카다(岡田貢)가 전편, 후편, 여록(餘錄) 세 부분으로 저술하였다. 전편은 삼국시대 이후 조선시대로 나누어 약술하고 있다. 경성은 악취, 온돌, 잿빛 바다, 주야의 변화 등 부정적으로 묘사하였다. 후편은 경성의 성문과 사적들을 열거하고, 여록에는 주로 전쟁과 관련된 유적지로 임진왜란, 청일전쟁, 러일전쟁의 진지(陣地)를 간단하게 설명하였다. 『群山開港前史』는 군산중학교 교유 다케나가 야스오(竹中康雄)가 편찬한 것이다. 처음 고지의 축성연구를 목적으로 시작된 군산연구가 군산안내기로 확대되었다고 한다. 군산의 배경이 되는 금강의 역사와 역사에서 보는 군산의 모습, 개항 당시의 군산을 서술하였다. 저자는 개항 후 내지인의 이주가 증가하여 '쌀의 군산'의 진가가 발휘되었다고 주장한다.

정치, 경제상 매우 중요한 지역이라는 관점에서 저술된 것이다.

① 『北鮮間島史』(1926)는 회령인쇄소 대표와 함북 도평의회원을 지낸 나가이 가쓰조(永井勝三)가 저술하였다. 상고시대의 단군신화에서부터 최근세사에 이르는 역사서술과 병합 이후의 간도 문제 등을 다루었다. 즉 북청사변, 러일전쟁, 한일협약, 통감정치, 한일병합, 일지(日支)신협약, 독립만세소요사건, 훈춘사건 등이다. 특히 조선사 왜곡을 주도한 조선사학회나 기다 사다키치(喜田貞吉), 아오야기 쓰나타로(青柳綱太郎), 호소이 하지메(細井肇) 등의 저술을 참고하였다.[235]

② 『北鮮の開拓』(1928)은 함경북도 주사를 지낸 이와모토 요시후미(岩本善文)와 구보다 다쿠지(久保田卓治)가 저술하였다. 북선을 종관하는 함경선의 개통을 계기로 북선은 장래 일본의 심장이 될 지역이라는 인식을 가졌다. 그러나 그 중요성을 인식하지 못하는 사람이 많은 것을 알고 북선의 보고 개발과 우라니혼(裏日本, 혼슈의 일본해 측) 인대와 만·몽을 연결하는 경제적 발전을 촉진하기 위해 그 안내 역할을 자임하였다. 야마나시 한조(山梨半造) 총독의 제사(題辭), 가나야 한조(金谷範三) 조선군사령관, 오무라 다쿠이치(大村卓一) 철도국장, 나카노 다사부로(中野太三郎) 함남지사, 아다치(安達房次郎) 함북지사의 서문이 있다.

③ 『咸北小史』(1935)는 1923년에 함북 참여관 김서규(金瑞圭)를 위원장으로 편찬을 시작했으나 청사의 화재로 원고가 소실되었다. 다시 쓰루미(鶴見立吉)가 작업을 진행하여 마지막에 경성의 조선사편찬위원회에 가서 3개월간 이나바(稲葉君山, 君山은 이와키치의 호)의 지도로 1935년에 간행되었다. 이는 1922년 12월부터 시작된 조선총독부 산하 조선사편찬위원회의 사서 편찬사업의 일환으로 각 도에서 추진된 것이다. 함경북도의 전근대 역사를 중심으로 다루었는

---

235 참고자료로 인용하고 있는 것은 한·중·일의 고서 외에 『滿蒙事情』(외무성), 『滿蒙全書』(만몽문화협회), 『日露大戰史』(제국군인교육회), 『間島事情』(동척), 『조선사강좌』(조선사학회), 『만주역사시리』(白鳥庫吉), 『만주발달사』(稲葉岩吉), 『滿洲と樺太』(小川運平), 『근세일본국민사』(德富蘇峯), 『民族と歷史』(喜田貞吉), 『조선사천년사』·『조선통치론』·『조선문화사』(青柳綱太郎), 『정감록』(細井肇), 『馬賊裏面史』(矢荻崑崙), 『咸北雜俎』(川口卯橘), 『조선급조선인』(杉慕南) 등이 있다.

데 한반도의 경계 지역으로서의 자연, 인문지리적인 특성을 염두에 두고 서술하였다.

④ 『平安北道史』(1938)는 도사 편찬사업의 일환으로 조선사편수회 간사를 역임한 이나바 이와키치가 고려시대부터 조선시대 후기에 이르는 평안북도사를 저술한 것이다.[236] 평북도지사 미자 사스가(美座流石)는 장백산과 압록강이 있는 '웅번'(雄藩)에 지난 800~900년간 쓸쓸하여 들리는 것이 없었음을 지적하며 그 원인을 사승(史乘)에서 검토하겠다고 밝히고 있다. 이나바 이와키치는 이 지방의 중요성을 "평북의 평화가 평북 만에 의해 유지되는 것이 아님은 너무나 현저한 사실이었다. 혜택받지 못한 지방은 지금 혜택받아야 할 운명을 순차로 회복하여 평북 역시 그 기수(氣數)를 맞이하려고 한다"라고 저술의도를 밝히고 있다.

(4) 언론인 및 단체의 간행서적

먼저 지방 신문사에서 활약하는 일선기자, 신문사 사장 등이 간행한 것은 각 지방이 식민통치의 결과 얼마나 '발전'했는지를 선전하는 내용과 부원개발의 필요성을 제기하는 내용이다. 일제하 지방신문의 역할은 재조일본인의 이익을 관철하는 수단이 되거나 일본인 지방유지가 경영진에 참여하여 의사소통 수단이 되었다고 한다.[237] 지방신문이 일본인들 사이의 대립과 갈등의 수단이 되기도 한 것은 그들이 언론계에서 활동하다가 지방의회 의원이 되거나, 상공회의소에서 활동하다가 신문사 경영에 참여했기 때문이다.

① 《만주신보》 통신기자 와다 다카시(和田孝志)는 『新義州史』(1911)에서 구

---

236 『삼국사기』, 『삼국유사』, 『동국이상국집』, 『고려사』, 『고려사절요』, 『삼국사절요』, 『이조역대실록』, 『일성록』, 『동문휘고』, 『통문관지』, 『事大文軌』, 『동국여지승람』, 『龍灣志』, 『징비록』, 『연암집』, 『遼史』, 『금사』, 『원사』, 『명사』, 『청조실록』, 『盛京通志』, 『盛京典制備考』, 『조선사』 등을 참고하였다.

237 박용규, 「일제시기 재조선 일본인과 지방신문의 역할」, 한국언론학회 가을철 정기학술대회 발표문, 2006, 73쪽.

아(歐亞)교통로의 요지, 대청국제 중요도시, 압록강유역의 부원지, 남만동점의 문명보급로의 진가를 갖고 있는 신의주의 중요성을 강조하였다. ②《만한지실업》 기자 구누기 마사지(九貫政二)는 『馬山と鎭海灣』(1911)에서 마산과 진해가 러일전쟁의 군사요충지로 기후가 쾌적하여 내지인이 거주하기에 적합한 지역임을 소개하였다. ③ 조선신문사의 오니시(尾西要太郎)는 『鮮南發展史』(1913)에서 삼남지방과 경성 등 각지의 지사, 지국과 통신원을 통해 실지 답사한 내용과 당국의 조사를 아울러 간행하였다. ④《조선신문》 지국장 사카이 세이노스케(酒井政之助)는 『發展せる水原』(1914)에서 '절대의 보고'인 수원의 지리, 역사, 유적 등에 대해 저술하였다. ⑤《광주일보》 사장 가다오카 하카루(片岡議)는 『麗水發展史』(1928)와 『南鐵沿線史』(1933)에서, 여수항의 가치와 1930년 남조선철도의 개통으로 발전된 연선에 있는 각군의 현상 및 장래를 소개하였다. ⑥《군산일보》의 우쓰기 하쓰사부로(宇津木初三郎)는 『全羅北道發展史』(1928)와 『金堤發展史』(1934)에서 '조선의 낙원'인 전북개발과 '호남의 보고'인 김제개발을 주장하였다.

다음 만주사변 전후의 비상시국에 대처하여 침략전쟁을 수행하는 데 협조하기 위해 만들어진 단체들이 간행한 것이다. ① 『豆滿江流域史』(1931)는 국경사정조사회에서 만주사변 후 만·몽 문제 해결을 위해 훈춘공영회사를 경영하고 있는 이시모토 케이키치(石本惠吉)에게 위촉하여 서둘러 출판한 책이다. 정무총감 이마이다 기요노리(今井田淸德)는 "日·露·支 국경을 연결하는 국제하천인 두만강유역사를 상술하고, 특히 일본과 만주의 1000년 래의 교섭과 동만주의 개발개척에 대한 탁견을 제시한 책"으로 평가하고 있다. ② 『鮮滿發達史』(1933)는 오모리 간세키(大森頑石)가 만주사변이 일어날 당시 '제국의 일대사, 국운융체의 분기점'이라고 생각하여 선만사업협회를 조직해서 조사 연구한 내용을 저술한 것이다. 그는 "조선 및 만주에 대한 정확한 인식을 얻어 이 비상시국에 선처할 각오가 없으면 황국 일본의 항구적 번영은 도저히 바랄 수 없다고 생각한다—이에 조선의 비약적 발전과 치세의 본질을 기록하고 나아가 만주의 실정과 부원을 소개한다"라고 발간 의도를 말하고 있다. ③ 『新興之北鮮史』(1937)는 조선연구사 주간 엔도(遠藤萑洲)가 총독의 시정방침인 '선·만일여'(鮮滿一如)의 취지에 따라 14개월 동안 조사를 수행하여 지역 현황, 주요 사업과 인물을 망라한 북한 종합안내서다.[238] ④『北鮮開拓史』(1938)에서 민중시론사 사장인 아베 가오루(阿部薰)는 일본의 국운발전상 남만주가 중요하지만 북선은 그 이상으로 중요하다고 강조하였다. 그것은 남만주의 물적 자원 보다 훨씬 풍부한 각종자원의 보고이기 때문이다. 시정변천, 행정, 교통운수, 체신사업, 전기사업, 금융기관, 금융조합, 수산업, 어업조합, 농업, 수리조합, 임업, 광업, 공업, 상업, 교육, 경찰사법, 항만도읍 등을 다루었다. ⑤『內鮮一體の靈地扶餘』(1939)는 국민정신총동원조선연맹의 조사자료 제1집으로 간행된 것이다. 이 책은 부여와 '내선일체'는 어떠한 관계에 있었는가를 정리한 글이다. 일제는 1940년을 전후하여 전쟁총동원체제를 강화하면서 중견청년 훈련을 위한 도량(道場)을 계획하고, 내선일체의 역사를 위해 박물관과 관폐사(官弊社, 나라에서 폐백료를 지불하는 신사)를 조영하려고 했다. 따라서 이 책은 내선일체 강화를 위해 부여에 대한 관심을 고조시키는 데 목적이 있었다.

2) 지방사 편찬활동의 목적

재조일본인들의 지방사 편찬활동은 크게 관찬과 사찬으로 나눌 수 있다. 관찬에 속하는 것은 도(부)청에서 주관한 도사편찬이나 부사편찬 작업의 일환으로 간행되었다. 사찬에는 1914년 부제 실시로 거류민단이 폐지되자 거류민단의 역사를 정리한다는 차원에서 이루어진 거류민단사가 있다. 그리고 각 교육회에서 편찬한 향토사가 있고, 언론사가 중심이 되어 편찬한 발전사가 있다. 마지막으로 국경사정조사회, 선만사업협회, 조선연구사, 민중시론사, 국민정신총동원조선연맹 등 단체가 주관하여 간행한 것이 있다.

---

238 조선연구사는 1927년 초부터 매월 1회 잡지를 발행했는데, 이듬해부터 제호를《朝鮮研究》로 바꾸었다. 사장 야나무라 기치조(梁村奇智城)는 『朝鮮の更生』(1935), 『國民精神總動員運動と心田開發』(1939)을 저술한 인물이다.

이 편찬 주체들의 구체적 간행 목적은 약간씩 다르다. 도(부)청은 총독부 선정의 결과를 선전하고, 민단은 지역발전을 위해 애쓴 재조일본인들의 노력과 희생을 강조하고, 교육회는 일선학교에서의 교육 자료로 이용하기 위해서 이미 고대부터 일본이 점령하여 보호하고 있었음을 강조하였다. 언론사와 각 단체는 부원개발과 침략전쟁 수행에 협조하기 위해서였다. 그러나 대체로 다음과 같은 점에서는 간행목적이 일치하고 있다.

첫째, 일본인의 조선과 각 지방에 대한 인식부족에 대처하기 위함이다. 각 지방사를 편찬할 때의 서문에는 어김없이 지방에 관한 저서가 하나도 없는 문제점을 거론하고 있다. 지방을 소개한 자료가 있더라도 기초조사가 잘못되어 투자를 주저하는 자가 있음을 지적한다. 따라서 지방사를 편찬하여 "하나는 시찰가의 나침반으로 삼고, 하나는 널리 사회에 반포하여 세상에 소개하려는 데 있다"라고 말한다.[239] 그리고 일본인들의 조선에 대한 인식이 얼마나 부족한 것인지를 다음과 같이 밝히고 있다.

> 일본 내지의 사람들은 조선이라고 하면 무미건조한 그리고 매우 시끄러워 불안한 토지라고 상상할지도 모른다. 그것은 진정한 조선을 알지 못하고 다만 그냥 지나친 것이 과장된 선전에 의한 것이다. 그리고 진정한 조선은 그런 곳이 아닌, 아니 조선의 보고라고 칭할 만한 전라북도처럼 실로 조선은 낙원이다.[240]

이와 같이 우쓰기 하쓰사부로(宇津木初三郎)는 "황금 물결치는 대평야, 마한의 고도인 익산, 단풍잎 가득한 내장산, 교토와 비슷한 전주"에 시험삼아 와서 보라고 권한다. 이러한 '낙원', '천혜의 보고'인 조선을 그대로 방치해서는 안 되며 이를 개발하는 것이 급선무라는 인식이다. 또한 조선에 대한 인식부족은

---

239 富村六郎, 『忠南論山發展史』, 緒言, 1913, 1~2쪽.

240 宇津木初三郎, 『全羅北道發展史』, 序言, 1928, 1~3쪽.

곧 '자기 생명선'에 대한 인식부족이라고 보는 시각도 있다. 즉 경기도지사와 총독부 산업조사위원을 지낸 도키자네 아키호(時實秋穗)는 병합 후 20여 년을 경과하여 지금은 '순연한 우리 국토인 조선'에 대해서조차, 인식이 매우 부족하다는 것을 고백하지 않을 수 없는 점이 유감이라고 말한다. 그는 일본인이 구미인의 만주에 대한 인식부족을 책망하는 것보다 '자기 생명선에 대한 인식부족' 이야말로 중대한 일대 사건이라고 주장한다.[241]

둘째, 일본의 부족한 식량과 과잉 인구 문제를 해결하기 위함이다. 이 두 가지 현안을 해결하기 위해서는 조선에 관한 정보가 필요하였다.

> 그 원인이 되는 것은 역대 내각이 정치상의 암으로 생각하던 인구 문제와 식량 문제의 두 가지다. 기타 문제는 어느 것이나 지엽이다. 이 지엽을 근본에서 생각하여 이것을 해결하는 것이 최대 급선무다. 이 난 문제를 해결하려고 한다면 지금 일본 내지 및 그 영토의 전 판도를 펼쳐 보더라도 홋카이도(北海道)로는 부족하다. 대만이나 사할린으로도 여전히 좁다. 그러므로 장래 아니 현재로서도 만·몽의 천지에 세력을 부식하여 이것을 개척하고 조선전토의 개발에 노력하여 이 두 현안을 해결하는 것보다 달리 방법은 없다.[242]

이처럼 일본의 식민지인 대만이나 사할린만으로는 모국의 식량, 인구 문제를 해결하기 부족하므로 조선, 만·몽으로 세력을 부식해야 한다고 주장한다. 그러면서 제일선에 서 있는 재조일본인들이 열심히 활약하지 않고 오히려 조선화되어 가고 있는 것이 심각한 문제라며 각성을 촉구하고 있다.

셋째, 조선의 부원개발과 일본인의 이주 장려 및 사업 유치를 위함이다. 이를 통해 일본인이 조선에 정주하는 식민도시를 만들어 가는 것이 하나의 목표였

---

241 大森頑石, 『鮮滿發達史』, 1933, 2쪽.

242 奥土居天外, 『忠州觀察誌』, 1931.

다. 이주하는 일본인이 많아지면 자연히 조선인의 사상 문제도 해결된다고 보았다. 이때 지방선정의 기준으로 제시한 것은 교통의 요지, 경제적 가치, 군사상, 역사상 일본과 교섭이 많았던 곳을 꼽았다. 이는 철도부설이나 내지항로 개척의 중요성과 함께 도시로서의 가능성을 탐색하고 발전책을 강구하는 작업이었다.

> 앉아서 고객을 모으는 것은 시대착오이다. 우리 경북의 보고도 오랫동안 매장되어 있지만, 그 진가를 발양하려고 한다면 어떻게 해서든 좋은 고객을 구하지 않으면 안 된다. 이것 때문에 널리 이것을 강호에 소개하여 투자를 흡인하도록 노력하지 않으면 안 된다. 이것이 바로 오지개발 촉진에 대한 선결 문제라고 생각한다.[243]

넷째, 만주사변 이후 전시체제기의 비상시국에 대처하기 위함이다. 이를 위해 조선과 만주에 대한 정확한 인식이 필요하고, 북선 연구가 중요하며 이는 장래 일본의 존망이 걸린 중대한 문제로 인식하였다.

> 북선지방이 모든 관점에서 중시됨에 따라 점점 진흥 발전해 가고 있는 것은 누구라도 아는 대로다. 현하의 비상시국에서는 점점 북선지방의 중요성이 가중되고 있다. 나아가 금후의 동아에서 전국적(全局的)인 일대 신문화건설의 성업(聖業)상에서 볼 때, 우리 북선은 점점 중요한 역할을 맡고 있다는 것을 알지 않으면 안 된다. 즉 우리 국운발전상에서 볼 때 북선에 남만주의 중요성 보다 더 중요성이 부하되고 있는 것으로 생각된다. 더구나 남만주지방의 물적 자원보다 훨씬 풍부 방대한 각종자원의 보고인 북선지방에서 그렇다. 그위에 만주국의 일대 경제보고인 동만주지방과 접하여 일대의 연쇄를 이루는 북선에서 그렇다. 더욱이 오모테(表)일본과 우라(裏)일본, 만주, 북지(北支)를 관통하는 동아 신경제문명 건설선상의 추축적 지

243 達捨藏, 『慶北沿線發展誌』, 自序, 1931, 2쪽.

위에 있는 우리 북선을 중시해야 하는 것은 매우 심심(深甚)한 것이다.[244]

다섯째, 식민통치의 선정으로 '발전'한 조선을 국내외에 과시하기 위함이다. 이러한 내선융화의 치적을 널리 알리는 것이 매우 중요하다고 인식하였다.

> 일한병합 이래 역대총독의 시정방침에 근거하여 당국의 유도 제시(提撕, 교도)가 그 효과를 거두고, 농사의 개량, 식림의 장려, 도로개착 등의 치적이 크게 일어났다. 특히 식림성적은 전선(全鮮)에서 뛰어난 것이다—종래 충주인은 민족계급의 압박과 혹리의 가렴주구에 고통을 받아왔지만 당시의 밝은 신정의 시정이 정연(整然)한데 미쳐 민중이 모두 편안하고 고복해서 천은(天恩)에 감읍하고 있는 것이다.[245]

이처럼 강점기에 재조일본인들이 지방사를 편찬한 목적은 일본인의 조선에 대한 인식부족을 해결하고, 식량부족과 과잉인구 문제를 해결하며, 부원개빌과 일본인의 이주를 촉구하기 위한 것이었다. 그리고 만주사변 이후 전시체제기의 비상시국에 대처하면서, 식민통치의 선전을 위한 것이었다.

3) 간행서적에 나타난 조선인식

강점기에 간행된 지방사 서술에는 일본의 식민통치하에 있는 조선이 일본과 '일체'(一體)의 관계에 있는 것은 우연이 아닌 운명적인 것임을 주장하는 시각이 자리 잡고 있다. 이러한 인식은 일본의 신영토 조선개발에 대한 책임으로 연결되어 조선을 부원개발의 대상지로 지목하고, 나아가 내선융화와 일체를 이루기 위한 최종목표는 일본의 수도 도쿄를 조선의 경성이나 평양으로 천도

244 阿部薰, 『北鮮開拓史』, 序, 1938, 1쪽.

245 李英, 『忠州發展史』, 제1장 槪論 1, 沿革, 1933, 10쪽.

하자는 논의로 나타난다. 이것은 '선·만일체로 약진해가는 서곡'이라고 이해하였다.

> 그러나 지금 생각해보면 모두 병합에의 도정이고 내선융화에의 계기이며, 나아가 선만일체로 약진해가는 서곡이었던 것이다—이제까지 무심하게 지나치던 길가의 일석일목에도 지금 흐르는 선조의 피를 기억하고 감개한 바가 있다. 우리들의 이 감명, 이 감개야말로, 드디어 우리들이 사랑하는 아동들의 순정을 보다 잘 길러 장래 반드시 보다 높은 황국의 이상은 동아의 천지에 꽃을 피워 실로 열매를 맺기에 이를 것을 확신하는 것이다.[246]

이하 이러한 조선인식을 내선일체론, 부원개발론, 북선개척론, 국도천도론으로 나누어 살펴보자.

(1) 내선일체론

일제의 식민지 조선에 대한 지배 방식은 동화주의에 입각한 직접통치였다. 조선과 조선인의 모든 것을 철저히 일본화, 일본인화 시켜가는 동화정책이었다. 1937년 중일전쟁을 계기로 조선을 병참기지로 활용하면서 '내선일체' 문제가 대두되었다. 일선동조론을 주장하여 한민족을 말살하고 전쟁협력을 강요하기 위한 정책이었다. '선민동화'의 목적에서 간행된 지방사에서는 내선일체의 역사적 근거를 어디에서 찾았는지 살펴보자.

첫째, 일선동조론. 다케나가 야스오(竹中康雄)는 일본과 조선은 피와 살을 나눈 '형제'이며 병합에 이른 것이 우연이 아니라 먼 옛날부터의 인연에서 비롯된 것이라고 본다. 즉 전북의 구석 마을까지 1700년 전에 일본 황실의 능위(稜

---

246 岡田貢, 『京城史話』, はしがき, 1936, 1~2쪽.

威)가 미쳤다고 강조한다. 그는 "조선 사람들의 피 가운데 우리와 같은 피가 흐르고 있다고 생각할 때, 현재 언어풍속이야말로 다르지만 서로 피와 살을 나눈 진정한 형제로 금일 내선병합에 이른 것도 우연이 아닌 먼 옛날부터 눈에 보이지 않는 연에 연결되어 있다고 믿고 있습니다"[247] 라고 말한다. 일선동조론은 일본의 한국병합을 합리화하는 근거가 되었다. 이렇게 일본과 조선의 관계를 운명적으로 보는 이유는 나가이 가쓰조(永井勝三)가 스사노오와 단군의 관계를 설명하는 대목에서도 보인다.[248] 스사노오는 일본신의 아들이고 그의 아들 이다케루가 단군에 해당한다. 그리고 그들이 살았다고 하는 소시모리는 한어로 우두(牛頭)의 뜻이며, 강원도 춘천의 우두산을 말하고, 일본에서도 스사노오를 우두천황이라고 칭한 것을 보면 알 수 있다고 말한다. 스사노오가 일본에서 아들을 데리고 와서 춘천을 다스렸다는 내용이다. 또한 단군이 내려온 태백산은 평안도 묘향산으로 지금의 평양을 칭한다. "일설에 한강 상원(上源)의 태백산으로 우두산은 한강의 상류에 있다"라고 하여, 단군과 스사노오 동일설을 제창하고 있지만, 장래의 연구를 기다려야 할 것이라고 지적한다. 스사노오에 대해서는 그를 단군으로 보는 설과 아들 이다케루를 단군으로 보는 설로 갈라진다. 그러나 조선개국의 시조를 일본인으로 보는 것은 동일하다.[249]

이렇게 양국의 역사적 관계는 이미 신대(神代)에 시작된 것으로 보며, 신라의 왕자 아메노히보코는 일본에 귀화하여 구슬과 거울, 무구(武具) 등 7개의 보

---

247 竹中康雄, 『群山開港前史』, 附錄 2, 群山近郊の史蹟, 1935, 97쪽.

248 永井勝三, 『北鮮間島史』, 제2장 上古史 제1 檀君の神話, 1926, 21~23쪽.

"유사 전 일선관계가 밀접한 것은 구메 쿠니다케(久米邦武) 박사의 일본고대사 등에 상설되어 있다. 박사의 설에 의하면 스사노오(素盞嗚尊)는 하하노쿠니(妣國)인 시라키(新良貴)에 있었다고 한다. 또 존(尊)이 이즈모(出雲)를 정한 뒤 그의 아들 이다케루(五十孟命)를 데리고 네노쿠니(根國)에 이르러 소시모리(曾尸茂梨)에 거하고 나중에 이다케루(五十孟命)를 보내 이즈모(出雲)로 돌아가, 수목의 종자를 가지고 기(紀)의 나라에 파종하였다고 한다. 이와 같은 전설과 단군전설이 부합하는데 네노쿠니는 대륙을 가리키고 환(桓)은 신(神)이고, 환인(桓因)은 신 이자나기(伊奘諾)의 약자, 환웅(桓雄)은 신 스사노오(須佐之男)의 약자다."

249 최혜주, 『근대 재조선 일본인의 한국사 왜곡과 식민통치론』 제1장, 근대 일본의 한국사관과 역사왜곡, 2010, 15~68쪽.

물을 바쳤다. 조정에서 다지마(但馬) 이즈시(出石)의 땅을 내려 부근을 지배했다고 한다.[250] 그리고 기무라(木村晴光)는 고대 한반도의 남부 또는 전부를 일본제국이 통치하여 경상도 지방은 3000년 동안 야마토 조정과 친밀한 관계를 갖는 지역이 되었다고 주장한다.[251] 즉 이 지방은 신대 야마토 조정에서 다스린 요미노쿠니(夜見國)인데, 스사노오 부자가 이곳을 개척하고 춘천지역으로 갔다고 한다.

> 경상지방은 신대(神代) 다카마가하라(高天原) 치세의 요미노쿠니(夜見國)이다—야마토(大和)조정의 치쿠시(筑紫, 후쿠오카현), 시고쿠(四國)과 함께 요미노쿠니는 그 일 분치국(分治國)이다. 스사노오(須佐之男尊), 이다케루(五十孟命)는 이 분치국을 개척하여, 한사에서 말하는 진국(辰國)의 주민 맥족(貊族)을 따라서 지금의 경남에서 북으로 멀리 강원, 충청에도 미친다. 요미노쿠니 통치시대 요미노쿠니에서 단바(丹波, 保食命田庭)에 이르러 야마토국(大和國)에 오곡(五穀)을 전하여 농업의 소신이 되었다. 스사노오(須佐之男尊) 부자는 요미노쿠니 한토를 다스리고, 또 오오나무치노미코도(大己貴命)의 이즈모(出雲)에, 스구나비코나(少彦名尊)를 보내, 다카마가하라(高天原) 조정에 충성 무이(無二)의 모범을 보이고, 천손강림 후 아시하라노나카츠쿠니(豊葦原中津國)를 다스려, 진무도우세이(神武東征)는 야마토 조정의 창업에 의해 오오야시마(大八洲)를 경영하게 되었다.[252]

둘째, 진구황후의 삼한정벌. 호다카 마사키(保高正記)는 일본이 반도의 종주권을 확립한 그 기원은 이미 상고시대 진구황후가 삼한을 통제한 시대부터라고 본다. 이는 역사상 분명하여 의심할 여지가 없는 것으로, 진구황후가 삼한을 정복한 후 설치한 임나일본부는 러일전쟁 후 일본의 통감정치와 같고 실제로 종

250 국민정신총동원조선연맹, 『內鮮一體の靈地扶餘』, 「古代の內鮮交流」, 1939, 78~80쪽.

251 木村晴光, 『慶南略史』, 「編纂要項」, 1929, 2쪽.

252 앞의 책, 「慶南は神代高天原の一分治國」, 1929, 1쪽.

주권이 행해진 것이라고 주장한다.[253] 이 진구황후 전설은 고대 일본의 조선멸시사상의 출발점이며, 근대 일본이 병합을 '복고'로 간주하여 침략을 정당화하는 데 이용되었다. 기무라(木村晴光)도 내선 양 민족이 하나로 일체가 된 상태는 병합이며 이는 고대의 인연에서 현대로 '복고'한다는 의미로 해석하였다.

> 내선의 민족이 조선(祖先)에서 종교와 정치가 때때로 합류의 기미를 본 야마토(大和)민족, 이즈모(出雲)민족, 한(韓)민족이 화협혼일체를 형성하는 상태, 즉 일한병합은 역사의 지배에 의해 고대에서 인연을 이루고 현대 또한 복고한다고 하는 외에 없다. 진정한 화평이 합일하여 흥국진전을 기하는데 각인이 국사의 소이를 알고서 비로소 얻을 수 있게 된다.[254]

셋째, 백촌강 전투. 다케나가 야스오(竹中康雄)는 백제가 시종일관 일본의 종주권을 받들어 충성을 다해 그 보호에 감사하고 있었던 것도 역사상 부정할 수 없는 사실이라고 주장한다. 그 증거로 제시하고 있는 것이 백촌강 전투다.

> 이 해전은 우리 해군과 당 해군이 싸운, 말하자면 우리 해전사상 특필대서할 만한 것이다. 백제가 망하여 그 잔당이 백제부흥의 깃발을 들었을 때 우리나라가 결연히 부흥의 의군을 원조하여 당군(唐軍)과 싸운 대해전입니다. 즉 천추만세 끊임없이 항상 서번(西蕃)이라고 칭하고 춘추로 조공을 하겠다고 아국에 서약을 한 백제의 위급존망에 즈음하여 아국이 국운을 걸고 백제의 부흥을 도모하려고 일으킨

253 保高正記, 『群山開港史』 제2장 錦江溪谷の史的價値, 1925, 17쪽.
진구황후의 삼한정벌에 대한 기술은 다음에도 보인다. 국민정신총동원조선연맹, 『內鮮一體の靈地扶餘』, 「古代の內鮮交流」, 1939, 78~80쪽. "주아이(仲哀)천황 때 구마소(熊襲)를 진정시키기 위해 친정군이 서쪽으로 향했다—천황이 붕어하자 진구황후는 상을 감추고, 탄식하면서 선제의 유지를 계승하여 구마소를 퇴치, 치쿠시(筑紫)의 토호를 평정하였다. 이렇게 황후는 신의 수시(垂示)에 따라 신라를 진정하고 황도(皇道)를 널리 빛내도록 신의 교시를 받고 여러 준비를 진행시켰다."

254 木村晴光, 『慶南略史』 16 洛東の流水幾千年, 1929, 52쪽.

일대 의전이었던 것입니다.[255]

즉 일본이 백제를 구원하기 위해 나선 것은 일본정신의 발로이다. 일 소국인 백제구원 만이 아니라 반도 민족의 복멸을 막으려고 한 대정신에서 출발한 것이며, 덴지(天智)천황의 영매한 식견에서 나온 것이라고 주장한다. 여기서도 내선병합은 개벽 이래 정해진 운명적인 필연으로 인식하고 있다.

넷째, 임진왜란. 임진왜란은 일본의 대정신이 발로되어 나타난 대아시아주의의 또 다른 실현이라는 억지 주장이다. 즉 시노다 하루사쿠(篠田治策)는 도요토미 히데요시가 일으킨 임진왜란을 '조선정벌'이라고 말하는 것은 부당하다고 주장한다. 도요토미의 목적은 조선에서 단지 길을 빌려 "대명(大明) 400여주를 정복하고, 나아가 천축, 남만까지도 황화(皇化)를 미치게 하려고 한 것이다. 그는 근세의 소위 대일본주의의 최초의 실행자이며, 지나를 동인할 뿐 아니라 나아가 천축, 남만주도 정복할 웅도를 가진 것"이라고 보았다.[256] 아울러 임진왜란의 고통으로 조선이 병마(病魔)의 거리로 변하고, 백성이 도탄에 빠져 고통을 받게 된 것이 아니라, 조선의 당국자가 정세판단을 잘못한 탓으로 돌리고 있다. 도요토미의 중국침략 기도는 붕당정치의 폐단으로 악정에 고통받고 있는 중국인민에게 생활의 안정을 얻게 해주려는 그의 신념에서 비롯된 것이라는 왜곡된 인식을 보인다.

히데요시(秀吉)는 무슨 목적을 가지고 북경에 가려고 했는가. 당시 지나(支那)의 상태를 아는 것이 먼저 필요하다. 그 시대의 중국은 명조 중엽부터의 붕당정치의 여폐를 받아 정치가는 당리와 사복이 있는 것은 알고 국리와 민복이 있는 것은 모른다. 마치 금일의 지나 정부와 같다. 따라서 인민의 곤란과 고통은 실로 말할 수 없

---

255 竹中康雄, 『群山開港前史』, 附錄, 1935, 94~95쪽.

256 篠田治策, 『文祿役と平壤』, 1919, 6~7쪽.

는 것이 있었다. 저들 4억의 생민에게 진정한 정치를 행하여 생활의 안정을 얻게 해주려고 하는데서 그의 신념은 움직였다. 그렇게 그의 신념을 가장 잘 이해한 것이 기요마사(加藤淸正)였다.[257]

다섯째, 내선일체의 도량 부여신궁. 일제는 식민통치 기간 동안 많은 신사를 지었는데, 그 대표적인 것이 남산위에 세운 조선신궁과 부여에 세우려 한 부여신궁이다. 총독부는 기원 2600년 기념사업의 하나로 부여신궁 조영에 나서서 오진(應神), 사이메이(齋明), 덴지(天智), 진구(神功)황후의 4위를 여기에 모시겠다고 밝혔다. 부여지방에 신궁을 짓고자 했던 것은 삼한시대의 남한 경영이라는 허구를 바탕으로 내선일체의 도량으로 삼기 위해서였다. 조선연맹은 이 계획을 "내선일체의 성업에 많은 은혜를 베푼 신들을 이 땅에서 제사하려는" 목적이라고 말한다.

> 이렇게 내선 모두 일체가 되어 꽃핀 부여에 지금 또 새로운 생명이 빛나려고 한다. 그것은 약진일본에 처하는 황국의 신민으로서 일단의 적성을 바쳐 봉공의 실을 올리기 위해, 청년훈련의 대도량(大道場)이 이 땅에 설치되려고 하는 것이다. 나아가 박물관을 신개축하여 내선일체의 혼으로 가득한 유물을 충실하게 할 계획이 된 것이다. 다른 하나의 의의 깊은 계획도 진행되고 있는데, 그것은 관폐사(官弊社)를 조영하려는 것이다. 즉 내선일체의 성업에 많은 은혜를 베푼 신들을 이 땅에서 제사하려는 의논이 있는 것으로, 이것들은 전선의 관민일치로 열망하고 있다. 물론 우리 조선반도의 어느 지역도 고래 내선일체의 열매를 맺어왔지만, 부여는 특히 유서가 깊다.[258]

257 앞의 책, 1919, 35~36쪽.

258 국민정신총동원조선연맹, 『內鮮一體の靈地扶餘』, 「懷しの古都扶餘」, 1939, 12쪽.

이상에서 살펴본 것처럼 기본적으로 한·일 양국이 형제 관계에 있었으며, 삼한정벌에 의한 남부 경영, 백촌강 전투와 임진왜란으로 인적교류가 이루어졌고, 양국 사이에 역사적 관계가 깊은 부여에 도량을 조성하여 내선일체가 완성된다고 보았다. 아울러 내선융화를 철저히 해결하기 위한 방법의 하나로 천도를 주장하고, 나아가 동아의 단결, 대아세아연맹 형성으로 확대시킬 것을 주장하였다. 천도론의 자세한 내용은 후술한다.

(2) 부원개발론

일제는 1910년 강제병합 이후 식민통치 기간 동안 한국을 식량, 원료공급지로 재편성하여 일본경제의 발전과 침략전쟁의 원활한 수행을 위해 각종 물자를 수탈해 갔다. 특히 1931년 만주침략으로 중국에 진출한 이래 1937년 중일전쟁을 도발하고, 1941년 태평양전쟁으로 전쟁을 확대시키면서 전시체제를 구축하였다. 전시체제 하에서는 식민지에서 인적, 물적 자원 모두를 전쟁에 총동원하려는 병참기지로서의 역할을 강요하였다. 이 시기에는 내선일체와 황민화정책을 강화하여 민족해방운동을 철저하게 탄압하였다. 동시에 경제적으로 농공병진정책을 전개하여 군수물자 확보를 위해 농업, 광업, 어업 등에서 각종 물자를 수탈하였다. 이를 위해 경원선, 호남선 등 철도를 부설하면서 이러한 자원수탈을 '부원개발'이라고 미화하여 추진해 갔던 것이다. 이하 강점기에 간행된 지방사 서술가운데 이 점을 어떻게 선전하고 있는지 살펴보자.

먼저 『金堤發展史』를 쓴 우쓰기 하쓰사부로(宇津木初三郎)는 한촌에 지나지 않았던 김제가 호남선의 개통으로 산업중심 도시를 형성하였으며, 호남지방을 정복할 만한 거점도시로 성장했음을 밝히고 있다.[259] 그리고 내지 자본가들의 투자와 내지 청년들의 이주를 촉구하는 글이 실려 있다. 민지 이주 및 투

259 宇津木初三郎, 『金堤發展史』, 總說, 1934, 2쪽.

자가 부진한 이유를 첫째, 조선의 실정이 내지인에게 알려져 있지 않다. 조선은 지금도 호랑이나 표범이 나오는 가토 기요마사(加藤清正) 시대와 같다고 생각한다. 산업적으로 거의 무가치한 반만(半蠻)지역이거나, 혹은 불령한(不逞漢)이나 배일단(排日團)이 각지에 발호하여 위험한 지방처럼 오해하고 있다. 둘째, 먼저 이주한 일본인이 내지 자본가의 안내역, 보호자, 지도자 역할을 하지 못한다. 이익만 찾고, 혹은 단지 주선료만을 목적으로 브로커 식으로 나오는 자도 있다. 심하게는 다대한 손해를 주고도 부끄러워하지 않는다고 지적한다. 이는 조선개발에 큰 장애로 정부당국의 깊은 경계가 필요하다고 보았다. 셋째, 새로 온 자는 조선인과 교섭할 때 쓸데없는 양보를 하여 당연히 획득해야 할 권리를 잃어버리는 경우가 있다. 조선투자를 주저하게 하고 나아가 조선의 개발에 큰 손해를 가져오는 것이다. 이러한 원인 때문에 내지인들이 대조선 투자를 꺼리고 있다고 지적하였다.[260]

또한 내지의 청년 중에서 장남이 아닌 2, 3남이 조선에서 활로를 찾아야 하는 이유를,[261] 첫째, 황색인종을 위해 그 대표가 되고 지남차(指南車)가 되고 보호자가 되어야 한다. 일본 청년들은 동양 민족을 위해 천부의 사명을 갖고 태어났다. 나아가 해외로 크게 날개를 펴서 정의의 깃발을 전 세계 각지에 수립하고 해외발전의 역사를 개척해야 한다. 둘째, 가장 영광스럽고 행복한 길은 조선에서 활동무대를 찾는 것이라고 말한다. 그러면서 일본 청년들이 꼭 조선에서 활로를 찾아야 하는 이유를 다음과 같이 지적한다. ① 조선이 일본의 장병(障屛)이 되고 순치보거의 관계를 갖는다. ② 조선은 동양의 발칸반도로 항상 화란의 원천이다. ③ 조선은 영원한 동양의 평화를 위한 책원지다. ④ 조선 통치여하는 야마토 민족의 식민사업 능력의 시험석이고, 그 성적은 장래의 운명을 점칠 수 있는 분기점이다. ⑤ 2000만 명 중에는 독립의 악몽에 취해 합방의

---

260 앞의 책, 「内地の資本家は朝鮮に投資せよ」, 1934, 158~161쪽.

261 앞의 책, 「内地の青年は朝鮮に活路を求めよ」, 1934, 163~171쪽.

대의를 전복시키려고 하는 사이비 지사의 소재에 준동한다. 이 민심을 안정시키는 것은 일본의 안위를 위해 큰일이다. ⑥ 조선의 산업, 교육, 기타 모든 사업이 반숙미제품이다. 사업을 선택할 여지가 있다. ⑦ 조선은 제국의 인구·식료 문제를 해결할 수 있는 유일한 발판이고 연무장(演武場)이기 때문이다.

다음은 남한지방의 부원개발을 위해 일제가 주목한 것은 무엇이었는지 농업수탈을 중심으로 남조선철도의 연선지역과 경북선, 경부선 주변의 도시와 개항장 군산, 목포에 대한 상황을 살펴보자.

① 여수에서 광주에 이르는 남조선철도 연선일대는 쌀, 면화, 잡곡, 과물, 금광, 탄광이 산재한 지역이며, 여수항은 물론 광주, 순천, 벌교, 보성 등에 부원이 가득하다고 보았다.[262] 여수의 경제적 가치에 대해서는 육지면(陸地綿)의 산지로 두각을 나타내고 있는데도 그것을 아는 자가 많지 않다고 지적한다. 즉 배후지에는 평야가 있으며 경상 전라 양도의 주요 지방을 끼고 있고, 장래 부산, 목포와 더불어 물자의 집산시장, 탄토항, 중요 도시로 변할 것이라고 전망한다.[263] ② 김천을 기점으로 하는 경북선은 조선철도의 중요한 경제선이 되고, 간선들은 큰 영양선이 될 것이라고 기대한다.[264] 이 경북선의 권내에 김천, 상주, 문경, 예천, 안동, 의성, 영주, 봉화군이 들어간다. 특히 상주군은 주요 산미지이고 잠업은 조선 전체에서 제일이다. 금광은 한정이 없을 정도로 많으며 상주군은 공업원료의 생산력에서 타의 추종을 불허하는 농업생산력과 부원개발에서 중요지역이라고 한다.[265] ③ 경부선의 부설로 수원의 장래가 열리게 되었다며 "끝없는 10리의 옥야, 황금들판에 흔들리는 가을, 누가 절대의 보고에 경탄하지 않겠는가. 그 열쇠를 갖는 수원의 장래는 유망한 것"[266] 이라는 지적도

---

262 片岡議, 『南鐵沿線史』, 「南鐵案內」, 1933, 1~2쪽.

263 藤谷作太郎, 『麗水發展史』, 序, 1928, 1~3쪽,

264 逵捨藏, 『慶北沿線發展誌』, 自序, 1931, 1~3쪽.

265 앞의 책, 제6장 伸びゆく尙州郡 제1절 富源に惠まる, 1931, 183쪽.

266 酒井政之助, 『發展せる水原』, 緖言, 1914, 1~2쪽.

있다. ④ 목포는 조선쌀의 대부분이 생산되는 반도의 보고인 호남지방의 물자 수송의 요항이며 관문으로 일본의 식량 문제를 해결하는 데 그 책임이 크다고 말한다.[267] ⑤ 군산에서 내지로 이출되는 쌀이 200만 석을 돌파하는 성황을 이루었다고 지적한다. 이제는 군산이 남한의 경제도시로서 원산, 목포, 진남포를 능가하고 부산, 대구, 인천에 버금가는 중요한 도시가 되었다고 말한다.[268]

이상 김제의 경우에서 살펴본 것처럼 일제는 식민사업과 경영의 일환으로 조선에의 일본인 이주와 투자를 촉구하였다. 그리고 남조선철도의 연선일대의 여수항과 경북선 주변의 상주, 경부선 일대의 수원에 주목하였다. 일제는 식량 문제를 해결하기 위해 목포와 군산항을 중시하였다. 이처럼 철도는 식민지 지배를 철저히 하기 위한 수단이 되었으며 수탈을 원활히 하기 위해 광산, 곡창, 공업지대를 연결하는 철도망이 되었던 것이다.

(3) 북선개척론

다음 북한 지방에 대한 자원수탈은 1936년 미나미 지로(南次郎)총독이 부임한 이래 내선일체의 구현을 강조하면서 대륙병참기지로서의 역할을 완수하기 위한 각종 원료 및 자원개발과 공업진흥정책을 추진해 나간 데서 찾을 수 있다. 또한 1937년 9월에 군수공업동원법, 이듬해 국가총동원법이 발령되면서, 조선에서도 각종 통제칙령이 발동되었고, 7월에는 국민정신총동원운동을 대대적으로 전개하였다. 이로써 인적, 물적자원의 총동원체제가 제도적으로 완벽하게 구축된 셈이다. 이제 조선은 대륙정책의 병참기지로서 확고하게 자리잡은 것이다. 이 시기에 편찬된 지방사에 나타난 북선개척 주장을 살펴보자.

① 『北鮮の開拓』에서 함경북도 도지사인 아다치(安達房治郎)는 1923년에

---

267 목포부, 『木浦府史』 제5편 地誌 제1장 地理 제1절 總說, 1930, 824쪽.

268 竹中康雄, 『群山開港前史』, 自序, 1935, 1~2쪽 : 군산부, 『群山府史』, 序, 1935, 2쪽.

개통된 함경선이 북선의 보고를 개발하여 곧 개통될 길회선과 연락되면 일본 내지와 만·몽, 러시아를 연결하는 경제선이 될 것이라고 주장하였다. 그동안 함경북도는 지리상 일본과 대륙의 중계지대이고, 국방이나 경제상 중요한 위치를 차지하고 있음에도 불구하고 교통이 불편하여 그 실황이 알려지지 않은 미개지였다. 그러나 이제는 함경선의 개통으로 경제 관계에서 일대 혁명이 일어날 것이며 경제계의 중심에 서서 각종 산업이 발전할 것을 확신한다고 그 중요성을 강조하고 있다. 함경선은 장차 '일본의 심장'이 될 곳이라고 인식하고 있다. 그리고 이곳을 방치하면 일본의 장래가 어떻게 될지 알 수 없을 정도로 중대한 지방이라고 보았다. 북선개척의 중요성을 주장하는 것은 북선사업을 '쇼와유신(昭和維新)의 기념사업'으로 국가적 대사업으로 추진해야 한다고 주장할 정도다. 계속해서 북선의 힘이 장춘(長春)까지 진출하면 북선의 승리지만, 지금처럼 길림(吉林)까지 라면 북중국과 북만주의 화물이 북선에는 오지 않기 때문에, 장춘이동을 북선의 상권으로 하는 것이 일본의 번영을 가져오는 지름길이라고 인식하였다.[269]

② 조선연구사의 주간 엔도(遠藤葦洲)는 총독부의 시정방침에 따라 북선문제를 '선·만일여'(鮮滿一如)라는 국책상의 관점에서 가장 중요한 지점으로 보았다. 만주국의 건설 이후 '산업입국, 자력갱생'을 고창하며 일·만교역이 점점 긴밀해지면서 교역의 요충으로 북선 지역이 중요시 되었다. 그는 북선의 비약은 일본해의 번영과 아시아와 유럽을 연락하는 길로서의 역할을 하여 일본이 세계무대에 등장할 수 있으며, 이는 세계를 제패하려는 일본의 사명을 달성하는 길이 된다고 보았던 것이다.[270]

③ 민중시론사 사장 아베 가오루(阿部薰)는 비상시국 아래에서 북선지방의 중요성이 점점 가중되고 있다고 말한다. 일본의 국운발전에 있어 북선의 가치

---

269 岩本善文, 『北鮮の開拓』, 1928, 807~810쪽.

270 조선연구사, 『新興之北鮮史』上, 제1장 總論, 1937, 8~9쪽.

는 남만주 이상이며 방대한 각종자원의 보고이기 때문에 중요하다고 보았다. 나아가 일본, 만주, 북중국을 관통하는 동아 신경제문명 건설을 위해서도 북선을 중시해야 한다는 주장이다. 무진장한 산업자원과 국방상의 중요성을 보유하는 북선의 중시와 북선 개발이 점점 긴요한 것이 되었다고도 말한다. 또한 그는 미나미 총독이 말한 것처럼 일·만 국경선은 압록강이 아니라 흑룡강이라고 주장한다. 이는 북선의 확대화를 주장하는 것이다.[271]

④『鮮滿發達史』에서는 북선개척을 조선총독의 중요정책으로 산미증식, 철도부설, 도로개수, 해관공사, 사방공사, 치수사업 등 그 사업내용은 매우 광범하다고 지적한다. 이 대사업이 진행되어 완성되면 국가경제에 중대한 공헌을 하게 될 것이라고 한다. 해외발전성이 부족한 일본국민이 북선 문제에 관심을 갖고 정부의 시책에 협조할 것을 촉구하는 것이다. 이를 위해 재만 내지인이 아직도 20만 명에 불과한 현실을 지적하여 비상시국 아래 국정의 장래를 생각해서 생산공업 방면의 기업투자가와 내지농민의 이주를 강조하였다. 아울러 천혜자원이 풍부한 조선의 신천지를 결코 잊어서는 안 될 것이라고 하여 이것이 일본인에게 주어진 사명이라고 역설하고 있다.[272]

이처럼 일본에게 군사상, 경제상 중요 지역의 하나로 부상하는 북선지방에 대한 중시는 나아가 동만주개발론으로 발전한다. ① 오모리 간세키(大森頑石)는 동만주개발의 중요성에 대해 지리적, 역사적, 국방경제에서 모두 일본의 생명선인 만주가 위협당하고 있다고 말한다. 이 해외비약의 신천지를 일본인이 좌시할 수 없으며, 이민, 기업, 상업으로 진출해야 한다고 주장한다. 그는 동만주가 조선과의 왕래가 자유롭고 일본해를 건너 우라니혼(裏日本)이나 북규슈에서 도항이 용이하므로 일본에게는 홋카이도보다 유리한 지역이라고 생각했

271 阿部薰,『北鮮開拓史』, 序, 1938, 1쪽.

272 大森頑石,『鮮滿發達史』, 緖論, 1933, 4쪽.

다.[273] ② 경성상공회의소 회두 가다 나오지(賀田直治)는 일본이 국제연맹을 탈퇴한 후를 대비하여 조선과 만주블럭을 만들 것을 주장한다. 즉 만주의 원료를 조선에 가지고 가서 각종 공업을 영위하여 조선 산업을 통해 융통을 도모하고 비상시에는 조선산업을 살리는 것이 긴요한 계획이라고 말한다.[274] ③ 이시모토 케이키치(石本惠吉)는 먼저 동만주 개발의 지침으로 그 지방사를 연구해야 하고, 실제로 러시아의 무라비에프의 동방정책을 참고해야 한다고 보았다. 그러고 나서 동만주에서 대철광을 발견하고 혹은 석유맥을 찾거나 수력발전 장소를 찾아내는 것이 기대할 만하며, 여기에 교통을 정비하고 철도 또는 자동차도로 건설에 착수해야 한다고 말한다. 철도가 건설되면 송화강, 모란강, 수분하 및 두만강의 물자는 모두 이것에 의해 반출되어 운반되는 물자를 300톤 이상 기대할 수 있으므로 중요한 경제선이 될 것이라고 전망하고 있다. 또한 그는 동만주 개발은 단순한 지방 문제가 아니고 동아시아의 일·선·만·한·몽·러시아와 관련된 문제이며 세계의 장래가 걸린 문제로 인식하였다.[275]

이상에서 북선개척의 중요성에 대해 살펴보았다. 북선지역은 일본의 장래가 걸린 중요한 지방이라는 인식과 일·만교역의 요충지, 비상시국 아래 각종자

---

273 앞의 책, 1933, 303~304쪽.

274 앞의 책, 1933, 417~426쪽.

"최악의 경우 경제봉쇄가 이루어질 경우를 상상해 보면 나는 일본이 견뎌내지 못할 것이라고 생각하지 않는다. 첫째 일본은 재고품을 가지고 있으므로, 한동안 그 재고품과 절약, 국내생산으로 맞추는 것이 가능하다. 둘째 지금까지 필요하지 않은 물건도 심각해질 경우에는 점점 발견하거나 혹은 가능한 것도 있을 것이다. 이것을 전문가에게 들으면 선철, 제철 등은 현재 자급력이 90%까지 되지만, 일단 노력에 의해 충분히 자급할 수 있다. 면(綿)도 금후 조선, 만주에서 재배를 진행하여—생산을 도모하는 것이 가능하지 않을까 생각한다. 모직물도 상당기간 견딜 수 있을 것이다.—다행히 조선에서는 이러한 광물이 최근 상당히 각처에서 발견되고 있으므로 이것을 충분히 이용할 수단도 사용할 것이다.—가장 중요한 것은 국민의 식량이 일본은 소맥에서는 바로 결핍을 느낄 것이지만, 다행히 쌀은 대만 조선에서 많이 산출되어서 곤란할 정도다. 만주도 미작을 하여 쌀에 대해서는 반드시 자급자족이 가능할 것이다.—식량 문제는 상당히 호망(好望)이다.—불행히 경제봉쇄가 행해지더라도 비상한 각오를 가지고 대항해 가는 외에 없다. 또 어떻게든 대항해 갈 것이라고 생각한다."

275 石本惠吉, 『豆滿江流域史』, 東滿洲開發論, 1931, 40~41쪽.

원의 보고로서의 중요성 때문에 앞으로 공업투자와 농민이주가 필요하다는 점을 역설하였다. 나아가 북선개척의 필요성은 동만주개발론으로 발전되어 세계의 장래가 걸린 지역이라는 문제의식과 함께 강조되고 있다.

(4) 국도천도론

일본의 수도 도쿄를 이전하는 문제는 내선일체를 실현하는 문제의 하나로 인식되었다. 여기에는 두 가지 논점이 있다. 하나는 경성이 부적당하니 평양으로 천도해야 한다는 주장과 이와 반대로 경성으로 천도해야 한다는 주장이 엇갈린다. 먼저 평양천도론인데《山陽新報》주필로 중의원의원(1917년)을 역임한 아카기 가쿠도(赤木格堂)는 식민지에서 민심일신을 위해 천도가 필요한 이유를, ① 재래의 정치적 마굴에서 탈각하여, ② 침체된 민심을 일신하고, ③ 장래의 병략상의 편함을 도모하며, ④ 금후 발전해야 할 교통 및 경제상의 필요에 응하기 위해서 라고 말한다. 그러면서 구체적으로 경성이 수도로 부적당한 이유를 정치, 지리, 경제, 통치의 관점에서 지적한다.[276]

> 첫째, 경성은 이조 300년 동안 항상 정치적 음모의 양성소였다. 이러한 부정한 위험지역에 대륙일본의 신 수부를 정하는 것이 과연 마땅한 것이겠는가.
> 둘째, 경성은 반도의 수부로서 그 위치가 남면에 편중되어 있다. 장래 이 반도에 근거하여 대륙으로 웅비할 큰 뜻이 있다면 경성은 결코 책원지가 될 수가 없다. 조선은 보통식민지가 아니고 제국에게 매우 중요한 방비적 식민지다.
> 셋째, 경성은 장래 조선의 경제적 중추로 하기에는 부족하다. 지금 경제적 선봉은 점점 북방으로 향하고 압록강 상 긴 뱀과 같은 대교는 가까이 만주의 옥야를 앞에 두고 있으며, 멀리 규슈의 철로에 연결되고 있다.

---

276 평양민단역소,『平壤發展史』제13편 遷都論(赤木格堂), 1914, 424~433쪽.

넷째, 일본인의 구역과 조선인의 구역은 개의 어금니처럼 얽히고 섞여 있어 가지런하지 않다. 일선을 그어 구분하는 것은 불가능한 일에 속한다. 하루아침에 획일적인 시정을 펼친다면, 종종 분의(紛議)가 일어날 것은 예상하기 어렵지 않다.

또한 경성 대신에 평양천도를 주장하는 다른 이유는 경의선과 평원선을 이용하여 대륙진출과 세계진출의 교두보가 되어 총독부의 근거지가 된다는 지리적 이점을 든다. 그리고 곡식과 부원이 풍부한 경제적 대공업지라는 점, 북방세력과 남방세력이 충돌하는 군사적 요충지라는 점, 북한개발을 통해 반도의 민심을 일신시킬 수 있다는 정치적 이점, 마지막으로 유럽의 여행객을 유치하여 관광지로 개발하고 이궁(離宮)을 수축하여 황실의 덕화가 대륙에 미치게 할 수 있는 최적지라는 점이다.

다음 경성천도론에 대해서 살펴보자. 도요가와 젠요(豊川善曄)는 도쿄고등사범학교를 졸업한 후 교직에 있다가 1933년 내한하여 경성에서 흥아학원을 설립하고 『경성천도론』(1934)을 흥아연구소 총서로 간행하였다. 그는 이 책에서 일본의 3대 사명을 동양평화의 보전, 동서문화의 융합, 동아부원의 개발을 들고 있다. 이 사명을 실현하기 위해 미국을 가상적으로 생각하여 '동양의 평화'를 유지할 방법을 강구해야 한다고 주장한다.

아울러 일본의 국방선으로 바다의 생명선과 육지의 생명선을 지적한다. 전자는 마리아나, 캐롤라인, 팔라우, 마셜의 남양제도이고, 후자는 만·몽지역이다. 일본은 1930년 체결된 런던조약의 결과 영·미의 6할에 해당하는 해군을 갖도록 되어 있었다. 그러나 이것으로 일본의 국토를 충분히 방위할 수 없으며, 영·미가 함께 일본을 공격해 온다면 도저히 동양의 평화를 유지할 수 없다고 단언한다. 그러므로 최악의 경우를 생각해서 공격적 방어법을 강구하여 생명선을 확보하는 것이 절대 필요하다고 본다. 다음 육지의 생명선인 만·몽지역은 조선반도의 배후지에 해당하며, 만·몽이 적의 손에 들어가면 조선이 위험해진다고 말한다. 조선이 적의 손에 들어가면 일본의 복심은 적의 공격에 드러나게 되므로 만·몽은 국방상의 생명선이 된다고 보았다.

그가 "극동의 통합지점이며 일본 민족의 마음의 고향"인 조선반도의 지정학적 중요성을 강조하면서 경성천도를 주장하는 것은 다음과 같이 세계의 패권을 장악하기 위한 수순이었다.

> 조선반도는 극동의 천왕산이다. 이것을 확보하여 책원지로 충분히 활용하면 태평양시대의 최우승자가 되어 세계의 패권을 장악하는 것이 가능할 것이다. 조선반도의 지리적 사명은 여기에 있다—대개 극동의 요소를 보면 대륙적 분자와 해양적 분자가 반반씩 차지하고 있다. 이 두 가지를 겸유하는 것은 조선반도 외에 없기 때문이다. 그러므로 이 지역을 가지고 영원한 국방책원지로 하여, 행정의 총독(統督)지점으로 하고, 또 문화의 중심으로 하며 이 자연의 지리적 이점에 근거하여 전 극동시설을 통제, 지도한다면 천하무적이 될 것이다.[277]

또한 그는 도쿄의 최대결점으로 선·만(鮮滿) 대륙에서 멀리 떨어져 있는 것과 도쿄의 위치가 해안에 있어 방어하기 어려운 점을 들고 있다. 따라서 장래 일본이 태평양의 패권을 잡기 위해서는 도쿄가 갖고 있는 이러한 지리적, 군사적 결점을 보완해줄 경성으로의 천도가 합당하며, '섬나라 일본보다 대륙의 일본'에 그 지향점을 두어야 한다고 설명한다.[278] 즉 대륙적, 해양적 요소를 갖추고 있는 조선의 지리적 이점을 이용하면 천하무적이 될 것이라고 본 것이다. 교통에서도 일본해 환상선과 동지나해 환상선이 조선반도에서 접합하여 경제적으로도 중요하다고 설명한다. 쓰루가, 니가타와 블라디보스토크 및 나진항은 세계교통의 간선을 이루고, 조선도 부산, 원산, 청진, 나진을 끼고 일·만(日滿) 교통의 요추가 된다. 동지나해 환상선은 조선의 경부·경의선과 만주의 안봉선에 의해 봉천에 도달하고, 산해관을 거쳐 다시 평산선에 의해 천진을 거쳐

---

277 豊川善曄, 『京城遷都論』, 제2장 極東占據論, 1934, 60쪽.

278 앞의 책, 제4장 誤まれる大東京都制問題, 1934, 168~171쪽.

남경, 상해에 도달하므로 반도는 양 교통환의 요충을 한손에 장악하고 있는 형태가 되는 셈이다.

그러므로 경성천도는 섬나라 일본이 대륙국이 될 절호의 계기를 줄 것이라고 전망한다. 이렇게 일본이 대륙정책을 단행한다면 대륙의 부원을 개발하여 미국 이상으로 약진할 것으로 기대하고 있다. 게다가 경성은 도쿄에 비해 원료를 집산시키기 훨씬 쉽고 영등포, 인천일대는 교토, 오사카 지방에 못지않은 대공업지대가 될 것이며, 부산, 인천, 나진 등은 상해나 광동을 능가하는 대상항(大商港)이 될 것이라는 확신이다.

비상시국에 대처하기 위해서는 일·만경제블럭을 촉진해야 하지만 금일처럼 국도가 멀리 떨어져 있으면 일본이 이를 지도하기는 어렵다고 보았다. 이를 위해서도 경성에 천도하여 이 계획을 추진하고 '지나', 남양, 인도를 거쳐 대아세아블럭으로 발전시키지 않으면 안 된다고 주장한다. 따라서 일본제국에게 경성천도는 가장 급선무이며 나아가 대륙으로 정부를 이전하는 것이 세계문화를 건설하는 위업을 이룰 수 있는 길이 되는 것이다. 이는 제2차 세계대전 당시 일제가 동아시아지역에서 구미의 식민지 지배를 타파하고 아시아 제 민족의 해방을 위한다는 명목 하에 대동아공영권 결성을 주장한 것과 같은 맥락의 침략을 정당화하는 슬로건이 보이고 있다.

마지막으로 경성천도는 메이지유신 때 막부가 에도(도쿄)로 천도한 첫째 이유가 수무(綏撫)를 위함에 있었듯이 같은 의미에서 내선융화에 중대 의의가 있다는 것이다. 이는 일선융화를 철저하게 해결하는 길이고, 이를 확대하면 일·지(日支) 친선이 해결되고 나아가 동아단결, 대아세아연맹의 해결이 될 것이다. 아울러 경성의 지진이 적은 것도 도쿄의 결점을 보완할 수 있는 점이라고 주장한다. 경성천도가 결국 아시아 민족을 침략하기 위한 일이라는 우려와 지적에 대해서는 절대로 그렇지 않다고 항변하고, 이것은 마치 미국의 먼로주의와 비슷한 비간섭주의라고 설명하고 있다.

절대로 그런 일은 없다. 경성천도는 동양평화를 확보하기 위해서 이고 극동점거는 극동방위를 위해서 이며 결코 침략을 위한 것이 아니다. 일본은 대아세아주의를 취하고, 전 아세아 민족과 함께 '아세아인의 아세아'를 실현하려는 것이지, 결코 단독으로 제국주의를 취하고 다른 아세아 민족을 압박하려는 것이 아니다. 다만 현재는 다른 아세아 제국이 충분한 실력을 갖지 못하고 있기 때문에 일본이 대부분의 경우는 극동방위의 임무를 맡고, 미국 먼로주의와 비슷한 것을 볼 수 있다.[279]

이상에서 내선일체를 실현하기 위한 방법으로 나온 평양천도와 경성천도론을 살펴보았다. 전자는 대륙과 세계진출의 교두보, 경제적 대공업지, 군사적 요충지, 관광지로서의 이점이 있다고 한다. 후자는 경성이 일본과 멀리 떨어지지 않아 도쿄의 지리적 군사적 결점을 보완할 수 있고, '지나', 남양, 인도를 거쳐 대아세아블럭을 형성하기 위해 중요하다고 지적한다. 어느 것이나 미국을 가상적으로 한 태평양전쟁을 예상하고 준비하는 담론이 대두된 것이 주목된다.

지금까지 일제 강점기 재조일본인이 간행한 지방사의 간행실태와 목적 그리고 간행서적에 나타난 조선인식에 대해 살펴보았다. 간행서적은 1914년 부제 실시로 거류민단이 폐지되자 거류민단의 역사를 정리한다는 차원에서 이루어진 거류민단사와, 각 교육회에서 편찬한 향토사가 있고, 도(부)사 편찬사업, 언론인 및 단체가 중심이 되어 편찬한 발전사가 있다. 지방사가 편찬된 목적은 일본인의 조선에 대한 인식부족 해결, 식량부족과 과잉인구 해결, 부원개발과 일본인 이주촉구, 만주사변 이후 전시체제기의 비상시국에 대처, 식민통치의 선전을 위한 것이었다.

간행서적에 나타난 특징을 보면, 첫째, 민단은 '소일본' 건설을 위한 거류

---

279 앞의 책, 1934, 201~202쪽.

민들의 노력에 대해 적극적으로 평가하였다. 둘째, '선민동화'를 강조하여 식민통치를 긍정하며 내선일체를 꾀하려고 하였다. 셋째, 역사적으로 일선동조론과 반도의 종주권을 장악한 고대 일본, 청일·러일전쟁에 승리한 근대 일본의 우월성을 강조하였다. 넷째, 개발여지가 있는 각 지역의 부원을 소개하고, 남조선철도의 연선지역과 경북선, 경부선 주변의 도시와 개항장 군산, 목포는 물론 북한 지방을 중시하였다. 다섯째, 조선과 동만주를 대륙과 세계진출을 위한 교두보로서 중요시하였다. 나아가 대아세아블럭을 형성하여 미국을 가상적으로 하는 태평양전쟁을 준비할 것을 촉구한 것이다.

이 책은 개항 이후 일제강점기에 걸쳐 일제가 조선에 대한 사정을 정탐 조사하고 조선 안내서를 간행한 사실을 주목하여 분석한 글이다. 조선사정을 정탐한 단체나 개인이 어떠한 의도를 갖고 치밀한 조사를 하고 어떠한 시선으로 조선을 바라보았는지 살펴보았다. 따라서 일제가 식민통치와 경영을 위해 조선사정을 조사한 방법과 의도에 대해 알아보는 데 연구 목적이 있다.

저자는 재조일본인 문제에 관심을 가지고 지금까지 20여 년간 개항 이후 식민통치기에 걸쳐 활동한 재조일본인 가운데 주요 인물을 발굴하여 그들이 조선에서 활동하면서 무엇을 조사하여 기록에 남겼는지 정리하는 작업을 하고 있다. 재조일본인 연구를 크게 네 가지 주제로 진행하였다. 먼저 ① 주요 인물을 발굴하여 내한활동과 조선(사)인식을 연구하였다. 이들은 저널리스트나 통감부·총독부 관료, 학자로 내한하여 조선을 조사하고 저술활동을 통해 식민통치에 협력하거나 일본에 돌아가 조선에 관한 정보가 담긴 저술을 간행하였다. ② 재조일본인이 발행하고 경영한 잡지의 담론을 분석한 연구이다. 재조일본인들이 경영하는 잡지는 하나는 그들의 이익대변, 정보교환, 본국소식 전달, 통치정책 비판 외에 조선인의 반일투쟁에는 강경론을 전개하였다. 다른 하나는 총독부의 시정을 관철하는 데 협력한 언론이었다. 이러한 연구결과로 나온 논문들을 모아 이미 2010년에 재조일본인들의 조선연구와 역사왜곡에 대해 정리하여 『근대 재조선 일본인의 한국사왜곡과 식민통치론』(경인문화사)을 간행하였다.

다음 ③ 일본인이 조선사정을 조사하기 위해 만든 조사연구 단체를 연구하였다. 이들은 조선에 조사단을 파견하여 조선 실정에 관한 전반적인 조사를 수행하였다. 이들이 작성한 보고서는 일본 정부의 대 조선정책 수립에 기여한 바가 있다. ④ 개항 이후 1930년대에 걸쳐 일본인이 조사한 안내서나 보고서의 출판활동에 대한 연구이다. 이를 통해 근대 일본이 식민사업의 거점을 확보하기 위해 간행한 안내서의 선보를 밝혀 대략 200여 권에 달하는 단행본을 소개하고 성격을 분류하여 거기에 나타난 조선인식에 대해 분석하였다. 이 두 가지 작업의 결과를 정리한 것이 이번에 출판하게 된 『정탐—제국일본, 조선을 엿보다』이다.

이처럼 저자는 지금까지 재조일본인 연구를 크게 인물, 언론, 단체, 출판활동을 중심으로 수행하였다. 그동안 우리 학계에서 재조일본인 연구가 소홀했던 것은 방대한 일본 측 자료 입수와 해독 문제, 그리고 일본인들이 갖고 있는 전통적인 조선멸시관이 이 문제에 대한 관심을 갖지 않게 만들었기 때문이다.

다행히 저자가 이렇게 재조일본인 연구를 계속해서 진행할 수 있었던 것은 최근 10년 동안 한국연구재단에서 중견연구지원사업의 지원을 받고 국사편찬위원회의 한국사 연구지원을 받을 수 있었기 때문이다. 그리고 이 원고는 2018년도 한양대학교 학술총서 출판원고 공모작으로 선정되어 단행본으로 빛을 보게 되었다. 그동안 연구지원을 해준 한국연구재단과 국사편찬위원회, 거친 원고를 다듬어 아담한 책으로 만들어준 한양대학교 출판부에도 감사드린다. 아울러 마음껏 공부할 수 있도록 지원해준 한양대학교 비교역사문화연구소의 박찬승 소장님과 동료 교수들, 고된 연구 생활로 인한 불편을 함께 견더준 가족에게도 감사드리고 싶다.

2019년은 일제의 무단통치에 저항하여 일어났던 3·1운동 100주년을 맞이하는 해로 그 역사적 의미를 살펴보고 한·일관계를 다시 돌아볼 수 있는 계기가 되고 있다. 그러나 작금의 현실은 한·일관계의 역사인식의 차이를 둘러싸고 활발한 규명작업이 진행되지 못하고 있어 안타까운 마음이 크다. 과거의 역사를 제대로 보고 배우지 않으면 그 역사에서 교훈을 찾아낼 수 없기 때문이다.

2019년 1월

최혜주

참고문헌

【자료】

동경지학협회,《東京地學協會報告》(1879~1897.4)

동경지학협회,《地學雜誌》(1893~현재)

동양협회,《東洋時報》(1907~1920)

동양협회,『東洋事情の宣傳』, 1922

동양협회,『東洋協會の使命』, 1925

대만협회,《臺灣協會會報》

동방협회,《東邦協會報告》(1891.5~1894.7)

동방협회,《東邦協會會報》(1894.8~1914.7)

식민협회,《殖民協會報告》(1893.4~1899.6)

식민협회,《殖民時報》(1899.8~1902.11)

내각,『農商工部請議書』, 1895

궁내부,『指令存案』, 1895

『日省錄』

『各司謄錄』, 1905

『通牒』, 1907

『駐韓日本公使館記錄』, 1899

《皇城新聞》(1903~1906)

《文教の朝鮮》, 1931

岡田貢,『京城史話』, 1936

경성고등상업학교,『京城高等商業學校一覽』, 1924

大久保利夫,『帝國名士叢傳』, 六法館, 1890

豊川善曄,『京城遷都論』, 1934

佐田白茅,『朝鮮聞見錄』, 1875

榎本武揚,『朝鮮事情』, 1876
總生寬,『朝鮮新論』, 1876
根村熊五郎,『朝鮮近情』, 1882
小田切萬壽之助,『朝鮮』, 1890
末廣重恭,『北征錄』, 1893
柵瀨軍之佐,『見聞隨記 朝鮮時事』, 1894
難波正一,『朝鮮從軍渡航案內』, 1894
波多野承五郎·杉山虎雄,『北支那朝鮮探險案內』, 1894
小尾直藏,『朝鮮國京城奇談』, 1885
小松運,『朝鮮八道誌』, 1887
矢津昌永,『朝鮮西伯利紀行』, 1894
清水橘郎,『朝鮮事情鶏の腸』, 1894
松本謙堂,『朝鮮地誌要略』, 1894
足立栗園,『朝鮮志』, 1894
秋野要一郎,『通俗新編 朝鮮事情』, 1880
堀內松治郎,『鷄林紀遊』, 1894
東條保,『朝鮮誌略』, 1875
多田直繩,『朝鮮軍記』, 1875
鈴木信仁,『朝鮮紀聞』, 1885
岡崎唯雄,『朝鮮內地調査報告』, 1895
信夫淳平,『韓半島』, 1901
山本庫太郎,『最新朝鮮移住案內』, 1904
佐藤政治郎,『韓國成業策』, 1904
佐藤政次郎,『韓半島乃新日本』, 1904
櫻井市作,『僅日錄』, 1909
矢津昌永,『韓國地理』, 1904
松宮春一郎,『最近の韓國』, 1905
上村賣劍,『清韓遊踪』, 1906
伊藤長次郎,『韓國及九州談』, 1905
堀內泰吉外,『韓國旅行報告書』, 1906
塩崎誓月,『最新の韓半島』, 1906
薄田斬雲,『ヨボ記』, 1908

佐村八郎,『渡韓のすすめ』, 1909
加藤政之助,『韓國經營』, 1905
圓城寺淸,『韓國之實情』, 1906
荒川五郎,『最近朝鮮事情』, 1906
青柳綱太郎,『韓國殖民策』, 1908
伊藤淸藏,『韓國殖民管見』, 1907
櫻井市作,『僅日錄』, 1909
長田信藏,『韓國成業手引』, 1903
井手正一,『朝鮮之實情』, 1910
天野誠齋,『朝鮮渡航案內』, 1904
村上唯古,『朝鮮人の衣食住』, 1916
加納久宜,『朝鮮旅行記』, 1911
原象一郎,『朝鮮の旅』, 1917
林靜治,『日本海之對岸』, 1911
井口吉宗,『朝鮮視察談』, 1912
廣島朝鮮視察團,『朝鮮視察概要』, 1913
第8師團 軍醫部,『朝鮮人衣食住及其ノ他ノ衛生』, 1915
朝鮮駐箚軍 副官部,『朝鮮赴任者案內』, 1917
青柳南冥,『新撰京城案內』, 1913
山縣五十雄,『京城雜筆』, 1912
原田彦熊, 小松徹三,『朝鮮開拓誌』, 1913
鴨江生,『軍人必讀朝鮮の研究』, 1916
田口春二郎,『最新朝鮮一斑』, 1911
山口豊正,『朝鮮之研究』, 1911
山道襄一,『朝鮮半島』, 1911
대구부교육회,『大邱讀本』, 1937
大森頑石,『鮮滿發達史』, 1933
藤谷作太郎,『麗水發展史』, 1928
廣瀨憲二,『歷史の平壤』, 1925
木村晴光,『慶南略史』, 1929
美座流石,『平安北道史』, 1938
富村六郎,『忠南論山發展史』, 1913

石本惠吉,『豆滿江流域史』, 1931
宇津木初三郎,『全羅北道發展史』, 1928
逵捨藏,『慶北沿線發展誌』, 1931
阿部薰,『北鮮開拓史』, 1938
岩本善文,『北鮮の開拓』, 1928
奧土居天外,『忠州觀察誌』, 1931
鈴木信仁,『朝鮮紀聞』, 博文館, 1894
李英,『忠州發展史』, 1933
永井勝三,『北鮮間島史』, 1926
酒井政之助,『發展せる水原』, 1914
竹中康雄,『群山開港前史』, 1935
篠田治策,『文祿役と平壤』, 1919
保高正記,『群山開港史』, 1925
宇津木初三郎,『金堤發展史』, 1934
조선연구사,『新興之北鮮史』上, 1937
拓植大學,『拓植大學六十年史』, 1960
片岡議,『南鐵沿線史』, 1933
평양민단역소,『平壤發展史』, 1914
국민정신총동원조선연맹,『內鮮一體の靈地扶餘』, 1939
櫻井義之,『朝鮮硏究文獻誌』, 書物同好會, 1941

【논저】
강창일,『근대 일본의 조선침략과 대아시아주의』, 역사비평사, 2002.
角山幸洋,『榎本武揚とメキシコ殖民移住』, 同文館出版, 1986.
권숙인,「'도한의 권유'」,《사회와 역사》69, 2006.
高崎宗司,『植民地朝鮮の日本人』, 岩波書店, 2002.
古屋哲夫,「アジア主義とその周邊」,『近代日本のアジア認識』, 京都大學人文科學研究所, 1994.
구양근,「일본 외무성 7等出仕 瀨脇壽人과 외국인 고문 金麟昇」,《한일관계사연구》7, 1997.
古谷昇,『人材育成の軌跡』 제1권, 拓植大學創立百年史編纂室, 1999.

今井功,「地質調査事業の先覺者たち」,《地質ニュス》, 1964.7.

김경일,「일본 동아동문회의 대외활동에 관한 비판적 고찰:다자협력이론을 통한 분석을 중심으로」,《일본어문학》77, 2017.

김수희,「흑룡회의 독도 침탈 기도와 '양코도 발견' 기록의 재검토」,《전북사학》41, 2012.

김태웅,「1910년대 전반 조선총독부의 취조국 · 참사관실과 '舊慣制度調査事業'」,《규장각》16, 1994.

남영우,「일제 참모본부 간첩대에 의한 병요조선지지 및 한국근대지도의 작성과정」《문화역사지리》4, 1992.

남영우 편,『구한말 한반도 지형도』, 성지문화사, 1996.

稻葉繼雄,『舊韓國~朝鮮の「內地人」教育』, 九州大學出版部, 2005.

木村健二,『在朝日本人の社會史』, 未來社, 1989.

木村健二,「메이지 시대 일본의 조사보고서에 나타난 조선인식」,『근대교류사와 상호인식 1』, 아연출판부, 2002.

박걸순,「일제하 일인의 조선사연구 학회와 역사(고려사)왜곡」,《한국독립운동사연구》6, 1992.

박민,「우리나라 산맥의 분류체계 및 명칭의 변천」, 고려대 석사논문, 1996.

박양신,「19세기말 일본인의 조선여행기에 나타난 조선상」,《역사학보》177, 2003.

박용규,「일제시기 재조선 일본인과 지방신문의 역할」, 한국언론학회 가을철 정기학술대회 발표문, 2006.

박찬승,「식민지시기 조선인들의 일본시찰」,《지방사와 지방문화》1, 2006.

박현수,「조선총독부 중추원의 사회 · 문화조사활동」,《한국문화인류학》12, 1980.

박현수,「일제의 식민지 조사기구와 조사자」,《정신문화연구》제21권 제3호, 1998.

山田寬人,『植民地朝鮮における朝鮮語獎勵政策』, 不二出版社, 2004.

山根幸夫,「臺灣協會の成立とその發展-日本植民政策の一側面」,『論集近代中國と日本』, 山川出版社, 1976.

石田龍次郎,『日本における近代地理學の成立』, 大明堂, 1984.

小林茂 · 岡田鄉子,「19世紀後半期における朝鮮半島の地理情報と海津三雄」,《待兼山論叢》42, 大阪大學大學院文學研究科, 2008

松原孝俊 · 趙眞香,「嚴原韓語學所と釜山草梁語學所の沿革をめぐって」,《言語文化研究》8, 1997.

손정목,『한국개항기 도시변화과정연구』, 일지사, 1982.

松永正義, 「《臺灣時報》について-その1」, 《アジア經濟資料月報》 제18권 제5호, 1976.5.
심기재, 「明治 일본의 조선 지식」, 《일본역사연구》 15, 2002.
兒玉正昭, 《殖民協會報告》 解說·總目次·索引, 不二出版社, 1987.
安岡昭男, 「初期の東京地學協會と軍人」, 《政治經濟史學》 400, 日本政治經濟史學研究所, 1999.
安岡昭男, 「東邦協會についての基礎的研究」, 《法政大學文學部紀要》 22, 法政大學, 1977.3.
安岡昭男, 『明治前期大陸政策史研究』 第12章 東邦協會についての基礎的研究, 法政大學出版局, 1998.
安岡昭男, 「東邦協會と副島種臣」, 《政治經濟史學》 169, 日本政治經濟史學研究所, 1980.6.
吳宏明, 「近代日本の臺灣認識」, 『近代日本のアジア認識』, 京都大學 人文科學研究所, 1994.
櫻井義之, 「朝鮮の地方史·鄕土史誌」, 『明治と朝鮮』, 櫻井義之先生還曆紀念會, 1964.
윤소영, 「러일전쟁 전후 일본인의 조선여행기록물에 보이는 조선인식」, 《한국민족운동사연구》 51, 2007.
이규수, 「20세기 초 일본인 농업이민의 한국이주」, 《대동문화연구》 43, 2003.
이만열, 「일제 관학자들의 식민주의사관」, 『한국근대역사학의 이해』, 문학과지성사, 1981.
이만열, 『한국 근현대 역사학의 흐름』, 푸른역사, 2007.
이배용, 『한국근대 광업침탈사 연구』, 일조각, 1989.
이기준, 『韓國經濟學敎育史研究』, 한국연구원, 1982.
조동걸, 「植民史學의 成立過程과 近代史 敍述」, 《歷史敎育論集》 13·14, 1990.
조항래, 『일제의 대한침략정책사연구』, 현음사, 1996.
정규영, 『京城帝國大學に見る戰前日本の高等敎育と國家』, 도쿄대학 박사학위논문, 1995.
井上直樹, 「근대 일본의 고구려사연구」, 《고구려연구》 18, 2004.
조성운, 「매일신보를 통해 본 1910년대 일본시찰단 연구」, 『식민지 조선과 매일신보 1910년대』, 신서원, 2004.
조성운, 「1920년대 초 일본시찰단의 파견과 성격」, 《한일관계사연구》 25, 2006.
朝井佐智子, 「東邦協會露西亞語學校の變遷と實態」, 《愛知淑德大學現代社會研究科研究報告》7, 愛知淑德大學, 2011.
朝井佐智子, 「東邦協會の親隣義塾支援に關する一考察」, 《法政論叢》 48(1), 日本法政學會, 2011.11.
정연태, 「대한제국 후기 일제의 농업식민론과 이주식민정책」, 《한국문화》 14, 1993.
村上勝彦, 「隣邦軍事密偵と兵要地誌」, 『朝鮮地誌略 1』, 龍溪書舍, 1981.
채수도, 「초기 동아동문회의 정치적 성격과 정책노선에 관한 연구」, 《대구사학》 90, 2008.
채수도, 『일본제국주의의 첨병 동아동문회』, 경북대학교출판부, 2011.
천지명, 「한말 일제 동아동문회의 조선교육 진출」, 《동서사학》 9, 한국동서사학회, 2003.
최혜주, 「시데하라(幣原坦)의 고문활동과 한국사연구」, 《국사관논총》 79, 1998.
최혜주, 「시데하라(幣原坦)의 식민지 조선 경영에 관한 연구」, 《역사학보》 160, 1998.
최혜주, 「아오야기(青柳綱太郎)의 내한활동과 식민통치론」, 《국사관논총》 94, 2000.
최혜주, 「메이지시대의 한일관계 인식과 일선동조론」, 《한국민족운동사연구》 37, 2002.
최혜주, 「일제강점기 조선연구회의 활동과 조선인식」, 《한국민족운동사연구》 42, 2005.
최혜주, 「한말 일제하 샤쿠오(釋尾旭邦)의 내한활동과 조선인식」, 《한국민족운동사연구》 45, 2005.
최혜주, 「일제강점기 아오야기의 조선사연구와 내선일가론」, 《한국민족운동사연구》 49, 2006.
최석완·최혜주, 『근현대 한일관계와 국제사회』, 한국방송통신대학교, 2007.
최혜주, 「일본 동양협회의 식민활동과 조선인식」, 《한국민족운동사연구》 51, 2007.
최혜주, 「『朝鮮西伯利紀行』(1894)에 보이는 야즈 쇼에이(矢津昌永)의 조선인식」, 《한국학논집》 44, 2008.
최혜주 옮김(本間久介 지음), 『朝鮮雜記-일본인의 조선정탐록』, 김영사, 2008.
최혜주, 『근대 재조선 일본인의 한국사 왜곡과 식민통치론』, 경인문화사, 2010.
최혜주, 「일본 동경지학협회의 조사활동과 조선인식」, 《한국사연구》 151, 2010.
최혜주, 「일제강점기 재조일본인의 지방사 편찬활동과 조선인식」, 《사학연구》 103, 2011.
최혜주, 「일본 동방협회의 조선사정 조사활동과 조선인식」, 《한국독립운동사연구》 43, 2012.
최혜주, 「개항 이후 일본인의 조선사정 조사와 안내서 간행」, 《한국민족운동사연구》 73, 2012.
최혜주, 「일본 식민협회의 식민활동과 해외이주론」, 《숭실사학》 30, 2013.

최혜주, 「1900년대 일본인의 조선이주 안내서 간행과 조선인식」, 《한국민족운동사연구》 75, 2013.
최혜주, 「韓國併合前後における幣原坦の行跡と教育論」, 《朝鮮學報》 247, 2018.7.
鶴園裕, 「調査の時代-明治期日本人における朝鮮研究の一點描」, 《千葉史學》 7, 1985.
한상일, 『아시아연대와 일본 제국주의』, 오름출판, 2002.
함동주, 「1900년대 초 일본의 조선관련 서적 출판과 '식민지 조선상'」, 『근현대 일본의 한국 인식』, 동북아역사재단, 2009.
함동주, 「明治期 일본의 아시아주의와 국권의식」, 《일본역사연구》 2, 일본사학회, 1995.
황민호, 「개항 이후 근대여행의 시작과 여행자」, 《숭실사학》 22, 2009.
狹間直樹, 「初期アジア主義についての史的考察」, 《東亞》 414, 霞山會, 2001.12.
홍양희 옮김(이마무라 도모 지음), 『조선풍속집』, 한국근대 민속·인류학자료 번역총서 5, 민속원, 2011.

찾아보기

찾아보기(인명)

최혜주 숙명여자대학교 사학과와 대학원 석사과정, 도쿄대학 대학원 인문과학연구과 석·박사과정을 졸업했다. 문학박사로 전공 분야는 한국 근대사·한일 관계사이며, 현재 한양대학교 비교역사문화연구소 교수로 재직 중이다. 주요 저서로 『창강 김택영의 한국사론』(1996), 『한국 근대사와 고구려·발해 인식』(공저, 2005), 『근현대 한일 관계와 국제사회』(공저, 2007), 『최남선 다시 읽기』(공저, 2009), 『한국 근현대사를 읽는다』(공저, 2010), 『근대 재조선 일본인의 한국사 왜곡과 식민통치론』(2010), 『문교의 조선—해제·총목차·색인』(편저, 2011), 『일제의 식민지배와 재조일본인 엘리트』(편저, 2018) 등이 있다. 옮긴 책으로 『일본 망언의 계보』(1996), 『일본의 근대 사상』(2003), 『일본의 군대』(2005), 『조선잡기—일본인의 조선정탐록』(2008), 『일본인의 조선관』(2008), 『조선인의 일본관』(2008), 『만주국의 탄생과 유산—제국 일본의 교두보』(2009), 『인구로 읽는 일본사』(공역, 2009), 『일본 망언의 계보(개정판)』(2010), 『한국통사』(2010), 『일본의 식민지 조선 통치 해부』(2011), 『아시아·태평양전쟁』(2012), 『식민지 조선과 일본』(2015), 『조선시베리아기행』(2016) 등이 있다.

한양학술총서 008

정탐 : 제국일본, 조선을 엿보다

펴낸날 2019년 1월 15일 초판 1쇄

지은이 최혜주 ● **펴낸이** 이영무

펴낸곳 한양대학교출판부 ● **출판등록** 제4-7호(1972.2.29)

주소 서울 성동구 왕십리로 222 ● **전화** 02.2220.1432-4 ● **팩스** 02.2220.1435

홈페이지 press.hanyang.ac.kr ● **이메일** presshy@hanyang.ac.kr

본문디자인·편집 오은애 ● **표지** 안광일 ● **인쇄** 현문

ISBN 978.89.7218.609.0 (94910)

978.89.7218.470.6 (세트)